**本书的编纂出版，承蒙热心校友、广东全宇工艺有限公司董事长许松辉先生鼎力支持，特此鸣谢！**

# 编委会成员简介

（排名按音序）

**蔡文胜** 澄海中学1986届校友，现任澄海区博物馆副馆长，副研究馆员，潮汕历史文化研究中心学术委员会委员。

**蔡香玉** 澄海中学2000届校友，中山大学历史学博士，荷兰莱顿大学哲学博士，现任广州大学十三行研究中心讲师，中山大学广州口岸研究中心兼职研究人员，香港中文大学崇基学院神学院荣誉副研究员，潮汕历史文化研究中心青年委员会委员。

**陈嘉顺** 江西师范大学历史学硕士，现任汕头大学图书馆馆员，潮汕历史文化研究中心学术委员会秘书长。

**陈景熙** 澄海中学1991届校友，中山大学历史学博士，中国社会科学院宗教学博士后，现任华侨大学华侨华人文献中心主任，华侨大学海外华人宗教研究中心副主任，中国社会科学院世界宗教研究所海外华人宗教研究基地副主任，中国宗教学会理事，潮汕历史文化研究中心学术委员会、青年委员会主任，潮学网站长，泰国德教紫真阁荣誉顾问。

**陈润庭** 澄海中学2012届校友，现就读于广东财经大学华商学院。

**陈　伟** 韩山师范学院诗歌创研中心文博馆馆员，《诗词学》副主编，潮汕历史文化研究中心青年委员会委员。

**陈贤波** 澄海中学1999届校友，中山大学历史学博士，广东省社会科学院历史与孙中山研究所副所长，广东省社会科学院梅州分院副院长、副研究员，香港理工大学中国文化学系兼职研究人员，潮汕历史文化研究中心学术委员会委员。

**陈　椰** 澄海中学2003届校友，中山大学哲学博士，华南师范大学政治与行政学院讲师，潮汕历史文化研究中心青年委员会委员。

**陈泽芳** 澄海中学1989届校友，现任汕头职业技术学院潮汕历史文化研究所副所长，副教授，《潮汕史学》编辑部主任，潮汕历史文化研究中心青年委员会委员。

**陈卓坤** 澄海中学1992届校友，现任澄海中学图书馆负责人、图书馆馆员，潮汕历史文化研究中心青年委员会委员。

**邓进升** 华侨大学华侨华人研究院2013级硕士研究生。

**郭润绿** 中山大学历史系2014届硕士，现任职于广州市越秀区史志办。

**胡锐颖** 澄海中学1991届校友，现任深圳市青年联合会第七届委员会委员，澄海中学深圳校友会副会长兼秘书长，深圳市澄中教育文化交流中心理事长，深圳市韩江文化研究会副秘书长，深圳市潮汕文化研究会青年联合会副主席，福建仙游蔡襄文化研究院理事等职。

**黄树雄** 澄海中学1987届校友，1991年毕业于北京大学历史系，现任汕头市广播电视台总编室副主任，潮汕历史文化研究中心青年委员会委员。

**林　锋** 澄海中学2010届校友，现为中山大学中文系2014级硕士研究生。

**林水生** 澄海中学1999届校友，现任澄海中学办公室主任，中学语文一级教师。

**林伟钿** 华侨大学华侨华人研究院2013级硕士研究生。

**林渊液** 澄海中学1988届校友，中国作家协会会员，广东省作家协会理事，广东省散文创作委员会副主任，汕头市作家协会副主席。

**刘　洋** 华侨大学华侨华人研究院2012级硕士研究生。

**邵仰东** 澄海中学1986届校友，现任汕头大学图书馆采编部主任、研究馆员。

**王旭宜** 澄海中学1991届校友，现任澄海中学副校长，中学语文高级教师。

**谢　湜** 澄海中学2000届校友，复旦大学历史学博士，现任中山大学历史系博士生导师，副教授，教育部人文社会科学重点研究基地中山大学历史人类学研究中心基地刊物《历史人类学学刊》执行主编，入选中央组织部首批青年拔尖人才支持计划，潮汕历史文化研究中心学术委员会委员。

**杨映红** 澄海中学1992届校友，现任汕头职业技术学院副教授，《潮汕史学》编辑部副主任，潮汕历史文化研究中心青年委员会委员。

**张　坚** 澄海中学2009届校友，现为厦门大学中文系2013级硕士研究生。

**朱　庆** 澄海中学1974届校友，现任澄海中学教师，中学语文高级教师。

**朱思泓** 澄海中学2010届校友，现为华南师范大学历史系2014级硕士研究生。

# 百年澄中

1915—2015

陈景熙 主编

暨南大學出版社
JINAN UNIVERSITY PRESS
中国·广州

**图书在版编目（CIP）数据**

百年澄中（1915—2015）/陈景熙主编．—广州：暨南大学出版社，2015. 4
ISBN 978－7－5668－1393－0

Ⅰ. ①百…　Ⅱ. ①陈…　Ⅲ. ①澄海中学—校史　Ⅳ. ①G639. 286. 53

中国版本图书馆 CIP 数据核字（2015）第 073296 号

出版发行：暨南大学出版社

地　址：中国广州暨南大学
电　话：总编室（8620）85221601
　　　　营销部（8620）85225284　85228291　85228292（邮购）
传　真：（8620）85221583（办公室）　85223774（营销部）
邮　编：510630
网　址：http：//www. jnupress. com　http：//press. jnu. edu. cn

排　版：广州联图广告有限公司
印　刷：佛山市浩文彩色印刷有限公司

开　本：787mm×1092mm　1/16
印　张：22. 5
字　数：540 千
版　次：2015 年 4 月第 1 版
印　次：2015 年 4 月第 1 次

定　价：58. 00 元

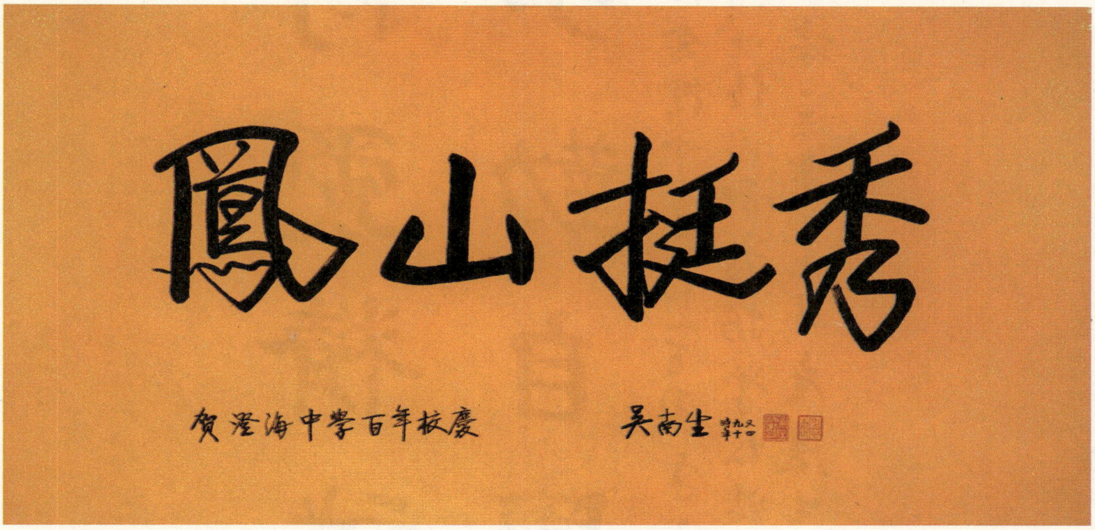


彩图 1　吴南生先生贺词

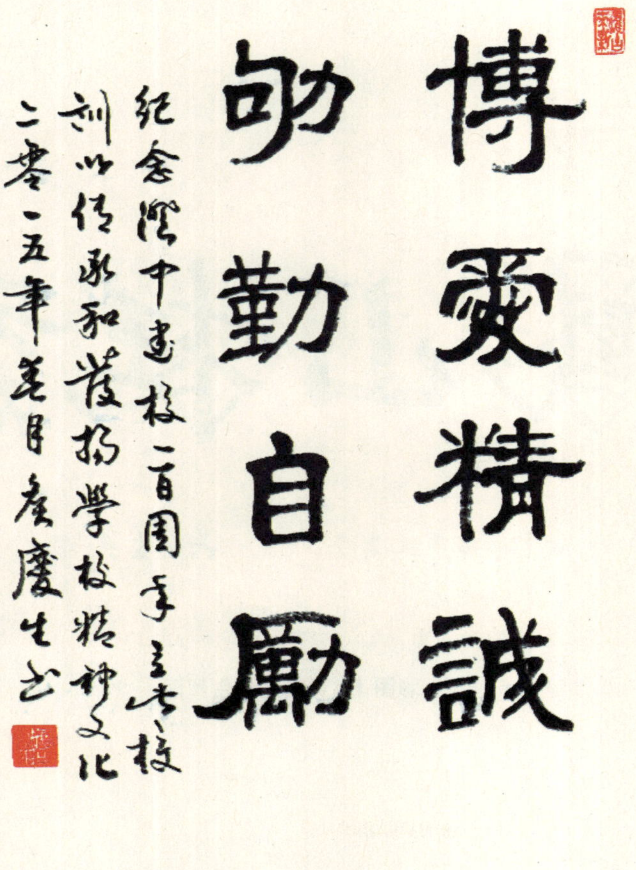


彩图 2　侯庆生校长书校训（澄中提供）

彩图 3　澄海中学党总支委现任成员合影（澄中提供）

彩图 4　澄海中学校长室现任成员合影（澄中提供）

彩图5　澄中校园（澄中提供）

彩图 6　乾隆三年铸澄海县学宫编钟（郭思恩摄）

彩图 7　乾隆三年铸澄海县学宫编钟铭文（郭思恩拓）

彩图 8　20 世纪 50—80 年代澄中校钟：1899 年法国铸番仔楼铜钟（洪金泓摄）

彩图 9　20 世纪 80—90 年代澄中校钟：火车轮毂（澄中提供）

彩图 10　1947 年周英耀赠澄中卅二周年校庆纪念锡鼎（洪金泓摄）

# 序　一

蔡鸿生
（中山大学历史系教授）

距今一百年前，刚刚经历从专制到共和的巨变之后，有一座新型的中学在澄海崛起，它就是著名的“澄中”。

在百年校庆之际，回顾这所岭东名校的成长史，借以缅怀先人，激励来者，具有树立精神纪念碑的深远意义。

《百年澄中（1915—2015）》通过平实的历史叙事，体现了崇高的办学理念。从中可以看到时代风云在校园中的投影，以及“传道、授业、解惑”的优良传统如何实现创造性的转化。

《百年澄中（1915—2015）》是充实而有光辉的校史，展示了几代澄中人与时俱进的高风亮节，熔史、志、传于一炉，体例完善，经纬分明，详略有度。它不是书院志，胜似书院志；不是传灯录，胜似传灯录；不是群英谱，胜似群英谱。

把这样的校史呈献给校庆，虽无任何“含金量”可言，但充溢其中的“含智量”和“含情量”，表露出对世俗的超越，对澄中来说，这是十分可贵而又高雅的。

我虽籍隶澄海，但未能与澄中结下学缘，实为憾事。承命撰序，不敢说不。只好在校门外遥致敬仰之意，战战兢兢地略撰序言，为澄中校庆助兴，并祝其后续的“百年”更加辉煌。

2015 年 3 月 12 日于中山大学

# 序　二

李志贤
（新加坡国立大学中文系副教授兼副主任）

澄海中学是潮汕地区一所负有盛名的学校，从 1915 年成立至今，经历了百年的风云变迁，起落沉浮。澄中的发展，和近现代史上的“五四”、“东征”、抗战、新中国成立、“文革”、改革开放等重大历史事件均息息相关，学校的历史，不仅是中国近现代教育发展的一面镜子，更是中国近现代史的缩影。

陈景熙博士主编的《百年澄中（1915—2015）》，记载了澄海中学的百年校史，内容丰富，史料翔实，图文并茂，归纳齐全。全书分为四编：史纲、专题、人物和文献。

史纲编梳理了澄海中学从 1915 年成立至今的曲折故事。不同于一般的泛泛而谈，书中引用了丰富翔实的史料，进行了深刻入微的具体论析，如讨论学生的家庭背景、学生的个别谈话记录表、师生演讲比赛的题目和内容、学生集体参军及《告潮汕各界同胞书》等，从中研究学校各个时期的发展特点、面临的机遇和挑战。

专题编探讨了百年来澄海中学师生在体育、美术、书法、科技教育、方言研究、文学诗词、慈善公益等领域的贡献和影响。这些领域的发展历程都显示出一个共同的特点：在潮汕文化的土壤中植根，在近现代东西方文明交汇的环境中发展，在传统和现代的对话中产生激荡，从而展现了时代和地域的特色。事实上，这些资料和研究已不止于学校的校史研究，它们还能带动中国现当代艺术、科技、语言等研究领域的对话和回响。

人物编列举了澄海中学历年来的杰出师生及校友。常言道，“十年树木，百年树人”，这些俊才英杰是澄中的灵魂，是澄中精神的发扬者。从人物的经历和成就来看，澄中人在各个时期、在世界各地各个领域都交出了漂亮的成绩单。而聚合这些人物的正是这所百年名校，澄中作为这些师友的活动网络据点，这一空间的意义和重要性不言而喻。尤其值得注意的是，早年的澄中是不少海外华侨特别是南洋华侨回国读书的首选。海外出生的南洋华侨回到中国读书发展的这种经历，揭示了近现代史上南洋和中国的联系和影响是双向且紧密的。

文献编生动地展示了有关澄海中学的各类史料，包括碑刻、校刊、学生文存等，让人仿佛沉浸在历史长河中游历澄中的每个片段和各个角落。一手资料的搜集整理实属不易，着实为该书的一大贡献。这些资料丰富详尽，广泛齐全，为后人进行深入研究提供了便利，也能吸引更多学者对与澄中相关的研究产生兴趣。以“澄中金石”部分为例，其中碑版的资料，为社会文化史、地方史研究提供了重要的参考资料。这些宝贵资料不仅对学术界大有裨益，更是整个社会的精神财富。

晚清以降，教育一直是中国的立国之本，重中之重。晚清及民国初期，东南沿海一带民智先开，教育起到了尤为重要的作用。澄海中学作为东南沿海一带的教育先锋，其在中国教育史上的重要意义、在中国近现代史上的影响显而易见。国有国史，家有家谱，学校是最重要的教育机构，因而澄海中学的校史修订工程意义重大。尽管过程繁杂，资料浩瀚，编写难度极大，但编撰者一一克服这些困难，为大家呈现了一本时代巨作。文章不仅是对过去的静态描述，更将校史、中国近现代史和澄中人的精神结合起来，诠释出一卷生动深刻的回顾研究。

在澄海中学建校一百周年之际，这本书作为回顾过去百年的巨作，是向这所名校的最佳献礼。余躬逢其盛，身为海外澄裔，与有荣焉，谨遵嘱为书作序。祝愿澄中人能延续辉煌，传承澄中精神，高擎薪火，再创佳绩！祝福澄海中学千秋大业，万古长青！

2015 年 3 月 28 日于新加坡国立大学

# 序 三

侯庆生
（澄海中学校长）

《百年澄中（1915—2015）》终于定稿付印了。把澄海中学的百年历史记录保存下来，通过文字的描述，让我们全面深入地了解百年以来澄海中学发展的轨迹，探求前辈的办学理念、追求和学校发展的规律，展示办学成果和师生风采，激励我们续写下一个百年辉煌，一直是澄中人的共同愿望，这一愿望能够在百年校庆前夕得以实现，真是一件盛事，更为澄中百年华诞献上了一份珍贵的厚礼。为此，我谨代表学校全体师生，向尊敬的饶宗颐教授、吴南生先生、蔡鸿生教授、李志贤教授，主编陈景熙博士，赞助人许松辉先生，以及参加校史编撰出版工作的全体人员，表示衷心的感谢！

百年兴学，百年传衍。一部百年校史，无不彰显创办者的有识之举和传承者的耕耘之劳。清末及民国初期，国家内忧外患，积贫积弱，教育救国的呼声日高。澄海当地一批社会贤达胸怀广阔，目光如炬，在诡谲的历史风云中，看到教育强盛国家、福泽桑梓的前景，毅然于艰难时局中筹资创办了澄海县立中学，自此，这所借用旧参将署几间简陋房屋作为校舍的学府，开始了她不平凡的百年历程。第一次国内战争时期，工农革命运动风起云涌，澄海中学是当时的一个红色据点，在这里，诞生了中国共产党在澄海的第一个党支部。抗日战争期间，澄城沦陷，澄中撤出县城，辗转于澄海樟林、饶平浮山，坚持办学，在极其艰难的环境下延续了澄中薪火。1949 年 5 月 9 日前后，澄中 116 名进步师生集体上凤凰山参加中国人民解放军，此举震撼黎明前的南中国，成就了“红色澄中”的美名。新中国成立之后，无论是在国家处于政治动荡、经济落后的时期，还是在国家走向民族复兴的改革开放年代，澄海中学都能秉承优良传统，坚守教育的使命。百年风雨洗礼，春华秋实，澄中从一所普通的县立中学，发展成广东省国家级示范性普通高中，成为享誉省内外的名校。

百年沧桑，百年树人。一部百年校史，无不彰显澄中文化精神的光华所在，无不彰显历任校长、教师和万千学子的苦心经营和理想追求。澄中诞生于不平凡的年代，明耻爱国、强学强国的办学宗旨为澄中奠定了文化传统和价值观，它为先师所造就，为后生所传承，坚持以“爱国”为核心的“爱”的教育，铸造出澄中事业的内核。澄海位于韩江冲积平原，人多地少，特定的地域环境，使澄海人磨炼出勤奋刻苦、精明能干，做事精益求精的特性。1860 年汕头开埠以来，澄海更是“潮循首邑”，澄海人自有敢为人先、开拓进取的精神。澄海素有“海滨邹鲁”之美誉，崇文教、尚礼仪。澄中现校舍在学宫旧址上兴建，浸润着孔门儒风的文脉精华。根植于澄海这片沃土的澄中文化，饱含乡土文化、域外文化和儒家文化的渐染，深刻地影响着澄中精神，造就了澄中人的特质：博爱精诚，儒雅大气，勤知敏行，稳重开拓。在这种文化的滋养下，历任校长殚精竭虑谋发展，上下求索，不断实践，开拓创新；一代代教师修德厚学，探微求真，在教育的园地里精细耕耘。

即使是在颠沛流离、风雨飘摇的岁月里，他们也矢志不渝，衷心不改，将人类的智慧、品格和梦想薪火相传，创造了澄中一个又一个的辉煌；一代代学子在这所学府里沐浴着雨露春风，陶冶情操，历练品质，树德启智，夯实人生基础；一代代俊杰在不同的历史阶段、不同的岗位上，拼搏奋斗，贡献力量，用自己的才华叱咤风云于大江南北，建功立业于五湖四海，让澄中的名字在历史的长河中熠熠生辉。

抚今追昔，感慨万千。澄中的一百年是艰苦创业、栉风沐雨的一百年，是筚路蓝缕、生生不息的一百年，是克难求进、发展壮大的一百年！澄中之所以历经百年，薪火相传，弦歌不辍，是因为她紧跟时代的脚步，始终坚守爱国兴邦的教育使命，每逢民族有难，澄中师生总能站在时代的风口浪尖，发挥正能量，为国家的强盛、民族的进步，作出自己的贡献。一部澄中的历史，就是中华民族实现“强国梦”的缩影，一所与国家同命运、与民族共沉浮的学府，必定长青！一百年，它赋予澄中的不只是简单的计数，更是一种历史文化的厚重积淀。历经数代，孜孜以求，澄中以其独特的人文精神和与时俱进的教育理念，造就出代代英才俊杰，当国家、民族需要时，他们能度义而后动，争为人先，建功立业。一所学校有一种文化认同，这所学校就会生生不息，魅力永存！

“以铜为镜，可以正衣冠；以史为镜，可以知兴替。”历史是一面镜子，可以鉴古知今，启迪未来。澄中百年史，是一笔巨大的教育财富，是一笔丰厚的文化遗产。倘若能让我们的今人和后代，读懂澄中，缅怀先辈的拓荒精神，传承祖先之优秀文化，更好地继往开来，幸莫大矣！一百年，是一个承前启后的驿站，更是一个崭新的起点。面对未来，时代的责任感在呼唤，事业的神圣感在升腾。我们将永远铭记澄中走过的嶙峋坎坷、屡挫屡奋的艰难历程，永远铭记她如歌的沧桑岁月和散发着芬芳的春华秋实。我们将承载澄中百年的深厚文化与历代澄中人的宏伟梦想，尽毕生之心力，与时俱进，不断丰富澄中文化的精神内涵，找准发展定位和目标，锐意进取，再创澄中新辉煌！

2015 年 3 月 15 日于澄海中学

# 目 录

MULU

## 第二编　专　题

## 第三编　人　物

## 第四编 文 献

# 图片目录

TUPIANMULU

# 表格目录

BIAOGEMULU

# 第一编 史 纲

SHI GANG

# 第一章　庠序肇创　以化澄邑（1915—1939）

引言

澄海中学（简称澄中）创办于民国四年（1915）9 月，一百年来，薪火相传，弦歌不辍，为粤东百年名校。

近代以降，面对国家危亡局面，越来越多的有识之士认识到教育对于建设强国的重要作用，改变旧式教育、发展新式教育的呼声日益高涨。在近代教育转型的大背景下，为满足地方社会对中学教育的迫切需求，澄海中学应运而生。

澄海中学从创建开始，就确立了为国育才和建设潮循道全道 20 余县之模范学校的目标。李景濂、叶浩章两任校长与全校教职员工筚路蓝缕，苦心筹划，扩展了学校教室，清理了学田，并购置了仪器、标本、图书，使学校稍具规模。此后，杜国庠、王鼎新两任校长以新的教育理念革新校政，使学校风貌为之一新，学校发展达到第一个高峰。民国十六年（1927）4 月，国共分裂，学生星散。此后，经蔡吟秋、杜兰、周英耀、余仿真历任校长悉心规划、苦心经营，学校又有了新的起色。

澄海中学自创建之时，即确立了爱国救国的教育理念，不论是在“五四”运动、“东征”影响下的革命运动中，还是在抗日救亡的教育、宣传中，澄海中学都走在时代前列，爱国传统不断得到传承和发展。



## 第一节　澄海旧式教育回顾

图 1.1.1　澄海县学宫图

澄海历史上文脉不断，教育代代相传。现在澄海中学的校址正是明清时期澄海县学宫与县衙旧址。

为使读者对澄海中学的创建背景及其定位有更清晰的认识，我们先对澄海的旧式教育历程（1902 年以前）作一个简单的回顾。

澄海古代的学校教育分为官办和私办两种。官办的有县儒学（即学宫）、书院和义学（也称义塾），私办的有义学和私塾。教育事务管理以教谕为主、训导为辅，协助知县管理。

澄海于明嘉靖四十二年（1563）置县，明万历五年（1577），知县顾奕主持建学宫于县署左边。按朝廷规制，学宫设教谕、训导各 1 人，教谕、训导既是官员，又是学宫教官，实行“官守学业”、“学在官府”的“政教合一”政策。按朝廷规定设经、史、性理书及时文等功课。按月给生员开“月课”，并按月或按季课考所属生员，并输送合格生员

（秀才）参加科举考试，以培养“忠臣清官”为目的。清康熙二十三年（1684），知县王岱按照朝廷的统一规定，立“卧碑”于澄海县学宫，规定学校要“养成贤才，以供朝廷之用”，生员要“上报国恩，下立人品”，立志学为“忠臣清官”。

澄海是书院教育较为发达的地区。明隆庆六年（1572），知县蔡楠于冠山乡神山麓倡建冠山书院。明万历十二年（1584），摄澄海县事何敢复于县城龙潭寺东面主持建景韩书院。明清时期，澄海县还先后建有绿波书院、尊育书院、敦化书院、凤山书院、蓬砂书院、文范书院、苏湾书院等书院。清代书院设掌教（俗称“山长”）总领院务，书院成为藏书、讲学、祭祀先贤之场所。明末之后的书院教育主要针对科举考试，讲习儒家经籍、八股文，教学上采用个人钻研、互相问答、集众讲解相结合的形式。

清雍正十三年（1735）起，澄海先后设立5处官学（此处特指教习官话的学校）及9处义塾。其中，清雍正十三年（1735），澄海县奉令设立官学，由官府拨给经费，选懂正音的秀才作为老师，以教地方子弟。官学共设5处，借县城樊公祠、南洋文昌祠、冠山书院、鸥汀文昌祠、蓬洲文昌祠为学馆。清康熙年间，在县署左边、海防馆旧址、景韩祠前设立3处义学，后相继停办。清嘉庆十七年（1812）至十九年（1814），知县李书吉于景韩祠前义学旧址、县城冯公祠、苏湾文昌祠、南洋两院祠、苏湾文祠、鸥汀文祠6处设义塾，免费收纳12岁以上贫寒儿童就学，对聘请的塾师“免其差徭”，并给薪水。

清末开始，全县城乡又创办了许多私塾，有的是殷户在家设办的，只供自家子弟就学，或让个别亲朋子弟寄读；有的是塾师开馆设办的，给附近学童缴费就读；有的是宗族设办的，以供族内子弟就学。各种私塾，一般是一塾一师，学生人数不等，学习年限、学童入学时间不一，塾师多采用分部或个别教学的方法。

综观澄海古代传统教育模式，基本上以儒学经典为教学内容，以培养科举人才和教化民众为目的。正如明代邑人王天性在《澄海重修儒学记》中所说：“国家以儒名学而庙祀孔子，盖欲士学孔子儒，明树之的哉。”

近年，在澄海中学扩建的施工过程中发现清初置于学宫的“卧碑”。碑上镌刻有“生员立志，当学为忠臣清官”等八条“学规”。卧碑始创于明洪武年间，据《明史·选举志一》记载：“（明洪武）十五年……颁禁例十二条于天下，镌立卧碑，置明伦堂之左。其不遵者，以违制论。”清代沿袭了明代的这一做法，于清顺治九年（1652）颁行新卧碑“学规”，全文八条，通令全国刊刻于各地学宫明伦堂之左，作为诸生守则。据记载，在八条“学规”前还有序言：“朝廷建立学校，选取生员，免其丁粮，厚以廪膳，设学院、学道、学官以教之。各衙门以礼相待，全要养成贤才，以供朝廷之用。诸生皆当上报国恩，下立人品，所有教条，开列于后。”（《清文献通考·学校考七》）明确地表明了当时教育的目的、方向。

**图 1.1.2　清初澄海学宫“卧碑”拓片**

# 第二节 澄海中学的创建

## 一、创建背景

澄海中学创建于民国四年（1915），其创建并不是一个偶然事件，而是当时社会变革的产物，与近代教育的转型有着密切的关系，特别是近代学制改革之后，地方社会对中学教育的需求直接促成了澄海中学的创建。汕头开埠之后，粤东政区格局及社会结构的变化对澄海中学的创建和定位更是产生了深刻的影响。

### （一）近代学制改革与地方社会对中学教育的需求

鸦片战争以后，中国一直处于“挨打”的局面，特别是甲午战败，令举国惶惑。在这样的时代背景下，越来越多的有识之士认识到教育对于建设强国的重要作用，力倡非变法不足以图强，而尤以书院制度为当时的指摘之点。于是，改变旧式教育、发展新式教育、开办新式学堂的呼声日益高涨。清光绪二十四年（1898），皇帝谕各省府厅州县改书院、设学校。清光绪二十七年（1901），清政府颁布“兴学诏”，“着将各省所有书院，于省城均设大学堂，各府厅直隶州均设小学堂，并多设蒙养学堂”（朱寿朋《光绪朝华录》）。翌年，又颁布《钦定学堂章程》，由此，改办学堂正式起步。

清政府颁布的《钦定学堂章程》中明确提出“中学为体，西学为用”，初等小学堂“以启其人生应有之知识，立其明伦理爱国家之根基，并调护儿童身体，令其发育为宗旨，以识字之民日多为成效”。高等小学堂“以培养国民之善性，扩充国民之知识，强壮国民之气体为宗旨，以童年皆知做人之正理、皆有谋生之计虑为成效”。民国元年（1912），教育部颁令废除“忠君”、“尊教”的教育宗旨，提出“小学校教育以留意儿童身心之发育，培养国民道德之基础，并授以生活所必须之知识技能为宗旨”，“中学校以完足普通教育，造成健全国民为宗旨”。不同于传统旧式教育的近代教育就这样在不断演进中逐步转型。

在潮汕，清光绪二十八年（1902），潮州府城的金山书院和城南书院分别改为中学堂和小学堂。此后，各地又有21所书院改制为官办学堂。据统计，近代以后，新式学堂大批出现，清道光二十九年（1849）到宣统三年（1911）62年间，潮汕地区改办、创办的新式学堂，就其较主要者统计，已经超过100所。

在澄海，自清光绪三十年（1904）起，景韩书院、冠山书院、凤山书院等相继改办为小学堂，许多义塾和私塾也改为小学堂，各乡村先后办起了小学堂，至清宣统二年（1910），全县备案的高、初等小学堂有60多所，未备案的有40所。

民国元年（1912）3月起，教育部相继颁布《普通教育暂行办法》等一些教育法令。根据小学堂改称小学校的规定，景韩、凤山等小学堂于这一年7月改称为小学校；一些私塾也改为小学校。从民国元年至民国七年（1912—1918），澄海县的小学校得到较大的发展，新办的小学校有34所。澄海小学堂（校）的数量在近代学制改革过程中得以迅猛增长，这其中除近代学制改革的大背景的影响外，也离不开该地区自身的条件。

一方面，潮汕地区历来为宗族、士绅势力较为强大的地区，澄海县亦不例外。随着清政府学制改革的施行和地方官员的倡导，越来越多的开明士绅鼓吹新式教育，并身体力行，倡办新式学堂。如清光绪二十七年（1901）秋，莲阳杜氏乡贤杜作臣、杜道吾等于苏湾都莲阳中社永平乡（永新乡）内杜氏大宗祠创办崇德堂初等小学堂。清光绪三十二年（1906），由于苏湾都人口增加，崇德堂初等小学堂已不能满足民众入学需求，杜氏乡贤遂把永平乡杜氏大宗祠改办为苏湾都高等小学，崇德堂初等小学堂则迁往涂城帝赉公祠继续开办，并更名为崇德学校。同年，莲阳杜氏乡贤杜国玮等人在苏湾都兰祖祠创办崇本小学堂；秀才林毓英于南砂乡林氏宗祠创办新学，取“兴学报国”之意，定名为“报国学校”。清宣统三年（1911），在举人彭鑫倡议下，秀才徐其琪设于东里的“蒙学”改为毓英小学堂。民国二年（1913），槐泽乡人王之法、王克让、王仲钧等在王氏宗祠敦本堂办小学堂。

另一方面，澄海又是跟海外特别是南洋联系非常密切的典型侨乡。清代以至民国初期，凭借境内的樟林港和汕头港两个重要移民口岸的便利，澄海人移民海外的历史较早且人数众多。20 世纪 30 年代，国立中山大学的陈国梁、卢明合编的《樟林社会概况》中记述的澄海侨乡情况如下：“澄海县因为土地狭小，人口众多，生产不足以供给，所以县属各乡往南洋谋生的人都很多，樟林是各乡出洋人数最多的一处；其次是第七区的第二乡和二区的东湖乡、冠山乡，每乡出洋人数都在千数百人以上，最少的也有一百几十人以上。但这些都是县属较小的乡村。”海外侨胞较早接触西方文明，同时出于经商的需要，要求自己乃至族中子弟掌握算术、地理等知识，以便更好地从事商业活动。因此，许多华侨商人积极支持家乡兴办新式学堂、学校。清光绪三十年（1904），南徽乡旅居印尼的华侨李武平在该乡购买“修德堂”开办有德小学堂，并由该乡旅居印尼的华侨各商号联合集资负责学堂经费，该学堂成为潮汕地区最早的侨办学校。岭东同文学堂开办之时，丘逢甲到南洋绅商中劝捐，得到绅商们的鼎力支持，所募之款达五千多元，约占 1900—1903 年全部捐款的一半。(《岭东同文学堂历年捐款列明》）在新式教育的发展中，海外侨胞起到了重要的推动作用。

此外，澄海是潮汕地区最早传入基督教的地区。清道光二十九年（1849），德国传教士黎力基（Rudolph Lechler）来到澄海县盐灶村传教。随着基督教的传入，教会学校也开始出现。黎力基创办教会学校，附设于盐灶港头乡佩兰轩书屋的基督教会盐灶堂会。清光绪七年（1881），教会于中社太平庙建成新会所，学校遂迁新址，名为“志上轩”。特别是当时澄海辖属的汕头埠在“开埠”后创办的教会学校，成为推动新式教育的一支重要力量。清道光二十九年（1849），英国长老会于汕头埠创办女子小学，为“潮惠女子读书之先者”。至清末，汕头埠教会所办的小学堂有汕头女子小学、礐石小学、淑德女校、正光女校、若瑟小学、普益社小学等；中学堂有聿怀中学、礐石中学、华英中学堂等。值得一提的是，较之地方的官办、民办新式学堂，教会学校开办时间早，且依照西方教育制度开设课程，对地方教育转型起到了一定的促进作用。

### （二）汕头开埠与粤东政区格局及社会结构的转变

清咸丰八年（1858）签订的《天津条约》议定潮州为通商口岸之一，并于咸丰十年（1860）在汕头开埠。这是粤东发展史上一个划时代的大事件，对地方的经济、文化产生了猛烈冲击，引起了粤东政区格局及社会结构的重大转变，也对地方文化教育产生了深刻影响。

汕头开埠虽然是被迫的，但在客观上刺激了资本主义因素的发展，使粤东经济被纳入世界经济发展的新范畴，汕头埠在短短数十年间发展成为粤东地区一个国际性港口城市，成为粤东、闽西南、赣南地区的交通枢纽及重要进出口港和商品集散地。汕头“外贸之销售内地者日益繁多，内地产物之运售海外者亦较百十年前激增倍蓰，由是而贸易之事日加繁盛”（温廷敬《大埔县志·民生志上·贸易》）。“舟车云集，商旅辐辏，内则惠梅二州、赣南七县、闽南八县资为挹注，外则握南洋贸易之枢纽。”（饶宗颐总纂《潮州志·实业志·商业》）至民国初年，汕头成为“汕—香—暹—叻”国际贸易体系中的重要一环，商贸额居全国第七位。随着汕头商业中心的形成，粤东地区的商业网络中心也从潮州府城转移到汕头埠。饶宗颐的《潮州志·实业志·商业》中记载，汕头开埠后，“举凡潮州出入口贸易皆以汕头为吐纳，若郡城、樟林、东里等处虽有遗存商业，仅同转驳之站，已降而为附庸”。

汕头开埠也带动了汕头近代工业的兴起和繁荣，推动着汕头基础设施的建设，在铁路、水电等方面均走在全国前列。商贸、港口、金融、实业、市政建设、文化教育各方面均获得空前发展。至清同治六年（1867），清政府在汕头设立“惠潮嘉兵备道行署”，并在署内专设“汕头洋务公所”，处理涉外事务。至民国初年，潮州安抚使、潮梅镇守使、潮循道和潮梅善后处等机构先后驻汕或设驻所于汕头，管理粤东地区的行政、经济、军事，使政权中心移至汕头埠，汕头埠逐步取代潮州府城。



汕头开埠之后，隶属于澄海县鮀浦司管辖，民国三年（1914）改由澄海县管辖。至民国十年（1921）汕头市政厅成立后，汕头才与澄海县分治。作为粤东的政治、经济、文化中心，汕头得风气之先，新思想、新事物不断涌入，使得汕头以至澄海一带的人们思想比较活跃、视野开阔，对新式学校教育有着迫切需求。岭东同文学堂在汕头开办后，不少教会学校也在汕头以至澄海一带出现。汕头埠开埠引起了粤东政区格局及社会结构的转变，管辖汕头的澄海县也有了顺应社会变革的需要，创办一所在粤东具有示范性作用的中学就成为当时的迫切需求。“清季定例，县有小学，郡始有中学。革政以还，中学之建，始能县自为政。”（鲁国斌《澄海中学落成记》）民国元年（1912）之后，中央政府改变了清朝只许府（直隶州）设立中学的规定，规定在县级也可以设立中学。澄海中学应运而生。

## 二、创建经过

自清末废除科举、开办新式学堂之后，澄海各区纷纷创办小学。民国初，学校繁兴，各区高小毕业人数日众，而潮属中学，仅有金中、韩师等 3 所学校，不足以容纳要求升学的高小毕业生，因此在澄海县创建中学的呼声甚高。民国三年（1914）秋，澄海县劝学所所长李世铎有感于此，由学界呈请省宪将县城旧参将废署（地址在原大众影剧院）拨为县中学校校址；同时商请县长吴静庵委任士绅林毓英等 15 人为筹备中学校筹办员。县长吴静庵对建校之举极力支持，亲自捐廉三百金以资提倡。后因建设经费无着，各界人士共商，将县同善祠产业中名为“鬼塭”的田产变卖，并将得到的 3 万余元拨充作为建设校舍的费用。民国四年（1915），鲁国斌继任县长，对于学校的建设大为支持，督促各筹办员限期完成校舍建设。

校舍建成以后，学校的常年经费仍没有着落，而当时澄海县景韩书院的院产颇为饶裕。清末废科举、办学堂之后，景韩书院的产业悉数拨给景韩和凤山两所县立小学作为经费。于是，各筹办员与两所小学的校长协商，经商议，两所小学的校长同意将原景韩书院产业中的数千亩田园的一部分交由澄海中学收管，以解决常年经费问题。同年，在校舍即将落成之时，县长鲁国斌委任邑人李景濂为校长。李景濂为清末附贡生，曾任民国初年澄海县政府教育课长。同时，县长鲁国斌委任黄高翔为学监，林毓英为舍监兼会计，聘请杜国玮、林一鸣、蔡吟秋、李湘国、王逸垣、颜威亚、许乃秋、许梦松等为学校教职员。定期招考四年制新生 100 名，分为甲、乙两班，于民国四年（1915）9 月开学。课程按照教育部规定，开设修身、国文、外国语（以英语为主）、历史、地理、数学、博物、物理、化学、法制经济、国画、手工、歌乐、体操（分普通、兵式两种）十四科。县长鲁国斌将该校筹办以至开学的经过呈请省宪立案，该校正式成立。

**图 1.1.3　建于 1915 年的澄海中学校门**

澄海中学创建之时正是教育救国思潮高涨时期。近代中国危机四伏，面对列强对中国的宰割，不少有识之士痛定思痛，艰难地寻求着国家自强之路。从洋务派学习西学西艺、开办新式学堂、培养新型人才的“自强”、“求富”思想以至戊戌变法中维新派希望通过变科举、兴学校、派游学、开民智、育新人来达到自强救国的目的，一股借教育以自强救国的教育救国思潮应运而生。辛亥革命后，民族危机并未从根本上得到解决，教育救国仍被当时许多仁人志士视为救亡图存的途径。澄海中学的创建也深受这种教育救国思想的影响。县长鲁国斌在《澄海中学落成记》中即说：

今澄海中学落成，期其肯堂肯构者，谁乎？我中国学校之兴，在甲午庚子战败而后。吾知诸生肄业斯校者，必悠然思曰：“强学即所以强国”，而不敢以荒嬉自诿。

民国四年（1915）5 月 9 日，袁世凯不顾全国人民的反对，与日本签订灭亡中国的“二十一条”，激起了全国人民的义愤。在此时创建的澄海中学一开始就表现出强烈的爱国救国热情。县长鲁国斌更是谆谆教育学子应不忘国耻，卧薪尝胆：

吾爱国明耻之员生，睹斯校之轮兴，则当兴尝胆卧薪之思；按时间以讲习，则当以明耻教战为务。……然亦正望我同校员生，无如国斌之爱国家教育不能强国，必使不再有第二五月九日之发生，则官斯、教斯、学于斯者，皆大有荣幸也。

建校之时所确立的这种爱国报国的思想在澄海中学百年发展历程中不断得到传承、发展，成为该校历史的一大特色。

鲁国斌还在《澄海中学落成记》中对学校寄予厚望：

澄海为潮循首邑，全道二十余县皆将于兹观感焉，兴起焉。我中学而善也，则观感兴起者皆善，否亦如之。是全道二十余县皆将以吾澄为模范。吾知诸生之肄习于斯校者，必自知负有全道模范之责任，不仅一县一乡已也，其力学自爱当何如矣。

文中的“全道”系指潮循道。该道于民国三年（1914）设置，辖境依清代惠潮嘉道区域，驻澄海县汕头埠。辖澄海、惠阳、博罗、新丰、紫金、海丰、陆丰、龙川、河源、和平、连平、潮安、丰顺、潮阳、揭阳、饶平、惠来、大埔、普宁、南澳、梅县、五华、兴宁、平远、蕉岭25县。澄海为“潮循首邑”，澄海中学也相应地肩负起作为全道二十余县“模范”的历史使命。

自此，学校教育步入正轨，于民国五年（1916）秋季再招收了四年制新生1班共56名。民国六年（1917）春季，因教室缺乏，教学仪器不足，学校向士绅富户劝捐并建成前楼教室2座，购置仪器、标本多件，于当年秋季招考四年制新生1班共65名。民国七年（1918）秋季招考四年制学生1班53名。民国八年（1919）暑假，首届2班60名学生毕业。自此以后，每年毕业1班，续招新生1班，从不间断。

**表1.1.1 1921年澄中教职员名录**

| 姓名 | 别号 | 年龄 | 籍贯 | 住址 |
| --- | --- | --- | --- | --- |
| 李景濂 | 采石 | 50 | 澄海下蓬区 | 金沙乡 |
| 黄高翔 | 鸾阁 | 55 | 澄海在城区 | 东门内东巷 |
| 林毓英 | 秀山 | 45 | 澄海苏北区 | 南砂乡 |
| 许乃秋 | 若农 | 45 | 澄海苏南区 | 程洋冈乡 |
| 林一鸣 | 鹤皋 | 39 | 澄海上外区 | 陇尾乡 |
| 杜国玮 | 英三 | 40 | 澄海苏南区 | 南洋灰墙角 |
| 林奋 | 屏秋 | 47 | 澄海在城区 | 大北门 |
| 蔡炜 | 吟秋 | 37 | 澄海在城区 | 西门 |
| 杜邦俊 | 君侠 | 37 | 澄海苏南区 | 南洋涂城 |
| 蔡鹭云 | 秋农 | 38 | 澄海在城区 | 西门 |
| 郭建斋 | 立乾 | 30 | 宝安县 | 汕头福合埕 |
| 林兆鸿 | 星曹 | 35 | 澄海苏北区 | 鸿沟乡 |
| 王德和 | 柳斋 | 32 | 澄海在城区 | 乌栅门 |
| 沈道明 | 亚兰 | 23 | 澄海在城区 | 南门外 |
| 杨镇清 | 静安 | 46 | 直隶新城 | 楼下 |
| 陈果 | 镜滨 | 35 | 梅县 | 凤山学校 |
| 丁梦松 | 希固 | 46 | 澄海在城区 | 凤山学校 |
| 许育生 |  | 27 | 澄海在城区 | 东门内 |

据《澄海县立中学校同学录》整理。

## 第三节 “五四”运动中的澄海中学

民国八年（1919）5月4日，北京学生反对巴黎和会拒绝中国人民废除“二十一条”的合理要求、反对北京政府的卖国政策，爆发了震惊中外的青年学生反帝爱国的“五四”运动。这一运动迅速席卷全国。5月6日，汕头《公言日报》发行“五四”号外，消息传开，群情激昂。澄海、汕头等地的青年学生纷纷集会游行，向群众进行爱国宣传，搜查和焚毁日货。5月14日，澄海中学学生李衡带领学生代表赴汕头，参加“岭东学生联合总会”成立大会，并参加了会后的示威游行、搜查和焚毁日货、捣毁汕头警察局等一系列行动。5月下旬，澄海中学在潮州旅省学生杨倬汉等人的帮助下，成立了学生会，李衡任主席。接着，澄海中学发起在县学宫（现澄海中学校址）召开的由全县中小学教师、学生和各阶层民众参加的反对签订巴黎和约的会议，通电全国反对不平等条约。会后还组织示威游行，四处张贴标语，随后分头在学宫内的明伦堂和同善祠等处集会宣传。

为更广泛地动员全县人民投入斗争，澄海中学学生会发动全校100多名学生（澄海中学当时只有4个班级，全校学生只此人数）停课，成立9支宣传队伍，分赴全县9个区的各个乡村、学校，开展抵制日货宣传活动。

6月初，澄海县学生联合会以澄海中学、县立女校的学生会为主体成立纠察团，积极开展查缉日货活动。同年11月在澄海查获了培成、公益、振德、同泰、文昌、荣隆、大成等商号置办的大批日货，均予以没收，后在澄海中学校内全部焚毁。在纠察团的带动下，东里、苏南等地的师生也积极响应，在当地查获了一些商号的日本火酒、火柴等，全部予以焚毁。

这次抵制日货的行动，一直延续至民国九年（1920），时间之长、规模之大，在澄海是前所未有的。在这次运动中，澄海中学学生会自始至终起着主导作用。

“五四”运动也推动着新文化、新思想的传播。民国九年（1920），《新青年》、《共产党宣言》、《向导》、《每周评论》、《赤心周刊》等影响较大的革命报刊、书籍开始在澄海学生尤其是澄海中学学生和知识青年中流传，激发了一部分知识青年（包括澄海中学学生）远涉重洋，寻求救国救民的道路。

民国八年（1919），澄海中学第一届学生许鸿藻（即许包野）中学毕业，恰逢“五四”运动，受新文化、新思潮的影响，许鸿藻于是年冬毅然参加以蔡元培为会长的“华法教育会”组织的赴法勤工俭学。民国九年（1920）4月，许鸿藻到法国里昂大学学习哲学和法律。民国十二年（1923）转到德国攻读马克思主义哲学，获博士学位，并由朱德介绍参加中共旅欧支部。

图 1.1.4 许包野旅欧时与朱德等合影（前排右四为朱德，三排右二为许包野）

许包野于民国十四年（1925）赴苏联执教于莫斯科东方大学，民国二十年（1931）底被共产国际派遣回国，民国二十一年（1932）冬起先后任中共厦门中心市委书记、江苏省委书记、河南省委书记，民国二十四年（1935）被捕而牺牲于南京雨花台监狱。

在“五四”运动的影响下，澄海中学的进步学生站在时代的前列，积极投身于反帝爱国运动，在澄海革命运动的开展和新思想的传播中发挥了主导作用。

## 第四节　“八二风灾”与校舍重建

民国十一年（1922）春，李景濂校长因年老多病，屡请辞职，于是县长呈教育厅委派国立北京师范大学农学士、东莞人叶浩章接任校长。

叶浩章校长上任不久，适逢发生于民国十一年（1922）8月2日的“八二风灾”。这次特大风灾，给潮汕沿海各县造成严重破坏，尤以澄海、饶平、南澳、潮阳等县和汕头市为甚，死亡34 500多人，庐舍成墟，尸骸遍野。

“八二风灾”是澄海置县以来遭遇的最严重的一次风灾。8月2日下午3时起，刮强台风，傍晚愈急，夜9时狂风夹暴雨，海潮涌起。全县决堤5万余丈，平地水深丈余，乡村多被淹于海水中，共有4万多间房屋倒塌，2.69万余人死亡，6.6万余人流离失所。“诚千数百年未有之奇灾也。死者则尸骸遍地，生者则痛苦呼号，凄怆状况，实有令人耳不忍闻，目不忍睹者矣。”（《县署关于赈灾事宜与各界往来文牍》）在这场特大风灾中，澄海中学后楼宿舍、前座礼堂及图书馆全部倒塌，加之田租失收，经费无着，学校几至停办。

面对风灾造成的严重后果，地方政府、士绅商人、海外华侨以及各种慈善组织紧急动员起来开展灾后救助。澄海县政府迅速开展对内赈济灾民、维护社会稳定，对外请求救助的工作。全县官绅合力组织救灾善后公所，推举县长李鉴渊为总理，周之松、周之柏为协理，围绕“救灾善后各事，如伏尸之清理、灾黎之赈济、流亡之安集、堤基之修筑、卫生之讲求、交通之恢复”展开工作。华侨及各地商号、慈善团体和个人对于灾情关心倍切，捐赠不遗余力。据灾后所立的“捐款芳名碑”，澄海救灾善后公所收到各界捐款32项共19万多元，其中包括了香港、实叻（今新加坡）、暹罗（今泰国）、安南（今越南）等地的商号、慈善团体和个人的捐款，而“直接向各地捐款救济者为数视上倍巨”。

为重建校舍，澄海中学教师杜君侠受县长李鉴渊委派为驻汕代表，与各善团接洽救济事宜。后征得各善团同意，在救济款中拨出2 000多元作为重建澄中宿舍之用。当时县署谷仓因风灾坍塌，积存的陈谷没有地方存放，招商阄受。经呈请，县府同意拨给谷款1 000多元补助建筑费用。在各界捐资、县府拨款以及员生捐赠、合力共建之下，校舍得以修葺盖建。

图1.1.5　“八二风灾”后修复的宿舍

针对田租失收、经费无着的情况，会计林毓英重新擘画，将校产田园展仰开租，使办学经费得以落实，莘莘学子得以继续学业。

校舍重建后，叶浩章校长着力改革校政，使学校全部经费收支编配有序，对学生学业严厉督教，自此学校稍具规模。民国十三年

(1924) 秋，学校举行创校纪念大会并举办成绩展览会，同时伴有文艺表演助兴，受到社会人士的好评。

## 第五节　杜国庠、王鼎新对学校的改革和发展

### 一、杜国庠接任校长

民国十四年 (1925) 3 月，国民革命军第一次“东征”胜利抵达潮汕，澄海中学等各校学生会恢复活动。3 月 12 日孙中山先生逝世，澄海中学学生会在澄海各界民众的大力支持下，发起澄海县各界追悼孙中山的活动，大力宣传孙中山“联俄、联共、扶助农工”三大政策，号召人们积极投入国民革命的斗争中。

上海“五卅”惨案发生后，澄海中学师生愤慨万分，学生会发起号召，再度成立澄海县学生联合会，澄海中学学生林灿担任主席。在成立大会上，林灿报告了“五卅”惨案经过。会后，澄海中学学生又联合其他学校学生下乡开展宣传活动，使反帝爱国运动更加深入人心。

“五卅”惨案发生后，校长叶浩章反对学生经常外出参加革命活动，引起学生强烈不满。民国十四年 (1925) 暑假前夕，澄海中学学生会发动全体学生罢课。校长叶浩章辞职，县长委任蔡吟秋暂为代理。当时正值杜国庠回乡奔母丧，即由校董会推举、由县长聘任为校长，并于 8 月上任。同年 9 月，澄海中学更名为澄海县立中学 (简称“澄中”)，改学制为三年，办为初级中学。

### 二、杜国庠对澄中的改革

杜国庠 (1889—1961)，澄海县兰苑村人，曾用名杜守素、林伯修、吴啸仙等，著名的马克思主义哲学家、历史学家、教育家。(传载第三编)

图 1.1.6　杜国庠

杜国庠于清光绪三十三年 (1907) 赴日本留学，民国八年 (1919) 7 月回国任北京大学教授，从事先秦诸子的研究和马克思主义的传播工作。因深感北洋政府的腐败，于民国十四年 (1925) 趁奔母丧之机辞职回到故乡。民国十四年 (1925) 8 月就任澄海中学校长。杜国庠在其为杜氏崇德学校撰的校训中提出了学校是“学术阐明地，人才制造场”的教育主张。就任澄中校长后，杜国庠以这一新的教育理念对学校进行大刀阔斧的改革，使澄中风貌为之一新。

#### (一) 聘请李春蕃等进步人士到校任教

李春蕃 (即柯柏年)，清光绪三十年 (1904) 5 月出生于广东省潮州城区 (今湘桥区)，是我国著名的革命家、外交家、翻译家，曾与周恩来、张太雷、瞿秋白、彭湃等一

起参加早期革命活动。精通英、德等多国语言，翻译过马克思的《哥达纲领批判》、恩格斯的《社会主义从空想到科学的发展》等著作。

民国十四年（1925）8月，杜国庠聘请李春蕃到澄中任教员。两人志同道合，一起协力鼎新校政，对学校进行大力改革。

### （二）开创男女同校新风

19世纪中后期，由于基督教传教的需要，传教士开始在澄海及其辖属的汕头埠开办教会学校。清咸丰十年（1860），汕头开埠之后，伴随着传教活动的扩展，教会女子教育日益兴起。教会女子学校的创办对地方女子教育的兴起产生了较大的影响。

清光绪三十三年（1907），清政府正式颁布《女子小学和师范学堂章程》，第一次承认了女子教育的合法性。中华民国成立之后，鼓励女子教育的呼声更高，教育部相继颁布的《普通教育暂行办法》等教育法令也规定“准许初等小学男女同校”、“准许女子升读中学以上的级别”等内容。女子教育受到重视，各种私立、公立女校相继出现。民国元年（1912），汕头埠在外马路开设私立坤纲女校。民国二年（1913），毕业于两广女子师范学堂的林质兰、黄嫫婶妯娌在澄海县城红门宫（城角楼附近）创办澄海私立女子学校，林质兰自任校长，黄嫫婶任训导主任兼舍监。她俩由于治校严谨有方，学生成绩优良，受到省督学赞许，省督学遂饬令澄海县政府为该校择地拨款，定名为“澄海县立第一女子学校”，校址迁往城隍庙附近的育婴堂旧址。学生由最初的20余名，在数年间增至三四百人，为解决毕业女生升学问题，校内还附设女子师范讲习所。民国十一年（1922）林质兰病逝，校长由黄嫫婶继任。黄嫫婶积极向东南亚华侨及开明士绅筹募资金，扩建校舍，于澄海城东建成三层楼校舍以满足需求。此外，澄海县又先后开办私立宗英、城南等女子学校。



随着女子小学的开办和女子入学人数的增加，女子小学毕业生的升学问题日益突出。民国十年（1921），教会所办的汕头正光女校开始招收女中4个班。民国十一年（1922），教会所办的汕头明道妇校、淑德女校、若瑟中学也同时附设师范班。然而，自民国十一年（1922）开始，全国爆发了非基督教运动。汕头成为广东省内除广州之外另一个“收回教育权”运动最激烈的地方。民国十四年（1925）3月，国民革命军“东征”收复潮汕。12月，汕头市政厅教育科、教职员委员会、外交后援会和学生联合会等5个团体成立了“汕头市收回教育权委员会”，周恩来主持会议并提出要“树全国回收教育权之先声”。随后，汕头市政厅正式发布收回教育权的法令。在“收回教育权”运动中，许多教会学校或停办，或被收回，或向政府立案。教会女子学校也停办或改办。

此时，澄海县立第一女子学校为解决毕业女子升学问题而开设的女子师范讲习所，也因遭到严重破坏而停办。据记载，国民革命军“东征”潮汕，校长黄嫫婶率女校代表赴汕头市欢迎劳军，地方封建势力乘机将女校捣毁焚烧，女校一夜之间成为废墟。其时，澄海唯一的中学——澄海中学只招男生，不招女生，而汕头市的教会女子学校也多在“收回教育权”运动中停办或改办。女子师范讲习所的蔡楚吟、吴文兰、黄质、陈馥芳、陈馥卿、李实煌6名女生感到要打破“男尊女卑”、“男女授受不亲”的封建思想，就要勇敢带头，付诸行动，因此，主动向澄中校长杜国庠提出澄中应接收女生的要求。她们的行动得到社会开明人士和学生界的积极支持。杜国庠和澄海县教育局长王鼎新均是当时知名的进步人士，欣然接受这一要求，于9月新学期开学时，破例录取了蔡楚吟、吴文兰等6名女生，开创了男女同校的新风。蔡楚吟、吴文兰等人进入澄中之后，不断得到锻炼。蔡楚吟于民国十五年（1926）1月由团转党，成为中共澄海党组织的第一位女党员。吴文兰也于民国十五年（1926）1月底由蔡楚吟介绍，加入中国共产党，成为潮汕妇女运动的著名组织者，被誉为“巾帼英雄”、“潮汕女丈夫”。

### （三）创办青年话剧团

随着革命形势的发展，话剧活动也获得较广泛的群众基础。民国十四年（1925）秋，学校创办青年话剧团，李春蕃与胞弟李春霖在话剧团的创建、剧目的创作和演出中起到了带头作用。话剧团的主要演员有：王金满、蔡作楷、许泽藻、陈澄、邹克英、王绍杰、魏兆梁、吴文兰、蔡楚吟、侯楚华、黄质、侯枫等。演出剧目有《爱国男儿》、《婉真姑娘》、《闹学》、《黄浦怒潮》等，剧本由陈澄、杜英三、林星曹、李春蕃等人创作。澄中青年话剧团在各地巡回演出，参加各种宣传活动，发挥了积极的宣传作用。

## 三、王鼎新与澄中的新发展

民国十五年（1926）1月，杜国庠调任省立金山中学校长，王鼎新（传载第三编）接任校长。

图 1.1.7　王鼎新

王鼎新（1894—1968），又名王心民、王慎名，澄海县槐泽村人。爱国民主人士，岭东著名教育家、书法家。民国三年（1914）春，王鼎新东渡日本求学，先后毕业于东京成城学校和高等师范学校。留日期间参加彭湃、陈卓凡等留学生组织的“赤心社”。民国十年（1921）春回国后，王鼎新在广州任潮州旅省八邑中学校长，致力于改革旧教育。民国十二年（1923），在汕头创办《时报》，担任总编辑。民国十四年（1925）出任澄海县教育局长。民国十五年（1926）1月担任澄中校长。

王鼎新接任澄中校长后，在杜国庠对学校改革的基础上，对校政勇于革新，使学校得到新的发展。

### （一）激励学生，支持学生革命行动

王鼎新对校政勇于革新，对学生循循善诱，经常教育学生：“做人要有志气，要有方向，就是说要有宏伟的目标，每个人必须从青年时期开始，立志向上，勤奋苦学。”“如果没有学识，就谈不到振兴国家。”并以“国家兴亡，匹夫有责”、“学海无涯，惟勤是岸”等来激励学生。同时，他积极向学生传播马克思列宁主义思想，依靠学校中的共产党员李春蕃和一批进步学生，团结广大师生，鼓励学生投身社会革命。

（二）辟建操场，增建校舍

当时，学校西边有一尼姑庵。澄中学生会在王鼎新校长的支持下，组织学生到县署请愿，要求拆迁尼姑庵并将其拨给学校改建为图书馆。当时的县长当面许诺，背后却敷衍不理。王鼎新校长态度坚决，大大鼓舞了学生的斗志，终于迫使县长答应了学生们的要求，使得学校在尼姑庵址新建操场。接着，学校又向外洋募捐，增建了图书馆、校舍及教室。

经过杜国庠、王鼎新对学校的大力革新和发展，澄中面貌焕然一新，成绩斐然。民国十六年（1927）春，全校学生人数达到300多人。学校自开办以来，至此达到第一个高峰。

表 1.1.2　1915—1926 年学校招生及毕业人数统计表

| 年份 | 秋季招生人数 | 暑假毕业人数 |
|---|---|---|
| 1915 年 | 四年制中学生 2 班 95 名 | |
| 1916 年 | 四年制中学生 1 班 56 名 | |
| 1917 年 | 四年制中学生 1 班 65 名 | |
| 1918 年 | 四年制中学生 1 班 53 名 | |
| 1919 年 | 四年制中学生 1 班 48 名 | 2 班 60 名 |
| 1920 年 | 四年制中学生 1 班 53 名 | 1 班 35 名 |
| 1921 年 | 四年制中学生 1 班 63 名 | 1 班 16 名 |
| 1922 年 | 四年制中学生 1 班 58 名 | 1 班 16 名 |
| 1923 年 | 四年制中学生 1 班 64 名 | 1 班 25 名 |
| 1924 年 | 四年制中学生 1 班 63 名 | 1 班 29 名 |
| 1925 年 | 三年制初中学生 1 班 61 名 | 1 班 25 名 |
| 1926 年 | 三年制初中学生 1 班 53 名 | 1 班 29 名 |

据《澄海中学校初中第廿班乡师第四届纪念刊》整理。

## 第六节　“东征”影响下澄中学生的革命活动

图 1.1.8　“东征”时的周恩来

民国十四年（1925），国民革命军两次“东征”到达潮汕。政治部主任周恩来在汕头接见了澄中校长杜国庠和澄海县教育局长王鼎新等，听取了汇报并讨论了学生运动问题。

中共潮梅特委妇委负责人邓颖超两次莅澄会见澄中学生中的妇女运动骨干。在“东征”胜利的推动下，革命形势迅速发展，在澄海党、团组织的创建中，澄中学生发挥了骨干作用。

## 一、澄中学生与澄海党、团组织

民国十四年（1925）第一次“东征”胜利后，汕头建立了共青团特别支部，恢复发展新学生社汕头分社，并派员加强对各县市学生工作的联系和指导。五六月间，在共青团汕头特别支部的帮助下，澄中建立了新学生社，主要领导人是林灿、陈澄，吸引了一批学生骨干参加。

民国十四年（1925）8 月，共青团汕头地委又派共青团员朱叟林到澄海负责建立共青团组织。此时，在上海读书的中共党员蔡作楷也利用暑假回家乡开展革命活动，他们同杜国庠、李春蕃等通过多种途径与澄中的学生骨干谈心并进行引导，物色了一批共青团员的培养对象。杜国庠和李春蕃、方次雄等进步教师则在教学中灌输马克思列宁主义思想，进一步提高了澄中进步学生的革命理论素养，使澄海基本上具备了建团条件。但由于东征军回师广州平叛，澄海党、团的建立也因此推迟。

民国十四年（1925）11 月上旬，国民革命军第二次“东征”胜利。同月，东征军总政治部主任周恩来任命李春蕃为国民革命东征军总政治部驻澄海政治特派员，负责领导澄海的国民革命运动。12 月 2 日，国民革命军第三师进驻澄海县城、莲阳、樟东、庵埠（澄属部分）等地方。东征军进驻澄海后立即组织政治宣传队分赴澄海各地进行广泛宣传，传播马克思列宁主义等革命理论。驻澄海的国民革命军第三师第七团党代表蒋先云在澄中发表“关于帝国主义浅说”、“谈马列主义”演讲，由李春蕃担任翻译，使澄中师生受到比较系统的马克思列宁主义理论教育。11 月下旬，共青团汕头地委第三次常委会要求澄海必须在两个星期内建立共青团澄海支部，为此，朱叟林、李春蕃等加紧对澄中骨干进行马克思列宁主义理论教育，引导他们走与工农相结合的道路。11 月底，李春蕃在杜国庠校长的大力支持下，亲率澄中 20 多名进步学生，以旅行为名到海丰吸取农民运动的经验，使学生们对国民革命特别是农民运动有了更深刻的认识和理解。这批学生回澄中后，多数加入了共青团。

同年 12 月，共青团澄海支部成立。在澄海的第一个团支部中，澄中就有林灿、王金满、杜式哲、魏兆梁、邹克英、蔡楚吟（女）等学生参加，占支部人数的一半。不久，团支部又吸收了陈克锐、王绍杰、李亦流等一批澄中学生。12 月底，上述团员因工作需要，被中共潮梅特委批准为“跨党”团员。

民国十五年（1926）1 月上旬，经中共潮梅特委批准，澄海党、团组织分开，成立中共澄海支部和共青团澄海支部，其主要骨干多是澄中学生。民国十五年（1926）春，朱叟林被调到潮安，中共澄海县支部及其后的中共澄海县特别支部、中共澄海县部委的书记均由林灿担任。5 月，中共澄海县支部改称中共澄海县特别支部，澄中也随之建立党支部。

## 二、澄中学生与汕头妇女运动

民国十四年（1925）12 月和十五年（1926）1 月，中共潮梅特委妇委负责人邓颖超两次亲临澄海并于1926年1月在澄中向学生妇女运动骨干讲话，和蔡楚吟、吴文兰、黄质等座谈，讲解了开展妇女运动对国民革命的重要意义，传达了周恩来关于妇女运动必须向工农妇女运动的方向发展的指示。在邓颖超的指导下，蔡楚吟、吴文兰等常常奔波于山野乡间宣传革命。

民国十五年（1926）2月，共青团汕头地委根据邓颖超的提议，决定将蔡楚吟转学到汕头女子师范学校发展团组织，打开汕头妇女运动的新局面。2月23日至3月3日，吴文兰出席周恩来召集的东江各属行政会议。会后，周恩来以国民党汕头市党部改组委员会的名义主持改组国民党汕头市党部，吴文兰被任命为汕头市党部委员兼妇女部长，兼任广东妇女解放协会汕头分会会长。在周恩来、邓颖超的直接领导下，吴文兰开始致力于妇女运动。民国十五年（1926）春夏间，澄中、县立女校首先成立妇女解放协会。不久，澄海县妇女解放协会也宣布成立。

## 第七节　1927—1939年澄中发展历程

### 一、办学概况

民国十六年（1927）4月，国共分裂。4月15日澄城戒严，四处搜捕澄中进步师生。结果有四五十名学生被捕，在校教师除两三位年纪比较大的教员外，均被拘押，学校停课。王鼎新校长在师生的掩护下乔装出城，流亡海外。被逮捕、拘押的师生，虽经教务主任蔡吟秋多方努力营救而出狱，但因学校停课时间较长，学生星散，至复课时学生人数已从300多人减为50多人。

民国十六年（1927）初夏，王鼎新校长流亡海外后，由教务主任蔡吟秋出任校长。蔡吟秋为澄海人，毕业于两广方言高等专门学校。民国十七年（1928），蔡吟秋校长因事出洋，由杜兰继任校长。杜兰为澄海人，毕业于日本东京高等师范学校，曾任省立金山中学、潮州旅省中学校长和汕头市教育局长。上任澄中校长后，他对学校悉心规划，认真办学，购置了一大批理化实验仪器及动植物标本以备学习之用。学校于民国十九年（1930）增办二年制乡村师范班，于民国二十年（1931）增办三年制乡村师范班，澄中因此得到新的发展。

民国二十四年（1935）1月，杜兰校长因事辞职，由周英耀继任校长。周英耀为澄海人，国立中山大学法学士。学校于民国二十四年（1935）增办四年制简易师范班，兼办附属小学，学生人数渐增。

图 1.1.9　20 世纪 30 年代的澄中礼堂

图 1.1.10　20 世纪 30 年代的澄中图书馆

民国二十五年（1936）秋，周英耀调任澄海县教育局长，由余仿真继任校长。民国二十六年（1937）4 月，余仿真校长因事辞职，校长由教务主任陈心圃代理。7 月，周英耀兼任校长。至民国二十八年（1939）第一学期，全校初中 5 个班，简易师范班 4 个班，学生 200 多人。随着抗战形势日趋紧张，学校提前考试放假。

表 1.1.3　1927—1938 年学校招生及毕业人数统计表

| 年份 | 秋季招生人数 | 暑假毕业人数 |
|---|---|---|
| 1927 年 | 初中学生 1 班 56 名 | 四年制学生 1 班 42 名 |
| 1928 年 | 初中学生 1 班 51 名<br>二年制乡村师范班 1 班 28 名 | 四年制学生 1 班 29 名<br>三年制初中学生 1 班 6 名 |
| 1929 年 | 初中学生 1 班 58 名 | 初中学生 1 班 10 名 |
| 1930 年 | 初中学生 1 班 66 名<br>二年制乡村师范班 1 班 18 名 | 初中学生 1 班 16 名<br>二年制乡村师范班 1 班 7 名 |
| 1931 年 | 初中学生 1 班 50 名<br>三年制乡村师范班 1 班 30 名 | 初中学生 1 班 18 名 |
| 1932 年 | 初中学生 1 班 64 名 | 初中学生 1 班 10 名<br>二年制乡村师范班 1 班 10 名 |
| 1933 年 | 初中学生 1 班 52 名<br>三年制乡村师范班 1 班 39 名 | 初中学生 1 班 23 名 |
| 1934 年 | 初中学生 2 班 88 名 | 初中学生 1 班 8 名<br>三年制乡村师范班 1 班 7 名 |
| 1935 年 | 初中学生 2 班 70 名<br>四年制简易师范班 1 班 23 名 | 初中学生 1 班 2 名 |
| 1936 年 | 不明 | 初中学生 1 班 21 名<br>三年制乡村师范班 1 班 21 名 |
| 1937 年 | 不明 | 初中学生 1 班 19 名 |
| 1938 年 | 不明 | 初中学生 1 班 19 名 |

据《澄海中学校初中第廿班乡师第四届纪念刊》及校档资料整理。

表 1.1.4　1937 年第二学期教职员一览表

| 姓名 | 职务 | 到校时间 |
|---|---|---|
| 周英耀 | 校长 | 1937 年 7 月 |
| 陈心圃 | 教务主任 | 1937 年 2 月 |
| 林清波 | 训育主任 | 1937 年 8 月 |
| 欧树文 | 事务主任 | 1937 年 2 月 |
| 叶俊民 | 训育员 | 1937 年 8 月 |
| 江秀荪 | 女生指导员 | 1938 年 2 月 |
| 林毓英 | 会计 | 1935 年 9 月 |
| 朱名宗 | 班主任 | 1935 年 2 月 |
| 王希槐 | 班主任兼图书管理员 | 1937 年 8 月 |
| 周英拔 | 班主任 | 1937 年 8 月 |
| 许育生 | 书记 | 1935 年 9 月 |
| 杜国坝 | 教务员 | 1938 年 2 月 |
| 李文辉 | 事务员 | 1937 年 2 月 |
| 陈彦卿 | 名誉校医 | 1935 年 2 月 |
| 杜邦俊 | 教员 | 1916 年 8 月 |
| 杜式昭 | 教员 | 1936 年 2 月 |
| 王贯一 | 教员 | 1938 年 2 月 |
| 卢育材 | 教员 | 1935 年 2 月 |
| 刘昌潮 | 教员 | 1933 年 2 月 |
| 刘永源 | 教员 | 1936 年 8 月 |

据《廿六年度第二学期教职员一览表》整理。

民国二十八年（1939）6 月 21 日，日寇在潮汕登陆，澄海县城相继沦陷，周英耀校长偕同教职员随县府迁出，学校建筑物被日寇夷为平地，仪器、图书、教具等教学设备荡然无存。学校因而停办一学期，并迁到饶平浮山设处办公，俟机复课。

## 二、推行“党化教育”

民国十六年（1927）4 月 18 日南京国民政府成立。此后，国民政府根据“训政”需要，在全国学校推行“党化教育”，加强对学生的思想控制。

民国十六年（1927）8 月，国民政府教育行政委员会制定了《学校实行党化教育草案》，提出：

我们所谓党化教育就是在国民党指导下，把教育变成革命化和民众化，换句话说，我们的教育方针要建立在国民党的根本政策上。

民国十六年（1927），澄中学生会出版委员会出版的《澄中》杂志第二卷第一期上发表了署名“化民”的文章《党化教育实施问题》，提出：

故中国目前所需的不是那吟风弄月，无病呻吟的名士，不是那绅士官僚式的高等流氓，更不是那洋行的买办，帝国主义的顺民。所需要的就是那思想高尚、意志坚决的革命青年。换言之，就是需要那信仰三民主义，实行三民主义，为国民革命努力的青年党员。然要造就这种人才，势不能不有特殊的教育以为之准备，如此，党化教育的实施刻不容缓的了。

党化教育的意义，就是把中国的教育国民党化，变为一种特殊的教育——国民党的教育。其目的专储信仰和实行三民主义的人才，以贯彻我们总理“以党建国”的主张。

于是，与全国各地一样，“党化教育”开始在澄中推行。

民国十八年（1929）公布、二十年（1931）修正的中华民国教育宗旨为：“中华民国之教育，根据三民主义，以充实人民生活，扶植社会生存，发展国民生计，延续民族生命为目的，务期民族独立，民权普遍，民生发展，以促进世界大同。”并公布了实施方针和实施原则，强调各级学校的三民主义教育应与全体课程和课外作业相贯通，采用国民党训练党员的方式训练学生。此后极力推行“党化教育”，在学生中灌输“一个党、一个主义、一个领袖”的思想。民国十八年（1929），教育部在公布《中小学课程暂行标准》时，在中学课程增设“党义”科目。其时，中学课程包括党义、国文、外国语、历史、地理、算学、自然科、生理卫生、图画、体育、工艺、职业、童军等。根据民国二十一年（1932）公布的正式课程标准，教学科目为公民、体育、卫生、国文、英语、算学、植物、动物、化学、物理、历史、地理、劳作、图画、音乐等。

民国二十七年（1938）和二十八年（1939），教育部先后公布《中等以上学校导师制纲要》和《训育纲要》，通过推行导师制强化训育工作，要青年学生信仰和服从“领袖”，遵照“军人读训”的精神“自立自省”，不能有违反三民主义及超越民族利益之任何思想。《民国廿七年度全国中等学校概况调查表》记载，澄中训导工作的管理实施情况是：“1. 实行童军管理；2. 厉行新生活；3. 实行导师制；4. 利用课余时间由导师领导以训导学生出发附近乡村工作；5. 实施战时后方服务训练。”学校的训导工作使“党化教育”得到进一步强化。

## 三、开办师范班

20世纪20年代，澄海县的小学教育有了新的发展。20年代初，公立小学增至7所，私立小学增加32所，高等小学比从前增多。民国十七年（1928），县立女子小学、县立凤山小学、县立景韩小学合并为县立小学。翌年，增办义务小学1所。民国二十二年（1933），县立小学又分设出县立女子小学。民国十六年（1927）以后，各乡村办的学校渐多，一些知识分子也集结同道，兴办小学。据统计，民国十七年（1928）全县共有小学143所，学生11 460人，至民国二十一年（1932）全县已有小学239所，学生17 898人。

小学教育得到发展，而师资不足。为适应师资需求，民国十九年（1930），澄中开始附办二年制乡村师范班。民国二十年（1931）增办三年制乡村师范班，民国二十四年

图 1.1.11　乡村师范班学生在实验室

（1935）秋改为四年制简易师范班。根据教育部民国十九年（1930）至二十四年（1935）颁布的《师范学校课程标准》等一系列文件的规定，其时师范学校的课程为公民、国文、历史、地理、算学、物理、化学、生物、体育、卫生、军事训练、劳作、美术、音乐、伦理学、教育概论、教育心理、教育测验及统计、小学教材及教学法、小学行政实习等。

为方便师范生实习，民国二十七年（1938）春开办附属小学。民国二十八年（1939），简易师范班有学生 79 人，其中女生 49 人。民国二十八年（1939）7 月，澄城沦陷，简易师范班停办。

## 四、抗战教育、宣传

民国二十六年（1937）7 月 7 日，“卢沟桥事变”发生。日本帝国主义发动了全面侵略中国的战争。中国全面抗战开始。

“卢沟桥事变”后，潮汕形势日趋紧张。地处华南海防前线的潮汕，与被日军侵略的台湾仅有一水之隔（相距 160 海里），尤其是汕头，在战略上具有重要的地位。日本侵略者的“北占南侵”计划早把占据汕头作为一个战略目标。抗日战争爆发后，日舰穿梭于厦门、汕头之间；封锁自上海吴淞口起至广东汕头以南的海岸线，不准中国船舰航行；在汕头至厦门、广州沿海之间增派军舰，袭击商船和渔船；日军连续轰炸汕头、潮安、揭阳等地；日本间谍混在旅汕日侨中，收买汉奸，刺探情报，散布谣言，制造恐慌。



面对战争日益逼近的形势，澄中在维持正常教学的同时，除增加了战时训练外，还利用课余时间，从事抗日宣传、募捐等各项救亡工作。

澄中校长周英耀在民国二十七年（1938）6 月 6 日教师节纪念大会上为县城教师作了题为“现阶段教师的使命及其应有的努力”的演讲。在演讲中，周英耀校长提出：

现在已是达到整个民族浴血苦斗的关头，民族的生存，全民的生活，系于我们抗战建国之能否成功。今日一切的措施，莫不尽求适合于抗战建国的需要，莫不力求有助于抗战建国，以期早日达到“抗战必胜”、“建国必胜”。教育既是适应时代，推进时代，现阶段的教育，便应力使其适应抗战建国的需要，实施抗战建国的教育了。所谓抗战建国的教育，乃使受教育者获得适应抗战建国时社会生活环境的能力，尤其是培养他们具备“抗战必胜”、“建国必胜”的意识和技能。

学校师生关注全国和潮汕的抗战形势，撰写《握住抗战必胜的信念》（唯武）、《最近国际形势之检讨与中国抗战》（喜怀）、《救亡工作的浪费问题》（而立）、《怎样才能根本地肃清汉奸》（名宗）、《新年抗战的形势和目标》（式昭）、《从英美借款到抗战前途》

(希槐)、《一年来潮汕民众运动的实际与展望》(宗钦)等文章，发表在民国二十六年(1937)澄中出版的《火炬》半月刊上，分析抗战形势，为抗战宣传及救亡工作提出建议。

“卢沟桥事变”后，在全国抗日民族统一战线的影响下，澄海各种抗日团体应运而生。澄中校长周英耀负责由全县中小学教师组成的教师抗战后援会。澄中也成立了童子军战地服务团，这是当时抗日学生的青年组织。

民国二十七年(1938)11月，学校奉县政府及广东省第五区行政督察专员公署训令，休课一个星期，下乡进行抗战宣传。全体学生除女生每人负责缝制棉背心7件，可不必参加工作外，其余学生编为7队，计146人，每队设正副队长各1人，由教职员担任；下设财政、事务、演讲、壁报、歌剧5个干事，由学生自行推举。宣传方式有：①演街头剧；②街头演讲；③化装演讲；④出版壁报；⑤张贴抗战漫画；⑥张贴标语；⑦于公共墙壁写标语；⑧家庭访问；⑨晨呼；⑩歌咏；⑪个别谈话。经过宣传，民众抗战情绪高涨，多数民众颇能了解国家、民族的形势及自身应尽的责任。

学校还组织师生到各地开展抗日募捐、兵役宣传等活动。于民国二十八年(1939)元旦举行童军检阅、抗战图工展览、歌剧唱演及筹款救济难民等活动，并将学校于上年11月间发动劝募制作的500件棉衣中的100件赠送给壮丁常备队，其余400件赠送给县自卫团。

在国家的危难时刻，澄中师生自觉地肩负起时代的使命，积极参加各种救亡运动。

## 结语

澄海中学于民国四年(1915)创建之时，就确立了教育救国、为国育才的教育宗旨。在风云激荡的历史岁月中，澄中挺立于时代潮头。在澄海早期革命运动中，澄中学生一直走在全县学生前列，积极投身于革命活动，为中共地方党、团组织培养、造就了一批骨干力量。经历了大革命的洗礼，学校教育走上了与社会实践相结合的道路，澄中成为一所颇具影响力的中学，开创了澄海县中学教育的新局面。民国十六年(1927)8月，学校开始实施“党化教育”，加强对学生的思想控制。民国二十六年(1937)“七七事变”后，面对国家危难的形势，学校开始强调教育为抗战服务的教育理念，在维持正常教学的同时，将抗战教育、抗战宣传作为学校教育的重要内容。澄中师生积极参加到民族救亡运动之中，肩负起历史赋予的使命。

# 第二章　颠沛流离　弦歌不辍（1939—1945）

## 引言

1937年“七七事变”后，日军全面侵华，强敌压境，两广大批兵力被抽调北上，留在广东的兵力薄弱，只有第12集团军（总司令余汉谋）所部的3个军8个师，分守各地。抗战初期，战火尚未波及潮汕，外国商船还能正常进出汕头港，侨乡人民与海外亲人的讯息和经济联系未完全中断，但正常生活秩序已受到影响，澄中师生的生活也开始进入战时状态。

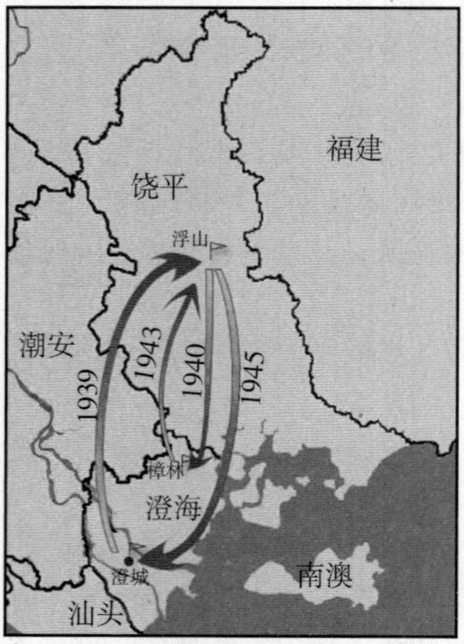

图 1.2.1　抗战期间澄中迁徙路线示意图（欧阳琳浩绘）

1939年初，潮汕形势日见紧张，各地中小学开始陆续迁往内陆安全地带。澄中在周英耀校长的带领下，也做好了情况危急时北撤的计划，并提前放假，以避免损失。1939年6月下旬，汕头、澄海先后沦陷，澄中因此停课一学期。周英耀校长偕同教职员工转移到饶平浮山，设处办公，俟机复课，后考虑到学生就学不便，选定樟林广智小学旧址风伯庙，于1940年初迁回继续办学。不久，周英耀调任省政府秘书处工作，由朱名宗继任校长。至1943年底樟林沦陷，澄中再次北迁至饶平浮山东官乡。1944年7月，余仿真出任澄中校长。从1939年6月底至1945年8月，澄中一共在饶平、樟林办学6年多。

## 第一节　借读韩师与樟林复课

1939年8月19日，李少如接替因事离职的卞稚珊出任澄海县长，兼澄海县民众抗日自卫团大队长。他把原来设于潮安县铁铺八角楼村的县政府迁回东陇，设县衙于“所厅埕”，征用了王厝祠、邻祖祠、外李祠、内李祠4座祠堂为办公地点。县政府虽匆匆重组于兵荒马乱中，但文教、卫生、警宪、税务诸机构健全。李少如将县政府定位为“澄海抗日游击县政府”，以表示澄海人民坚持抗日，与日寇周旋到底的决心。

### 一、借读韩师

1939年底，潮汕各地不少沦陷区的学校相继停办，失学者日益增加，他们的就学问题引起广东省长李汉魂的重视，他指令五区行政督察专员公署与其时迁到揭阳古沟继续办学的韩山师范学校（简称韩师）会商收容办法，这一收容办法成为战时收容失学学生的重要依据。韩师于1939年12月12日拟具收容办法草案四项，函送澄海县政府和澄中的周英耀校长。

图 1.2.2　周英耀

周英耀校长于1940年1月9日复函，附加意见，澄中综合各方面意见，拟定了《省立韩山师范收容澄海中学学生办法草案》，于1月17日上报教育厅。草案要求由澄中开列失业教职员名单送达韩师校方，须写明其姓名、年龄、性别、籍贯、出身、经历、检定号数、在原校担任的职务及待遇、拟担任职务及待遇，于民国廿八年第二学期在可能范围内尽先聘用；教职员如无法聘用时，请教育厅准予韩师登记之战区退出中小学教员，组织教师服务团，就潮汕各属担任社会教育工作，其经费由教育厅拨给；在1940年2月1日以前，由韩师派员登记澄中失学而愿继续求学的学生，在民国廿八年度下学期送入韩师相当班级就读，如无合适班级则由韩师呈教育厅准予增开；凡失学且家庭在战区而经济来源断绝者，韩师予以免收学什费，月津贴膳费国币3元至6元。家境清寒者准予贷款，贷款办法及金额由教育厅规定。教育厅于3月12日复函，同意所拟办法，由韩师转函告知澄中及澄海县政府实行。此次到韩师任职、就学的澄中师生中，最著名者是有“澄海才子”之誉的许伟余。1940年5月后，澄中在樟林复课，个别借读的学生在上完第一段学程，参加阶段考试后，到澄中申请复课。

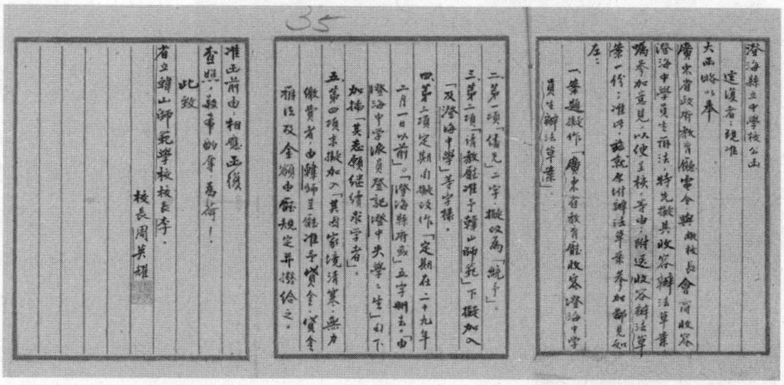

澄海縣立中學校公函

逕復者：現准

大函略以本

廣東省政府教育廳電令與貴校長會商收容

澄海中學員生辦法，特先擬具收容辦法草案，

囑參加意見，以便呈核，等由；附送收容辦法草

案一份；准此。茲就本校辦法草案參加鄙見如

左：

一、案題擬作「廣東省教育廳收容澄海中學

員生辦法草案」。

二、第一項「借見」二字，擬改為「統予」。

三、第二項「請教廳准予韓山師範」下擬加入

「及澄海中學」等字樣。

四、第三項定期內擬改作「定期在二十九年

二月一日以前」。「澄海縣府或」五字刪去。「由

澄海中學派員登記澄中失學之生」句下

加插「其志願繼續求學者」。

五、第四項末擬加入「其因家境清寒，無力

繳費者，由韓師呈廳准予貸金，貸金

辦法及金額由廳規定并撥給之。」

准函前由，相應函復

查照，敬希如擬為荷！

此致

省立韓山師範學校校長李

校長周英耀

图 1.2.3　周英耀校长与韩山师范学校商讨澄中师生收容办法函件

## 二、樟林复课

樟林复课伊始，周英耀聘请朱名宗为教导主任，郑敦鉴为训育组长，彭一明为事务组长兼会计文书。其时，职员都身兼数职，教员每周授课30个小时。

其时，除原在澄城的初中廿四至廿七班部分学生来樟林复学外，澄中还另招收廿八班新生入学，全校共有学生248名，分成7班，而专任职员仅有4人，职员兼教员也仅有10人，工作繁重而薪酬微薄，但大家不以为苦，宵衣旰食，孜孜不倦，维持学校的正常教学。刚复课时，敌机轰炸频繁，上课时间若逢敌机骚扰，课堂往往混乱一片。敌机轮回侦察，低飞时可见机上人影，故学生不敢走出教室，怕被敌机发现而开机枪扫射。紧张之时，师生只能躲在课桌下，待敌机离去，才继续上课或提前放学回家，这严重影响了正常

图 1.2.4　樟林广智小学旧址风伯庙

图 1.2.5　樟林德茂祠

教学秩序。经过观察，校方发现敌机轰炸骚扰的时间多在上午十时左右，为师生安全及教学秩序考虑，校方及时调整了上课时间，集中上课时间为早晨六时至八时、下午四时至六时，中间时间学生不集中学习而分散各地。而面对上课科目及节数不足的情况，学校则采用国、英、算（语文、英语、数学）为主科，历史、地理、生物为副科，音乐、美术、体育则在零星时间分散上课的方式加以克服。战争环境使澄中在樟林的一切教学设备因陋就简，地点不够就借用周围祠堂（如池厝祠、德茂祠、李厝祠、祥祖祠等）作为教室，还建成竹篷教室数座，以满足教学之需。学生集会都在操场进行，一遇雨天则被迫停止，虽然深感不便，但基本能够正常上课，师生们已是满足。

图 1.2.6　朱名宗

1940 年度第一学期，澄中学生已增至 334 人，分成 8 班，学校行政组织分教导、事务两处。7 月，朱名宗接任校长后，更加悉心规划，努力建设，使校务日有起色。到第二学期，学生增至 433 人，学校行政组织分教导、事务两处及会计室，杨鸿志为教导主任兼训育组长，王士英为事务主任，彭一明为会计主任兼文书组长，局面日见宏大。到第二年，学生又增至 480 人，教职员也随之增多，学校行政组织分教务、训导、事务三处及会计室，陈森石为训导主任，丁志强为事务主任，杨鸿志为教务主任，彭一明仍为会计主任，陈森石辞职后，由余维恭接任训导主任。由于澄中校产多在澄海城以南，未能收缴租金，学校经费愈感缺乏，预算不敷甚巨。经过校方向澄海县政府请求，澄海县政府拟具校租改征实物办法，由李少如县长提交全县行政会议通过。自 1940 年 7 月起，每租一元，改收稻谷十司马斤，由李少如督导各佃户遵照缴纳，澄中经费始有着落。

## 三、樟林复课期间的教学

校方采用早晚上课的形式之后，应付敌机轰炸的问题已初步解决。在当时风声鹤唳的战争环境中，物质极端匮乏，早上天未亮，学生们就每人各备蜡烛或小油灯带到教室，放于桌上，借光读书，刻苦学习。各科老师都学识渊博，宽达乐观，精心施教，保证了教学工作的正常进行。校舍虽然简陋，但是学校学习风气良好，课堂纪律严格，学生必须按期交作业。由于学校早晚上课，学生课余时间较多，澄中规定学生定期写周记，交班导师阅批，这样既可以让学生回顾自己一周以来的得失，也可沟通师生关系，让学生养成关心时事的良好习惯。

尽管条件简陋，但学生们大多是十六七岁的少年，既幼稚天真，又求知欲旺盛，老师也尽心施教，就地取材，教授学生美术、书法、唱歌、弹琴、手工劳作等，尽量满足学生们的需求，为战时校园生活注入了生机与活力。1940 年，女学生们成立了“姐妹会”，旗帜鲜明地开展抗日宣传活动。

1943 年 4 月初，学生们又利用课余时间成立了全校性读书会，发动集体研讨学问，扩大知识领域，希望将来更好地为国家、社会服务。

**图 1.2.7　“姐妹会”成立合影**

澄中在樟林时，军训及童子军管理是治校的一项重要内容，这是一种从强兵强种、救国救亡的社会功能上定义体育和解读体育的行动。童子军训练的内容，一方面注重政治思想的灌输，政治思想是他们学习的重要内容，童子军和教练员要定期进行政治学习；另一方面注重体操、服务、急救等军事知识的学习和实践，把童子军训练当作“青年军事训练的基础”。

迁校前的澄中，体育教学硬件良好，又曾多次举办全校班际各类球项比赛，并依照教育部课程标准制定学期体育课和进度，制定时、日、周、学期、学年工作大纲，于每日定时进行课外运动。迁校后，虽然硬件条件受到限制，但体育课仍见缝插针地进行，校方因地制宜地组织各类体育活动，比如到附近山麓举行登山比赛等，形成体育与智育并重的学风。

除体育活动外，举办戏剧表演活动也是当年澄中校园的一道独特风景线。每有活动，无论是在校内还是在校外，戏剧是其中一项重要内容。学生们在老师的指导下，自编自导自演了《放下你的鞭子》、《麒麟寨》、《都城喋血记》等话剧和潮剧。

在樟林复课三年间，澄中学生人数如下表：

**表 1.2.1　樟林复课三年间学生人数表**

| 年度 | 学期 | 男生人数 | 女生人数 | 合计人数 |
|---|---|---|---|---|
| 廿八年度 | 第二学期 | 197 | 51 | 248 |
| 廿九年度 | 第一学期 | 261 | 73 | 334 |
| | 第二学期 | 348 | 85 | 433 |
| 三十年度 | 第一学期 | 381 | 106 | 487 |
| | 第二学期 | 428 | 105 | 533 |
| 卅一年度 | 第一学期 | 564 | 139 | 703 |

据《澄海县立中学校复课三周年纪念特刊》整理。

澄中原只是初等中学，因为战时形势，学校毕业生人数日增，且多数未能升学，为适应社会之需要及学生家长之请求，1942 年，学校经多方请求，始奉批准办高中，由李少如募集两万元，作为购置建设之用。是年八月，澄中扩容招收高中一年级学生，成为完整中等学校。因地属战区，交通困难，澄中学生升学大受影响，为解决这一问题，澄中由校长及教务主任等组成毕业指导委员会，负责处理毕业生毕业前的事务，对准备升学者，除接收其在本校继续就学外，还指导他们投考省立金山中学、韩山师范学校等学校。到 1943 年初，澄中全校各级学生人数明细如表 1.2.2：

**表 1.2.2　卅一年度第一学期各级学生人数表**

| 班别 | 年级 | 男生人数 | 女生人数 | 合计人数 | 备注 |
|---|---|---|---|---|---|
| 高中第一期 | 秋一 | 31 | 3 | 34 | |
| 初中第廿八班 | 春三 | 53 | 21 | 74 | |
| 初中第廿九班 | 秋三 | 73 | 28 | 101 | 分甲、乙两级 |
| 初中第三十班 | 春二 | 57 | 9 | 66 | 分甲、乙两级 |
| 初中第卅一班 | 秋二 | 95 | 26 | 121 | 分甲、乙两级 |
| 初中第卅二班 | 春一 | 93 | 12 | 105 | 分甲、乙两级 |
| 初中第卅三班 | 秋一 | 162 | 40 | 202 | 分甲、乙、丙三级 |
| 合计 | | 564 | 139 | 703 | |

据《澄海县立中学校复课三周年纪念特刊》整理。

## 第二节　樟林复课期间的救亡宣传



抗战爆发后，东南沿海教育发达地区相继沦陷，原有公立中学多数停办，青年失学者极多，教育事业损失巨大。民族面临生死存亡之危机，如何处理教育和抗战之间的关系，成了摆在国民政府面前的一道难题。教育界内部也围绕着如何制定新的“战时教育方针”而展开了论战。最主流的意见认为教育应该完全服务于抗战，不但学科要调整为以军事课为主，如“化学师生可从事军用品制造”；教育对象也要调整，须“以民众为对象”，“高中以上学校与战事无关者，应予以改组或即停办”。这种意见，在师生内部也相当普遍。但也有教育界人士认为教育是百年大计，只可因战

**图 1.2.8　澄中初中第 28 班毕业合影**

争做若干临时调整，而不能全盘改弦更张。

澄中校方关于教育与救国的观点，则可从校长朱名宗1942年所作的《〈初中第廿八班毕业纪念刊〉序》中得以一见：

想起了三年前……你们这一班的同学一共有一百九十六人，经过这几年人事的变化和种种的淘汰，就只剩下了你们这幸运的七十二个！……你们卒业适在这抗战过了五个年头，最后胜利已日就接近的时候，亦正是新中国的基础在积极建立之秋，你们的责任就特别重大，国家对你们的期望亦特别殷切，因为我国教育落后，人才缺乏，应付战争需才已属急切，何况又要一面抗战，一面建国，其需才之急与多，当然更不待言！所以各同学能够升学的，就要深明斯旨，格外努力于科学的探讨，俾他日为国家建立科学化国防及工业之需；而一部分不能继续升学的同学，到了社会各部门以后，应各站紧自己岗位，努力于分内的工作，要脚踏实地做事，万不可因地位低下而终日心猿意马，须知一个人的地位与其工作能力和工作表现都有密切的关系……

## 一、开展多形式宣传

1940年，国民党五届八中全会通过《战时五年建设计划大纲》，规定社会教育应“特别注重人民生活之改进，民智民德之培养，抗战意识之增强。故除应将原有事业继续办理外，还应注重教材之编订，师资之培养，施教范围之扩大，以收普及教育之功”。大纲说明了战时社会教育的目标在于唤起民众的民族意识，激发抗战情绪，提高抗战能力，从而争取战争胜利。1940年底，澄中继续以通俗演讲、办壁报的形式开展社会教育工作，澄中全校师生编成宣传大队，队长由校长兼任，大队之下分设中队，出发各地，由澄中教师分别负责指导，并公布一系列相关规定。1943年，澄中遵照教育部颁发的《社会服务实施办法大纲》的规定，设立社会服务指导委员会，校长为主任委员，委员会下分设演讲、壁报、戏剧、歌咏等部门，各部门设负责人一名，由教师兼任，开展社会服务活动，发动民众为抗战殉国战士捐款。活动范围皆是樟林周围未沦陷的乡村。出发前，校方将编制的宣传材料分发给宣传人员参考并举行业务训练，随后，大家到事先划分的地方开展工作。在宣传中，有的学生根据实际随编随唱抗战歌谣；有的用小纸张翻印内容散发；还有的以两三人为一小组制作宣传单，宣传单既有文字性的口号，也有漫画式的，由宣传小组沿街向路人分发，或在街道醒目位置张贴，或是从门缝将传单塞进住户家，以达到深入人心的宣传效果。此外，宣传人员还在沿溪长街顺发股和永发股中间一个防水闸石门框连片的灰墙上及樟林集市上的萃英学校门旁的墙上，张贴各式宣传壁报，由于大多数壁报图文并茂，观点鲜明，民众都乐于观看。

在加强宣传的同时，澄中师生也通过写作文的形式，让大家认识到，必须加强军备才能抵御侵略者。如1942年教员黄湖光所作的《劝友人杀敌书》，全文嵌入全校教师名字，寓文采于宣传之中，别具一格，令人耳目一新：

某兄鉴，窃以君侠气过人，天资英拔，素怀鸿志，复秉忠诚，值兹世界风云幻生，国难严重之秋，正宜操戈杀敌，承创殊勋，振光中华，以章弘道。行见天地森佑，神人祥聪，定功当世，式昭后人，图开麟阁，义映光天，为国家之上将，成化胄之名宗。若奇葩兮畅茂，犹花木乎向荣。斯时也，架一叶之少舟，泛清澄之湖光，优游佚乐，以终乃龄，岂不快哉！盖天下唯志强者足以成大事。临颖维恭，不尽一一，愿君心觉而思益之！

## 二、纪念大会与精神动员

为鼓舞人民的抗日士气，1942 年 8 月，澄海抗日游击县政府举行迁东陇三周年纪念活动，樟林东陇一带士绅和商会发起倡议，举办各种纪念活动，这是政府发起的国民精神总动员的重要组成部分，是澄海人民面对侵略不屈不挠、坚持抗战的精神象征。此次纪念活动是规模空前的政治盛会，澄中师生更是活跃，学校组织学生举行抗日提灯大游行，深入街头和乡村宣传抗日，举办文艺会演宣传抗日，发动民众募捐等，还在“所厅埕”举行抗日动员大会。

1943 年 1 月 30 日，澄中在校内举行复课三周年纪念大会。大会除了唱国歌，向国旗、国父遗像等行三鞠躬礼，读国父遗嘱等，还特别向前方战士致敬三分钟，最后才是校史报告及领导讲话。这一纪念大会在澄中校史上意义颇大，澄中通过复校这个特殊的日子来回顾抗战的历程，在回顾中鼓舞民心士气，教育民众，宣传抗战，以求达到动员抗战的目的。在纪念活动中，到处可见鼓舞性的话语。这些宣传话语主要有两个方面，一方面是充分赞扬抗战以来取得的成果，另一方面则是揭露日寇侵华后的种种困境。这些话语鼓舞了抗战中受尽磨难的民众，使抗战中的军民对与敌斗争更具信心。经过宣传，民众的抗战热情得到极大的提高。

发表诗词文章也是当时澄中师生用语言文字来表达自己特殊情感的一种方式，在复课三周年这个特别的日子里，澄中教师杜定功用古风述说了抗战以来的成绩，回顾了抗战办学的艰难，抒发了坚持抗战、不逐倭寇誓不休的情怀，更瞻望了抗战必胜、建国必成的未来。其《复校三周年献词》如下：

共和方肇造，澄校随崛起，开班廿四年，济济称多士。
彼苍不厌乱，蓦地罡风被，敌寇肆彼猖，荐食来蛇豕。
县垣当前线，陷落烽烟里，国籍成劫灰，黉舍余荒址。
抗建先文化，人心幸未死，筚路苦经营，弦歌又盈耳。
复课忽三载，公门灿桃李，擘画敢辞劳，成绩差可喜。
我今献芜词，愿望原无已，学人谈报国，请自教育始。

纪念文章之传播，使身处抗战中的人们在情感上产生一种共鸣，激发了民众抗敌的热情，消除了失败的阴影，整合了抗日力量，凝聚了抗敌精神，坚定了国民抗战必胜、建国必成的信心。教师柯少舟也作了《本校复课三周年纪念题辞》：

岛夷猾夏，神州陆沉。弦歌歇绝，普海痛心。
繄我澄中，幸庆无恙，兵燹之余，凡百草创。
周前校长，必敬必恭。谁其嗣之，朱君名宗。
首厘校产，用固厥基，次辟黉舍，罗致师资。
宗旨维何，三民主义，总裁三化，抗建利器。
大纲既举，细目毕张，譬诸星曜，作作有芒。

三年苦干，声誉日隆，教泽所被，远及邻封，
壬午季冬，风光和畅，举行典礼，藉示不忘。
不揣固陋，谨献祝辞，祝辞匪美，聊当箴规。
莲花山南，韩水之东，中有学府，鼓铸鸿蒙。
莘莘学子，毋怠毋荒，努力奋斗，蔚为国光。

可以看出，澄海县政府及澄中先后召开的纪念会，是以一种群体聚集的形式来开展活动的政治宣传纪念会。参加人数众多，声势浩大，信息传播的对象就更为广泛。让参加者感受纪念的氛围，对纪念的内容产生深刻的印象，从而在精神上形成一种共鸣，达到增强民族凝聚力的效果。纪念会对军民产生精神上的激励，使大家在艰苦的环境中，仍能苦撑危局，树立抗战必胜的信心，为了抗战的胜利检讨自身的不足，以更奋发的精神投入下一期的抗战斗争中，这是当年精神动员的一个重要作用。调动军民抗战的热情，拉近了各阶层的关系，密切了人与人之间的关系，增强了民族凝聚力，鼓励军民誓把日寇驱逐出中国。

## 第三节　饶平复课

1943 年 11 月 16 日，敌军攻占樟东。是晚，恰好饶平二中学生来樟林作秋季旅行，访问澄中。澄中师生除热情接待之外，还举行联谊表演。在风伯庙正座的临时礼堂，大家用课桌搭成舞台，中座及天井挤满了观看者，演出顺利进行。至 12 时左右，节目将结束时，有消息灵通者告知大家似有敌人入侵情况，演出便立即结束，当时已有敌伪便衣在会场静观及打探情况，附近永兴街处有便衣持枪潜伏，大家互相奔告，商量如何应付危境。又有人报称鸿沟一带已发现敌人，而回饶平必经鸿沟，学生们人地生疏，再加上夜半时分，日寇当道，成队撤退是非常危险的。经过慎重考虑，大家想出了走山路迂回撤退的办法，由澄中学生带领，从西面的群山转入洪厝埔，经卓花、内寮、钱东而达黄岗，在第二天傍晚，饶平二中学生安全返回学校。

当时日寇分三路进犯樟林，一路由苏南进迫东陇，一路由海山进盐灶鸿沟攻樟林，另一路由潮安进隆者达隆眼城，樟林三面受敌，只剩北面可以撤走，一些学生因敌情不明，撤离樟林时遇到日寇而惨遭杀害。次日天刚亮，日寇即发起全面进攻，樟林上空升起滚滚黑云，被害者血染路边，池塘浮起丝丝血流。澄中学生各自组合，或与家人、朋友一同，仓皇收拾简单用品，大多由碧砂村经东浦、西浦，进入仙岩村洪厝埔一带，无法走出者就在村中偏僻安全角落暂避。

### 一、辗转借读各校

日寇此前几次侵犯樟林只是过境，焚烧抢掠不过两三天。如 1941 年 7 月，日寇侵犯樟东一带，放火焚市，到处焦土，满目疮痍，是时学校恰放暑假，校具、图书、仪器均幸免损失。不久日寇退出，澄中又得以在秋季继续开学上课。而这次日寇却驻扎下来，逼得人们各自逃难，自寻生路。澄中已无法正常上课，学生们有的走梅县，有的走饶平、入凤凰，更多的到饶平浮山，流离失所，处境万分困难，但大家都不甘放弃学业，只要有半丝

图 1.2.9　张竞生

希望，都设法读书。家住浮滨附近桥头村的张竞生博士，对澄中的学生尤为关顾。他腾出浮滨圩的旧楼让大家住宿，虽然楼已残破，空无一物，但毕竟可以稍为安定，大家已非常满足。澄中校方为了学生们的学习，也想尽办法复课，于12月在饶平浮山东官乡，设立办事处，办理一切未完手续及呈报表册，所有失学学生呈准广东省教育厅，由学校发放借读证，到附近省立金山中学、韩山师范学校、饶平一中、饶平二中及潮安县中等学校免费借读。

## 二、东官乡复课

1944年，澄中校方及地方人士鉴于学校创设近三十年，若无法办学，教育命脉中断，殊堪可惜，于是特设法筹备复课。在当地士绅和家在东官乡的澄中教师王勋的协助下，校方借用祠堂十余座及民房两座作为校舍，开始复学准备。

图 1.2.10　东官乡祠堂

由于此次撤离樟林时，各种设备均无法带出，而樟林及周围关卡，均有日寇构筑的工事，还有敌伪联防保安队的哨站、哨寮等防御点，给搬迁校具工作带来极大困难。于是，校方精心策划，选择了路线、时间、运输停放点、人力等，偷偷将校具逐件搬运。樟林西十里的东浦村，是饶平界的缓冲区，是第一个校具停放点，早晚时间，敌人哨所稍为放松，校方就动员热心民众，在这两个时间点，从樟林西的池厝尾、麻雀园埔一带敌人较不注意的缺口，冒险把校具零星分散地搬到东浦。由于是在敌人监控之下秘密偷运，为确保万无一失，人们不敢操之过急，用了一两个月的时间，才把课桌椅、办公桌、仪器、标本、学生睡的木制双叠床等急需校具全部搬到东浦。之后，再由一人一件或两人一件，肩挑手提，翻山越岭，从东浦乡经仙岩入洪厝埔、杨厝寨、石鬃岭、田厝寨、樟溪、顶塔圩、莲果林、潘段、浮滨到达东官乡，行程山路百多里，全凭人力步运到达。在东官乡复课后，师生员工同舟共济，互相帮助，互相接济，在烽火中坚持辛勤教学和努力学习。



## 三、学生从军运动

1944年9月16日，蒋介石在国民参政会上即席演讲称："国家在此紧急战时关头，要先其所急，使知识青年效命于战场，因为知识青年有知识，有自动判断的能力，队伍中增加一个知识青年，就不啻增加了十个普通士兵。"他号召全国知识青年积极从军，提出"一寸山河一寸血，十万青年十万军"的口号。10月21日，国民政府军事委员会颁布《知识青年从军征集办法》等法规，规定男性知识青年年满18岁至届满35岁者，受中等以上之教育或具有相当知识程度者，体格标准符合条件者，均得志愿参加；数额暂定为十万人；除照远征军之待遇办理外，副食费酌量增加；服役期定为两年，期满后退伍。13天后，教育部也出台《志愿从军学生学业优待办法》，不仅对从军学生一律保留学籍，还提出了免试升学、减少学期、优先录取等优待办法。

为鼓励学生从军，政府官员带头送子女从军，学生青年投笔从戎成为当时一大潮流，出现了中国历史上规模空前的知识青年报名参军热潮。“一寸山河一寸血，十万青年十万军”的口号响遍国统区。饶平县政府向澄中师生发出征集号召，其时，澄中原校长王鼎新亦撰写《十万知识青年从军歌》，声明“倭夷豕突，遍地血腥，民辱国危，青年之耻，此次领袖伟大号召十万知识青年从军，意义非常重大，凡属爱国儿女，莫不闻风奋兴，新也鄙陋，拙于文辞，热诚去世，谨献俚歌”。王鼎新以书法称誉，文学作品较少传世，面对国家危难，此时也义愤填膺，作歌词曰：

寇深事急艰难日，正是青年报国时。
十万豪英同应召，三千长路各争驰。
浩气撼山岳，雄姿惊虎貔。
热血涤奇耻，寒原陈倭尸。
鬼神泣，草木悲。
一战却敌江之滨，勇战歼敌海之湄。
最终越海飞扶桑，消灭日本军阀法西斯。
东京城上树起青天白日旗，凯旋痛饮乐无涯！

澄中学生积极响应，蔡述铭、温士贤、陈万恭、赵汾、王寿延、林泽波、林经明等，向余仿真校长递交《从军志愿书》，表示为国效劳、为民尽职的决心。于是，饶平县知识青年志愿从军征集委员会在12月23日到澄中举行体格检查及测验。

图 1.2.11　余仿真

在东官乡的日子里，澄中校务经济陷入空前困境，连同此前积欠的生活补助费和救济费等一直无法发放，师生生活极其困难。而且澄海全境基本沦陷，饶平一带虽有山岭相隔，地方也有自卫团等地方武装，但毕竟正规部队较少，若日军再北犯，校方可能连临时疏散之费都无着落。余仿真在万般无奈之下，一面向政府求助，一面与当地士绅商议筹借救济事宜，但效果不佳。在此情况下苦苦支撑了一年半后，终于迎来了抗战胜利的好消息，澄中高中第四班及初中第卅六班学生，终于完成了他们的学业，顺利毕业。

1945年7月26日，中国、美国和英国三国发表《波茨坦公告》，促令日本立即无条件投降。8月6日和9日，美国在日本广岛和长崎各投下一颗原子弹。8月8日，苏联宣布对日作战。8月14日，日本政府照会美、英、苏、中四国政府，宣布接受《波茨坦公告》。8月15日，日本天皇裕仁通过广播发布《停战诏书》，正式宣布日本无条件投降。至此，中国的抗日战争取得了最后胜利。澄中结束了在饶平办学的艰难岁月，开始回迁澄城，进入新的发展阶段。

## 结语

在抗战烽火中，澄中逐步形成了“一面抗战，一面建国”的办学目标和办学理念。一方面，坚持以救亡为目标，全面贯彻全民抗战的方针，使师生在学业之余，投入救亡宣传以至参军报国的实践行动中，正如澄中校歌所唱的“焚膏继晷兮努力，破浪乘风兮有时，愿我同学勖勤自励，为澄海响导者，为中华好男儿”。另一方面，坚持以教育为本，关注学生的学业发展，关心学生的思想培育，在课程结构上，统筹基础学科课程，又发展学生的课外兴趣，尤其是让学生学会求知、学会做事、学会合作、学会生存。

周英耀接任澄中校长之后，正逢抗战爆发，周英耀当然清楚澄海早晚会落入敌手，澄中当然也无法固守，为保证师生安全，迁校势在必行，他在 1939 年的《新岁献辞》中，说明了战争环境，指出了双方的利弊，表达了日本无法长期作战的观点，这一言论鼓舞了人心，也正式拉开了澄中战时状态的序幕。而从 1940 年初到 1944 年这四年多的时间里，朱名宗治下的澄中，在困境中迎来学校发展的新高峰，收容了澄海沦陷区的师生，开启了澄海民国教育史上的一个新局面，由此，朱名宗是民国时期为澄中发展作出卓越贡献的一位人物。而在最困难的时刻，第二次出任澄中校长的余仿真，毅然率领澄中师生共赴国难，体恤时艰，使澄中像一个大炼钢炉，继续锻炼熔铸出国之栋梁，使澄中毕业生投身于社会，为国家、民族服务，成为社会之中坚。

# 第三章　山河重光　走向黎明（1945—1949）

## 引言

日本宣布投降之前，国民政府教育部内部组织召开了一系列会议，讨论急需解决的教育复员准备工作之相关问题。日本投降后不久，国民政府教育部颁布了《战区各省市教育复员紧急办理事项》14 条，规定战区各省市从即日起，训练急需的教育工作人员，在半年内恢复战前所有各级学校及社教机关等。1945 年 9 月，全国教育善后复员会议在重庆召开，朱家骅在开幕词中提出了召开会议的四项要点，核心就是在完成教育善后复员工作的同时，要谋求整个教育的发展，达到全国范围内教育布局的平衡等。而为整理、规范和发展澄海的教育，澄海县政府在复员后，也很快出台了一些地方性教育法规，对于澄海教育的稳定与发展起到了一定的积极作用。

抗战胜利后，国民政府以教育善后复员为起点，在对教育的布局进行调整的同时，根据形势的变化和当时所制定的政策与规划，进行了整个教育体制的改革。然而，由于内战的爆发，“教育第一”的政策成了“战争第一”，全国再次处于战争环境之中，使得所制订的发展教育计划在经历了短暂的实施高潮后，便难以推行。虽然教育部先后出台了一些措施，但民国的教育体制无可避免地随着国民政府对大陆统治的结束而走向完结。



## 第一节　回迁澄城后的校园重建

八年抗战，生灵涂炭，潮汕大地满目疮痍，澄中在饶平、樟林度过了六年多的艰苦岁月，终于迎来了胜利的时刻。日本无条件投降的消息传到在饶平的澄中后，校长余仿真即刻致函澄海县县长，说明数年来，澄城内澄中校舍被敌侵占破坏，已荡然无存，抗战胜利之际，希望县政府在敌军撤退时，对校舍予以保护。同时，澄中迅速制订了回迁及修建计划，成立修建校舍委员会，制定办事细则，声明委员会以筹募捐款、修建学校校舍为目的，委员会分总务股、财务股、劝募股等部门，由澄中领导及社会知名人士任建筑委员。余仿真在日本投降后，即入澄城，勘视校址。杜君侠以学校元老资格，被推为建筑委员，兼管中学财政，一方面协助学校商借澄城旧便生医院为临时校舍，暂借教学，另一方面急筹建筑新校。9 月，经修整建设的便生医院成为澄中临时校舍，李厝祠为学生宿舍，澄中正式开学，其时共有高中 3 个班、初中 11 个班，学生 600 多人。不久，由于学生人数递增，校舍已不敷用，学校乃成立新校舍设计委员会，向外募捐筹款。

在校长及各界热心人士的募捐努力下，1946 年，各地侨胞捐款暹币 21 万铢、坡币 2 万元、港币 6 万元，请营造公司派工程师谢西家进行设计，在学宫旧址建新校舍。当年 6 月 6 日为民国教师节，学校举行抗战胜利后的第一次校庆，并举行新校舍奠基典礼。奠基活动中，师生赋诗作词，纷纷表达欣喜之情，对澄中的发展寄予了非常高的期望。当时共有高中3个班、初中11个班，学校实行春秋季招生。

图1.3.1　1948年澄中教职员在新建成的校门外合照

随着国共和谈失败，内战全面爆发，刚刚从日本侵略的苦难中解脱出来的人民又重新被卷入兄弟相残的漩涡之中。多年来战火摧折，已使经济残破，加上战后政府官员的贪污腐败，物价飞涨，金融市场全面崩溃，工商业瘫痪，人民生活极其困苦。1947年，在北方战事影响日益严重之时，周英拔接任校长。他一上任，就动员海外华侨和国内人士募捐资金筹建澄中校舍，但由于时局原因，无法顺利进行。1947年底，为增建澄中校舍，事务主任蔡向荣远赴泰国募捐，至1948年2月底，共在曼谷募集捐款暹币208 505铢。1948年黄家器继任校长后，依然以主持新校建设为第一要务，然因资金短缺，至1949年才建成校门、12间平房教室及一座中断建设的礼堂，学校勉强继续办学。

## 第二节　澄中的师资及教学活动

民国年间，新式教育下产生的新思想、新文化，使传统的教师成为具有现代意识的知识分子，他们中有的人并未走上“学而优则仕”的传统道路，而是在文化、教育等领域中发展。当时中学教师一般采用聘任制，除军训教官由主管机关主派外，其余由校长任用。由于澄中教师档案不完整，加上人事流动较频繁，从《卅八年度第一学期教职员表》中，可见澄中回迁澄城后到校任教的教师，基本上都有大学求学的经历，主要毕业于中央大学、中山大学、暨南大学、厦门大学等国内知名学府。此时期澄中教师大多接受过现代系统的学科训练，具有开阔的视野和专业的知识，澄中师资的总体水平在当时潮汕各县立中学中是名列前茅的。

**表 1.3.1　1949 年澄中教师学历分布情况**

| 毕业学校 | 人数 |
| --- | --- |
| 中央大学 | 2 |
| 厦门大学 | 2 |
| 暨南大学 | 2 |
| 中山大学 | 1 |
| 上海中国大学 | 1 |
| 上海东亚体专学校 | 1 |
| 上海南洋医学院 | 1 |
| 国立社会教育院 | 1 |
| 省立艺专 | 1 |
| 北平私立辅仁大学 | 1 |
| 学历不详 | 1 |

据《卅八年度第一学期教职员表》整理。

**表 1.3.2　1949 年澄中教师年龄段分布**

| 年龄 | 人数 | 百分比（%） |
| --- | --- | --- |
| 29 岁以下 | 3 | 21.4 |
| 30～39 岁 | 3 | 21.4 |
| 41～45 岁 | 6 | 42.9 |
| 年龄不详 | 2 | 14.3 |

据《卅八年度第一学期教职员表》整理。

从上表来看，澄中教师均比较年轻，30～45 岁者占 64.3%，是学校的教学主力，可见当时的澄中是一所富有青春活力的学校。

教学是学校各项事业中的永恒主题，学校的一切行为活动都应该以为教学服务、为教学打基础为目的。每学期将近结束时，澄中教务处会将学期结束前的工作要点通知各位教师，确定学期期末考试时间，由任课教师随堂举行。如有课业习作须清理发还或整理保存，则让任课教师在考试前照常授课。试题由各科任教师拟定，报教务处备存，将权力下放给各位教师，让他们能根据自身的情况和学生的学习进度，把握教学效果。在具体学业的传授上，澄中教师更有独到之处，不拘泥于书本，往往没有现成的框架和整齐划一的答案，当年澄中教师中让学生印象最深的是许伟余（传载第三编）。

许伟余讲授的“国文”除了有古代名篇外，还有当时名家的散文，其中蕴含的诗情画意令人陶醉在一片文艺气氛中，把人引入一个崭新的精神世界，透着一股清新的春风。他在授课时，往往考虑到学生年龄的增长、生活经验的加深、分析能力的加强和对政治经济问题的日渐关注，以及对民族、国家内忧外患的关切，其选课内容也从身边琐事逐渐扩大，引导大家身在校园而胸怀天下。许伟余是一位与时俱进的长者，他对当时青年应该认识到的人文见识都尽量讲授，这可看出他的良苦用心。若把他授课的内容进行分类，大致有知识性的天文地理、历史掌故、美育哲理、政治经济、中外风物、风俗习惯，人文性的传统伦理、道德情操、为人处世、社会问题，修养性的毅力勇气、艰苦奋斗、自由思考、学习精神，还有文艺性的诗词、散文欣赏，以及治学、读书方法和应用文体的介绍。

许伟余希望通过他的教学，可以塑造出他理想中的青年形象。他又像一个导演，选用的文章就是一个个按顺序出场的演员，该怎样表演，说些什么台词，都由他安排，按照他理想中的模式，给学生展示一个崭新的精神世界。上课时，他念课文声调优雅，很有感情，把学生的神思带到一个广阔的天地，使大家深切感受到听他讲课是一种艺术享受。课余，学生们常到他宿舍里聊天，向他提问书中的疑难之处，交流不同的看法，因此学生们大开眼界，深化了对课文的理解。这种言传身教的近距离教学，调动了学生们学习的积极性，也提高了大家的精神境界。

澄中名师认真教学，在社会赢得了崇高的地位，广受世人尊敬。特别是当澄中教师杜君侠（传载第三编）不幸逝世时，更在澄海引起广泛的社会关注。

噩耗传来，澄中师生悲痛万分，纷纷以各种形式表达对杜君侠老师的哀思。如初三上学生李惜农所作古风《哭杜老师君侠》中有句："天不假兮归何速，顿教士林悲声号，音容已杳无寻处，教泽犹留荫吾曹。"高三下学生吴惠深则撰散文《痛失尊师》记叙杜老师在上课时给其留下的点点滴滴深刻印象，表达了其对老师的悼念，读之感人至深。时任行政院院长张群等社会名流也致送挽联吊唁，著名学者饶宗颐撰挽联曰："多士共瞻贵叔度，高风如揖杜茶宗。"前澄中校长杜兰撰联："卅载常笔砚相亲，昕夕时聆肝胆语；一身肩乡闾重寄，清勤谁继老成人。"



## 第三节　澄中学生的校园生活

民国时，澄中校方和学生的关系非常简单，学校教育学生，学生在学校接受教育。但这一看似简单的关系是要通过学校和学生之间发生的多种关系来完成、来实现的。除了教学工作以外，学生管理工作和后勤服务工作也是学校各项工作中的重要组成部分，管理服务于教学，对学生采取管理措施是为了维持学校正常的教学秩序，引导学生更好地接受学校的教育、教学。从这个意义上讲，管理的目的依然是教育，而绝对不是管住学生。这就涉及管理方法和措施的问题，同时还有管理者的心态问题以及管理者对管理工作的认识问题。

### 一、及时准确地掌握学生情况

澄中校方认为，管理学生，应该有一套完整的规章制度，同时更应该有以情感为载体的教育来引导。一旦在管理环节中与学生产生对立，教育效果必定大打折扣，更重要的是无法改变学生已经偏离了正常轨道的行为习惯，有时学生甚至会变得更加恶劣。不与学生产生对立，绝对不等于无条件地谦让，而是用适当的方法让学生从内心接受学校的管理，接受学校的说服教育。为达到这样的效果，校方往往定期组织教师与学生进行一对一的谈话，了解学生思想动态，然后进行分析，进而及时准确地掌握学生的全面情况，如洪济深在《卅七年度第二学期澄中学生个别谈话记录表》中记录了初一上乙班学生蔡仰颜的情况。

生活状况：朴实。性格修养：态度和蔼。

学习状况：努力。思想倾向：能别是非。

服务情形：努力。健康状况：健康。

在实际工作中，澄中教师不断探索符合学生心理特征和实际情况的管理措施和方法。如举行“看谁借书多”读书统计活动。从1946年2月到4月，据学校图书管理员统计，共借出书籍9 644册，以初二上借书1 884册为最多；借书种类中，文学类最受欢迎，共借出7 328册，哲学类的最少人借阅，只借出44册。澄中通过进行这类活动，鼓励学生多读书，读好书。

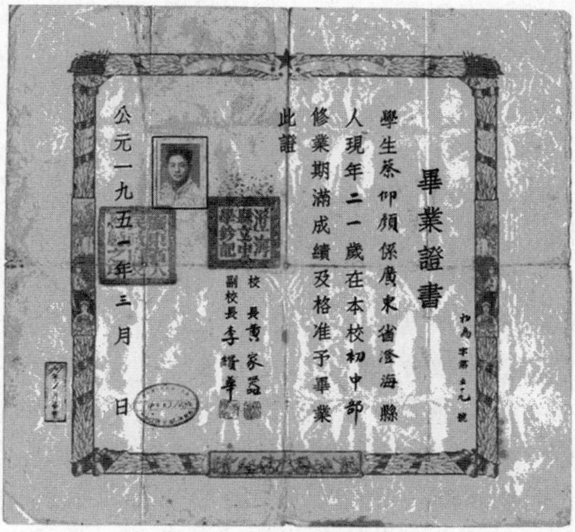
畢業證書

學生蔡仰顏係廣東省澄海縣人現年二一歲在本校初中部修業期滿成績及格准予畢業此證

校長

副校長

公元一九五一年三月 日

图 1.3.2　蔡仰颜的毕业证书

此外，学生入学时每人还须撰写自传一篇，交训导处检查。自传的内容除了写明各自的籍贯、年龄等基础信息外，还要求写明个人成长经历（从上小学写起，包括就读的学校、担任的职务、所受奖励与处分、参加何种组织、有无相关政治历史问题等），个人思想、信仰和家庭主要成员、主要社会关系的情况，谈谈他们和自己的关系，他们的民族、职业、单位及政治面貌等。例如，三十五学年度初一学生张慕吟的《自传》，就从出生写起，介绍了家庭，以及战争的影响，又谈了个人的爱好，还有对未来的憧憬等等，被评为“甲”等。

## 二、开展学生社团活动

学生社团是学生根据自己的兴趣和爱好自愿参加的自治性组织。同时，它也是学校为了增加学生的个人知识，培养学生日后服务社会的能力，根据学生自身的情况和学校可能的办学条件，经由校方有效的课程规划和课程领导，允许学生自行组织的学习性团体。学生社团按照自治章程，可以根据工作计划定期开展课外活动。虽然从传统教育的角度来看，它属于名义上的课“外”活动，但这种学校制度的安排为学生富有意义的学习提供了不少机会，学生在社团活动中通过主体性参与习得的常识性经验和实践性知识，具有相当重要的意义，是对课堂学习的充实或补充。

澄中有学生自治会，是校内影响力最大的学生社团。学生自治会运转期间，负责接待新生，管理食堂，举办演讲会、欢送会和组织旅行参观等具体工作。学生对学校有要求或请求，也由学生自治会专人出面负责和学校交涉。学生自治会办有壁报，内容丰富，报道及时，深受学生的喜爱。此外，根据教育的需要，学生自治会还组织学生到孤儿院、机关、工厂参观，以增加学生的实际知识。而学校也通过加分的形式对积极参与这些活动的同学给予奖励。同时，学生自治会还邀请社会名流和学者来校演讲，有时演讲以后还组织同学围绕主题进行讨论，场面热烈。如1946年12月举行的国语演讲竞赛，由澄中国语研究会组织，其在宣传语中指出："语言为民族构成之要素，也为传达民族意识之工作，我国地域辽阔，语言复杂，因语言不统一，影响国民团结，是以同意国语运动，亟须积极提倡，本校已有国语研究会之组织，兹为引起学生对于国语之认识，复于第十三周举行各级国语演讲初赛，于第十四周星期五下午举行级际国语演讲决赛。"此次比赛经初赛后，进入决赛者于16日上午七时半，在学校运动场举行国父纪念会后，参加初中部国语演讲决赛，评判员为澄海党部书记长陈廓连、县参议会议长周英拔、教育科长吴维科、县干训所教育长陈仰生、校长余仿真，全校师生700余人参加了此次活动。演讲的题目为"助人为乐是真正之乐"、"怎样做一个合格的公民"、"服务社会的意义"等，竞赛分甲、乙二组，参加的各级代表共30余人，经过角逐，第一名由学生蔡继龙获得。

除学生自治会外，还有各班定期举办的班会、研究会、歌咏活动和辩论会等社团活动。班会根据各班学生的爱好和兴趣组织旅行、聚餐、工艺等文娱活动。

民国教育的特点就是开放、多元、兼容，允许自由讨论。学校里并排张贴着报纸，学生可以对照着看各种新闻。高年级学生经常对各种思想观点展开讨论。结社、演出、办壁报，校园广场上张贴着他们自办的壁报，内容五花八门，既有探讨人生的，也有关怀国事的。时事辩论赛也是澄中经常举行的活动，校方及学生组织经常结合时局组织活动，如回迁澄城不久，学校曾组织"战争促进抑或毁灭文化"、"世界持久和平能否实现得了"、"第二次世界大战谁胜"等辩题，让当年参与活动的学生终生难忘。他们在校园里获得的这些训练，对他们开阔视野、培养世界眼光，产生了深刻的影响。



作为澄海的最高学府，澄中非常重视后勤服务工作的质量，将其放在与教学管理工作同样重要的位置上。澄中学生中有不少澄海望族及名流的子弟，但他们在校园里未受到任何特殊待遇，学校也不允许他们以自己的家庭背景在同学面前逞威风，要求他们一样必须穿校服。操场是澄中学生们活动的乐园，每天下午，所有学生都要走出课堂，融入火热的体育活动中，如果学生无故不参加体育活动，要立刻记过一次，对体育的重视也是澄中校园生活的特色之一。

学校认同感是学校和学生关系的基础，因此学校认同感教育一直是澄中重视建设的内容。学生在学校必须要有爱校情感，情感主宰着一个人的内心世界，对什么情有独钟，对什么感情深厚，直接影响其行为表现。一个不爱学校的学生，很难接受学校对他提出的要求，一个没有学校认同感的学生，很难做到感恩学校、感恩老师，感谢学校为他提供的教育，包容学校工作中的不足，以学校的规章制度作为自己的行为准则。作为学校，要多为学生办实事，办好事，不去做伤害学生感情的事情，让学生时刻体会到学校对他们的爱护和关心。只有爱护学生的学校与具有学校认同感的学生之间的相互关系才能实现最有效的教学目的。澄中和学生之间的关系，看似简单，却是澄中校园文化多年建设的结晶。这种关系是通过多种途径的共同努力方得以实现的，其中，组织剧社演出自编、自导、自演的戏剧就是一种主要方法。

1948 年 6 月 9 日下午，澄中召开剧社成立大会，余启正、曾凌风等 27 位师生参加会议，经选举，共选出正理事 5 人，候补理事 2 人，林初菲、周新心等 7 人分别当选，王直青被推为理事会召集人。每人交社员费国币 5 万元，共收得国币 100 万元。

剧社成立后，很快就演出了三幕神话喜剧《捉鬼记传本事》，角色全部由澄中师生扮演，剧务工作也由师生共同负责，其中，校长周英拔负责总协调，吴维科、王直青任导演，王直青、吴维科、曾凌风负责舞台设计。演出结束后，学校又要求学生写观后感，形成良好的氛围。在这种环境下，各班学生也自发组织，利用课余时间，自编、自导、自演戏剧，如蔡英豪编剧的独幕剧《禁止小便》，由 41 班同学演出，表现了当时政府对进步运动草木皆兵的紧张状况，具有一定的现实意义。

1949 年初，中国的前途和命运已经明晰，三大战役的结束，宣告在国共较量中，国民党败局已定。此时澄中的各项教学工作仍照旧进行，无论时局如何，澄中都努力维持正常教学状况。澄中对学生的影响不仅仅是知识的传播，更多的是为人处世方面，学生蔡仰颜回忆说：

我在澄中读的几年书，澄中给予我的基本训练方面的影响，却是极其深远的。除语文、数学等功课外，从逻辑思维、语言表达，公民课上关于如何开会、如何选举、如何表决的训练……都使我终身受用不尽。总之，就亲身感受而言，澄中教育的真谛，就是对于德、智、体、美四育并进的高素质要求。

## 第四节　澄中师生的进步活动

澄中师生具有光荣的革命传统，从响应“五四”运动到庆祝国民革命军第二次“东征”、支援南下抵潮的“八一”南昌起义军等历次运动中，都有澄中学生的身影。到了解放战争时期，进步的澄中师生积极追求真理，通过各式各样的活动投身于革命洪流。

### 一、学习会的活动

1946 年下半年，澄中学生高作猷、林思九、黄长素、林初菲、杜之鸗、黄科宏发起组织了澄中学习会（也称读书会），读书会以读书为主要活动，介绍进步报刊，学习进步的社会科学理论书籍，在校内出版具有民主气息的《学习》壁报。《学习》壁报内容有读书笔记、时事评论、学习与生活感想等。在第二期壁报中，出现了“反内战”语句，受到校方干涉，校方要求把“内战”改为“内乱”，遭到学习会成员拒绝，《学习》壁报被迫停刊。

《学习》壁报停刊后，学习活动并未停止，学习会成员继续坚持用独特的风格进行活动。首先是潜心学习进步书籍和报刊，除马克思列宁主义的哲学、政治经济学之外，还有中外文学名著和解放区文艺、进步报刊等读物，还函读孙起孟在香港主办的“持恒”函授学校有关中国农村经济的课程。其次是采取个别谈心、考察、个别吸收的方式，在校内发展能关心国家大事、有正义感、自觉学习、品学兼优的高材生参加学习会，使队伍逐渐壮大。最后是采取秘密活动的方式，以自觉为主，定期集中学习，交流心得，学习地点随会员增加及时局变化而增多和转移，分别使用“小草”、“小书斋”、“家”等附属组织名称或代称。

学习会在校内崭露头角之时，进步教师林德飞、李缵华先后到校任教。学习会成员抱着敬仰之心登门求教，两位教师也非常赏识学习会成员的勤奋好学，孜孜不倦地引导并解囊相助，使学习会成员更热切地追求真理，坚持课外学习，在同学间产生深刻的影响，吸引、团结了一批进步学生。1946 年底，会员由最初的 6 人发展到 27 人，到 1947 年底至 1948 年春时，学习会已发展至 55 人。正当学习会准备进一步扩大影响时，澄海政治气氛日益紧张起来，林德飞于当年 4 月 5 日离开澄中，往香港汉华中学任教。于是，学习会主要成员聚集在佘延年家商讨对策，决定暂时停止对外发展活动。4 月中旬，学习会骨干周锦纾、高作猷、黄里晏先后赴港找林德飞，通过其介绍，高作猷、黄里晏在揭阳八乡山参加潮汕人民抗征队。不久，另一女会员周懿芬也上山。1948 年 5 月及暑假，李缵华和学习会骨干杨瑾瑜赴香港找林德飞，并会晤不少地下党人员，向他们表达学习会主要骨干热切希望参加游击队的心愿。几经周折，由潮普惠地下党组织把关系介绍给潮澄饶平原工委，平原工委先后派林正昭、邱河玉、林华了解学习会情况，并请示许士杰，决定在学习会的基础上，建立澄中团组织。1948 年下半年，党组织派地下党员林华与学习会成员杨瑾瑜等联系，并在原学习会成员中吸收团员，在澄中建立地下团组织，让他们暂时不参加游击队，留在校内开展学生工作。

1949 年元旦，毛泽东发表新年献词《将革命进行到底》，这进一步鼓舞了澄中学生革命的信心。党组织在此时又派富有学运领导经验的柯国泰来秘密领导澄中团支部工作，发展进步教师曾凌风入团，以便让他及时协助指导工作。澄中学习会受党直接领导之后，主要成员陆续被吸收为团员，作为团的外围组织的读书会形式依然存在，基本上以班级为单位继续开展活动。同时，在校外，团支部也积极开展活动，家在农村的团员蔡鹤寿、陈树人等，了解到当地上层人物藏有枪支，便向武工队提供线索，春节前夕，在澄城的支委林初菲、许守介通过蔡兆辉，将澄城黄峻六家藏的枪支弹药偷借出来，转交地下党组织。党组织为了他们的安全，批准林初菲、许守介、曾楚沂、蔡兆辉同时入伍，由朱生灿、陈树人、姚纯珉、蔡鹤寿、余乐婉任学校第三任团支委。这时支部已发展至 20 多位团员。

1949 年“三八”妇女节，周新心等学习会成员在澄中女宿舍内关门唱革命歌曲，受到女舍监和训育主任的干涉。4 月中旬的一天，驻澄城保安团陈汉英部驻北门直街黄厝祠的哨兵，调戏路过的女学生周笑心，引起学生们的极大愤慨，学校团组织即以学生自治会的名义，发动全校学生罢课游行，高举校旗集队到县政府门口静坐请愿，分别向县参议会和县政府递交请愿书，并派出代表向县长要求惩处违法军警，保证以后不再出现类似事件。县政府面对赤手空拳的数百名学生，摆出两挺机枪，封锁大门。但澄中学生毫不畏惧，坚持静坐，等待答复，直至县政府被迫同意接见代表，答应条件，才回校复课。保安团司令陈汉英，亲自到校向全体师生赔礼道歉，检讨自己对部下管教不严，声称肇事士兵已被禁闭惩处。事件过后，政府准备秋后算账，对静坐事件领头师生下手。

澄中学习会是进步的、倾向革命的学生学习社团，它对于澄中地下团的建立和发动一批师生上山参加革命，在思想和组织的准备上起到了一定作用。

## 二、上山参加游击队

随着解放战争的不断推进，1949 年 4 月，中国人民解放军闽粤赣边纵队正式宣告成立，指示潮汕人民武装向平原伸展，开展平原游击战争。而经过学潮检阅和锻炼的澄中进步师生，在党组织领导下加紧秘密开展革命活动，在短短一个月左右的时间内，地下团组织得到较大的发展，团员已发展到四五十人。4 月下旬，中共澄海县委根据中共韩江地委的指示，通过澄中地下团开展政治思想工作，动员知识青年入伍。四五十名团员经过动员，大部分要求入伍，他们还积极串联进步同学一起行动，初定于 5 月 1 日集体上山，留小部分在校内继续开展工作。

图 1.3.3　澄中学生上凤凰山

5 月，根据革命形势的发展，在地下党组织的引导下，经过周密部署，澄中 108 名学生以回家、休假、旅行、赛球等名义组织若干小组，分成外砂与上华、澄城与莲阳、东里与樟林三条路线，巧妙通过各哨站，朝隆都、十五乡等地进发，地下党事先布置各乡地下民兵带路，按约定暗号在各处联络，当天下午三点多，全部学生顺利到达潮安铁铺的聚奢学校集中，韩江支队十一团政治处主任许云勤带领该团主力连 20 多名战士从根据地前来接应。晚饭后，全部学生在山坡集队准备出发，十一团团长许杰也与大家见面并讲话勉励，新入伍的学生连队战士分别唱歌答礼之后，队伍开拔，于 9 日上午到达凤凰山革命根据地，正式入伍。同时，有几名团员根据党组织的指示，留校坚持斗争，他们都为解放事业作出了贡献。

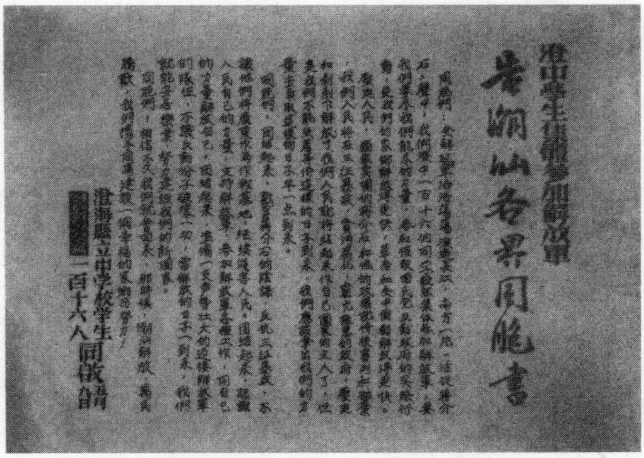
澄中学生集体参加解放军
告潮汕各界同胞书
澄海县立中学校学生
一百十六人同启

图 1.3.4　澄中学生集体参军《告潮汕各界同胞书》

5 月 16 日，专门为澄中学生开办的韩江干校，在凤凰山根据地松柏下村开学。新入伍的学生接受了革命理论和革命传统教育。在献金运动中，各人踊跃把随身带来的金饰、钱币捐献出来，为革命贡献绵薄之力。为扩大影响，柯国泰以澄中入伍学生 116 人（包括此前入伍者）的名义，起草了澄中学生集体参军《告潮汕各界同胞书》等，由中共潮澄饶平原县委机关报《海啸》印发，这是澄中校史上一份非常重要的文献，表达了当年大家的心声，谨录如下：

同胞们：

全①解放军浩浩荡荡渡过长江，南方一片“活捉蒋介石”声中，我们澄中一百一十六个同学毅然集体参加解放军，我们要尽我们能尽的力量，参加摧毁国民党反动政府的实际行动，使我们的家乡解放得更快，华南和全中国都解放得更快。

压迫人民，独裁卖国的蒋介石和他的政权就将被审判和抛弃，我们人民将在三征暴政、贪污腐化、穷凶极恶的政府压迫和剥削下解放了，我们人民就将站起来作自己国家的主人了！但是我们不能坐着等待这样的日子到来，我们应该拿出我们的力量去争取这样的日子早一点到来。

同胞们，团结起来，戳穿蒋介石的阴谋，反抗三征暴政，不让他们将广东作为作战基地，继续践害人民。团结起来，认识人民自己的力量，支持解放军，参加解放军各种工作，用自己的力量解放自己。团结起来，准备一支声势壮大的迎接解放军的队伍，不让反动份子②破坏一切，当解放的日子一到来，我们就能安居乐业，努力建设我们的新国家。

同胞们，相信不久我们就会回来，那时候，潮汕解放，万民腾欢，我们携手同为建设一个幸福的家乡而努力！

澄海县立中学校学生一百十六人同启

五月九日

对于上山后的澄中学生，四支队司令部决定护送他们和韩师、金中、礐光等校先后上山的学生，一同到二支队八乡山参加干部学校训练班，以做好解放后入城的准备，在7月1日夜晚出发，几经周折，有惊无险地将学生们送达目的地。

## 三、解放前夕的团组织活动

图 1.3.5　黄家器

澄中学生集体上山参加游击队后，李缵华、曾凌风、陈得昭等进步教师和隆都中学学生也陆续上山参军。这使政府当局大为震惊，翌日，澄海县警察局即向居住在澄城的学生家庭清查户口，要家长们劝导子女回校读书，警察局长吴浏冰电令各区警察所注意当地情况。与此同时，学运领导人柯国泰和澄南区委书记李树民不幸在程洋岗仙美溪渡口被捕，壮烈牺牲。接着，澄海县长侯慕彝召开各中学校长会议，强令各校加强对学生的防范，要各学生家长填写保证书，黄家器校长严词以对，声明校方及各家长事前全然不知学生有此行动，今后学生也不愿向校方及家长透露，根本无从防范。

虽然遭到抵制，但在县政府的强令推行下，澄中全校师生实行“五人联保连坐”，外宿生必须向学校申报住址，澄中训育处又常以督促学生学习为名，突击检查外宿学生的宿

① 原文如此，疑为“在”字讹。

② “份子”应为“分子”。

舍，军训教官洪济琛每上军训课就训斥学生，白色恐怖笼罩着澄中校园。但无论如何，澄中学生集体上山参加革命的行动就像一颗重磅炸弹，在广大学生中引起强烈的反响和震动，学校只得提前组织毕业考、放暑假。

1949 年 8 月 9 日，澄南区委林劭先恢复了一度暂停的澄中团组织活动。9 月中旬，尽管胡琏兵团还盘踞在潮汕，但澄中地下团组织已逐步半公开活动，发展进步学生，并举行学习心得座谈会。10 月上旬起，胡琏及方天在潮汕的军队陆续调离，团员们取消单线联系，在文祠路与会堂路交叉处的三格门第，集体为准备迎接部队进城而忙碌工作，学习扭秧歌，学唱《解放区的天》等革命歌曲，出身大户人家的团员，还承担向亲属朋友募集慰问品的任务。10 月下旬，澄海城内的国民党军队和便衣队等基本撤离，县城形成半真空状态。10 月 24 日，澄中地下团组织接到通知，中国人民解放军闽粤赣边纵队午后从冠山出发，走南堤，进澄海城南门，举行入城仪式。于是在 24 日上午，两名澄中的团员到四城门和鞋街张贴迎接解放军的标语，留在学校的团员，则在学校各处张贴署名“澄中地下团”的大字壁报。午饭后，澄中团员在三格门第集中，列队到南门外迎接进城解放军。

中国人民解放军闽粤赣边纵队进驻县政府后，宣布澄海军事管制委员会成立，宣布县城正式解放。

## 结语

在战后几年间，政局动荡，财源枯竭，当局自顾不暇，澄中艰难维持，始终未走出困境，发展轨迹曲折。尽管处在特殊的灰暗岁月中，澄中还是有不少令后人深长思之的东西，值得回味。经济凋敝、政治灰暗、民生困顿乃至社会落后，并不妨碍教育自身一些规律性东西的彰显。

第一，不甘沉沦、勇于担当的教育精英，是当时苦苦支撑学校的核心力量。澄中校园中，抱有教育救国理想的教育精英，在乱世中尽最大力量，恪守自己的信仰，坚守教育的精神堡垒，矢志不移。余仿真、周英拔、黄家器等校长，他们在困难处境中苦苦支持，基本维持了学校的正常教学秩序。在他们的带领下，澄中不仅培养了很多进步学生、掩护了一些地下党员，而且在解放时保护了校产，将其完整无损地交到人民手中。

第二，一些教学内容和方式，至今依然有可借鉴之处。社会在进步，教学内容和手段日新月异。我们回溯既往，审视澄中课程，会发现一些至今依然不落伍的东西。现在中学常规的“三大科”——语、数、英赫然排在前列，图、工、乐、操乃至炊事、洗涤、缝补等属“素质教育”序列的内容，也得到了充分的兼顾。当年没有升学率之类指导思想的牵引，或许，“素质教育”实施起来阻力会小得多。

“二战”结束后，世界教育飞速发展。在教育民主化浪潮的推动下，教育平等问题日益受到世界各国的关注，教育资源供给的充分性和教育机会的平等性，成为衡量教育发展的重要指标。当时的中国，百废待兴，孰料内战陡生，百业凋零，教育在时势大潮中跌宕起伏，也经历了一个曲折的演变历程。澄海作为沿海相对发达地区，其教育的起落，恰恰是当时中国教育在困顿中求发展的一个缩影。

# 第四章 鼎革奋发 培育新民（1949—1966）

## 引言

1949 年 10 月 24 日，澄海全面解放。迎来新中国的澄海县立中学（1951 年改称“澄海第一中学”，以下简称澄海一中或澄中），鼎革奋发，在澄海县委和人民政府的大力支持下，完成了新校舍的配套建设，大力开创新教育。与此同时，全校师生积极进行政治学习与思想改造，以全新的面貌“迎接新生活，建设新澄中”。

## 第一节 建设新校园

澄中的旧址，在战乱中已被夷为平地。1945 年抗战胜利，澄中迁回澄城，9 月开学时，只得暂时借用便生医院为校址，以医院后的“妈祖庙”为女生宿舍，城隍池边的李厝祠为男生宿舍，双忠庙（也称“双忠公宫”）前的广场为操场。由于临时校址太过窄小，不足以容纳全校师生，校方于是成立了新校舍设计委员会，选定孔庙为新校址，由校领导向海外华侨和国内人士募捐资金筹建。新校舍于 1946 年 6 月 6 日奠基建设，但由于资金短缺，直至 1949 年，只建成校门、12 间平房教室以及一座中断建设的礼堂，其余仍是废墟，只能供初中一、二年级上课。

图 1.4.1　1951 年落成的澄中礼堂

1949 年 11 月 6 日，学校呈函澄海县政府，“请求准将旧日县府废墟拨为澄中新体育场”。同年 11 月 22 日学校收到澄海县人民政府第 36 号文件批文（县长余锡渠、副县长许宏才），批文批准将县府废墟暂借澄中使用。1950 年 2 月 9 日，学校再呈函澄海县公产整理委员会，提出“现在建筑大礼堂工程进行过半，已到不能中止地步，但工程费不敷，数目尚巨……敬希赐予协助准将便生医院在汕头市铺业三间拨助本校完成大礼堂工程，以宏作育”。1950 年 3 月 13 日，澄海县公产整理委员会批文同意“准将便生医院在汕头市铺业三间拨助本校”并张贴周知。1950 年 3 月 20 日，澄海县人民政府发公文答复澄中：“准予登记转移便生医院在汕铺业三间业权并给证明以变价。”1950 年 3 月 25 日，澄海县人民政府开出证明：“本县便生医院在汕铺业三间拨给澄中变价充作完成大礼堂工程。这三间铺业分别是：永安三横街三号列二测区〈1096〉号、潮安街十三号（旧门牌十五号）列四测区

〈1142〉号、潮安街七号列四测区〈1149〉号。”1951年，学校大礼堂终于建成。建成的澄中礼堂成为20世纪50年代澄海县城较大的公共建筑之一，建筑面积650平方米，混凝土屋架，跨度16米。这也是澄海的第一座中学礼堂。

1951年土地改革（简称土改）时，澄海县人民政府又将金城巷的几座大宅拨归澄中作为宿舍，同时发动澄中师生及广大群众义务劳动，搬平学校西侧的旧县衙废墟，建成一个有三百米跑道的田径场。1951年6月17日，学校又呈请澄海县土改委员会拨给校舍附近房屋及土地以利发展。申请称：“目前，除设法开工建筑校务处一座外，仅有礼堂一座，教室六座，及传达室、合作社各一小座，教室不敷尚多，他如图书馆、科学馆、学生宿舍、教职员工宿舍、膳厅厨房、浴室、工场、农场、体育场及体育馆之缺乏更不待言……查校舍西北二面空地废墟及地主房屋甚多，北面城墙之外则有沙池一片，园地、坟地多亩，拟请于土改没收或征收时准将此等空地、废墟、沙池及部分园地、坟地划归本校，以便发展成为一完整之人民中学……”此后至1952年，澄中新校舍终于落成，建筑规模大，配套也较为齐全：教室增建12间（原6座12间，共24间），分列于礼堂两侧；东侧空地，临时建起4座木板教室；东面围墙旁的几座民房，划归学校作为科学馆，理、化各设有实验室，配备专门管理员；礼堂后面有3个篮球场；东北角有1个气象园；西南角原一民宅也划入校内作为学校卫生医疗室；图书馆配套设在礼堂前楼；礼堂前面两侧建筑墙报栏，庭院开辟4个雪梅围圈的草埔。从校门往里望去，整个校园既有文化氛围，又有园林雅观，面貌焕然一新。

图1.4.2　20世纪50—60年代初的澄中校门

图1.4.3　1951年落成的澄中校务处

# 第二节　迎接新教育

## 一、思想改造

### （一）响应爱国运动

1950年6月，澄中师生热烈响应了政府发出的“和平签名”、“抗美援朝，保家卫国”、“学习时事，参加军干（军事干校学习）”三项爱国运动的号召。在“抗美援朝，保家卫国”运动中，学校积极采取行动：一是有计划、有步骤地做了动员，从青年团员、学生干部、班主任动员起，再推至各班级教师、工友及全校性的动员；二是和时事学习相结合；三是从校内的动员推广至校外的动员；四是各班级都出版壁报，同学们化装参加游行活动，创作多种形式的决心书。在“学习时事，参加军干”运动方面，学校领导掌握思想路线和群众路线，使同学自觉自愿响应政府的参军号召，并把运动发展为群众性爱国主义教育，邀请机关首长来校上大课，向同学们进行关于革命与家庭、生与死等问题的教育等。三项爱国运动的开展，收获很大，学校不仅完成了上级交代的任务，也使同学们的政治认识水平普遍得到提高，具体表现在：寒假期间，全校教员、学生以及工友热烈进行了连续三天的开辟县人民体育场的活动；全校有25%的同学，在一声号召之下踊跃参加土地改革和救护班，个别同学还加入军分区和大军队伍中。

### （二）迎接土改运动

1951年，澄海土地改革。澄中师生及有关亲友属于地主、富农成分的不少，据1949学年度第二学期统计数据，学校初中、高中14个班级中，共有学生498人，其中，家庭出身成分属于地主、富农的有49人，属于自由职业者的有75人，属于小商贩的有202人，此外，还有属于革命职员、职员、工人、中农、贫农、贫民等家庭成分的。因此，1951年学校的政治思想教育以土改和反封建教育为中心，号召全校师生工友（以教职员和初三以上学生为重点）进行土改学习，诚心诚意为土改服务。在轰轰烈烈的“八字运动”中，学校接受了各种考验。1951年寒假，澄海土改试点工作在鮀西和樟籍进行，团县工委组织团员和部分同学到樟籍、鹊巷、后埔乡参加土改试点学习。下乡期间，学生和当地工作队一起深入群众，参加诉苦、斗霸等活动，了解社会，接受阶级教育。后来，一批学生直接加入土改队。随着土改全面铺开，大批解放军来到地方工作，又有一批澄中学生为工作的需要，到土改队中充当翻译。

**表1.4.1　1949学年度第二学期澄海县立中学班级数与学生数统计表**

| 项目 | | | 班数 | 学生数 | | |
|---|---|---|---|---|---|---|
| | | | | 共计 | 男 | 女 |
| 总计 | | | 14 | 498 | 366 | 132 |
| 秋季 | 初级 | 一年级 | 2 | 72 | 50 | 22 |
| | | 二年级 | 1 | 57 | 43 | 14 |
| | | 三年级 | 2 | 62 | 42 | 20 |
| | 高级 | 一年级 | 1 | 29 | 22 | 7 |
| | | 二年级 | 1 | 20 | 17 | 3 |
| 春季 | 初级 | 一年级 | 2 | 95 | 71 | 24 |
| | | 二年级 | 1 | 47 | 38 | 9 |
| | | 三年级 | 2 | 69 | 50 | 19 |
| | 高级 | 一年级 | 1 | 35 | 25 | 10 |
| | | 二年级 | 1 | 12 | 8 | 4 |

据1950年《澄中学生》（创刊号）附录资料整理。

**表 1.4.2　1949 学年度第二学期澄海县立中学学生家庭成分统计表**

| 项目 | | | 共计 | 贫农 | 中农 | 旧式富农 | 工人 | 贫民 | 小商贩 | 自由职业者 | 职员 | 革命职员 | 地主 |
|---|---|---|---|---|---|---|---|---|---|---|---|---|---|
| 总计 | | | 498 | 21 | 62 | 2 | 15 | 23 | 202 | 75 | 50 | 1 | 47 |
| 初级 | 一年级 | 春 | 95 | 5 | 8 | | 5 | | 56 | 6 | 4 | 1 | 10 |
| | | 秋 | 72 | 7 | 5 | | 4 | 2 | 23 | 5 | 22 | | 4 |
| | 二年级 | | 104 | 9 | 14 | | 2 | 18 | 47 | 8 | | | 6 |
| | 三年级 | | 131 | | 28 | 1 | 1 | 1 | 39 | 36 | 14 | | 11 |
| 高级 | 一年级 | 春 | 35 | | 3 | 1 | 1 | 2 | 18 | 5 | 5 | | |
| | | 秋 | 29 | | 2 | | 2 | | 10 | 6 | 3 | | 6 |
| | 二年级 | | 32 | | 2 | | | | 9 | 9 | 2 | | 10 |

据 1950 年《澄中学生》（创刊号）附录资料整理。

### （三）进行镇压反革命教育

1950 年冬至 1951 年，人民政府进行了镇压反革命运动，学校教职员中，方思齐、黄定初、洪笃元、沈毅 4 人先后受到了镇压。由于学校教职员的家庭出身成分较为复杂，一些历史包袱较重的教职员产生了某些顾虑，情绪较低沉。为此，学校青年团邀请团县工委书记林华同志给全校师生作关于镇压反革命运动的报告。5 月初，学校领导发动教职员工举行反动党团分子及曾任伪职人员的自申登记，消除了部分教职员存在的思想顾虑，安定了他们的工作情绪。此外，为了使同学们对镇压反革命运动有正确的认识，划清敌我界线，学校也在同学间进行关于镇压反革命的宣传教育。在政治运动中，教育必须服务于革命的需要，因而，1951 年，除了大力贯彻反帝反封建的教育外，为保障革命胜利、巩固人民民主专政进行镇压反革命教育，成为学校重要的任务之一。

## 二、教学建设

澄海解放后，根据上级的指示，原澄海简易师范学校与澄海县立中学合并，人民政府指派李缵华为澄海县立中学代理校长（原校长黄家器仍任校长，李缵华实为副校长）。1950 年 2 月，李缵华到任。1951 年，澄海县立中学改名为“澄海第一中学”，3 月 16 日，学校正式启用新校名印章。

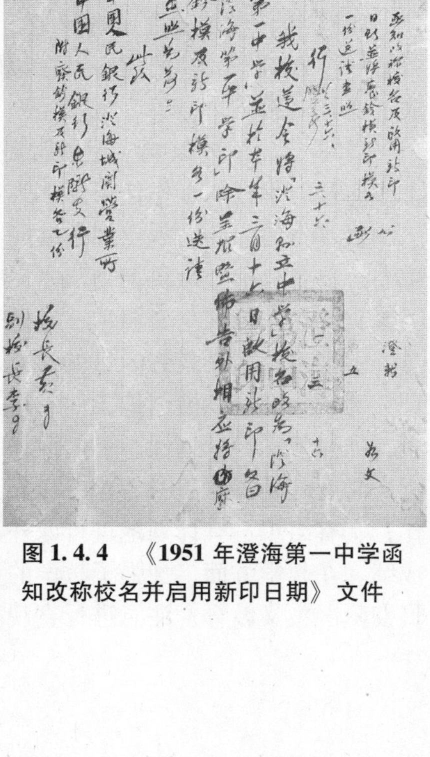

**图 1.4.4　《1951 年澄海第一中学函知改称校名并启用新印日期》文件**

7 月 7 日，校长黄家器正式请辞校长职务，李缵华遂为代理校长。随之，新澄中的教学建设在李校长的主导下大力推行。

为配合全国形势，学校进行了新教育的教学建设工作，在总工作原则上提出三点要求。一是培养大批政治上进步的具有中等文化程度和基本科学知识的人才，废除买办的、封建的、法西斯的思想意识与作风，建立民族的、科学的、大众的新民主主义教育，实行自上而下的管理，由上而下的领导，建立批判与自我批判的制度，发扬民主精神，反对教条主义与官僚主义，以教辅导，以导助教，理论与实践结合，真正做到“教学做合一”。二是在教学方面，把理论和实践一致的原则贯彻到教课内容和教学法中去，废除注入式的强迫性教学法，采取启发式的生动方法，发展学生在学习中的自主性和创造性，教师做到对学生、对工作、对人民负责。三是在辅导方面，反对教导分开，实行集体辅导，教导要站稳立场，从学习、工作和生活上以身作则，由学生民主地制定生活公约、学习公约，建立自动自觉的纪律，提倡各科竞赛和立功运动，鼓励学生积极向上和形成良好的风气。根据上述原则，学校推行了各科教学计划：①在政治课方面，着重进行正确认识“三敌”（封建主义、帝国主义、官僚资本主义）的教育和时事政策教育；②在语文课方面，着重贯彻思想政治教育，注意启发式教学法和学生集体讨论，并着重联系实际；③在历史课方面，以建立正确的历史观点和联系史实为原则；④在数学课方面，确定以“普及重于提高”、“完成应有进度和联系实际”为原则；⑤在自然科学方面，特别注意启发式的实验，要运用辩证唯物论和历史唯物论证明典型的自然现象和科学发明；⑥英语、美术、体育、音乐等科的教学，要端正不正确的观点。新的教学计划实行之后，有了明显收获：①同学们对“三敌四友”（“三敌”：封建主义、帝国主义、官僚资本主义；“四友”：工人阶级、农民阶级、城市小资产阶级、民族资产阶级）的认识比较清楚，对国家“一边倒”的外交政策也有了认识，对人民政府的信心明显提高；②初步认识了劳动观点和阶级观点，学习态度有很大改进，在集体力量的作用下，有不少人取得进步并能帮助别人进步；③教师不再只凭主观教学，能够虚心倾听学生的意见，并尽量予以改进。



1951 年，学校建立了教研组，对教研组进行行政分工，每个教研组均有组址，并配备有一些资料，教师的住房也在教研组所在的角落。教研组成为学校各科教学的中心，形成了良好的教风。

1952 年，学校以响应毛主席提出的开展教师思想改造运动的号召为中心来推动一切工作。这时学校的工作任务集中为：①加强教师学习，初步展开思想改造学习运动，集中解决最基本的立场、观点和态度问题，以提高教师质量，改进教学工作；②以正课教学为中心，在各科中全面贯彻爱国主义教育，使学生认识到学习的好坏和祖国的前途有密切的关系，并培养爱国主义精神；③健全、充实各科教学的研究组织，达到改进教学、改造思想、贯彻爱国主义教育的目的；④重视健康教育，贯彻毛主席提出的“健康第一”的方针，为学生全面发展创造条件。根据上述任务，学校开展了如下中心工作：①改进课堂教学，加强教学的计划性、目的性；②加强教研组的领导作用，实行集体备课制度；③实行听课制度；④加强平时考查，试行新教学法；⑤严格执行考勤制度；⑥注意体育保健工作；⑦有组织、有计划地进行课外活动和社会运动。以上各项工作的开展，取得了明显的成绩。在教学方面，加强了教学的计划性，明确了各科的目的性；能够更好地、更普遍地贯彻爱国主义教育；注意进行直观教学；实行集体备课制度后，解决了教学中存在的一些困难；听课成为教学研究活动最主要的任务以后，对教学的改进很有帮助。在辅导方面，学生的学习和教师的教学，在班主任工作中受到了前所未有的重视，扭转了过去班主任只管组织、管班、管活动而不管教学的偏向；学生不正确的学习观点、态度和方法能得到及时的批判和纠正；普遍建立了科代表和互助组来及时反映学习情况，协助教师改进教学和帮助同学学习。

1952 学年度第一学期，学校试行新教学法。先是指定初一（上）和高一（上）各班各科作为试点，吸取经验，然后逐步开展。到了 1952 学年度第二学期，新教学法有步骤地得以全面推行。

## 三、青年团建设

澄中的青年团在解放前已有组织。1949 年 9 月下旬，中共澄南区委派林清同志领导澄中地下团组织。为了准备迎接解放军的工作，澄中团支部与校外团支部合称为中国新民主主义青年团城关支部，活动地点设在城东怀安巷林铁藩（校外团员）的亲戚家（即“三格门第”处）。10 月 24 日，澄海全境解放。当天下午，团组织即在澄城各处张贴标语，并于澄中校内和“双忠公宫”前出版大型迎接解放军的墙报。接着，又组织团员和学校同学到城乡各处进行小型街头宣传，积极宣传共产党的主张和政策。1949 年 11 月，澄中团支部在澄中男生宿舍（即李厝祠，原澄海教育局所在地）召开澄中地下团公开暨新团员宣誓大会（解放前入团但未宣誓的一并补宣誓），向广大师生公开团员身份。到 1949 年底，澄中团支部的团员增至 30 多人，团组织在同学中也有了较高的威信。与此同时，县团委深入学校，训练学生干部，迅速组织骨干队伍。1950 年 5 月，团员许挺被指派为澄海学生代表到广州参加广东省第一届学生代表大会（潮汕每县派一人，组成潮汕学生代表团，由团潮汕地工委钟秉章同志带领）。大会的中心议题是开展新民主主义学习运动，号召学校中的团组织在开展新民主主义学习运动中发挥先锋和带头作用。潮汕学生代表团回汕后，很快筹办并召开潮汕首届学生代表大会，成立了潮汕学联会，澄中学生会主席蔡仲侯被选为潮汕学联执委。在学习运动过程中，澄中团支部又吸收了一批新团员，学校团员人数增至 60 余人，于是建立了中国新民主主义青年团澄中总支，总支下设分支部并在学校中开始建立中国少年儿童队组织（即现在的少先队），总支支委增设少年委员，负责领导少年儿童队工作，队员均为初中部同学，约有数十人（对队员的要求较高，并非人人都可以入队）。1950 年前后入团的团员和入队的队员，基本上是各班品学兼优的学生，他们当中，除一部分参军、参干或离校任教之外，其余均先后考上各大专院校深造。

**图 1.4.5　1955 年少先队澄海一中大队第三中队全体同学暨辅导员合影**

解放初期的青年团，在学校中起着很重要的作用。1949 学年度第二学期，青年团开展了一系列活动：①参加学生会竞选工作——在团支部的领导下，助选团纷纷成立，展开各种宣传，造成竞选高潮，胜利地进行普选，产生了学生会的主席和干事；②号召团员响应立功运动——在学校发出立功运动的号召后，青年团澄中支部就对全体团员进行有关立功运动的思想教育，让团员认清立功的意义和作用，在评功会上，团员带头将立功计划书提出并加以讨论，对同学起了很大的鼓励作用；③支持购债运动——当购买国家公债运动到来时，团员带头认购，掀起购债热潮；④响应考试不舞弊运动——新中国成立前学生考试舞弊之风甚盛，后学校发起考试不舞弊运动，在团支部会上，支委号召全体团员响应学校这一项有意义的运动，团员们都表明决心，并在班上号召同学考试不舞弊，发动班与班的挑战，这一系列举措取得了良好的成效。

青年团出版团刊，还利用寒暑假举办青年学园，组织社会实践。1950 年 6 月 6 日，《澄中学生》创刊出版。1950 年暑假，团县工委于澄中新校舍举办青年学园，全县各中学的团员和学生代表 200 余人参加了学习。是年寒假，澄中团支部全体团员和部分进步同学参加了由团县筹工委组织的澄中冬令营。在冬令营里，同学们过集体生活：自己做饭，睡地铺，垫稻草，以苦为乐，以苦为荣；请中共澄海县委书记许士杰作政治形势报告，请县长余锡渠讲解时政经济问题；组织团员和部分学生到乡下协助搞秋征公粮工作，到农村锻炼。1951 年寒假，澄海土改试点工作在鮀西和樟籍进行，团县工委又组织团员和部分同学到樟籍、鹊巷、后埔参加土改试点学习。下乡的团员们和当地工作队一起，深入群众，了解社会，接受阶级教育。

1950 年 6 月 25 日朝鲜战争爆发，10 月 25 日，抗美援朝战争正式打响。澄中师生热烈响应"抗美援朝，保家卫国"号召，积极开展街头宣传。当国家号召青年参加军事干部学校时，青年团和学生会协助学校行政工作，举行"誓师大会"、"报名会"，同学们热血沸腾地向祖国表忠诚，争相报名，团员林介义甚至咬指写血书表决心。后经批准，共有 30 名同学参军。这年寒假，青年团又组织一批团员组建了"救护队"，请驻军 121 师 363 团两名干部（一位政治干部，一位军医）给大家上军事课和救护课，学习战地救护常识，在校医的配合下，课程历时一个月。

在青年团的带动下，学校革命文艺活动非常活跃：唱革命歌曲，扭秧歌，举行文艺晚会，每逢党政有大事，还组织上街宣传。1950 年，学校出面，组织学校师生公演小型话剧《血泪仇》和歌剧《刘胡兰》、《白毛女》，在社会上引起很大反响。

## 第三节　提高教育质量

### 一、推行"新教学法"

1951 年至 1953 年，澄中教师大力学习苏联先进教学经验，提高教学效率。李缵华校长为了提高教学质量，全面改进课堂教学，采取了一系列新的措施。例如：规定教师制订教学进度计划，拟订课时计划，行政加强对集体备课的领导，要求教师把主要力量放在研究教材上面，重视教学目的的研究，提倡教师互相帮助、互相协作，健全和充实多科教研组，订立各种教学制度（如听课制度、科代表制度等）。李校长经常听课，但听课前不作事先通知，到每周校务例会时，会通报教学情况，表扬好的教例（50年代澄中教室后面总摆着一张有靠背的长椅，就是供听课使用）。通过行政检查、督促等方式，学校呈现出浓厚的教研气氛。此外，还选定初一（上）、高一（上）试行五级记分法。新教学法的推行，让课堂教学得到了显著的改进，教师们一般都能做到“课堂基本解决问题”，进一步注意发展学生的积极思维，贯彻自觉积极的原则，而在教学过程中，学生的思维也能紧跟着教师活动，教学效果良好。

在1951学年度第二学期摸索的基础上，1952学年度第一学期开始，学校试行新教学法。先是指定初一（上）和高一（上）各班各科作为试点，吸取经验，然后逐步开展。1952学年度第二学期，在前两学期实践的基础上，新教学法有步骤地得以全面推行，并制定了各种教学制度，健全和完善了各科教研组。新教学法的施行，使教师们进一步明确了教学内容与教学法的主从关系，把主要力量放在研究教材上面，重视教学目的的研究，注意政治思想教育，特别是劳动教育。教学的计划性、目的性大大加强，学生学习纪律良好，学习成绩明显有所提高。学生人数也逐年增加，至1954学年度第一学期，全校已有学生1 352人。

**表1.4.3 新中国成立前后各学期学生人数比较表**

| 学年度 | 学期 | 男 | 女 | 合计 |
|---|---|---|---|---|
| 1947学年度 | 第一学期 | 392 | 169 | 561 |
| | 第二学期 | 404 | 163 | 567 |
| 1948学年度 | 第一学期 | 396 | 150 | 546 |
| | 第二学期 | 384 | 136 | 520 |
| 1949学年度 | 第一学期（新中国成立前） | 107 | 294 | 401 |
| | 第二学期（新中国成立后） | 366 | 132 | 498 |
| 1950学年度 | 第一学期 | 465 | 181 | 646 |
| | 第二学期 | 425 | 168 | 593 |
| 1951学年度 | 第一学期 | 452 | 171 | 623 |
| | 第二学期 | 635 | 217 | 852 |
| 1952学年度 | 第一学期 | 855 | 353 | 1 208 |
| | 第二学期 | 866 | 347 | 1 213 |
| 1953学年度 | 第一学期 | 891 | 361 | 1 252 |
| | 第二学期 | 884 | 357 | 1 241 |
| 1954学年度 | 第一学期 | 967 | 385 | 1 352 |
| | 第二学期 | 805 | 348 | 1 153 |

据1955年5月15日校刊《澄海一中》整理。

澄海一中

第三期

編者的話

本校開創第一屆學生夏令營

向同學們推荐一些暑期讀物

過好暑期生活

图 1.4.6　1953 年 7 月 25 日《澄海一中》第三期

1953 年 5 月 15 日，校刊《澄海一中》创刊（八开四版），作为“开展批评、讨论、积累和交流经验的辅助工具”（指导教师蔡仲侯撰发刊词）。创刊号上，学校工会刊登了题为“为争取做优秀教师而努力”的文章，号召全校每个教育工作者都要提高工作责任感，以主人翁的态度对待工作，加强学习，不断提高政治思想水平和业务能力，把学生教好，为争取做优秀教师而努力。校长李缵华也发表了《关于教课好坏的七个标准和今后注意的五项要点》一文，对教师在新教学法推行过程中“如何教好课”作出明确的指示与要求。自 1953 年 5 月 15 日创刊至 1956 年 6 月 25 日改刊止，《澄海一中》共出版 14 期，一直作为学校开展批评、讨论和积累、交流经验的一个重要阵地。1954 学年度第二学期起，为了更好地贯彻中央“提高教育质量，贯彻全面发展方针”的指示，在教学工作方面，学校主抓两大工作：一是在正课教学中贯彻政治思想教育，培养学生树立社会主义的政治方向及辩证唯物主义世界观；培养共产主义道德，进行爱国主义的劳动教育和共产主义道德品质教育。二是贯彻理论和实际相结合的原则，使教学和政治斗争结合起来，使教学和生产建设结合起来，并为生产建设服务；使教学和学生实际结合起来，克服主观主义、教条主义、形式主义和单纯传授知识的教学态度。

教师们经过了党的教育，经过了过渡时期总路线的学习和全国中等教育会议决议的学习后，思想有了进步，工作责任感加强，劳动热情较之前有明显提高。教师们努力贯彻全面发展的方针，能做到深入挖掘教材的中心思想，制订授课计划时，不仅注意到讲课的教学要求，也注意到教育要求。部分教师还能以自己的道德行为潜移默化地感染学生。1954 学年度，学校在个别班级试行口试办法；1955 学年度，学校开始实行普通话教学，并执行减轻学生过重的课业负担的指示。这些举措对提高教育质量、推动学生的学习起了一定的作用。

经过几年的改进和努力，学校的各项规章制度已初步形成并趋稳定，培养起良好的教风和学风，使学生们在高考中取得较好成绩。1955 年高考，学校有 3 个高中毕业班，共 117 人，参加高考被高校录取的有 106 人，其中林敬藩、陈远亮、黄润秋、林楚华同学以优异成绩，分别被录取进北京大学和清华大学，许才、高耀杰、黄家豹被录取进北京体育学院。1956 年，高中毕业班只有 1 个班 53 人，实际参加高考 50 人，被正式录取的有 45 人，其中，王蔚良、陈镜泓等优秀生被北京大学等录取。



## 二、实行“劳卫制”

澄中是广东省第一个实行“劳卫制”（全称“准备劳动与卫国体育制度”）体锻标准的学校。1952 年 9 月，澄中体育组教师建议校长室函请中华全国体育总会广东省分会同意澄中试行“劳卫制”，1953 年 1 月 2 日，经省批复同意，澄中被指定为广东省试行“劳卫制”的重点学校之一，并派魏振兰、莫佛柏前来学校视导。

在等待省的批复期间，学校已为试行“劳卫制”做好准备，积极开展“为了保卫和建设祖国，坚持体育锻炼”的思想教育，组织“锻炼小组”，培训锻炼骨干，体育课教学也作了相应的改革。1952 年 11 月，学校成立“体育委员会”，“劳卫制”开始在全校范围内试行。这年学校建立运动队，加强田径训练。运动队从一开始就建立组织，展开对新制度的宣传教育：培养干部，提高锻炼小组长的领导能力；建立小组汇报制度，密切领导与锻炼小组的联系；举行全校性测验，结合项目表演，在同学中间明确“劳卫制”标准，增强同学锻炼的信心；结合体育正课教学的改进，贯彻“劳卫制”项目的教育。

经过一个学期的努力，学生的体育技能得到普遍提高。像男女手榴弹、男女撑杆、跳高三项，检测的最好成绩均能突破广东省的纪录。男子 110 公尺高栏、女子 80 公尺低栏是新开设的项目，测验的最好成绩也都分别平了省纪录或接近省纪录（女子的省纪录为 15.9 秒，本校检测的最好成绩为 16 秒）。

推行“劳卫制”，目的是通过运动项目的等级测试，促使国民特别是青少年积极参加各项体育运动，以提高体力、耐力、速度、灵巧等素质，按年龄组别制定达标标准。学校根据学生的体能、技术和我国体育运动的发展，将锻炼项目和测验标准分为预备级、第一级和第二级 3 个等级，第一、二级的项目标准全国统一，测验及格者，授予国家统一颁发的证书和证章。“劳卫制”试行一年后，学校进行了总检测。体育学科的学年考试成绩，全校不及格者 15 人，仅占全校人数的 1.2%。1953 学年度第一学期的男子 200 公尺跑，全校 18 岁以上同学，平均成绩是 29.9 秒，到 1954 学年度第一学期，成绩提高到 29.3 秒，其他男女各项锻炼项目的成绩，也都有所提高。与此同时，学生的体育锻炼与正课学习相互为用，学业成绩也普遍得到提高。

**表 1.4.4　试行“劳卫制”第一年度检测成绩得奖人数统计表**

| 级别<br>班别 | 二级<br>一级优秀 | 一级 | 预二<br>优秀 | 预二<br>合格 | 预一<br>优秀 | 预一<br>合格 | 合计 |
|---|---|---|---|---|---|---|---|
| 高二上甲 | 2 | 7 | 2 | 6 |  | 1 | 18 |
| 高二上乙 | 4 | 5 | 5 | 5 |  | 3 | 22 |
| 高二上丙 | 1 | 7 | 7 | 7 |  |  | 22 |
| 高一上 | 2 | 10 | 2 | 13 |  | 1 | 28 |
| 初三上甲 |  | 3 | 4 | 9 |  | 2 | 18 |
| 初三上乙 |  | 10 | 4 | 4 | 2 | 7 | 27 |
| 初三上丙 |  | 7 | 7 | 9 |  | 3 | 26 |
| 初二下甲 |  | 2 | 1 | 18 |  | 6 | 27 |
| 初二下乙 |  | 2 | 3 | 18 | 1 | 2 | 26 |
| 初二下丙 |  | 5 | 1 | 6 |  | 10 | 22 |

（续上表）

| 级别<br>班别 | 二级<br>一级优秀 | 一级 | 预二<br>优秀 | 预二<br>合格 | 预一<br>优秀 | 预一<br>合格 | 合计 |
|---|---|---|---|---|---|---|---|
| 初二下丁 | | 8 | 1 | 7 | | 1 | 17 |
| 初二下戊 | | 4 | 2 | 13 | | 2 | 21 |
| 初二上甲 | | 6 | | 8 | 1 | 4 | 19 |
| 初二上乙 | | 1 | 2 | 11 | 2 | 11 | 27 |
| 初二上丙 | | 3 | | 6 | | 7 | 16 |
| 初二上丁 | | 4 | | 12 | | 11 | 27 |
| 初二上戊 | | 4 | 1 | 11 | | 1 | 17 |
| 初二上己 | | 2 | | 5 | | 3 | 10 |
| 初一上 | | 1 | | 1 | | 1 | 3 |
| 离校者 | | 10 | 12 | 18 | | 3 | 43 |
| 合计 | 9 | 101 | 54 | 187 | 6 | 79 | 436 |

全校参加者 1 002 人，及格、优秀占 43.5%。载于 1953 年 11 月 1 日校刊《澄海一中》。

1953 年 8 月，李缵华副校长应省体委邀请，到广州参加省体育工作会议，在会上介绍了澄海一中在抓好德育、智育工作的同时抓好体育工作的经验，会后，李校长介绍澄中“劳卫制”经验的文章在《南方日报》刊发，澄中的“劳卫制”由此声名远播。



1954 年 5 月 4 日，国家体委公布《准备劳动与卫国体育制度暂行条例》，同日，国家体委、教育部、卫生部等联合发布《关于在中等以上学校中开展群众性体育运动的指示》。1954 学年度第一学期起，“劳卫制”正式在澄中实行。学校以“劳卫制”为中心，相应改进了体育教学。从 1954 学年度第一学期起至 1955 学年度第一学期，学校除了继续组织、领导同学进行“劳卫制”锻炼外，在体育卫生工作中，还注意贯彻共产主义道德教育，提高学生对体育运动的热爱，培养学生的体育道德，注意日常卫生、环境卫生，也培养了学生热爱集体、热爱劳动的精神。与此相应，教师们团结一致，积极学习苏联先进经验，通过集体学习、集体备课、相互听课等制度，使体育教学有了显著的改进。具体表现为：训练运动员的方式由单元一贯制教学转变为根据苏联教学大纲的精神，结合学校实际情况，采用东北体育试用教材，使教学更加多样性，更符合体育教学的三大原则；注意贯彻低年级多示范，高年级则授予一定理论常识的精神，教材易为学生所接受，教学效果也有显著提高。由于改进正课教学，坚持课外锻炼的同时能结合复习教材，教材又能结合“劳卫制”项目，澄中不断提高了学生的体育技术成绩，澄中的体育教师也为省里所关注。

1954 年校田径运动会上，男子组 100 公尺赛跑，林齐炜跑出 11 秒的好成绩（破全国纪录）；高耀杰在手榴弹掷远比赛中扔出 68.64 公尺的好成绩（破中南、省纪录）。1954 年 12 月，学校体育教师黄友华、优秀运动员黄光宙被选为澄海县体育工作者代表，参加广东省第一届体育工作者代表会议。会上，黄友华老师被选为中华全国体育总会广东省分会会员。1959 年 12 月，黄友华老师被国家体育委员会授予“田径 · 自行车国家级裁判员”称号，成为粤东地区第一位获得国家级裁判员称号者。

1955 学年度第二学期，学校体育协会成立。全校同学都参加了体育协会，这使学校在开展体育运动上有了群众性的组织基础，加上国家“劳卫制”正式标准的公布以及国家运动员称号的设立，学生参加体育锻炼的积极性大大提高。

1956 年“全国第一届中学生运动会”在青岛举行，学生陈绮纯、陈思娜被选拔进广东代表队，代表省队参加田径项目的比赛，陈绮纯获得女子跳远第三名。1960 年广东省教育厅举办“广东省第一届中学生田径运动会”，澄中作为粤东地区的代表队（由方书仰校长领队）参加，荣获第二名。1960 年，澄中以先进单位身份出席省群英会。1965 年的省赛，地区代表队仍是澄中。在 1965 年的中南五省少年乒乓球赛上，澄中学生黄群荣获冠军。

### 三、开设工农业余夜班

为了体现教育向工农开门，提高工农群众的科学文化水平，学校于 1952 学年度第一学期开办一班工农业余夜班，学制 3 年，第二学期再招一班，两班共有学员 100 人左右。工农学员素质参差不齐，入读后每学期陆续有人退学、休学，至 1954 学年度第一学期，两班并成一班，到 1955 学年度第二学期毕业时，只余 40 多人。工农业余夜班的教学，着重贯彻教学与实际需要相结合的方针，语文、数学科设专职教师，其余学科由日班教师兼任，严格执行考勤、考试等制度。教学中，教师注意指导学生用正确的学习方法，巩固课堂学习的知识，帮助学生克服学习上的困难，有意识、有计划地在课内外教学中贯彻爱国主义教育、劳动教育、组织纪律教育，提高学生的社会主义觉悟。

### 四、开展课外兴趣活动

在实施新教学法的同时，从 1952 学年度第一学期起，澄中已有学生课外兴趣小组的组织。鲁迅小组、气象小组、历史小组、地理小组、戏剧小组、美术小组、体育锻炼小组等兴趣小组经常进行活动。1953 学年度起，戏剧小组改为音乐小组，增加了飞机模型小组等。1953 年暑假，学校举办“第一届学生夏令营”，广泛地开展兴趣小组活动，例如：①物理组：制作电动机模型等；②航模组：制作弹射、牵引等航空模型；③化学组：装置制盐酸模型，设计制硫酸接触法的装置，并完成装置，生产硫酸；④气象组：观测、记录气象资料，学习气象知识；⑤农学组：种植番茄，学习接枝、传粉、除虫、施肥等栽培技术；⑥鲁迅小组：学习语文知识，开展阅读、出版活动，结合节日举行专题活动等。

课外兴趣小组的收获很大，1953 年暑假，初二学生杨光裕制成一架大型的蒸汽机模型，在“全国少年儿童科艺展览会”上被评为特等奖（参加展览的作品有近千件，评为特等奖的有 28 件）。后来，该模型被团中央选送参加了东欧社会主义国家少年科技制作展览，也获得了奖项。1954 年，高三学生陈馥芝运用教材所学的“双曲线定理”和“抛物线定理”，以及在科学杂志上看到的知识，制作出“双曲线抛物仪器”。

图 1.4.7　1965 年《澄中报》编辑人员合影

学校大礼堂台阶下的左右两侧筑有墙报栏，这里也是学生开展课外活动的两个阵地：左侧出版《澄中日报》；右侧出版《语文学习》。《澄中日报》每日一期，设有编辑部、出版组、采访组和通讯组等，包括通讯员和记者。1954 年担任采访部长的黄淳（1956 届校友）说：“各班设有通讯员，由学校团委下达精神，召开通讯员会议，讨论采访内容。”但通讯员只报道本班新闻，记者则任何一个班或校性新闻均可采访。每逢周一早上，采访组先拟定本周“报导中心”内容发给各班通讯员和记者，中午前稿件送达编辑部审稿编排后，再送至出版组。参与《澄中日报》的师生都很投入，精心出版，使每一期《澄中日报》都很有可读性。1951 年至 1953 年，《澄中日报》由学校团委书记许大云老师（许伟余之子）指导，蔡德麟（1953 届）、陈匡国（1953 届）担任美工。蔡德麟说：“我负责美术字誊写，还创作许多抗美援朝的漫画，有时我还写文章投稿发表。”1952 年至 1955 年，《澄中日报》由李新魁（1955 届）担任主编，学校团委书记李益扬老师指导。截至“文革”前，历任指导老师依次为：许大云、李益扬、杨平、许武（敦才）、陈耀珊、林先彦、陈建国、陈钦凡等，历任主编依次为：钟璇叶（1959 届）、陈伟（1964 届）、王伟军（1964 届）、林举英（1965 届）、陈名柱（1965 届）、刘瑞歆（1966 届）。《澄中日报》后改为《澄中报》，每周一、三、五轮流出版一大版，一直深受同学们欢迎。1959 年，读初一的蔡炫辉（1965 届）已开始负责缮写《澄中报》，1962 年至 1965 年间担任编辑，1983 年至 1992 年，身为澄中教师的他也成了《澄中报》的一名指导老师。

图 1.4.8　1961 年 4 月 27 日澄海一中《语文学习》工作人员合影

1953 年，为纪念鲁迅先生诞辰，“青年鲁迅小组”在学校教务处前左侧创办黑板报《文艺学习》，指导老师是许武（敦才）老师，编辑为杨景文等同学；学校团委另设有《团队生活》黑板报。20 世纪 50 年代下叶，《文艺学习》改名为“语文学习”，迁至学校大礼堂前右侧墙报栏出版，开始是逢双周出版，后改为每周出版、每周两期。《语文学习》编辑部设于礼堂一楼学生会办公室隔壁，由语文教研组指导，通讯员由各班学科代表和兴趣组成员组成。《语文学习》的稿源，从多条渠道筹取：一是请语文老师撰稿、赐稿；二是动员各班级语文基础较好的同学写稿、投稿；三是选用老师推荐的学生优秀作文；四是编委依每期需稿量分工约稿、组稿；五是有计划、有重点地推介课外优秀读物及文章，还有好词、好句、好修辞；六是介绍语文学习方法、学习心得体会及标点符号的掌握与运用等等。《语文学习》的编委们很有责任感，在许统居、郑维训、许鸣鹤、郑应钦、朱智慈、王汉盛、李益扬、许瑞芬、郭永钿等语文教研组老师的指导下，以及陈少珩、周勤铭老师的大力支持下，李汉庭（1961 届）、王绵礼（1962 届）、王铁铮（1963 届）、杜汉文（1964 届）、许敏明（1965 届）等历任《语文学习》主编的同学均表现出色，一届届的编委成员也齐心协力，干劲十足，如卓金燕（女）、王必坚、蔡健深、陈滴、王佩秋（女）、吴美芳（女）、蔡炫辉、卢启元、林利藩等，都是办报工作的佼佼者。

澄中的校长和教师多擅长书法，也重视书法教学。20 世纪 60 年代，学校建立了书法授课和作业制度，同时成立兴趣组开展课外活动。1963 年初，由各年级选出优秀习作，集中在礼堂前语文墙报上陈列，给学生以示范和激励，受到学生欢迎。1963 年五六月间，分管文教的副县长王鼎新通过县教育局，举办全县中学生书法竞赛，并亲自评选定奖。此次比赛中，澄中高二级学生周浩的书法获高中部大楷一等奖，蚁行恕、林举英、蔡炫辉和陈静麟等，分获二、三等奖。

除此之外，电工小组、红十字队、歌咏队等兴趣小组也很活跃。电工小组有两项主要任务：一是播音，每天播放音乐或者学校的通知、时事等；二是全校举行大会、文艺演出、联欢活动时，负责布置灯光和音响设备，附带维修各教室的日光灯。1954 年加入电工小组的林汉元（1957 届）说：“哪个教室的日光灯坏了，就找我们去修。”红十字队（全称“澄海一中青年红十字队”）成立于 1954 年，由各班选派学习上没多大困难、对卫生工作有兴趣的男女同学各 1 人组成，由校医领导对成员进行学习指导，红十字队主要是帮助学校卫生室治疗一些轻微的疾病，为同学们的健康服务。在班级远足旅行、劳动课、体育课、室外活动课、校运会中，时时可见红十字队队员的身影。

20 世纪 50 年代末学校大搞勤工俭学活动时，学生的课外活动略有改变，歌咏队扩大为文工团（历任团长有 1963 届的陈楚卿、1964 届的卢启元等），木工小组扩大为木工厂；除了电工小组、红十字队继续坚持活动外，鲁迅小组、史地小组、气象小组等兴趣小组停止了活动。直至 1964 学年度第一学期，才重新全面组织，展开活动。

**图 1.4.9　1964 年 7 月 7 日澄中文工团成员合影**

50 年代至 60 年代的学生课外活动，除学校教育所定的校会、班会外，每学期还有学生会主办的“周末晚会”，各班自行组织的“团日”、“班日”、“队日”，由兴趣组主办的如纪念冼星海、鲁迅等的艺术性、学术性的活动，以及由共青团或学生会结合政治运动或节日组织的主题活动，如“一切为了祖国”、“你全面发展吗”、“幸福合唱”、“寻找社会主义元素”、“向科学进军”等。此外，还有“新年化装舞会”，到军营联欢，“野战露营”，参观工厂，访问农业社，访问革命根据地，郊游远足等等，学生的课余活动可谓丰富多彩。

## 五、加强校风建设

澄中一向注重校风建设。1953 学年度第一学期，学校提出“尊师爱生”口号，大大鼓舞了教师们的教学热情，也密切了师生关系。1953 学年度第二学期，教育侧重于对学生贯彻过渡时期总路线教育及劳动教育。通过政治课对学生讲解总路线，使学生认识到社会主义的幸福远景；通过进行课外活动、班会活动、参观、旅行、班级集体活动，请劳动模范、战斗英雄作报告，适当进行劳动服务，班际总路线学习心得的演讲比赛等，对学生进行劳动教育、集体主义教育和纪律教育。学校政治气氛逐渐加强，学生出现了前所未有的进步要求，广大学生自觉靠拢青年团组织，并要求入团。

1954 学年度，学校大力贯彻毛泽东主席下达的“三好”（身体好、学习好、工作好）指示，培养社会主义全面发展的新人，向学生进行共产主义道德教育，防止资产阶级思想对学生的腐蚀。围绕道德品质教育，学校做了一些工作，例如：配合社会中心工作，加强时事政策教育和组织学生参加社会服务，下乡助收；组织各种班会活动；开展文娱体育活动；宣传先进人物；依靠青年团，充分发挥团组织的先进作用等。到 1955 学年度第一学期，重点进行《中学生守则》教育，并结合《中学生守则》，继续贯彻毛主席下达的“三好”指示。

1954 年 5 月，经中共澄海县委批准，澄中确定 5 月 9 日为校庆日，并举办第一次“五九”校庆活动。1954 年 5 月 9 日校刊《澄海一中》发表校庆特刊社论：“‘五九’，这是我们校史上一个光辉的日子，学校定这一天作为校庆日，就是要让全校的员生深刻这一印象，努力地继承和发扬学校这一光荣的革命传统来办好我们的学校。”

1955 年举行第二次校庆时，学校教工会特别组织了五幕六场话剧《考验》于 5 月 9 日晚在学校大礼堂公演，参与演出的演员、职员，全是本校的师生。

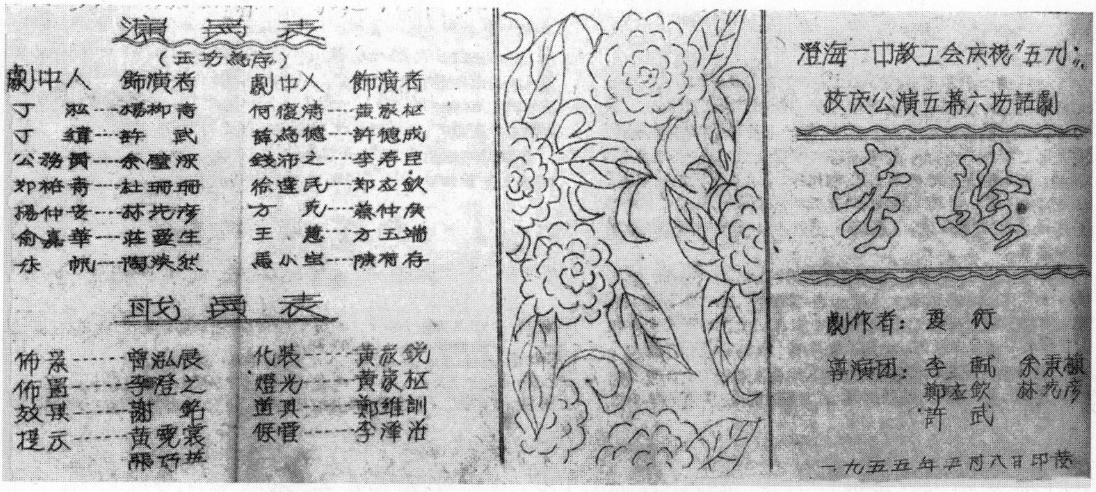


图 1.4.10　1955 年“五九”校庆公演晚会入场券

当期校刊刊发了《发扬学校的革命传统》一文，叙述澄中自大革命时期至 1949 年“五九”上山的革命史，概括地总结学校在新中国成立后取得的成绩，鼓舞师生，并指出：“纪念‘五九’，追溯我们学校光荣的革命传统，我们明确地认识到：领导和鼓舞我们胜利前进的力量是中国共产党。”

1955 年 10 月，学校建立了党支部，林劭先任澄中党支部书记兼第一校长，陈德桂为第二校长，李缵华为第三校长，开始在高中学生中吸收党员。是年 11 月，学校召开“澄海第一中学第一届‘三好学生’代表会”，会后向全校学生发出《倡议书》，明确提出“三好”的奋斗目标和具体要求，在全校掀起争创“三好”的热潮。1956 年，戴英俊等 6 名学生被吸收为中共预备党员。

20 世纪 50 年代的前中期，是新澄中建设的火红年代，学校继续发扬革命优良传统，全面提高教育教学质量，以突出的成绩居于地区先进学校的行列。

## 第四节　开展劳动教育

### 一、政治运动

#### （一）整风运动与反右派斗争

1957 年，全国范围内展开了全民整风与反右派斗争的运动。1957 年 5 月，澄海县委召开县宣传工作会议，进行了毛泽东主席的《关于正确处理人民内部矛盾的问题》的传达报告，12 月，全县中小学教师集中在澄城进行整风运动与反右派斗争。反右派斗争中，李缵华（澄中第三校长）、郑仁声（语文教研组长）、吴象茂（副教导主任）、袁时亮（历史教员）、黄家锐（语文教员）、黄家枢（生物教员）、郭秀达（数学教员）、李轼（音乐教员）等澄中教师被列为“右派分子”。黄家锐是黄际遇先生的次子、原校长黄家器的二弟，与黄家枢、黄家让几个弟弟都被划为右派，被称为“右派世家”。1958 年 2 月 13 日，李缵华校长不堪迫害，服毒自杀。2 月 24 日，500 名学生从各地汇集到澄中，向郑仁声进行说理斗争。郑仁声是潮汕知名的青年语文教师，在斗争中深受打击，后抑郁病亡。不久，在全校教师中又揪出所谓“历史反革命分子”许敦才、陈作仁、李嗣纲等教师进行斗争。

### （二）“打流”运动

进入60年代，整风运动并没有停止。1964年秋，澄海人民政府开展了“反对和平演变，打击流氓犯罪活动”（简称“打流”）。“打流”的对象主要是教育队伍，旁及卫生、文艺领域。先是在各中小学师生中动员，要学生揭发教师的所谓流氓犯罪活动，由专案组把学生揭发的材料集中后定出运动打击对象，之后开会，由被揭发的教师自我检查、交代问题，再然后是全县中小学教师集中在澄中，分校分组斗人。“打流”期间，教师们被迫停课集中开会，会议戒备森严，与会的教师谁也躲不开，人心惶惶。“打流”运动严重打击了教师队伍，是极“左”路线的反映。1964年底中央公布23条政策，对“打流”予以纠正，“打流”运动方告停止。1965年元旦前夕，除了被打击对象由专案组继续核对材料外，其余教师回家过节，1965年元旦后恢复上课。“打流”运动期间，澄中成为全县大会的集结地，教育、教学秩序都受到了一定的冲击。

## 二、教育与生产劳动结合

**图1.4.11　20世纪50—60年代的澄中礼堂**

经过了整风运动和反右派斗争，党对学校的领导进一步加强了。1957年至1961年，学校教育事业紧紧围绕着“教育为无产阶级政治服务，教育与生产劳动相结合”方针开展。



### （一）劳动教育

从1953学年度第二学期起，教师们在学习了过渡时期总路线之后，已能注意发掘教材的政治思想教育因素并教育同学们热爱劳动。在政治课中，老师教育同学认识社会主义建设的艰苦性，认识劳动的光荣；在课外活动中，学生也经常接受劳动教育，如参观农场、工厂，进行适当的劳动服务等。1955学年度第二学期，学校重视种植园地，在学校游泳池边开垦荒地二亩多，并把校内木板教室后的三分多地，作为同学们从事农业活动的场地。这一学期，初中开设了生产知识课，内容包括种植和饲养劳动。

1957学年度第二学期起，学校深入贯彻党中央、毛主席的“教育为无产阶级政治服务，教育与生产劳动相结合”方针，贯彻支援农业生产“大跃进”和勤工俭学的方针。在学校党支部的领导下，学校于春耕、夏收夏耕、秋收冬种三次农忙时各停课一周，全体师生突击支援农业生产；师生还与农业合作社挂钩，进行经常性固定劳动，每周出动一次，每次3个小时；开学前全校师生出动参加平整土地、大生产活动；暑假学生劳动22

天，教师劳动15天。同时积极开展多种多样的勤工俭学活动，学生一面劳动，一面读书。这时，除了原有的劳动园地，又先后开垦了地理园及大操场后面的荒地等，在这个基础上建立了实验农场。除此之外，又建立饲养场，养猪50多头、鸡100多只、兔50多只，还组织养蜂、缝补、抽纱、刺绣、补鞋、金工、竹工、织网、洗相、电工技术、木工等小组经常开展活动。

### （二）勤工俭学

1958学年度第一学期起，学校半停课组织勤工俭学活动，勤工俭学活动蓬勃发展起来。校内小工厂如雨后春笋，班班建厂，有的班兼搞种植，全校最多时有上百个工厂。由于对教育方针有了比较深刻的认识，绝大部分同学都能自觉热情地参加活动，积极想办法，通过积肥、投资、捐献等办法，白手起家，从无到有，从少到多。同学们不仅开办工厂，还办农场、养猪场，组织运输队等。随着勤工俭学活动的发展，工厂数量增多，而生产活动的内容却有不少雷同，为了使人力物力符合节约的原则，同时考虑到其他条件，原有的上百个小工厂就有了加以整理、合并的必要。在专区第一次评比之后，学校党支部组织自然组教师、各教研组长和工厂、团负责人等到潮安红旗学校参观，回来后即进行讨论研究，采取了同学分批轮流停课专搞勤工俭学活动的办法，并把学校的工厂整理、合并成为炼铁厂、钾肥厂、耐火砖厂、机械厂、盐酸厂、酒精厂、造纸厂、电解食盐厂等稍具规模的工厂，以及一个化学分析室、一个农场和一个饲养场。学生分批轮流活动的时间，从每次一星期延长至两星期。1958年12月，全县进行勤工俭学活动评比时，澄中获得了第一名。

1958年末至1959年末，学校俨然是一个兵团，实行组织军事化、行动战斗化、生活集体化，以级为营，以班为连，学生全部内宿，校长孙壁任团长。全校师生都参加生产劳动，接受劳动教育。1960年后，学校劳动教育气氛尤为热烈。每当农忙，师生背着行李下乡住宿，与农民同出同归，割、打、担、种、锄等工作样样能干。澄中师生助收得力，很受乡村群众欢迎。这时期的学生很刻苦，热爱劳动，有群众感情，农忙过后，还和生产队有来往。

## 三、教学改革

50年代末的教学改革，主要在于以党的教育方针为纲，大破资产阶级教育思想，大立无产阶级教育思想，其实质是一次思想改造运动，是整风运动的延续。从1958年12月4日至1959年1月7日，教学改革运动的开展，按当年校方的看法，是以党的教育方针与无产阶级的教育思想的胜利和资产阶级教育思想的失败而告终，主要表现为：①批判了各种反对党领导学校的错误言论，提高了教师的政治思想觉悟，加强了党的领导，增强了贯彻党的教育方针的信心和决心；②批判了形形色色的反对贯彻阶级路线的论调，加强了教师的阶级观点；③肯定了学校大搞勤工俭学的成绩，批判了所谓勤工俭学过火了，降低了学生的学习质量的错误论调，掀起了勤工俭学的新高潮，向尖端科学进军；④帮助教师克服教育教学工作中的脱离实际、脱离生产劳动、脱离政治的错误，贯彻“教育为无产阶级服务，教育与生产劳动相结合”方针；⑤加强了教师的群众观点，树立民主风气，建立了民主的、平等的、新的师生关系；⑥教育了广大同学，提高了他们的社会主义觉悟。

图 1.4.12　1960 年澄中高中 21 届甲班毕业留影

1959 年高考，澄中成绩居汕头市第一（时澄海县已并入汕头市），《汕头日报》来学校采访，并在《汕头日报》上作了专版专题报道。1960 年高考，在全省 210 所完全中学中，澄中平均分列居全省第 28 名，及格率与苏北中学均列全省第 25 名。1960 年的高中毕业生，后来有不少成为行业中的佼佼者，为中国航天事业作出突出贡献、担任神舟五号飞船副总设计师的郑松辉就是其中的一位。

1960 年，学校试行“五年一贯制”的教学改革。这年初一招生，特地招录十二三岁的学生（其中一个班从公社中招录），办新学制班。学校抽调骨干教师到新学制班任教，郑应钦（教研组长）、陈泽勤、周勤铭、王德周等学校名教师都到初一新学制班任课。新学制班的教学，被作为学校、教研组的一个教研课题。这年，学校以先进单位身份出席省文教战线群英会。

1964 年 2 月 13 日，毛泽东主持召开教育工作座谈会，指示学制、课程、教学方法都要改。学校积极响应，开展了“少而精”、“启发式”的教学研究，定点试验，组织观摩教学和交流经验会，气氛颇为热烈。同时，政治课实行开卷考试，还开办了农业班。



## 四、体制改革

1962 年 5 月 25 日，中共中央批发教育部党组《关于进一步调整教育事业和精简学校教职工的报告》，学校改变体制，实行“校务委员会”管理制度。“校务委员会”成员的构成为：学校行政人员、工会代表、教师代表（各教研组长），还有工友和学生代表（各一两名）。每学期开会两三次，讨论学校的重大工作。1964 年以后，“校务委员会”自行消失。

## 五、校风建设

1958 年秋季开始，“大跃进”中的浮夸风也刮进了澄中。过多的劳动和勤工俭学活动，以及学校的组织军事化、行动战斗化、生活集体化等，造成人心虚浮，秩序混乱。有感于此，1961 年，学校提出了“二十四字”校风，方书仰校长提出要以“听党的话，勤奋学习，严守纪律，热心体锻，艰苦朴素，尊师爱校”为校风，用黑色大字写在学校膳厅门顶的墙面上，让全体师生明确努力的方向。同时，采取规范教研活动、建立“课堂六项常规”等措施，使得学校动而不乱，保证质量，保持先进。在经济生活极为紧张的三年困难时期，学生仍能保持较积极的学习热情。

1963年，毛泽东、刘少奇、周恩来、朱德、邓小平题词向雷锋同志学习，澄中学生积极响应，掀起“学雷锋”热潮，继而又开展“学王杰”活动，气氛十分热烈。是时各班级出专栏，开主题班会，写雷锋日记，自觉做好事，道德风尚达到很高境界，气氛融洽，风气很好。校园和宿舍区的龙眼、木瓜、番石榴成熟了，没人私自采摘。为鼓舞学生，学校安排学生集体采摘后分发给各班同学，学生引以为豪。这种良好的风尚，一直保持至1966年“文化大革命”开始。

## 结语

新中国成立，鼎革奋发的澄中迎来了教育的新时代。经过多方面的努力，至1952年，新校舍落成，配套也较为齐全，校园面貌焕然一新。在政治运动中，屡经思想改造和运动冲击的澄中师生仍继承着学校过去光荣的革命传统，为新中国的建设贡献了一定的力量。1950年至1956年，“新教学法”、“劳卫制”等举措的率先推行和实践，使学校的教学质量得到全面提高，从而以突出的成绩居于地区先进学校的行列。1957年至1961年，特别是“大跃进”期间，学校教育事业紧紧围绕着“教育为无产阶级政治服务，教育与生产劳动相结合”方针开展，大搞劳动教育和勤工俭学活动。1959年至1961年，虽然经济生活较困难，学生流失较多，但学校尚能维持正常的教学秩序。1962年至1965年，经济生活有所好转，学校教学抓得比较紧，校风良好，因而，这一时期也培养出了不少优秀人才。而就教师的福利来说，从新中国成立至20世纪60年代，澄中教师待遇最好的时期，是在1956年之前。

20世纪50—60年代，是澄中新教育建设的火红年代。鼎革奋发的澄中，呈现出亮丽的风姿。

图1.4.13　1957年4月19日，毛泽东等国家领导人接见教育行政学院第二期学员合影（末排右九为澄中陈德桂副校长）

# 第五章　十载乱世　不绝如缕（1966—1976）

## 引言

1966年，正当国民经济的调整基本完成，国家开始执行第三个五年计划的时候，意识形态领域的批判运动逐渐发展成矛头指向党的领导层的政治运动。一场长达十年、给党和人民造成严重灾难的“无产阶级文化大革命”（以下简称“文化大革命”或“文革”）爆发了。澄中这所具有光荣革命历史，为革命作出较大贡献的优秀学校，因被污蔑为“封、资、修的反动堡垒”、“资产阶级的黑染缸”、“智育第一的黑样板”而受到肆意践踏。动乱中，学校全面停课，教学书籍被恶意焚毁，教学设施横遭破坏，学校教师惨遭批斗，甚至因此失去了生命……

## 第一节　疯狂的“革命”

1966年6月1日起，社会舆论界批判历史剧《海瑞罢官》、批判“三家村”（吴晗、邓拓、廖沫沙）之风越刮越烈，大字报、红卫兵运动在全国各地迅速蔓延。受社会影响，澄中的学生也是情绪激昂。尽管学校领导和老师多次召开校会和班会，对学生进行思想引导，教育学生不要随意“停课闹革命”，但不久，随着外地学生串联到来，澄中学生坐不住了，主动“停课闹革命”。1966年6月13日，澄中“文革”开始。“大批判”、“大字报”、“大辩论”随之在全校铺天盖地地掀起。7月底，以王舜雄为组长的县工作组进驻澄中校园。工作组进校后随即主持了学校的领导工作，把批斗的矛头首先指向历次政治运动中受冲击的老师，如所谓的“右派茶座”成员吴象茂、郭秀达等名教师，学校主要领导方书仰则被指为“走资派”，也在批斗之列。与此同时，红卫兵大肆开展“破四旧”（破除旧思想、旧文化、旧风俗、旧习惯）活动，学校图书馆大量的报刊、书籍被当作“四旧”物品，被红卫兵用木板车拉到县大公园烧毁（一说卖给造纸厂烧毁），这样的“革命”，持续达两三个月。

随着工作组进驻学校，社会自上而下又掀起了批判“资产阶级反动路线”的浪潮，向单位派工作组的做法被说成是“资产阶级反动路线”的产物，驻校工作组因而撤离澄中，改用“联络员”的办法，是时被县委派来学校担任联络员的是林汉味。

1966年10月起，澄中学生开始组织成立造反“战斗队”，一时间，澄中校内成立了二三十支战斗队，分头或轮番对运动兴起阶段被批斗的学校领导、教师继续进行批斗，并私自分批给这些被批斗者“定性”，然后把他们押送到县农科所、白沙农场等地劳动。这个时候，一方面，学校由红卫兵主宰，学校的行政领导被剥夺了领导权，完全失去了对学校的领导作用；另一方面，外出串联逐步蔓延，在校内已找不到批斗对象的红卫兵，开始成群结伴外出串联，形成高潮。

1967 年 2 月，全国开始了“三支两军”（支持左派、支持工人、支持农民，军管、军训）运动，澄中被澄海县军事管制委员会定为“三支两军”工作的试点单位，3 月，以张励生为团长的“军训团”共六七十人进驻澄中。军训团进校后，学校各种活动仍以班级形式进行，但学校的一切领导、组织工作由军训团主持，教师被分配到班里与学生一起参加各种活动。军训团的主要工作是指导师生学习毛主席著作和“两报一刊”的社论等。这个时候，社会群众组织之间的观点分歧越来越明显，学校的战斗队也产生意见分歧，形成不同观点，短短几个星期，几十个学生战斗队组成了观点不同的两大阵营，即“古田兵团”和“延安野战军”，前者以宿舍区的新楼为总部，后者以教学区的图书馆为总部，一些教师也按不同的观点参与两派学生组织。两大造反派经常各自集会，或彼此之间进行辩论，形成了严重的派别对阵。受社会上派别斗争影响，澄中的两派斗争也十分激烈，持续了一年之久。是时的军训团再也不能维持以班级为单位的活动形式，虽然没有撤离澄中，但抽调部分人力进驻到其他中学。

**图 1.5.1　1968 年“延安野战军”的“星火燎原尖刀班”合影**

“文化大革命”日渐深入，辩论式的文斗也逐步演化为武斗，社会一片混乱，于是当权者要求各组织革命大联合，各级成立革命委员会。1968 年 4 月，在军训团的指导下，澄中两大派群众组织根据代表名额均等的原则，选举产生了“澄海中学革命委员会”（简称革委会），革委会成员 11 人，包括学生 6 人（林耀文、丘若深、杨卓兴、蔡炳成、陈汉成、刘振环），教师 4 人（梁添勤、张达发、丘盛壁、陈耀三），原学校行政领导 1 人（马维毅）。革委会设副主任 3 名（马维毅、杨卓兴、蔡炳成）。革委会虽然成立了，但由于观点不同、意见分歧，开会总是达不成决议，难以开展工作。一个月后，一支由澄城各工厂、企业的工人组成的“工宣队”进驻学校，学校工作实际上交由工宣队主持。

**图 1.5.2　1968 年澄海“延安野战军”、“东风挺战团”欢送战友参军合影**

工宣队进校之后，随即开展“报三史（个人史、家庭史、社会关系史）”和“清理阶级队伍”行动，学校教师被要求一律以书面形式填报“三史”，逐人过关审查。1968 年 5 月，英语教师许德承不堪造反派的羞辱，从学校大礼堂顶楼跳下身亡；7 月，在社会武斗中，物理教师余秉栋被活活打死；8 月 27 日，原校领导林华也因不堪受辱在家中自尽。

1968年国庆节前夕，全县教师被集中到澄中进行“清队”，大批教师遭到了公开批斗，被扣上“地、富、反、右、坏”、“叛徒、特务”、“国民党残渣余孽”、“牛鬼蛇神”等帽子，横遭残酷斗争和无情打击。一桩桩冤案、错案、假案，使学校的许多领导干部和教师变成了“反动学术权威”、“走资派”、“叛徒”、“残渣余孽”。运动至此，学校教师被禁闭43人，被迫害致死3人。

## 第二节　辛酸的“撤并”

“文化大革命”开始不久，澄海县城的一些中等学校，为适应形势纷纷改名，澄海第一中学（澄中）改名为“红旗中学”，澄海县华侨中学改名为“育红中学”，澄海县农业职业学校则改名为“东方红中学”。

1968年10月，全国各地学校开始复课。“红旗中学”（澄中）也恢复上课，但回校听课的学生并不多。是时的“育红中学”（县华侨中学）、“东方红中学”（县农业职业学校）和城关镇农业中学也拟复课。由于情况复杂，较难治理，澄海县革委会决定成立一个新学校，将县农业职业学校、县华侨中学和城关镇农业中学合并办学，取名“延安中学”，地址设于原农业职业学校和华侨中学的校舍内，学校划归城关镇管理，由镇派驻贫下中农管理学校宣传队，并指定两间镇办工厂作为学生学工基地。1968年12月，县农业职业学校、县华侨中学和城关镇农业中学三校合并，其时尚未成立学校革委会，只成立了领导小组，组长陈明松（城关镇书记），副组长陈斌，成员有许见文、陈钦凡、林圣光、林良勤等。

在三校合并的同时，县革委会决定撤销“红旗中学”。1969年1月20日，军管会宣布，根据上级指示，为有利于“斗、批、改”和“教育革命”，要“砸烂旧澄中”。于是“红旗中学”在学的高中生有的提前毕业，有的转回家庭所在地的中学就读；初中生则转入原华侨中学或在澄城各小学的附设初中班就读。教师也被调离，除了小部分留校处理遗留工作外，其余皆被分配到地方各公社中学任教。学校的各类设备，除了科学馆里的东西没动，其余均被文卫战线统一分配到各公社中小学中去。校舍暂时空置，一度拟改作他用，后由于“砸烂旧澄中”的做法受到省的批评，终于没有最后确定。



1969年初，中央“两报一刊”联合社论提出“全党都要重视工业”，县领导为了落实社论精神，想开辟一个“工业区”，选中了“延安中学”校内的100亩场地，于是要求“延安中学”迁至相邻的东门兵营（即原电大所在地）去办学。此举遭到“延安中学”领导班子及师生的强烈反对，认为占用中学校舍办工厂没有道理，而用“房间大小不一”的兵营作教室也不合适，由此学校拖延不搬，并多方反复陈词。经过协商，“延安中学”提出“有条件地搬迁”：①“延安中学”迁入原澄中校舍；②澄中校具由“延安中学”接管，不再调拨给其他中学；③在合适地方划拨50亩地作为对“延安中学”校内农场被占的补偿；④适当时候对原侨中建筑物作赔偿处理。通过多方面做工作，最后县委表态：完全同意学校的第①②项要求，立即实施；基本同意学校的第③项要求，尽快落实；第④项要求今后视情况再定。

1969年3月，“延安中学”连人带物搬入原澄中校舍，并接管了原澄中尚存的教具、图书，保住了一批较高档的仪器（如显微镜等），并调回原澄中的部分教师骨干。在这种情况下，县领导便把原来宣布的“撤销红旗中学”改口为“撤并”。因而，澄海县城的四所学校（澄海第一中学、县华侨中学、县农业职业学校、城关镇农业中学）便合而为一，四校的人、财、物、档都归并入“延安中学”。

“延安中学”成立后，一方面抓紧落实原有四校的学生复课，另一方面重新招收初一级4个班和高一级4个班，同时开辟学校大操场，在校内平整农场50亩作为学农基地，学校秩序渐趋稳定，出现了一些新气象。

1969年8月下旬，澄海县革委会在隆都前美的全县教师学习班上宣布将“延安中学”改名为“澄海中学”。10月1日，在县驻校宣传队和军代表的主持下，经全校师生民主选举，成立了“澄海中学革命委员会”，成员为陈斌（第一副主任，主持全面工作）、许见文（副主任，抓教学）、陈钦凡（委员，抓政工）、林圣光（委员，抓后勤）、林良勤（委员，职工代表），以及学生代表。

**图1.5.3　澄海中学红卫兵纠察队袖章**

1968年10月至1969年8月，这短短的十个月，是澄中历史上一个极为特殊的时期，学校经历了从被“撤销”到“撤并”再到得以“复名”的辛酸过程，校名也出现了由“红旗中学”到“延安中学”再到“澄海中学”的变化。

## 第三节　英勇的“抗灾”

1969年7月28日，编号为“6903”的超级强台风（“维奥娜”）正面袭击广东省汕头地区。这次台风正值农历六月十五天文大潮，风灾中，汕头地区军民遭受了重大损失。位于榕江和韩江入海口交汇处的广州军区牛田洋生产基地更是经受了一场空前劫难。抗风灾过程中，驻守在牛田洋从事军农生产任务的中国人民解放军第55军219师牺牲指战员470人，在牛田洋“接受解放军再教育”的大学生牺牲了83人。而在“7·28”台风到来之际，澄中高一年级的近百名学生也正好自发在牛田洋学军参加插秧劳动。台风到来，同学们积极参与部队的抢险抗灾行动：抢运枪支，上堤堵围；尽己所能，积极表现。抢运枪支时，陈有乐同学一口气背出了两支枪；陈海鹰同学背出一支枪后，又跟着战士上了大堤，由于年纪较小，风大浪急中，被部队官兵拉下了大堤；欧洁玲（女）同学在背枪过程中不小心摔断了腿……风灾中，共有553名战士葬身于海潮，澄中的同学们参与掩埋牺牲的战士（据陈海鹰事后回忆，他们4人合作，一夜掩埋了25具尸体）。幸运的是，风灾过后，澄中的学生均告平安。事后，陈有乐、欧洁玲两位同学受到了广东省政府的特别嘉奖，分别荣记个人三等功，《人民日报》对澄中学生的英勇抗灾表现也做了报道。作为风灾的亲历者，陈海鹰同学后来根据自身的牛田洋抗灾经历，写出中篇小说《黑海潮》，小说一刊发，很快在文学界引起了强烈反响。

“7·28”风灾中，澄中校园同样受损严重。1969年10月1日“澄海中学革命委员会”成立以后，很快投入校内的灾后重建工作，向县里申请了19 000多元，将受台风破坏的8间木板教室改建为灰瓦教室（今英南图书馆所在地），又把门房后面的竹篷音乐室改建为教师宿舍。抗灾复建后，学校逐步走上正轨。

## 第四节　无序的“教学”

“文化大革命”的头两年，学校“停课闹革命”。1968年下半年之后，社会上大规模的群众运动稍微平复，学校也结束了“停课闹革命”的阶段，在一定程度上恢复了教学，然而并不正规，学生想来就来，教学可有可无。

1969年，澄海盲目发展中学教育，大办高中班和小学附设初中班。“这一年，全县有完全中学11所，高中55个班，高中学生2 556人，比1966年的575人骤增1 981人，增加了3倍多。”（1992年版《澄海县志·卷二十七·教育》）“教育革命”又全盘否定了新中国成立17年以来的教育，提倡教学、科研、生产三结合的新体制，要求师生用大量的时间参加生产劳动；否定原有的教材和教学计划，要求各校采用地区、省编的以毛泽东思想统率全部文化课的教材，各校按军事编制设置营、连、排，把体育课改为军体课。

在错误思想的指导下，1970年至1971年间，学校开设了9个高中班和8个初中班；高、初中学制均为两年；初中部只办初二级，初一级在各小学的初中点开办；招收的高中学生来自全县各公社，初中学生则是澄城各初中点部分学生的集结。教材采用省编的中学课本，开设了包括外语在内的各门课程。政治课主要是学习毛主席著作。除了课堂的学习，学工、学农、学军便成为这一阶段的主要任务，学生分期分批到县农械厂、印刷厂学工，到澄城附近的生产队学农，到牛田洋学军。每次兼学时间为一至两周。1970年，澄中师生先后两次到新溪、牛田洋参加灾后修复公路、支农的劳动，两次劳动都因表现突出而受到县革委会的通报表扬。



1971年“9·13”林彪事件后，邓小平同志一度出来主持中央工作，全国出现了较有秩序的“抓革命、促生产”形势，教育战线也有了生气。这时高等学校取消了纯推荐的招生制度，增加了必要的文化考试，中小学也相应地出现了抓教学质量的苗头。由此，学校领导召开了教师、学生的会议，动员和鼓励学生“以学为主”，学校出现了“文革”以来所未出现过的抓文化课的景象。在课程设置上，减少了“兼学”的时间，恢复了闭卷考试制度和升留级制度，并大胆地提出教学改革的口号，教师的教研活动也开展起来，学校呈现出学生勤奋学习文化知识的现象。

1971年2月13日，澄海县革命委员会发出文件《关于从白沙农场划五十亩土地给澄海中学的通知》［澄革发（71）第12号］给白沙农场、澄海中学、文卫战线革委会相关单位，兑现了1969年“延安中学”提出的“有条件地搬迁”中的第③项要求，即在白沙农场划出50亩地作为学生学农基地。内容如下：

**关于从白沙农场划五十亩土地给澄海中学的通知**

在毛主席无产阶级教育路线的指导下，我县工人阶级、贫下中农掌握了教育大权，实行教学、科研、生产三结合，开始建立起无产阶级的教育制度。

为进一步贯彻执行毛主席的教育方针和《五·七指示》，经县革委常委研究，决定从白沙农场划五十亩土地给澄海中学，作为学农基地。

希照执行。

澄海县革命委员会

一九七一年二月十三日

这50亩土地很快被建设成为澄中的一个分校。约从1972年起，学校利用从白沙农场划拨的50亩土地，建设学农基地，并相继建设了宿舍、教室，设置了体育器材以及其他设施，学生分期分批轮流到那里，一边上课，一边参加劳动。这种状况历时十年左右，至80年代初，随着高考恢复，学校的教学逐步回归正轨，学生分期分批到白沙分校的做法才停止。

1971年秋，学校开始办初一文体特色班。1972年，军宣队撤离学校，是年秋季招生，高一招收10个班。1973年秋，学校停办初中，取消军事连队制，恢复班级制。这一年，校办工厂电镀车间、印刷车间开始投入生产。

澄中的学生上山下乡开始较早。1969年，杨映根等一批高中毕业生，上山下乡到英德茶场；1970年，陈海鹰等100多名高中毕业生，上山下乡到湛江、海南岛建设兵团；1974年的高中毕业生，则大部分上山下乡到潮汕各农场参加生产劳动。

图1.5.4　1974年6月澄中74届高二（2）班毕业合影

1973年7月10日，河南省南阳市唐河县马振扶公社中学初二级学生张玉勤在期末英语考卷的背面写道："我是中国人，何必学外文，不会ABC，也当接班人，接好革命班，埋葬帝修反"，受到老师批评之后自杀。1974年1月19日，江青派人专门调查此事。随后中共中央发文把这件事称为"修正主义教育路线进行复辟"的典型，张玉勤所在学校的相关领导、教师因此受到处分，张玉勤则被追认为"革命小将"、"优秀共青团员"，还专门为她立了碑，碑文是"胸怀朝阳战恶浪，敢把青春献给党"。1974年10月，报纸上披露了这起"马振扶事件"，之后，又大力宣传交白卷的"反潮流英雄"张铁生。于是，一场名为"反击资产阶级回潮"的运动在全国兴起，澄中的部分学生也贴出大字报，反对学习外语。

1974年上半年起，"批林批孔"运动在全国开展起来，政治又猛烈地冲击一切。这一年中，澄中校园经常被占用为召开各种会议的场所，上级一通知开会，学校就得依时搬到县大公园露天上课，日常的教学秩序受到了冲击。很多在1972年至1973年间刚采取的抓教育质量的措施，因被称为"资产阶级回潮"的产物而受到了批判。学工、学农等又成为学校活动的主要内容。

1975年秋，军宣队、工宣队又进驻学校，汕头地区还派了工作组来校指导"批回潮"

工作，学校此时也提出了每年“三个月学农，三个月学工，三个月办专业班”的口号，大力兴办校办工厂和校办农场，办起了手扶拖拉机、农村卫生、农村机电、农村文艺等专业班。学生到工厂、农场学工学农；在“革命无假期”的口号下，教师也被剥夺假期，寒假、暑假均不得休息，全部参加生产劳动。

这年年底，全国掀起“学朝农”（以朝阳农学院为榜样）运动，全省掀起“学屯昌”运动（屯昌即今海南省屯昌县，为响应教育与生产劳动结合的革命号召，屯昌县发动全县中小学学生在学校农场大种甘蔗。由于发动广泛、行动积极，甘蔗在屯昌中小学的种植数量和质量都很高，一时成为闻名全国的先进典型。事实上，屯昌学生劳动时间多，学习时间少，农忙时更是经常停课，学校基本取消了所有考试），推行“走出去，请进来”的开门办学形式。教学又失去了常规，“主学”与“兼学”完全颠倒，澄中学生除继续长期下工厂、下农场学工学农外，还分批到澄城附近各乡搞路线教育，请工人、农民上课，接受工人和贫下中农的“再教育”，与工人、农民一起搞“天天读”、“批判资产阶级法权”等运动。荒唐的“开门办学”，一直持续到“文化大革命”结束。

## 结语

十年“文革”，澄中遭受了新中国成立以来最为严重的挫折和损失。从一开始的“停课闹革命”，到派性斗争，再到大搞“教育革命”、“批回潮”、“开门办学”，澄中始终处于风口浪尖，惨遭践踏。尽管 1971 年年底至 1974 年上半年期间教学秩序有所恢复，学生学习质量有所提高，但短暂的有序教学很快就被“批回潮”，“开门办学”，批判“智育第一”、“师道尊严”等所谓的“教育革命”所冲毁。“读书无用”被赞扬，“主学”与“兼学”颠倒，学生频繁地下乡、下厂、下连队，学农、学工、学军，学校的教学质量严重下降。

十载乱世，不绝如缕。直到“四人帮”倒台，澄中才从十年动乱的巨大破坏中解脱出来。

# 第六章　拨乱反正　日趋辉煌（1976—2015）

## 引言

图 1.6.1　1994 年广东省一级学校评估专家组和学校行政人员合影（前排右五为王立民校长）

粉碎“四人帮”后，澄海中学得到新生，教学秩序迅速恢复，朗朗书声重新出现。学校在上级领导下，联系实际，深入揭露、批判“四人帮”，肃清反革命教育路线对学校造成的流毒和影响，提高师生分辨是非的能力，逐步形成勤奋读书，遵守纪律，尊师爱生的良好校风。紧接着，学校进一步端正办学方向，提出了“贯彻以教学为主原则”、“千方百计提高教育质量，为国家高一级学校培养合格新生”等口号，同时还为林华、方书仰、郭秀达、黄友华等领导、老师恢复了名誉，为开创澄中新局面奠定了坚实的基础。1979 年，县委公开正式为澄中平反，恢复澄中名誉，推倒“四人帮”强加给学校的一切不实之词。1981 年 6 月，广东省人民政府文教办公室转发了省教育厅《关于进一步办好重点中学的决定》，以文件形式确认澄海中学为县级重点中学。自此，澄海中学在新时期历任校长的领导下，学校管理、教学教研、思想教育、师资队伍、体育艺术等各项事业呈现出蒸蒸日上的发展态势，不断创造出新的成绩，不断实现跨越式发展，形成了“全面发展，体育见长”的办学特色，彰显了百年学府深厚的人文底蕴。1994 年 12 月，学校被广东省教育厅评为“广东省一级学校”。

2008 年 10 月，学校被广东省教育厅评为“广东省国家级示范性普通高中”。

图 1.6.2　2008 年 4 月广东省普通高中教学水平评估暨国家级示范性普通高中确认验收汕头市澄海中学自评座谈会

学校多次获得国家级、省级、市级各种荣誉称号，成为广东省内一所颇有影响力和示范辐射作用的高级中学。

## 第一节　从恢复教学秩序到实现跨越性发展

### 一、拨乱反正，恢复正常的教学秩序（1976—1984）

#### （一）顺应社会潮流，端正办学方向

1976年，“文革”结束，工人宣传队撤离澄海中学，标志着澄海中学新的发展历程的开始。1977年，全国恢复了高考，全社会掀起了求学热潮；国家百废待兴，需要大批人才，而十年浩劫，教育是重灾区。在“文革”中被“砸烂”的澄海中学面临着巨大的挑战和机遇。

学校的首要工作是端正办学方向。“文革”中把“以学为主”歪曲为“以学工学农学军”为主，原来居于学校各项工作首要位置的课堂教学被边缘化。拨乱反正，理当从教学开始。增加学生在校学习的时间就是最为直接的措施。1978年起，全学年初中部上课时间定为36周，高中部定为34周。开课时间初中部252天，高中部238天，分别占全年时间的70%和68%，如果除去节假日时间，学生在校时间比例会更大，学生“以学习文化课为主”就有了保证。

课程设置，也直接保证“以学文化课为主”。从1978年开始，学校对课程设置和各科每周的授课时数都作了明确的规定。

**表1.6.1　1978年澄海中学开设的课程及每周授课时数**

| | 开设课程及每周授课时数 | 共计 |
|---|---|---|
| 初中 | 初一级：政治2节、语文6节、数学6节、外语5节、地理3节、生物2节、图音体各1节 | 每周26节 |
| 高中 | 政治2节、高一语文6节、数学6节、外语4节、物理5节、化学（高一3节、高二4节）、历史2节、高二生物2节 | 每周29节 |

据校档整理。

另外，每周课程含文体活动2节，形势教育和班会2节，团队活动2节，科技活动2节，劳动课2节（初中）、体育课2节，合共每生每周在校学习时间高中为39节，初中为38节。这样，最大程度地把学生聚在校内安静地坐下来学习文化课，学校也真正成为求学之所。

拨乱反正的另一项重要举措是贯彻落实教育部重新修订颁布的《教学大纲》。《教学大纲》是教学目的、教学内容、教学要求的规定与说明。学校要求各位教师认真阅读、深入领会新《教学大纲》的精神实质；要求各教研组组织本组老师讨论《教学大纲》，交流学习《教学大纲》的心得。

新教材是配套新《教学大纲》的，是教和学的范本。研究新教材选材特点、编排特

点、写法特点、知识体系和能力训练体系，为实施教学做准备，所以，这也是教师必须完成的任务。学校要求各位科任教师按新《教学大纲》组织教学，备课时重视分析学生的实际情况，突出《教学大纲》要求；上课时应重视基础知识的传授和基本技能的训练，采用启发式教学，反对“一言堂”，重在激发学生潜能，发展学生智力，并且培养学生良好的习惯。

**图 1.6.3　拨乱反正后，陈德桂书记（右二）、方书仰校长（右一）组织教师学习**

新《教学大纲》是各科教学的指南，是检查学习效果、检测教学质量的标准和标高。落实《教学大纲》要求，对教和学两方面，都有重大的指导意义。

改革考试制度，为贯彻执行新《教学大纲》保驾护航，是学校当时作出的另一项重要决定。“文革”期间，学生无书可读，自然不用考试；即使有试可考，也多为“开卷”。澄海中学较早地关注了考试的密度和信度问题，并作出了初步的规定：每学期除了期中、期末两次全校统一考试外，各科各级可以从实际出发，自行安排 2 ~ 3 次平时考试。对于考试违规处分也作出了比较明确的规定。提倡独立思考、独立完成；如果作弊，则视情况给予警告、取消考试成绩等严厉的处分。考试，作为教学的一个重要环节，它的信度直接反映教和学的态度，进而影响教和学的质量。

实行文理分科和按质量、按程度分班，使不同程度的学生得到不同程度的进步，是落实因材施教原则的一大举措，在当时来说这是一个大胆的尝试。另外，学校大力提倡使用电教手段教学，尽管学校只有少量的收录机和简陋的投影机而已。

### （二）工作成果和经验

这一阶段，澄海中学在浩劫中艰难走出，在“四化”的征途上顽强前进；顺应潮流，不懈努力，锐意创新。经过努力，澄中已经初步恢复了正常的教学秩序，建立健全了一系列教学规章制度，并且紧紧抓住课堂教学这个中心，有效地进行教学，取得了初步的效果，培养了以郭志飞（考上清华大学）为代表的学习尖子生。1984 年夏天，澄海中学终于迎来了一个可喜时刻，是年高考本届学生成绩名列汕头市之冠，得到了县、市领导的嘉奖，赢得了全县人民良好的口碑。这对澄中师生是莫大的鼓励。在新时期的新征途上，澄中人凭着“爱”和“勤”，开了一个好局。

## 二、完善常规教学管理，开展教学研究（1984—1993）

### （一）完善常规教学管理

（1）随着改革开放的展开，社会对知识型人才的需求量迅速加大，中、高考竞争日趋激烈。为适应这一形势，澄海中学及时调整了教学设置和部分科目的授课时间。1984

年第二学期开始，高一语文课每两周增加一节，高二语文课每周增加一节，高三数学、物理、化学每周各增加一节（用于中下层生的辅导），高三应届班每周增加英语课两节（专门辅导薄弱环节）。初中部部分科目的授课时间也做了调整。初一级数学每周增加一节，初二级物理每周增加一节，初三级生理卫生常识课每周增加一节。

图 1.6.4　林齐梅老师（左三）、张天杰老师（左四）在辅导青年教师

（2）学校以学科为单位成立学科教研组，在学校计划的指导下，开展本学科常规教学活动，提高本学科教师的教学能力，从而提高本学科的教育质量。在新的形势下，学校重新明确其职能：抓好集体备课，安排好备课组长，指导教师备好课、钻研教材和《教学大纲》，抓好各项常规性的教学活动，如组织集体听课、评课、专题讲座、经验交流、学科比赛等。还要组织学科考试，包括试卷命题、评卷、讲评、质量分析和经验交流等。教研组的另一职能是进行教学研究，提出教改课题和方案。作为学校组织教学活动的二级机构和专业指导机构，教研组发挥着巨大的作用。

（3）完善考试制度。考试是学校教学的常规环节之一，直接反映教学的质量。学校重视完善考试制度，以适应中、高考的考试模式和评卷特点。考试方式坚持以闭卷为主，交叉命题，防止定向复习，提高学生应考能力。在试题的整体结构上坚持传统的题目与标准化题型相结合；在试题的难度上，按 6∶3∶1 分配（即基础题占 60%，小综合题占 30%，大综合题占 10%），一般总平均分控制在 75% 左右。在考试方式上，英语科进行口语和书面考试相结合的试验；政治科还进行知识考试与觉悟考查相结合的试验。在考试次数上，学校要求教师课前课后小测验“再多一点”，做到以考促读，鼓励学生发挥学习的积极性，在行动上落实“勤”字，在要求上落实“严”字。这些措施虽然在一些提法上与现今的教学观念有出入，但还是有积极意义的。



（4）建立教学反馈机制。主要的做法是：定期进行教学检查，安排在每学期的第六周和第十六周举行。检查的内容是：①教学进度；②备课情况；③作业布置和批改情况；④考查次数；⑤辅导情况；⑥期中考试质量分析；⑦对新教师的考察与培养。检查方式：①科组长检查教学情况；②召开备课组长会议，交流备课组工作；③召开各科学生科代表会议，听取学生对各科教学的意见和建议；④行政领导分批集体听课；⑤分级召开科任会议，小结情况，表彰先进，鼓舞士气。检查是手段而非目的，促进教学研究、密切师生联系、做到教学相长才是目的所在。

### （二）教学研究和教学改革

澄海中学领导和教师在教育实践中，深刻感受到抓“双基”（基础知识、基本技能）的重要性，明确提出基础知识的传授和基本技能的训练必须成为课堂教学的重要任务。在此基础上，学校提出了“发展智力，培养能力，陶冶世界观”的教学目标，从重知识向重能力转变，提出了诸多应该培养的能力，如注意力、理解力、记忆力、逻辑力、想象力……这在当时来说是相当先进的教学观念。不仅如此，学校还从教和学两方面，提出了教学中应正确处理的七种关系：教师和学生的关系；教法与学法的关系；讲和练的关系；进度和质量的关系；知识和能力的关系；课内教学与课外辅导的关系；知识传授与思想教育的关系。这些研究内容的提出，使教师更关注教学的实质问题：如何使学习者掌握学习方法，发展学习能力，最终达到完善人、发展人的终极教学目标。这在当时也是前沿教学思想所关注的问题。

**图 1.6.5　1984 年，吴惠深老师在辅导学生**

采用全员参与和定点试验相结合的策略开展教研教改活动，是澄海中学开展教学研究的重要特点。学校号召全体教师“自选专题”，人人动手搞教改试验。在此基础上，由各科组选定 1 ~2 个教改试验点做试验，学校则确定 8 个校级试验点，这就形成了全员参与、教研组选点、学校定点的三级教研态势，一时学校形成了浓厚的教研风气。

在所有教研的课题中，关于课堂教学的改革研究与试验占主要位置，课堂教学是学校工作最主要的形式。长期以来，一些教师确实采用了“填鸭式”、“满堂灌”的教学方法。时代在前进，科学在发展，社会在变化，“填鸭式”之类教学法已经不适应教学的要求。学校要求教师在教学中采用启发式教学，课堂要多提问、多讨论，以“学生为主”，开发学生潜能，教授方法，使其可以持续发展。

由县教育局主导的第一个三年教研教改活动规划起于 1986 年 9 月，至 1989 年 9 月已经结束，第二个三年教研教改规划主要是定点试验。澄海中学与县教育局教研室研究决定，把试验的“点”定在澄海中学。试验点分别是：高一政治、高一化学、高二语文、高三体育、初二数学、初三物理、初三英语、初三化学。

本次教改试验，以启发式为突破口，围绕“如何上好一节课”这一中心课题，采用示范课、试验课的课型来上课，具有现实意义。学校对此非常重视，派出负责任、有经验的 10 位老师参与试验，委派 3 位副校长分工管理。期中、期末各试验点老师负责汇报方案实施情况，并与县教育局教研室联系，力争得到各方面的重视和支持，形成合力，推进教学改革。学校还要求试验点老师要重视事实和数据的积累，横向联系，横向比较鉴别，逐年总结，形成模式，多思多写，形成经验，以作交流。三年试验，各科的试验比较成型，在启发式的总课题下，各科结合学科实际，总结出不同的教法：语文科的单元整体教学法，物理科的比较法，数学科的发现法，外语科的情景法，历史科的表现法，化学科的归纳法，生物科的类比法……各具特色，各出成果，对澄中的教学工作起到了极大的作用。

强化常规教学的管理，深化教研教改，使澄中教学充满生机活力，常规教学井然有序，高考成绩逐年攀升，涌现一批高考尖子：1983 年理科类考生陈小越获得市总分第一名；1988 年文史类考生柯璇获得全省总分第三名（市第一名），外语类考生陈泽群获得全省总分第一名（市文史类第三名）；1988 年全校高考上省线 201 人，创历史新高。

## 三、抓住机遇，全面推进，实现澄中第一次飞跃（1993—2003）

自1977年以来，澄海中学从“文革”的阴影中走出，在新的发展历程中顺应时代潮流，发奋图强，以主人公的姿态投入教育教学工作中。澄海中学是粤东闻名的县重点中学，办学质量历来得到人民群众的认同和肯定，各届领导班子为了澄中事业的发展殚精竭虑，广大师生员工勇于实践，勇于创新，高考、中考成绩喜人，学习尖子不断涌现，勤教勤学的教风、学风已经初步形成；教研教改活动开展得有声有色，并且形成了各学科的教育特色，它的示范性作用已经显著提高，适逢省一级学校评估工作将要展开，学校果断抓住机遇，决定参加省一级学校的评估。澄海中学将踏上新台阶，再创佳绩。

### （一）执行国家教学计划，按规定开设各类课程

1. 课程设置

**表1.6.2　1993年澄海中学课程设置**

| | | |
|---|---|---|
| 必修课 | 政治、语文、数学、英语、物理、化学、生物、地理、历史、体育、劳技 | |
| 选修课 | 初中部 | 剪纸、书法、打字、电脑课、科技制作、烹调 |
| | 高中部 | 高一级电脑课、人口教育、艺术欣赏 |

据校档整理。

2. 校本课程（既能增添才能又能服务高考的课程）

**表1.6.3　1993年澄海中学校本课程表**

| | |
|---|---|
| 高一级 | 语文、写作、数学解题训练、物理选修课题 |
| 高二、高三级 | 语文、数学、英语、物理、历史、化学、历史等选修课题 |

据校档整理。

3. 突出“体育见长”特色

开设体育课（每周2节）、体锻课（每周2节），早操、课间操（有固定时间）。学校有田径队、篮球队、学生体育团体足球协会和乒乓球协会，形成了课内外相结合、校方办与学生办相结合的格局，掀起了体育锻炼热潮，并取得了丰硕成果。

### （二）教学管理特色

（1）严格教学常规管理，建立配套管理制度，对教师职责和备课、上课、作业批改、辅导、复习及考试等整个教学过程都提出严格的规范化要求。

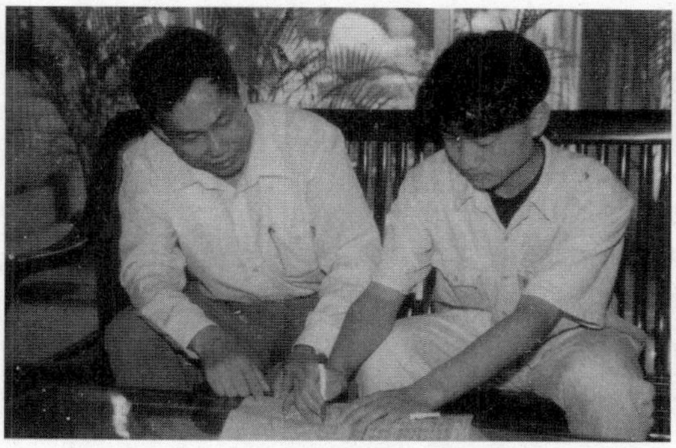
图 1.6.6　广东省特级教师李哲华在辅导学生

图 1.6.7　广东省特级教师陈茂锐在辅导学生

（2）对常规的执行情况进行严格检查，坚持实行行政领导和科组长定量听课制度以及学生代表座谈会和全体学生问卷调查制度。定期检查老师的备课本和听课本，检查学生作业完成情况和老师的批改情况，并把结果及时予以公布，与教师面对面交流。这些举措比较有效地促进了教学和教研的开展。

（3）教学质量的评估，主要看课堂教学的总体水平，看中考、高考成绩。

### （三）教学研究

（1）从 1986 年开始，学校与县教育局同步进行教学研究和教学改革，学校常年坚持以启发式为中心的教法改革，开展以优化课堂教学为重点的教研活动。

教改实验趋于规范化。学校与县教育局教研室合作试验，提供试验老师、班级和有关的科研设施；各教研组确定教研专题、定人定点进行有计划的试验；学校全面动员，全员参与，以点带面，全面展开；开展优质课评比的教研活动，展示教研成果；同时，改革教学手段，推进电教进程；进行教学研究和改革的总结、评比和推广。

（2）研究课堂教学，改革课堂教学，使之真正成为学生学习知识、增长才能、发展智力、开发潜能的主要场所。在实践中，教师们摸索出不少有益于课堂教学的措施，使课堂教学活泼而有成效。

“四课（汇报课、实验课、优质课、示范课）型”公开课，成为澄中常年公开课的主要样式，通过听课、评课，学校扩大了试验规模，产生了宣传效应，增强了影响力。在教研教改实践中，学校逐渐形成了“五重”（重情感、重基础、重训练、重能力、重过程）的教法，对教师影响很大，是教师备课、上课、自我控制、自我调节和确定教学重难点的依据。这些教改活动，对教师影响很大，尤其是对青年教师的业务能力的提高，具有较大的意义。

除此之外，利用教材的政教资源，发挥学科的德育功能，也是教研的一个课题。有的老师在这方面作了有益的探索。

更有教师提出“三点突破法”（重点精讲突破、难点分解、疑点研究点拨突破），这些都是非常有现实意义的探索。

（3）教改成果：①每学期全校教师开公开课 60 节左右，听课 4 000 节左右；②学校每年举行一次教育及教学论文交流会；③出版论文集2册，收集论文59篇。

近年来，教师撰写论文刊登于国家级、省级、市级共计40篇：王立民《班级文化建设初探》刊登于《人民教育》；陈茂锐《激发兴趣，培养能力，减轻负担》发表于《中小学外语教学》，在省内外有一定影响。

1994年12月，省一级学校评估组经过评估认为，澄海中学的教学工作是有经验、有特色的，从常规教学来说，有“严、细、实、勤”的特点。“严”，表现在对教学的各个环节都做了规范，学校教学常规一经制定，就有保障的机构；“细”，就是仅教学方面的规定就有25项之多，这些制度极其详尽；“实”，就是切实可行，可操作性强，利于检查评比，更重要的是利于执行；“勤”，即教学中贯穿一个“勤”字，勤必然汇成一股合力，以推动整个教学质量的提高。

评估组的评语是中肯的。澄海中学的常规教学管理与澄海中学的校风、教风、学风是一脉相承的，是学校精神产生的沃土，又是在学校精神引领下不断创新的结果。评估组给学校教学工作提出的建议也是颇具现实性和前瞻性的。建议内容包括：①结合汕头市提出的“名师工程”，加快培养名师的步伐；②强化电教意识，提高教学效率。教师是学生的榜样，名师是旗帜，有示范性与典型性，有号召效应，对提升一个学校的知名度起着不可低估的作用。澄中不乏优秀教师，不乏名师苗子，但缺乏这方面的计划和措施。而电化教学是现代化的教学手段，是教学效率的保障，利用互联网学习极可能成为未来的学习新模式，效率就是学校的生命。这些建议是对澄海中学的教学改革提出的新课题。

### （四）澄海中学教学工作整改四年（1994—1998）

1994年12月，澄海中学顺利通过了省一级学校的评估，根据省评估组的建议，澄海中学的教学工作做了积极的调整，主要是：

**图1.6.8　20世纪90年代澄海中学优秀青年教师表彰大会**

1. 配备电化教学设备

增建多媒体、电脑室一间，配备586电脑64台，配备了投影机、电脑系统和音响等设备，完善常规实验器材一批，增置了复印机、速印机、传真机各一台，建成了电视卫星地面接收站，在各处室及图书馆配备电脑管理系统，完善了校园文化的硬件设置。

2. 建设高水平、高素质的教师队伍

实施“青蓝工程”，以老带新，既发挥老教师的作用，又促进青年教师的快速成长，完善并实施《培养青年教师计划》、《培养青年教师工作要求》，制订《澄海中学青年教师教学基本功达标方案》，成立达标评估领导小组，加以评比。规定：指导教师每两周至少听指导对象一节课，青年教师每周至少听指导教师一节课；青年教师定时向指导教师汇报教学情况；青年教师要经常练习钢笔、毛笔书法；青年教师每学期要完成“五个一”（一个教案、一个评课意见、一份试卷、一份总结、一节汇报课）和“两个表”（作业布置批改汇报表、扶优转差汇报表）；设立“优秀青年教师奖”。

实施“青蓝工程”后，澄海中学的青年教师迅速成长，不少已成为学校骨干教师，在省级、市级、区级各类教学评比活动中，取得佳绩。

青年教师的成长，促进了学校教师队伍整体的优化，初步形成“群体”有优势、“个体”有特色的发展态势。1994 年至 1997 年，学校有 58 人次获得各级表彰及奖励，有 5 名教师成为汕头市学科带头人。王立民校长被评为“南粤优秀校长”和汕头市首批名校长；特级教师邓秀安被评为“南粤优秀教师”和汕头市首批名教师。陈茂锐老师获全国中小学外语教师优秀园丁奖。经过三年的调整充实，澄海中学的教学工作有了长足的发展，尤其是在现代化教学手段的“硬件”上和“培养青年教师”、“锻造名师”的“软件”上做了实事，为澄中教学工作更全面、更可持续发展创造了积极条件。

**图 1.6.9　学校首位广东省特级教师邓秀安作学术报告**

3. 潜心科研出成果

澄海中学以科研促教学，以科研促改革，取得优异的成绩。澄海中学申报的、被批准立项的、成为原国家教委“九五”教育科学规划重点课题“义务教育阶段学生‘学会学习’的研究”的子课题“中学生学习能力的研究”结题。“‘精致教学、自主学习、持续发展’教育模式的实践与探索”的科研课题，被定为汕头市教育系统科研的重点课题。切实开展“说课”活动，有效促进了教师群体教学素质的提高。

澄海中学积极参与澄海市教育局教研室组织的初中语文“一多二精”（多读，精致、精练）的教研试验，该项目获得广东省普通教育教学成果二等奖，还有不少教师在其他各类教学成果（包括论文）中获得好的成绩。

**图 1.6.10　2002 年“‘精致教学、自主学习、持续发展’教育模式的实践与探索”研究课题结题报告会**

常规教学的研究和改革在深化，电教手段的丰富带来电教课的试验，各学科围绕学校电教试验总课题，把握电教手段的特点，改革课堂结构，达到“低耗高效”的目的，提出学科的教研课题。学校组织培训 4 场，参加教师 135 人，开公开课 32 节。教法和学法同步进行，同步优化的教研也在进行，而且日趋专题化。教务处主编出版的《澄中教学研究》共出版了 92 期，给教师的教研教改试验提供理论支持和研讨园地。

澄海中学的高考成绩稳步上升。1996 年有 260 人上省线，1997 年有 274 人上省线，

1998 年上升到 349 人。高中毕业班升学率保持在 90% 以上，高中毕业会考学科合格率 98% 以上，学生王建民、许雪琼、卢韦高考成绩突出，分别被清华大学、北京大学录取。1996 年以来，有许雪琼（1996 年）、陈枫（2000 年）、林洵彦（2002 年）成为省高考语文科状元。

省一级学校的初评和复评顺利通过，这标志着澄海中学的办学水平已经居省内知名、粤东一流地位，是一间对本地区县有示范性的中学，这为后来全国示范性高中的申报和评估打下基础。

### （五）巩固和革新（1999—2003）

1999 年，国家新一轮的课程改革正式启动，2001 年进入试验区，意味着全国性的实施将为期不远，这是我国教育事业发展的一个机遇。澄海中学借省一级学校的初评和复评顺利通过之机，把教育教学工作向前推进，但常规管理不厌其全，教学科研没有止境，世纪之交的机遇千载难逢。2000 年 8 月，澄海中学在学年度工作中，就明确提出“严格执行国家教育部颁布的课程计划，开齐课程，开足课时”。教育部课程计划有“必修课”、“选修课”、“活动课”三大板块，要求教务处把“必修课”和“选修课”安排在每周星期一至星期五上课，活动课安排在每周星期六上午。澄海中学在 2001 年 8 月就作出了安排。

1. 认真贯彻教育部新一轮普通高中新课程计划

学校决定组织骨干教师、新教材授课老师参加各级各类不同层次的普通高中新课程计划培训，重点在于学习和掌握普通高中新教材的总体设计思路和主要特点。学校教务处抓好《教学大纲》和新教材的学习工作，全体教师要明确高中课程计划的指导思想，掌握学科教学的目的和要求，掌握教学内容的广度和深度、体系和结构，了解教材编写的原则和依据，学习教学方法和途径，教学环节中应注意学生的认知特点，循序渐进。



2. 持续完善，整理常规教学管理制度

（1）开展以“说课”为内容的常规教学研究活动，形成“备课—说课—教课—评课”的常规管理制度。

（2）深化“严、细、实”的教学管理模式，并概括成“五四三二一”的管理工程。

“五”：备课、说课、上课、听课、评课五项教学要求。

“四”：示范课、优质课、汇报课、实验课四课型。

“三”：研究大纲、研究教材、研究考试。

“二”：教学研究实验、现代教育技术。

“一”：教学制度的保障体系。

（3）把常规管理制度规范化、系列化、细化并结集成《教学工作管理常规》，并于 2000 年 9 月 1 日公布执行。

3. 教学科研的延续和创新

（1）学校 1999 年下半年完成了原国家教委批准立项的“九五”教育科学规划重点课题“义务教育阶段学生‘学会学习’的研究”的子课题“中学生学习能力的研究”结题。“‘精致教学、自主学习、持续发展’教育模式的实践与探索”科研课题全面展开，并开了语文、数学两科公开课。

（2）开展学风和教风建设。学风：高中三个年级的整体部署可以用三个字表达，高一为“严”，具体表现为“学风严、行为管理严”；高二为“活”，具体表现为着重培养学生的兴趣爱好和特长，全面提高学生素质；高三为“紧”，具体表现为高三复习抓紧时间，严中有紧，紧中有活。教风内容：爱岗、敬业、奉献、为人师表。

图 1.6.11　20 世纪 90 年代，澄海中学教学与创新论坛

（3）把“研究性学习”引进课堂的创举。“研究性学习”是素质教育的一项内容，开展“研究性学习”，关键在于改变教师的教学方式和学生的学习方式。2001 年 9 月开始，学校组织教研组开展专题研究工作。以高三综合课为龙头，探索“研究性学习”的途径，增强教学的选择性和开放性，构建以学习者为中心、以学生自主活动为基础的教学模式。还选派领导和教师到上海参加全国“研究性学习”研讨会，组织人员前往江苏省太仓高级中学观摩该校的“研究性学习”的结题活动。邀请教育专家，如华东师范大学霍益萍教授，上海七宝中学校长、主任到校给师生和部分家长作有关“研究性学习”的专题讲座。经过一年的实践，进展顺利。为进一步探索，促使课程产生最佳效益，教务处、教研组、年级组加强协作，并举办了“研究性学习”课题成果展示活动。该活动很成功，受到师生的欢迎。

图 1.6.12　“研究性学习”进澄中成果展示活动

## 四、跨越式发展，创澄中事业新高峰（2004—2014）

### （一）创建国家级示范性高中和通过广东省普通高中教学水平评估（2004—2008）

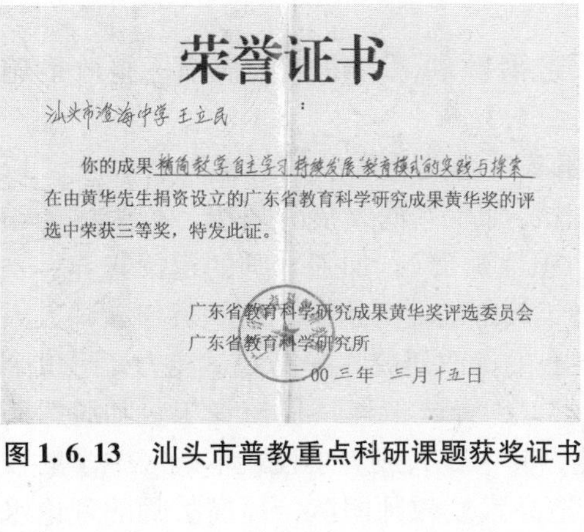
荣誉证书

汕头市澄海中学 王立民：

你的成果 精简教学 自主学习 特长发展"教育模式的实践与探索

在由黄华先生捐资设立的广东省教育科学研究成果黄华奖的评选中荣获三等奖，特发此证。

广东省教育科学研究成果黄华奖评选委员会

广东省教育科学研究所

二〇〇三年 三月十五日

图 1.6.13　汕头市普教重点科研课题获奖证书

为推进澄中的素质教育，加快澄中发展的步伐，澄海中学早在 2002 年 9 月就制订了争创国家级示范性高中的发展规划；2004 年提出申请，2006 年 12 月通过国家级示范性高中初评，2008 年 4 月通过广东省普通高中教学水平评估，这是教学工作发展的重要时期。新一轮课改给澄中带来了新的教育思想和新的视角，也带来了新的思考和探索。

（1）凝练出新的教学理念。新的教学理念为“以生为本、情趣育人、全面发展”，产生于学校“人本和谐”的办学理念。“人本主义”的教学观、学习观是本次课程改革的理论基础。在学校，教学是最重要的，所以“以生为本”是整个理念的出发点和落脚点。

（2）用教学理念作为制订《澄海中学课程改革方案》和《澄海中学新课标开课方案》的基础，根据教学理念对教材进行选择，合并扩大，制订出《澄海中学研究性学习课程方案》，指导学生选题、开题、实施、展示和总结。根据课程内容三级管理原则，除了国家课程、地方课程之外，学校尽力挖掘教学资源，开发具有地方特色和学校特色的课程。教师优势转化为学生优势，学科优势转化为学校优势，这是令人欢欣鼓舞的局面。

（3）用教学理念完善常规教学管理。教学管理以与现代学校的管理要求和新教程相适应的制度，注入“人文”新元素，重视态度、情感和价值观为载体，既有管理意义，又有精神引领和“人文”关怀。学校制定了《澄海中学教师教学常规要求》、《学生课堂常规》、《奖教奖学条例》，这三个条例对教师、学生都有一定的管理，但目的是规范教和学的行为，密切教和学的关系，使师生互尊互爱，教学相长。

（4）用教学理念，推动新课程改革的深入。如何体现“以生为本、情趣育人、全面发展”这个教学理念，就是如何优化课程改革的问题。

近年来，学校先后开展了教育部立项课题“说课典型案例研究”、“信息技术与学科的有效整合研究”的工作，参与广东省基础教育课程改革专项研究的“普通高中新课程各学习领域的价值及其实施途径的研究”和汕头市普教重点课题“‘精致教学、自主学习、持续发展’教育模式的实践与探索”的研究工作，取得良好的效果。其中，关于“精致教学”的课题于2002年11月结题，《汕头教育》对此做了报道，该课题获得广东省中小学教育科研创新成果三等奖和广东省教育科学研究成果黄华奖三等奖。“说课典型案例研究”于2007年被评为广东省“十五”教育科研二等奖。学校由于教育科研成绩突出被评为广东省教育科研组织奖。



**（二）认真落实整改，提高教学质量**

2006年12月，省专家组充分肯定了澄海中学的办学业绩，在同意学校通过广东省国家级示范性高中初期督导验收的同时，对学校提出了可促进持续发展的三点建议。这三点建议都与教学有关，学校十分重视专家组的意见，经过充分的研究，结合《广东省普通高中教学水平评估方案（试行）》标准，提出了“落实整改，推进教改，提升内涵，提高质量”的工作思路，迎接“两评”。

2008年4月，经过一年多的努力，学校整改进展顺利，取得较大成绩。整改措施如下：

（1）推进教师专业发展，建设高素质的教师团队。高素质团队的标准是：真正“以生为本”，在为学生服务中提高服务素质；教学相长，师生共同发展；思想、行为堪为学生表率。据此，学校通过“典型引领、制度规范、感性熏陶”，加强教师的道德修养；发挥教研组、备课组的作用，在教研活动中，提高青年教师的业务水平，组织青年教师人人参与教学研究，鼓励青年教师坚持以课堂教学为中心的课改研究，提高教学能力，形成个性。学校制定了《澄海中学优秀青年教师奖励条例》。“青蓝工程”促使青年教师脱颖而出。自1994年以来，学校共有74名青年教师获奖，其中5人成为学校或本地区中学的校长、副校长，2人成为教育局教研员。为了尽快打造高素质教师团队，提高教师的理论水平，学校采取“请进来，派出去”的方法，让更多的青年教师接受新思想，树立新观点，获得新理论，争取更大的进步。

**表 1.6.4　1994—2008 年学校优秀青年教师获奖名单**

| 届别（年度） | 获奖名单（学科） |
|---|---|
| 第一届（1994） | 余远奕（物理）、李镇永（数学）、林惜平（历史）、王汉根（语文）、朱素琴（生物）、林美华（地理） |
| 第二届（1995） | 陈颖（化学）、刘兰迎（电脑）、曾瑾（地理）、郭剑锋（政治）、余远奕（物理）、许泽平（英语） |
| 第三届（1996） | 谢声歆（电脑）、翁炳锋（历史）、林静娟（英语）、蔡耀得（物理）、冯元（体育）、林祯杰（数学） |
| 第四届（1997） | 潘玫（英语）、董庆霞（语文）、翁炳锋（历史）、林俊忠（地理）、陈群彬（物理） |
| 第五届（1998） | 余希武（体育）、魏仲琦（历史）、李煜（物理）、孔毓娜（化学）、王旭宜（语文）、王枫（英语） |
| 第六届（1999） | 林爱平（语文）、卢莹（化学）、黄剑航（语文）、谢惠扬（化学）、杨丽然（生物） |
| 第七届（2000） | 郑少斌（体育）、陈雪霞（英语）、曾洁莲（政治）、黄燕胱（物理）、吴强（数学）、蔡成炎（语文） |
| 第八届（2001） | 苏永强（体育）、陈人惠（历史）、肖顺峰（数学）、李立锋（数学）、李斌（电脑）、叶晓冰（语文） |
| 第九届（2002） | 陈淑勉（物理）、林辉煌（英语）、胡光裕（数学）、李志中（生物）、李叙建（历史）、王壮合（政治） |
| 第十届（2003） | 王伟鹏（语文）、陈晓洁（数学）、陈丹丽（英语）、蔡茂勤（化学）、郑天强（历史）、吴亿群（体育） |
| 第十一届（2004） | 林慕珊（政治）、李立峰（数学）、姜勇军（语文）、蔡晓玲（英语）、陈泽蔚（历史） |
| 第十二届（2005） | 许强荣（数学）、陈旭芳（英语）、罗伟（地理）、黄乐琪（物理）、许铭坚（体育）、姚纯（语文） |
| 第十三届（2006） | 林诗铨（语文）、戴蓝绫（语文）、李小惠（英语）、陈培波（体育）、蔡泽钗（音乐）、陈文斌（政治） |
| 第十四届（2007） | 林水生（语文）、陈焕涛（数学）、陈浚（英语）、郑韧（物理）、谢桂钿（政治）、蔡丹熔（历史） |
| 第十五届（2008） | 王玉凤（语文）、曲佳嫒（语文）、池芳芳（数学）、陈纯（英语）、许绍庆（政治）、王佩芬（化学） |

据校档整理。

除此之外，学校在教师中倡导“教师的成长 = 反思 + 经验”。鼓励教师多思考，对自己的教学实践作理性思考和评价，写成书面反思，收入教师个人档案。

在此期间，教师在全国、省级、市级刊物上发表论文 46 篇，论文或教学成果在全国说课协会评比中获奖 140 篇，在省级评比中获奖 6 篇，在市级获奖 21 篇。

（2）坚持“以生为本”的教学理念，创特点，铸品牌。学校选择语文、历史、物理、体育作为重点扶持的学科，通过加大设备投入、增强科研力度、组织研读活动等方法、方式，确定了学科相应的知名度。上述学科教学质量高，科研水平被一致认可。

资金投入多，也为教学充实了手段，恰当采用多媒体教学手段为课堂教学的“情趣育人”提供了条件，从而促进了教育质量的提高。

### （三）以“两评”作为新坐标，开创澄海中学教学工作新局面（2009—2014）

1. 常规教学管理细化新视点——聚焦课堂

（1）提出优质课目标（之前各学科拟定一节好课的标准），引领课堂教学。

（2）备课，强调在备课常规要求的基础上以深度备课促进备课质量的提高。深度备课就是对教材进行深度的理解和精心设计。

（3）通过“对话理解—预设安排—课件呈现”引导学生积极思考，发挥自己的特长。

（4）教案要做到“五个有”：有预设和演绎，有方法和布局，有生活和应用，有差异和落实，有情感和互动。

（5）推行“同课异构”的做法，展现同一教学内容的不同教法，从而收到“求同存异”的效果。

（6）创造活力课堂，讨论基本原则和规律。

（7）举行“四课型”研究，各年级有所侧重，高三重点是复习课和讲评课，高一、高二主要是汇报课、探索课、新授课和实验课。

（8）提高把多媒体运用到学科教学课堂上的实效性。

2. 教师专业成长的新路子——创设平台

（1）为青年教师的成长制订《三年成长规划》，规定青年教师完成《教学反思录》，组织“活力·智慧·神韵”青年教师论坛，开展“自主学习，自我提高”活动，开展常规性的双向听评课活动。

图 1.6.14　“活力·智慧·神韵”青年教师论坛

（2）对骨干教师而言，要深入构建高品位的科组文化。各教研组长应发挥骨干作用，以创办有特色的科组文化来推动学科整体水平的提高，准备参加区“学习型”先进教研组的评选。推荐优秀教师参加省市骨干教师和学科带头人的培训和研修，使骨干教师向名师发展。建立备课组长研讨制度，各学科于学期初召开备课组长会，针对新课标进行教学研讨，使各备课组长能准确理解本年级教学内容，更合理地安排教学活动，增强骨干教师的示范性和辐射力，为每个层面的教师搭配和谐发展的平台。

3. 教学研究新视角——提高实效

（1）加强校本研究，鼓励小课题研究和行动研究，使校本教研从经验总结走向问题的反思及解决，提高教学研究的实效性，通过“教学—反思—研究—解决—提高”产生教研的效果，形成价值的取向；在一定程度上解除青年教师对教研的畏难情绪，也从一定程度上纠正为教研而教研的虚浮做法。

（2）加强对高考的研究。研究高考的合理性、规律性；研究高考考生各个时段的心理特征及疏导的方法；研究高考命题、评卷、放榜、录取等整个流程各个环节的新特点，以及改革的新动向。把高考纳入教学研究的视线中，使之成为教学的有机组成部分；使高考备考呈现出“讲节奏、强研究、抓落实、求实效”的新气象。

**图 1.6.15　汕头市 2007 年高考备考澄海中学现场会**

4. 办学目标的新定位——办精品学校，进行精品教学，再创辉煌

打造一支崇尚师德、业务精良、善于科研的精英教师队伍，实行活力高效的精致教学，让全体学生的综合素质得到多元发展，让更多的学生能考上名牌大学，把澄海中学办成一所饮誉省内外的精品学校。

## 五、第二课堂追踪

相对第一课堂而言，第二课堂是指学校在教学计划之外组织和引导学生开展的各种有教育意义的活动，学生可以在各项活动中开阔视野，娱乐身心，积累课堂讲授以外的知识和经验。

在新时期 30 多年的发展历程中，第二课堂作为一种教学任务，一直伴随教学工作的发展而发展，它开设的目的在各个阶段不大相同，所以在学校的地位也不尽相同。

**图 1.6.16　学工图**

1978—1979 学年度，学校的《工作计划》在讲到课程设置时强调：“学工学农学军、勤工俭学，是伟大领袖毛主席的一贯教导，我们必须在坚持以学为主的原则下，搞好‘兼学’（办好校办工厂和校办农场）。”搞好“兼学”的意义是：“既使学生能够进行学工学农，同时也要保证发展生产、勤工俭学以增加收入，减轻国家和学生的负担。”每学期安排“兼学”的时间是：“高中阶段分两学年进行，每学年一次下场下厂（半农半读四个周）。本学年结合体育课进行军事训练，农忙劳动另行通知。”

课程设置带有明显的“文革”印记，“兼学”仍是课程，只是时间已被大量压缩。从“兼学”的目的来看，已经淡化政治色彩，有了经济元素。

1983—1984 学年度《工作计划》在提到课程设置时说：“课程设置遵照教育部教学计

划的规定，落实劳动技术课，培养学生的劳动观点和劳动技能。”强调加强课外小组的活动，课外小组每学期要进行 8～10 次活动，期初应该有计划，期末有总结。

办农场和劳动技术课，仍属“重要课程”，另有课外活动小组存在，这些小组是有组织、有计划地开展活动的。

图 1.6.17　20 世纪 80 年代，张达发老师指导学生物理兴趣小组

1985—1986 学年度，《工作计划》第一次提到“第二课堂”，认为应“更上一层楼”（充实、提高），活动时间安排在周六下午，要求与学科对接，开好讲座，组织活动，进行科技创作等，还要有固定的指导老师。1987—1988 学年度明确提出组织“劳动技术课”之外的第二课堂，从属于各教研组，显然是作为学科教学的延伸而设置的，是对学科教学知识的补充、深化、迁移和应用，是对技能的巩固和发展，有利于强化部分学生的个人特长。第二课堂的叫法，沿用至今。但在 20 世纪 90 年代中期和 21 世纪之初又有了新的称谓。

20 世纪 90 年代中期，澄海中学对“第二课堂”的认识和研究已经比较深入，而且有了富有意义的实践。学校设置了以某些活动为中心来组织教学课程的“活动课”。按其范围和性质，活动课可以分为五类：

（1）学科性活动课。它是“课内打基础，课外出人才”的基础学科必要的补充。澄海中学开设了计算机课、高一的艺术欣赏课、初中的生物解剖课和科技制作课，突出科技教育和美学教育。

图 1.6.18　王立民校长（左三）与香港红十字会代表团交换会旗

（2）劳动性活动课。它是以劳动实践为基础，为培养学生的劳动技能而设置的课程，具有很强的实践性和技术性。如初中部开设的劳动课，有电子电磁制作、家用电器维修、英文打字、工艺制作、服装剪裁等内容。

（3）兴趣性活动课，它是以培养和发展学生的兴趣、爱好、特长为主要目的的课程。如组织合唱团、舞蹈队、时装表演队以及美术组、摄影组、书法组、集邮组、足协、红十字会、文学社、记者团、广播站、电工组、哲学组等。

（4）训练性活动课。它是着眼于提高学生的竞技水平，以参加比赛为主要任务的课外专业训练课程，如学校田径队、球队、学科比赛的辅导组等。

（5）综合性活动课。它打破了传统的以教材为中心、以课堂为基本组织形式的教学模式，如高三毕业班开展的社会实践调查活动和夏令营、军事训练、作文比赛、歌唱比赛等。

澄海中学成立的各种活动组有几十个，每到活动时间，全校热火朝天，各活动组都在开展各自的活动。

图 1.6.19　莱芜军训拉练

随着全国高中新课程改革的不断深入发展，“学生自主探究，培养能力，提高素质”成为教育共识。根据国家新课程设置管理办法，新课程由国家课程、地方课程、校本课程三部分组成。

澄海中学以此为根据，与时俱进，引领教师更新教学观念，以校为本，以生为本，利用教育资源，运用“大众化教育，精品化运作”的教育策略，构建校本课程体系，全面提升学生的素质。

澄海中学着力挖掘教学资源，开发具有特色的校本课程。校本课程分学科拓展类、社会实践类、社团活动类三部分。其中，社会实践类最新鲜、最有创意。社会实践活动作为综合实践活动课程的一个组成部分，被学校纳入整体课程规划中，进行严格管理，并把学生参加社会实践活动的成绩纳入学生的学分管理，学生高中三年必须修满 6 个学分才能毕业。

澄海中学开发社区资源，建立实践基地，学校与农业局、区图书馆、区离退休干部活动中心等单位结成联系单位，实践资源丰富，并通过网络、媒体等进行宣传，扩大了影响。立足校园开展社团活动，这是延续以前的做法，但又有所区别：

图 1.6.20　学生社团展示

一是综合性。团委会牵头，联合各科教研组成立了既有学科特征又有特长兴趣的活动组，包括秦牧文学社、小记者团、广播站、潮语艺术社、动漫社、疯狂口语社、伏虎轩谜社、躬行手工社、还净社、话剧社、街舞社、快手魔术社、书法协会、漫画社、星火摄影社、轩辕棋社、阳光直播站、音乐社、模拟联合国、商业模拟社等 20 多个社团。模拟社会生活与学科的联系，可以让学生学以致用，为走进社会做准备。

图 1.6.21　学生利用假期开展社会调查和实践活动的成果报告

二是学分制。这并不只是玩玩而已。除了以上做法，另一种做法是让学生直接走进社会，参加社会活动，如社区的公益事业、志愿者活动、慈善活动等。结合研究性学习，做社会调查，把研究的课题与社区的实际结合起来，与社会生活结合起来，其研究成果可以解决社会生活生产上的问题，使研究性学习有了社会价值。近年来，澄海中学师生在“第二课堂”园地上用勤劳和智慧经营这块多情的园地，收获了累累硕果，澄中因此被评为“广东省中学社会实践课程实验样本学校”，更重要的是，学生在心中已经感受到了劳动的光荣与喜悦，还有一种成熟的希冀。

## 第二节 完善办学条件，创设一流环境

学校的中心工作是教育教学工作。为保证中心工作的正常开展，适应教育现代化发展的需要，自1977年以来，学校大力加强软、硬件建设，不断扩建校舍，添置各种教学设备，完善办学条件，为广大师生创设一流的工作环境和生活环境。

### 一、校园校舍建设

“文革”前，学校校舍、教学设备比较完整、充实，但实验室、图书馆仍不够用。经历了十年浩劫，教学设备受到严重破坏，在为实现“四化”急需培养又多又好的人才的新形势下，学校更感到建设一座既有完善的实验设施又有充实的图书资料的科学大楼的需要。在县委和专区教育局的关心支持下，县教育局逐步拨款兴建，并派专人监督施工。学校也成立了以支部书记陈德桂为组长的建校领导小组。因资金不到位，1980年才建成科学大楼第一层。旅泰澄中校友会闻讯后，积极捐赠5万元港币买钢筋支援。1982年建成三层科学大楼，投入使用。

**图1.6.22 20世纪80年代的澄中校园**

80年代初，因金城巷侨房陆续归还华侨业主，学生宿舍无着落，遂由政府拨款，于1984年建成五层学生宿舍楼1幢，共55间，面积1 976平方米。1985年，澄海县教育局在澄中校园东北角建设“四·二·四”（即县政府拨住房建设费40%，县教育局负担20%，教师个人出资40%）教师住宅2幢60套，学校分得40套，建筑面积3 332平方米，解决了40户教师的居住问题。1986年至1989年，学校通过政府投资、群众集资、校友捐资等途径，总共投资113万元，增建、扩建校舍面积5 547平方米，比1985年校舍的总面积增加了58.5%。其中，投资20万元在科学馆东西两侧新建两层教室3栋共12间，面积1 121平方米；1988年，政府拨款28万元，续建科学大楼两层，面积904平方米，翌年建成使用；1988年至1989年，投资5万元，维修学校礼堂（面积635平方米）、学生食堂（面积302平方米）；新建篮球场2个，喷水假山1座，宣传橱窗2个，并全面修整教室、校道。1989年，继续扩建校舍，在校园东侧边角沿街地段以群众集资形式建造教师宿舍2幢，建筑面积3 058平方米，改善了34户教师的居住条件，使校园建筑布局更为合理。同年，由澄中香港校友会捐建的离退休教工活动室“序乐园”竣工，有两层楼房、花圃、假山、水池、休憩长廊等，面积176平方米。1990年，学校成立澄中校舍改建规划领导

小组，聘请有关专家，对校舍全面改建工程作总体规划。1991 年，旅泰校友郑俊英、郑俊南昆仲捐资 70 万港币兴建“英南图书馆”，翌年落成。该馆馆宇四层，面积 1 261 平方米。1993 年，省教育厅开展了学校等级评估工作。澄中的硬件设施亟须改善。于是，在省教育厅关于学校等级评估的通知下发后，学校不失时机地提出“争上等级，再创辉煌”的响亮口号，发动全体师生投入评估准备工作。当年广东省副省长卢钟鹤、省教育厅副厅长林受之、督导室副主任陈登泰、中共汕头市委书记许德立等先后莅校视察，对校舍改建工作作了重要指示。澄海县政府对澄中申报省一级学校给予大力支持，作出分三年拨专款 250 万元（外加内部设施 120 万元）作为启动资金的决定。于是，学校紧锣密鼓地规划和实施校舍改建工程，邀请原澄中校舍设计者——时任汕头市城市规划设计研究院总工程师谢西家，汕头市规划设计室工程师、校友林圣建等来校设计校舍改建蓝图，同时邀请县人大、政协、建委、城建局、教育局等单位的领导、专家及澄中离退休校长，对校舍改建总体规划方案进行评审，广泛征求意见，完成“澄海中学规划平面图”。在海内外澄中校友及社会贤达、企业家的大力支持下，学校开始大兴土木，分期陆续拆除旧的平房教室、校务处。1993 年，香港校友王树霖、许立椿、蔡克任、黄耀楷、陈梦梅、郑振烈、杜伟忠共捐资 32 万元建成“春晖楼”，该楼有四层，共 750 平方米。1994 年，政府拨款建成第二幢学生宿舍楼（女生宿舍楼），面积 1 673 平方米。同年，校友许立椿、王树霖、蔡克任捐资 130 万元建成教学楼“泽芳楼”，面积2 380平方米；校友陈普霖发动汕头市长海电力发展有限公司总经理林奕炯捐资 120 万元改建办公大楼“长海楼”，面积 1 840 平方米；侨胞林谦然捐资 10 万元，广州、深圳、汕头校友会捐资 19. 7 万元，建成教学楼“三乐楼”，面积 2 380 平方米。1994 年末，澄海中学校舍改建首期工程全部竣工。新改建的 4 幢大楼，有 3 幢被澄海市建委评为优良工程。改建速度之快、质量之优、标准之高，受到省教育厅等级评估验收组的高度评价，学校顺利被评为广东省一级学校。

1996 年，政府拨款建成食堂综合楼 1 座，建筑面积 2 212 平方米，可容纳 1 000人用餐，并在餐厅配置了电视、广播、电风扇等设备，改善了师生的用餐环境。同时，利用食堂五层综合楼增设了 17 套青年教师宿舍，解决了新调入学校的 10 多位青年教师的住宿问题，改善了教师的生活环境，保证了生活秩序的稳定。1997 年，文化路第五幢教工住宅楼按时竣工，第二至七层共 12 套住宅房交付住户使用，进一步改善了部分教师的住房条件。同年，拆建门房区旧平房，自筹资金，建成二层综合楼 300 平方米，增设保安值班室，改善了保安人员的工作环境；解决了部分教师的停车场地问题；增加了学生会、团委会、课外兴趣小组的活动场所。1997 年，原礼堂已成危房，被拆除。1998 年，政府拨款建成第三幢学生宿舍楼，面积 2 000 平方米，改善了学生的住宿条件。2000 年，由政府和学校筹集兴建的教学楼“景行楼”和“凤起楼”顺利建成，建筑面积

**图 1. 6. 23　1995 年，建校八十周年暨校舍改建一期竣工剪彩**

均为 3 573 平方米，澄中校舍改建第二期工程宣告竣工。

**图 1. 6. 24　第三期校舍改建后的澄中校园**

2000 年 2 月起，学校邀请有关专家到校对澄中校舍改建第三期工程进行规划，着手实施校园文化广场的建设。5 月 9 日，举行科学馆第二层门厅奠基仪式。9 月，运动场塑胶跑道铺设工程开始施工。12 月底，学校文化广场建设及运动场塑胶跑道的铺设顺利完工，澄中校舍改建第三期工程告竣，澄中旧貌换新颜。

2002 年 2 月，学校请苏州育龙科教设备有限公司人员在文化广场安装地球仪（中国第一球）。2002 年 9 月，学校制订了争创国家级示范性高中的发展规划，分步对校舍进行改建和扩建。2003—2006 年，在上级党政部门和广大校友的支持下，学校总计投资约 1 000万元，新购置学生宿舍楼 1 幢（现学生宿舍第四幢），增建了食堂新锅炉房、邱卓恭艺术馆（2003 年底建成）等一系列设施，增加校舍面积约 6 000 平方米。2005 年，校友许松辉先生捐资 10 万元，在文化广场两侧教学楼前设立汉白玉雕像，作为向母校九十华诞的献礼。2007 年，在澄海区委、区政府的支持下，学校拆迁校园东侧民宅 3. 9 亩，扩建教学楼 A、B 两幢及停车场。工程于 2009 年 9 月完成并投入使用。2009 年 6 月，体育馆工程开始施工，澄海区烟草专卖局捐资 600 万元，1980 届校友、明园集团董事长李松坚先生捐资 300 万元。翌年，体育馆主体建筑完成。2010 年 5 月，校园西侧运动场及周边配套设施开始动工改建，10 月改造工程竣工。2011 年至 2012 年，学校投资 180 万元，分两批为学生宿舍和教室安装了空调；投资 80 万元对教师办公室和学校门房及教工餐厅进行改造，改善师生的学习、生活环境。2013 年，学校完成校门修缮及办学理念石刻工作，进一步美化校园环境。

**图 1. 6. 25　体育馆图**

**图 1. 6. 26　2014 年，改建后的澄中校园**

## 二、完善教育教学配套设备设施

电教网络中心、图书馆、实验楼、体育馆等是学校教育教学必要的配套设备设施。30多年来，学校不断完善配套设备设施，不断优化办学条件，使教学质量逐年提高。

### （一）信息技术设备设施

1992 年，学校开始定点试验电化教学，同时投资 12 万元，建电脑室 1 间，配置电脑 31 部。1994 年增设多功能厅、视听室，按省一级学校硬件标准配备了教学的现代化硬件体系。1995 年，学校通过省优秀电化教育学校的检查。1996 年，在省教育厅和汕头市、澄海市教育局的大力支持下，学校筹资近 70 万元，增建多媒体电脑室 1 间，配备 586 电脑 64 台，优化电教的硬件设施。同年，在每个教室新配置投影柜 1 个，小音箱 2 个，同时对全校广播系统进行全面改造，重新安排，把广播室从原礼堂二楼搬迁到办公楼，并配齐设备，利于管理。1999 年，为适应现代化的教学手段的需要，加快电化教学的步伐，学校聘请广州蓝鸽科技发展中心设计规划校园多媒体电教系统，投资 80 多万元建成多媒体校园电教系统控制中心。“三乐楼”、“泽芳楼”的 20 间教室率先装配上电视和音响设备，同时完善了校园防盗监控系统，使学校的管理更趋现代化。2000 年，在原校园双向教学网络第一期工程的基础上，学校投资 20 多万元，完成校园双向教学网络第二期工程，使全校 36 个教室全部配置整齐，为学校电化教学的全面开展提供了物质保证，同时还购置了舞台音响和广场音响，使学校的电教设备更加先进。2001 年，学校投资 20 多万元，在“凤起楼”和“景行楼”阶梯教室配置 2 间本地区较为先进的多媒体教室，促进电化教学的发展。

为申报国家级示范性高中，2003—2006 年学校投资近 400 万元，用于信息化硬件建设，先后建成和投入使用的项目有：1 000 兆主干校园网，英语（2）高考口语人机对话考试室，54 个教室教学平台，5 个多媒体专用教室以及文化广场 LED 全彩室外大屏幕显示屏，同时为全体教师配置手提电脑。学校建成了校园管理四大网络：1 000 兆主干校园网络、有线电视网络、考试监控网络和有线广播网络。同时建成国家定点考场自动电子监探系统，实现省考试中心要求的网上巡考。在软件的建设方面，建有澄中网站、教育教学信息资源库和学科课件库，并升级和完善校园一卡通系统，满足教育信息化的要求。2007 年，学校为每个教室配备了多媒体教学平台，使学校的设备设施提高了一个层次。2008 年建成数字校园和理化实验室多媒体教学平台，促进学校信息化建设，方便了教师教学和资源利用。2013 年全面更新高三级教室的教学电脑，完善校园监控系统及广播系统等配套设施，进一步改善了学校的教学条件。

### （二）图书馆设备设施

1991 年增添图书一批，图书橱 4 个。1992 年建成“英南图书馆”，有藏书室 3 个，学生阅览室 2 个，教师阅览室 1 个，藏书共 31 400 册。1994 年新做书架 18 个，目录卡橱 1

图 1.6.27　图书馆内景

个，藏书共 42 000 册，报刊总数 148 种。1996 年增添图书橱柜一批，基本配齐图书馆藏书所需的橱柜。1997 年配备图书电脑管理系统，方便师生借阅图书。2006 年图书馆全面装修，并配置电子阅览室 1 个，有 60 台电脑可供学生上网和阅览电子图书。2010 年，澄中图书馆被评为“全国中小学图书馆先进集体”。近几年来，学校不断购买新书，进一步充实图书馆藏书，确保教学教研工作的正常开展。2014 年图书馆藏书共 90 548 册，电子读物 15 万本，报刊 256 种，各种参考书、工具书 682 种。

**（三）实验设备设施**

1989 年，学校继续配齐物理、化学仪器室各 1 个，实验室各 2 个；增设生物实验室、标本室各 1 个。1991 年，实验室修建排毒橱，增添实验椅 90 张。1994 年，学校对科学大楼的全部实验室进行调整，按照“标准化、规范化和适当超前”的要求更换全部实验桌椅及大部分橱柜，配齐教学仪器及实验设备，分组实验从原 24 组添置至 32 组。1996，学校年增购物理、化学分组实验仪器一批，满足学生分组实验的需要。2009 年科学馆新装配 4 个实验室（化学及生物实验室各 1 个，物理实验室 2 个）。2014 年，学校建有物理实验室 6 个，化学实验室 4 个，生物实验室 2 个，物理仪器室 2 个，化学药品室 1 个。



**（四）体育设备设施**

1992 年，学校投资 6 万元建成体育室一座，面积 150 平方米，体育器材室面积 75 平方米，体育器材达到省规定标准的 95%。1994 年，学校的体育设备设施按省一级学校要求配齐，建成体育器材室 125 平方米，有篮球场 3 个，排球、羽毛球双用场 3 个，乒乓球室 1 个，乒乓球台 7 张。1996 年在食堂综合楼三层新配置有 5 张乒乓球台的室内乒乓球室，在操场安装爬竿、肋木等联合器械一套。2004 年在邱卓恭艺术馆天台建网球场 1 个。2010 年体育馆落成，师生健身活动区布置乒乓球台 4 张、自行车健身器及仰卧起坐机各 10 台，游泳池也投入使用。2011 年，体育馆内室内篮球场、羽毛球场施工完成，投入使用。

**（五）其他配套设备设施**

1989 年新建生物园 1 个。1991 年添置英文打字机 1 部（价值 8 万元）。1992 年，学校建有美术室、音乐室各 1 个。音乐室配备钢琴 1 架，风琴 2 架，手风琴 3 架，电子琴 2 架，录音机 2 部，中西乐器 1 批，小型鼓号队设备 1 套，道具、扩音设备一批。美术室有石膏像47个，画架、画板50多副，展览用镜30多个及其他教学设备1批。1994年投资0.4万元装备美术室，添置画架、画板64副，写生台4张。1996年，学校在新落成的食堂综合楼四层配置音乐室1个，解决了上音乐课及舞蹈队练功场地不足的问题。同年，接受学生家长杜潮茂先生捐赠的排版速印一体机一部（价值5万多元），大大改善了学校的印刷条件，发挥了很好的效益。1997年添置复印机一台。2003年邱卓恭艺术馆建成，进一步解决了学生舞蹈队练功场地不足的问题。2004年把“泽芳楼”、“三乐楼”、“景行楼”、“风起楼”内14间教师办公室的办公桌改造成现代卡座式办公桌，共120位，并安上空调，改善教师的办公条件。2006年新建地理园、生物园、历史室，使“二园一室”达到国家级示范性高中配置要求。2009年对科学馆新建阶梯教室进行装修，布置成环境高雅、设备先进的现代化音乐教室。2010年增建英语听力室和英语听力课件制作室各1间。2012年高标准配置英语听说室设备72台。

## 第三节　精心管理，创建科学管理机制

澄海中学一向坚持“严、细、实”的管理特色和操作策略。“严”就是严格管理、从严治教、从严治学；“细”就是精细，仅管理常规就有近50大项，较为详尽；“实”就是务求实效，管理策略、方法切实可行，操作性强。

### 一、不断完善制度建设，打造制度文化

学校制度是学校各项工作的统帅，既是学校整体发展的航向标，又是学校工作的保障系统。澄海中学不断通过制度化、规范化管理来提高学校效能。早在20世纪80年代初期，学校就率先试行制度管理，把行之有效的规章制度固定下来，拟定了《澄海中学规章制度》，其中包括“建设良好校风”、“教职工的教学与工作管理”、“学生的教育与管理”、“其他管理制度”四个部分共32项。这些制度的设立，使学校从行政领导、教师、职工到学生的行为规范化，大大推动了学校精神文明建设。80年代末，学校既坚持管理制度的科学化和相对稳定性，又因地制宜，体现明确的针对性。在“三爱三勤”优良校风的统率下，学校坚持教师职工岗位责任制，实行结构工资制度，对每个教职工的工作量作明确规定，定期考核；实行会议、活动签到制度，入档存查，作为核定浮动奖金、评定职称、晋升的依据。对学生则实施全面、严格、切实、具体的管理，无论是课内课外，还是学习生活，都有一套行之有效的措施；又通过文明班级量化评比、个人操行评定和评选先进等活动，促使学生形成积极向上的风貌。

经过近20年的实践、不断完善和修正，学校已形成一套高效有序、科学民主的现代学校管理制度。2003年，学校依据相关的教育政策、法规，总结学校的实际和办学特色，根据新时期的新要求，对原有各项规章制度加以补充、修订，精心编制出版《澄海中学管理制度汇编（教师篇）》和《澄海中学管理制度汇编（学生篇）》，对师德修养、行政

工作管理常规、工会及教代会制度、德育和体卫工作以及教学、总务等各个职能部门的管理常规作出了明确的规定，用制度规范学校的各项管理工作和教职工、学生的思想行为，使学校管理有章可循。这是学校为实现办学目标而设定的管理大纲，是学校深化改革、推动依法治校的新举措。2006 年，学校再次增补、修订出版《澄海中学学校管理制度汇编（教师篇）》和《澄海中学学校管理制度汇编（学生篇）》，进一步完善制度建设。

同时，在严格管理的前提下，学校又重视加强人文关怀，充分关注师生思想、生活等方面的需求，充分尊重师生发展的需要，科学决策，使刚性的制度管理与柔性的人文关怀相得益彰，实现了科学管理与人文关怀相融合，促进了学校各方面工作的可持续发展。

## 二、务实进取，加强领导班子建设

学校领导班子是学校管理主体的主要设计者、决策者，有一个好的领导班子，才能带出一支好的教师队伍，办好一所学校。澄海中学一向重视领导班子建设，自 1977 年以来，严格执行党的教育方针，根据不同历史时期的特点和要求，对办学理念、办学目标、管理制度等作出相应的调整，工作方向明确，体现时代性、创造性；领导班子成员牢固树立忧患意识、责任意识和发展意识，主动学习现代化教育思想，促进观念和知识的更新；加大对优秀中青年教师的选拔、培养、任用力度，为学校行政队伍注入新鲜血液，使领导班子年龄结构更趋合理；充分发扬民主，走群众路线，形成团结协作、互敬互信的良好氛围；注重领导班子成员的个人形象，勤政廉政，自觉执行党风廉政责任制，抵御不正之风的侵蚀。



由于学校领导班子不断提高思想政治水平和科学决策、科学管理的能力，真正成为带领全校干部、党员、教职工奋力开创学校新局面的领导核心，因而学校及领导班子多次获得社会及上级的赞誉。例如，学校 1985 年获广东省委授予的“省城镇先进基层党组织”称号，1991 年被中共汕头市委评为“市先进基层党支部”。学校领导中，郭秀达 1989 年被评为“全国归侨优秀知识分子”，邱惠生 1990 年被评为“全国优秀教师”，王立民 1997 年被评为“南粤优秀校长”，郑楚钦 2001 年被评为“南粤优秀校长”，林惜平 2012 年被评为“广东省‘南粤先锋’创先争优优秀共产党员”等等。

## 三、强化依法治校，建立规范行为保障机制

自 1977 年以来，澄海中学在保持良好的管理状态的基础上，实施依法治校，将学校的管理推上更高的层次。

### （一）强化依法治校工作的领导和监督

学校成立领导小组，统领和指导学校的法制建设。制订《澄海中学依法治校实施方案》和《澄海中学实施依法治校，开展法制宣传教育的规划》，加强了依法治校的计划

性。同时完善监督机制，发挥党支部的监督作用，确保各项法规在学校的执行。

### （二）抓好教育法律法规的宣传教育

学校领导带头学法，开辟法制建设专栏，开设普法讲座，出版普法宣传图片，出版教师学法用法心得体会，推行“教师学习日”制度，在全校教职工中广泛进行《教师法》、《教育法》、《义务教育法》等法规的宣传教育，使教职工做到学法、懂法、用法。

### （三）落实依法行政、依法管理、依法执教

修订完善《结构工资制度》、《教育教学效益奖》、《奖教奖学评奖条例》等关系到学校教育教学质量的规章制度，使之与教育形势的发展和学校的管理实际相适应。同时构建教师评价制度，加强对教职工的年度法制考核，落实各项目标管理，把完成目标同晋升、评奖、聘任等挂钩，进一步做到以制度促管理，以管理促质量。

30 多年来，学校没有发生重大责任事故，社会声誉良好，多次受到上级有关部门嘉奖。例如，1986 年学校被评为“广东省普法先进单位”，1992 年被评为“汕头市文明建设先进集体”，2009 年被评为“广东省安全文明校园”等。

## 四、实施民主管理，保证民主渠道的畅通

图 1. 6. 28　澄海中学第十届教代会第三次会议

教职工代表大会（简称教代会）是学校管理体制中的重要组成部分，是在党支部、党总支部（1999 年经上级批准，澄中党支部升格为党总支部）的领导下，以教师为主体的教职工行使民主权利，参与学校民主管理和民主监督的基本形式。它既是学校重大决策的参与者、学校改革与发展的推动者、校园文化的建设者，又是教职工根本权益的维护者。学校从 80 年代起开始实行教职工代表大会制度。2003 年，学校召开第七届教代会第一次会议，决定此后每届任期为三年，每学年召开一次教代会。每次教代会上，学校的年度工作报告、财务预算报告、基建工程报告，以及事关学校发展大局、教职工切身利益的规划与制度，均要提交教代会审议。自实行教代会制度以来，学校领导班子十分重视教代会和工会工作，重视发挥教代会和工会的职能，重视听取教代会的意见，请教代会代表和广大教职工为学校发展出谋献策，不断完善民主管理和民主监督的制度。

表 1.6.5　澄海中学第五至十届教代会校长工作报告题目一览表

| 届别（时间） | 校长 | 题目 | 届别（时间） | 校长 | 题目 |
|---|---|---|---|---|---|
| 五届（1999 年） | 王立民 | 澄海中学全面推进素质教育试行方案 | 八届三次（2008 年） | 林惜平 | 同心同德，和谐奋进，续写华章 |
| 六届（2000 年） | 王立民 | 深化改革，求实致远 | 九届一次（2009 年） | 林惜平 | 走内涵发展之路，全面提升办学品位 |
| 七届一次（2003 年） | 郑楚钦 | 继往开来，求真务实，为建设一流学校而奋斗 | 九届二次（2010 年） | 林惜平 | 坚守理想，遵循规律，铸就名校精品 |
| 七届二次（2004 年） | 郑楚钦 | 强化质量意识，提高工作水平，建设一流高中 | 九届三次（2011 年） | 林惜平 | 攻坚克难，励精图治，全面推动学校事业发展 |
| 七届三次（2005 年） | 郑楚钦 | 一年来的工作报告 | 十届一次（2012 年） | 林惜平 | 以追求卓越的精神，谱写百年澄中的辉煌乐章 |
| 八届一次（2006 年） | 林惜平 | 固本强基，乘势而上，争创一流 | 十届二次（2013 年） | 林惜平 | 牢记使命，守望教育的麦田 |
| 八届二次（2007 年） | 林惜平 | 用爱心、责任和正义续写澄中教育新辉煌 | 十届三次（2014 年） | 侯庆生 | 精诚办学，精细管理，打造精品澄中 |

据校档整理。

**图 1.6.29　2011 年澄海中学被评为“广东省厂务公开民主管理 ISO9000 贯标认证 A 级单位”，图为审核工作会议**

实行校务公开，是学校推进民主管理的有效途径，也有利于调动教职工的积极性，有利于教育系统党风廉政建设的深入开展。澄海中学严格执行校务公开制度，实行工作情况通报制度，制订了《澄海中学校务公开实施方案》，对公开的内容、形式和程序等都作了明确的规定，学校收费、人事、招生、奖励、评先、各类招投标等及时予以公布，在校长会、校务会、行政会、教职工大会、班主任会、教研组长会以及家长会等各类集会上，通报学校工作情况及学校近期发展目标，认真听取意见和建议。

实施民主管理，增强了全校教职工的凝聚力和战斗力，保证了学校民主渠道的畅通，校长室的各项决策能及时、有效地得到落实。广大教职工思想稳定，积极主动参政议政，齐心协力做好各项教育教学工作，使学校得到和谐稳定的发展。学校先后获得“广东省模范教工之家”（2004 年）、“广东省厂务公开民主管理先进单位”（2010 年）、“汕头市厂务公开民主管理示范单位”（2012 年）等荣誉称号。

## 五、与时俱进，优化管理模式

学校管理渠道的畅通，有赖于科学的管理机制。几十年来，学校实行党支部、党总支部负责下的校长负责制，党支部、党总支部会议和校长会议并行决策，使行政的行为始终在党的领导下展开。党支部、党总支部充分发挥战斗堡垒的作用，监督、保证学校的社会主义办学方向。80 年代末，学校制订并实施了《管理体制改革实验方案》，新设立了体卫处，与原来的教务、政教、总务三处，成为学校管理的执行单位，直接对校长室负责。同时充分发挥教代会、工会、团队的作用，形成教育管理合力；充分调动聘任教师的积极性；充分发挥年级组、教研组的交叉、相辅作用，进一步健全民主管理制度。2002 年，学校创设了“精细管理、条块整合”的管理模式，强化年级组的管理功能，发挥学校行政领导的堡垒作用。由德育处、教务处主任、副主任担任年级组长，赋予年级组长一定的责任与权力，在年级设立党支部、工会小组、考核监督小组、团总支和学生分会，实施“以年级为行政主体”的学校管理模式，使年级组从单一的“基层执行管理”提升为综合型的“基层行政管理”。2006 年，根据办学实际，学校在管理体制上，变原来实行的“条块整合管理”模式为“线性垂直管理”模式，加强校长室的垂直管理和监控。教务处、德育处实行归口管理，强化线条管理作用，提高了行政效能，有利于学校教育、教学管理工作的整合。2014 年，学校针对行政管理中间环节多、线路长、对教情学情的把握和判断欠准确、反馈和处理欠及时、行政效能低的弊端，及时调整管理策略，提出要进一步推进管理重心下移，要求行政人员更加深入一线，到年级去，到教研组、备课组去，到师生中间去，拓宽管理覆盖面，缩短管理线路，提高管理效能。

**表 1.6.6　1977—2014 年澄海中学历任领导一览表**

| 任职时间 | 职务 | 姓名 | 备注 |
|---|---|---|---|
| 1977. 8—1979. 8 | 书记 | 陈志英 | 陈德桂、方书仰 1978 年底到任 |
| | 革委会主任 | 陈志英 | |
| | 革委会副主任 | 马维毅　许自茂 | |
| 1979. 8—1982. 9 | 书记 | 陈德桂 | 郭秀达 1981 年 8 月起任副校长 |
| | 校长 | 方书仰 | |
| | 副校长 | 朱睚光　郭秀达 | |
| 1982. 10—1984. 8 | 书记 | 许大为 | 方书仰 1983 年第二学期退休 |
| | 校长 | 许大为 | |
| | 副校长 | 方书仰　朱睚光　郭秀达 | |
| 1984. 9—1987. 8 | 副书记 | 杨两发 | 林晓声 1987 年 8 月退休 |
| | 校长 | 林晓声 | |
| | 副校长 | 郭秀达　王立民　邱惠生 | |
| 1987. 9—1990. 8 | 副书记 | 杨两发 | 杨两发 1988 年 8 月调离，由王立民接任党支部书记<br>郭秀达 1990 年 8 月退休 |
| | 校长 | 郭秀达 | |
| | 副校长 | 王立民　邱惠生 | |

（续上表）

| 任职时间 | 职务 | 姓名 | 备注 |
|---|---|---|---|
| 1990. 9—1993. 7 | 书记 | 王立民 | 周敏 1991 年 9 月起任副校长 |
| | 校长 | 邱惠生 | |
| | 副校长 | 王立民　谢锐奎　周敏 | |
| 1993. 8—1996. 7 | 书记 | 王立民 | 王智生 1994 年 8 月调离澄中<br>谢锐奎 1994 年 10 月退休 |
| | 校长 | 王立民 | |
| | 副校长 | 周敏　胡钦豪　王智生 | |
| 1996. 8—1999. 7 | 书记 | 王立民 | 林萌 1997 年 9 月起任副校长<br>胡钦豪 1997 年 8 月退休 |
| | 校长 | 王立民 | |
| | 副校长 | 周敏　郑楚钦　林萌 | |
| 1999. 8—2003. 7 | 书记 | 王立民 | 周敏 2000 年 8 月退休<br>王立民 2003 年 10 月退休<br>侯庆生 2000 年 8 月起任校长助理（副校长级），2002 年 8 月起任副校长 |
| | 校长 | 王立民 | |
| | 副校长 | 郑楚钦　林萌<br>林卓亮　侯庆生 | |
| 2003. 8—2006. 7 | 书记 | 郑楚钦 | 李镇永 2004 年 9 月起任副校长<br>李哲华 2005 年 2 月起任副校长<br>王旭宜 2005 年 10 月起任校长助理（副校长级）<br>郑楚钦 2006 年 7 月退休 |
| | 校长 | 郑楚钦 | |
| | 副校长 | 林　萌　林卓亮<br>侯庆生　李镇永<br>李哲华 | |
| 2006. 8—2008. 8 | 书记 | 林惜平 | 林卓亮、李哲华 2008 年 8 月起任副科级干部 |
| | 校长 | 林惜平 | |
| | 副校长 | 林卓亮　李镇永<br>李哲华　蔡耀得 | |
| 2008. 8—2012. 8 | 书记 | 林惜平 | 陈锐侠 2009 年 6 月起任校长助理（副科级）<br>李哲华 2010 年 1 月退休<br>林卓亮 2010 年 11 月退休 |
| | 校长 | 林惜平 | |
| | 副校长 | 李镇永　蔡耀得<br>王旭宜　余希武 | |
| 2012. 8—2014. 8 | 书记 | 林惜平 | 陈锐侠 2013 年 8 月起任副校长 |
| | 校长 | 林惜平 | |
| | 副校长 | 李镇永　王旭宜　余希武 | |
| 2014. 8 至今 | 书记 | 侯庆生 | |
| | 校长 | 侯庆生 | |
| | 副校长 | 李镇永　王旭宜　陈锐侠 | |

据校档整理。

# 第四节　固本强基，打造素质精良的教师队伍

教师是保证与提高教育教学水平和人才培养质量的关键，是提升办学水平与层次的根本，是立校之本、强校之基。在全面实施素质教育过程中，澄海中学把努力建设一支师德高尚、爱岗敬业、教风扎实、和谐合作的专业型、学习型、创新型的高素质师资队伍作为一项重要的工程，以适应教育教学改革和发展的需要，为全面推进素质教育提供有力的支持和保障。

学校坚持以教师的发展和提高为出发点，把教师队伍的培养放在突出的地位，努力为教师专业成长搭建平台。坚持以校本研究为主阵地，以教育科研为先导，以各项活动为载体，努力推进学校教师队伍师德和业务水平的整体发展。

## 一、广纳人才，优化教师队伍结构

学校坚持“一流、竞争、流动”的人才理念，通过聘任、录用、调整等多种途径，广泛吸纳人才，合理配置教师队伍。例如，1986—1989 年调入学校的高中教师有 17 人，其中本科学历 9 人，专科学历 8 人，中学高级教师 4 人，一级教师 3 人。2004—2008 年共引进教师 88 人，其中特级教师 1 人，高级教师 13 人。这些教师一部分是教学骨干，水平较高；一部分是刚从教育部重点师范院校毕业的新教师，学历较高。他们的加入，进一步优化了教师队伍的结构，为学校的可持续发展奠定了人才基础。学校现有专任教师 193 人，其中本科学历 181 人，研究生学历 7 人，高级教师 54 人，中学一级教师 71 人。

## 二、加强师德建设，弘扬敬业奉献精神

澄海中学历来十分重视师德建设，20 世纪 80 年代，学校坚持每周开展一场政治学习，组织教师学习各级有关重要文件、资料以及关于师德修养、教书育人的文章，有目的、有重点地组织教师学习人民教育家陶行知、全国劳动模范丁有宽、北京优秀班主任任小艾等人的先进事迹和经验，开展“凭着一颗爱心”的教育活动，号召教师们教书育人，面向全体，偏爱差生，转化差生，提高教师的政治思想觉悟和师德修养。90 年代，学校在教师中开展“弘扬澄中优良传统，树立师表新形象”的活动，大力提倡“敬业奉献，爱校爱生，优质施教”的师德规范。

图 1. 6. 30　侯庆生校长在 2014 年澄海中学“师德教育主题月”活动启动仪式上讲话

为加强教师的师德师风建设，90 年代，澄海中学制定了《师德修养八条》、《师德规范要求八条》等条例，对教师的思想道德、个人修养、工作

职责、行为规范等方面都作了具体的要求。2003 年，学校出台《师德规范要求几点补充》，与其他规章制度汇编成《澄海中学管理制度汇编（教师篇）》一书。2006 年，学校修订出版《澄海中学学校管理制度汇编（教师篇）》一书，将原师德规范要求八条增补为九条。学校利用教职工大会、年级会议、班主任会议和科组会议等活动，开展师德教育，进一步提高教师的职业素养。2014 年，学校加大力度宣传“修德厚学，探微求真”的教风，结合澄海区教育局加强师德师风建设的有关要求开展教职员工师德师风考核工作，并以此为契机，大力提高教师队伍的师德修养和专业素养。

## 三、重视学习培训，提高群体素质

### （一）倡导学习之风，拓宽教育视野

学校在教师中积极倡导学习之风，强化教师的学习意识，使之重视本专业知识的学习、更新。学校规定教研组每两周举行一次集中的业务学习，备课组每周举行一次以上的集中学习。教务处定期印发教育文摘，让老师们及时了解学科学术教研动态，拓展教育视野，更新教育观念。图书馆有计划地采购新书，订购报刊，增加藏书量，为教师提供更好的学习条件。2007 年起，学校为每位教师订购一份专业杂志，进一步促进教师读书学习风气的形成。同时还结合上级的要求，开展“人人有主页”活动，全校教师共创建个人主页 102 个，拓宽了老师们学习和交流的途径。学校还多次组织教师学习教育教学书籍，开展教学反思，教师积极撰写各类教育教学文章，每年都有多篇文章获市级以上奖励或发表于市级以上刊物。

### （二）组织各类培训，提高专业素质

学校多次举办校本业务培训，培训内容包括新的教育教学理论、现代化信息技术教育等。经过培训，教师的业务知识不断得到更新，业务能力不断得到提高。学校还积极创造条件，选送优秀教师外出参加各种学术会议、业务培训。如 2003—2006 年，有 2 名老师参加了教育部普通高中新课程国家级培训班的学习，243 人次参加新课程学科教师省级、市级培训，57 人次参加高中教师岗位培训，1 人参加英语教师出国培训，18 人次参加全国科技创新人才培养计划培训，182 名教师参加计算机等级考试，7 名教师完成函授课程或通过自学考试，提高了学历层次。另外，学校还邀请了教育部艺术教育委员会副主任周荫昌教授，中央教科所原副所长滕纯教授，著名数学家王梓坤教授，北京师范大学毛继东教授，华东师范大学霍益萍教授、范国睿教授，华南师范大学黄牧航教授，汕头大学王富仁教授、隗芾教授等专家莅校举办讲座。

### （三）开展各种交流，促进共同提高

学校以教研组、备课组为单位，广泛组织开展教师之间的说课、听课、评课活动；定期举行教育教学经验交流活动，实现教师之间资源互享、优势互补、共同提高。

为加强师生之间的交流，学校强调教师在教学过程中要与学生进行双边互动，使教师能及时接收学生反馈的信息，并不断作出相应的调整，使教学过程成为教师不断自我完善、自我提高的过程。

另外，学校还加强对外交流，重视校际合作，与哈尔滨三中、东北师大附中、山西实验中学、厦门一中、福建师大附中、高州一中、潮州金中、普宁二中等省内外名校结为友好学校，保持经常性的联系，交流信息、定期互访。通过加强与外界的互动交流，拓宽教师专业视野。

## 四、实施两个工程，提升教师业务水平

澄海中学一向重视培养青年教师和充分发挥名师效应。90 年代，学校实施“青蓝工程”和“名师工程”，全力推动教师队伍的整体发展。

### （一）实施“青蓝工程”，促进青年教师成长

学校十分重视青年教师的培养，每年都把青年教师的培养纳入学校的工作计划中，保证了此项工作的持续有效。首先是建立保障制度。学校制定了《培养青年教师计划》、《培养青年教师工作要求》、《澄海中学青年教师教学基本功达标实施方案》，通过“青蓝结对”，开展“一帮一”的活动，充分发挥骨干教师的“传、帮、带”作用，加强对青年教师的备课指导，规范青年教师的备课行为，规定青年教师个人要制订《三年成长规划》，撰写《教学反思录》，每学期完成“五个一”（一个教案、一个评课意见、一份试卷、一份总结、一节汇报课）和“两表”（作业布置批改汇报表、扶优转差汇报表）任务，每月至少向指导教师汇报教育、教学情况一次，每月上交硬笔书法、毛笔书法各一页等，有力地促进了青年教师的成长。其次是重视激励作用。1990 年学校成立“奖教奖学基金会”，自此，每年 10 月进行评奖，奖励在教育教学中取得优异成绩的师生。2009 年学校修订完善《澄海中学奖教奖学金评奖条例》，充分发挥评优奖励在教师专业化发展方面的引领和激励作用，为教师专业发展提供方向和目标。另外，自 1994 年开始，当时年届退休的副校长谢锐奎承诺在有生之年每年捐助 3 000 元，设立“澄海中学优秀青年教师奖”，奖励在教育教学中表现突出的青年教师，对青年教师的成长起到了很好的激励作用。从 2009 年开始，谢锐奎先生每年捐资 3 万元设立“谢锐奎奖教扶困基金”，奖励学校骨干教师和优秀青年教师，扶助贫困师生，以推动青年教师健康快速成长，进一步激励骨干教师发挥示范和辐射作用，促进师资队伍整体素质的提升，形成安教乐教的风尚。从 1994 年至 2014 年，学校已有 100 多名青年教师获此奖励，不少人成为学校或澄海其他中学的校长、副校长、中层干部、教研组长，其余大多数成为学校的骨干教师。近年来，学校还通过举行教学软件制作比赛、青年教师命题和解题比赛，举行班主任工作漫谈会和班会公开课观摩活动、班主任技能比赛，开展德育课题研究等途径，为青年教师搭建专业化成长的平台。不少青年教师参加全国说课评比、全国物理教师教学技能大赛、汕头市青年教师基本功比赛等均获佳绩。

### （二）实施“名师工程”，发挥示范带动作用

名师是学校办学质量、办学品位的保证。学校一直把“名师工程”作为一项长期的重点工作。首先，创设名师成长的环境和机制。制定《澄海中学优秀教师评选条例》，制定骨干教师培养目标、培训措施、考核细则，形成骨干教师培训体系，创造促进优秀人才

脱颖而出的环境和机制，激励学科带头人挖掘自身潜能，勇创佳绩，敢为名师。其次，通过课题研究，使骨干教师得到更多的锻炼，为他们的成长打下坚实的基础。最后，通过师带徒、示范课等形式，推广名师的成功经验，使他们在本校、本地区实施教育教学及新课程改革中起示范作用，带动教师队伍整体素质的提高，营造和谐的教师学习氛围。自2003年以来，有30多位教师被确定为汕头市、澄海区的名教师和学科带头人，在本校、本地区的教学、教研中都发挥了重要的作用。

## 五、完善评价体制，促进自我提高

自1990年以来，学校建立了岗位责任制和科学的考核评价制度，全面考虑教师在教学、德育、科研等方面的工作态度和绩效，以此作为教师年度考评、计算补贴、评定奖教奖学金的依据。学校注重建立以教师自评为主，领导、教师、学生和家长共同参与评价的评价体系，促使教师不断对自己的教学进行反思以提高职业道德和专业水平。每学期进行一次教师教学反馈调查，由学生对教师的教学过程作出评价。对调查结果进行统计、分析后，再以适当的形式反馈给每一位教师，使教师获得自我完善的动力和方向，最终实现自我提高。

## 六、教师获得荣誉称号

学校积极推荐优秀骨干教师、青年教师参加国家级、省级、市级、县（市、区）级各种评选，每年都有多名教师被评为各级名师、名班主任、优秀教师、优秀教育工作者。1977—2014年获得国家级、省级、市级荣誉称号的教职员工名单如表1.6.7、表1.6.8、表1.6.9所示。



**表1.6.7　1977—2014年澄海中学获得国家级荣誉称号的教职员工名单**

| 姓名 | 获奖时间（年） | 荣誉称号 |
|---|---|---|
| 林侠 | 1981 | 全国体育优秀裁判员 |
| | 1985 | 全国体育优秀裁判员 |
| | 1992 | 全国千名优秀体育教师 |
| 林树庐 | 1983 | 全国体育传统项目学校先进工作者 |
| 陈铿华 | 1984 | 全国优秀班主任 |
| | 1990 | 全国优秀教师 |
| 黄锋 | 1985 | 全国红领巾读书报奖章活动先进个人 |
| 陈华睦 | 1988 | 全国体育传统项目学校先进工作者 |
| 郭秀达 | 1989 | 全国归侨优秀知识分子 |
| 邱惠生 | 1990 | 全国优秀教师 |
| 陈茂锐 | 1996 | 全国中小学外语教师优秀园丁 |
| 陈颖 | 1996 | 全国初中化学竞赛园丁奖 |
| | 1998 | 全国初中化学竞赛优秀辅导员 |
| | 2000 | 全国初中化学竞赛园丁奖 |
| 王立民 | 2003 | 第三届中国西部教育顾问 |
| 郑楚钦 | 2005 | 第四届中国西部教育顾问 |
| 李桦 | 2007 | 全国中小学图书馆先进工作者 |

据校档整理。

表 1.6.8　1977—2014 年澄海中学获得省级荣誉称号的教职员工名单

| 姓名 | 获奖时间（年） | 荣誉称号 |
| --- | --- | --- |
| 周敏 | 1981 | 省“五好”女工 |
| 林侠 | 1981 | 省优秀裁判员 |
| | 1990 | 省施行国家“体锻标准”先进工作者 |
| 林树庐 | 1983 | 省体育传统项目学校先进工作者 |
| | 1986 | 省体育先进工作者 |
| 陈铿华 | 1984 | 省优秀班主任 |
| | 1985 | 省职工劳动模范 |
| 侯庆生 | 1989 | 省青年教改积极分子 |
| | 2009 | 南粤优秀教育工作者 |
| 王立民 | 1990 | 省普法教育先进个人 |
| | 1995 | 广东省“二五”普法先进个人 |
| | 1997 | 南粤优秀校长 |
| | 1998 | 广东省特级教师 |
| | 2001 | 广东省全国教育统一考试先进工作者 |
| | 2002 | 广东省“五一”劳动奖章获得者 |
| 胡钦豪 | 1991 | 省普教系统先进工作者 |
| 陈博 | 1991 | 省实施体锻标准先进工作者 |
| 陈云达 | 1992 | 南粤教书育人优秀教师 |
| 陈文玲 | 1992 | 南粤教坛新秀 |
| 罗舜穆 | 1993 | 南粤优秀地理教师 |
| 林惜平 | 1993 | 南粤优秀历史教师 |
| | 2008 | 广东省中学体育优秀校长 |
| | 2011 | 广东省基础教育系统“百千万人才工程”名校长 |
| | 2012 | 广东省“南粤先锋”创先争优优秀共产党员 |
| 陈筱蔼 | 1994 | 广东省优秀班主任（特等奖） |

| 姓名 | 获奖时间（年） | 荣誉称号 |
| --- | --- | --- |
| 黄赐义 | 1994 | 省“振兴中华”读书活动优秀指导员 |
| 邓秀安 | 1994 | 广东省特级教师 |
| | 1997 | 南粤教书育人优秀教师 |
| 李镇永 | 1994 | 南粤教坛新秀 |
| 李丹纯 | 1994 | 南粤教坛新秀 |
| 蔡贤斌 | 1994 | 南粤优秀体育教师 |
| 陈颖 | 1995 | 广东省初中三防知识教学先进教师 |
| | 1996 | 省三防教育先进教师 |
| | 1998 | 省教改积极分子 |
| 李煜 | 1995 | 广东省初中三防知识教学先进教师 |
| | 1998 | 省三防教育先进教师 |
| 李哲华 | 1998 | 广东省特级教师 |
| 翁炳锋 | 2000 | 南粤优秀教师 |
| 陈茂锐 | 2001 | 南粤优秀教师 |
| | 2002 | 广东省特级教师 |
| 郑楚钦 | 2001 | 南粤优秀校长 |
| 王伟军 | 2001 | 广东省全国教育统一考试先进工作者 |
| | 2004 | 南粤优秀教师 |
| 黄燕眺 | 2005 | 广东省优秀团干部 |
| 林光存 | 2006 | 广东省中小学名班主任培养对象 |
| 陈培波 | 2008 | 省体育道德风尚奖 |
| 许哲斌 | 2009 | 南粤优秀教师 |
| 吴贤芳 | 2010 | 广东省优秀中学地理教师 |
| 王伟鹏 | 2012 | 广东省新一轮“百千万人才工程”名教师培养对象 |

据校档整理。

**表 1.6.9　1977—2014 年澄海中学获得市级荣誉称号的教职员工名单**

| 姓名 | 获奖时间（年） | 荣誉称号 |
|---|---|---|
| 周敏 | 1980 | 汕头市优秀少先队辅导员 |
| | 1995 | 汕头市优秀工作者 |
| | 1997 | 汕头市巾帼成材状元 |
| | | 汕头市优秀工会工作者 |
| 郭秀达 | 1985 | 汕头优秀党员 |
| | 1986 | 汕头市“各界为四化服务”先进工作者 |
| 郑楚钦 | 1985 | 汕头市优秀园丁 |
| | 1985 | 汕头市归侨优秀教师 |
| | 1995 | 汕头市优秀园丁 |
| | 2000 | 汕头市优秀校长 |
| | 2005 | 汕头市优秀校长荣誉奖 |
| 张帆 | 1987 | 汕头市优秀班主任 |
| 侯庆生 | 1989 | 汕头市中青年教改积极分子 |
| | 1999 | 汕头市优秀教师 |
| | 2006 | 汕头市优秀校长 |
| | 2012 | 汕头市教育考试“优秀主考” |
| 余亿云 | 1989 | 汕头市中青年教改积极分子 |
| 陈构全 | 1989 | 汕头市中青年教改积极分子 |
| 李长诚 | 1989 | 汕头市中青年教改积极分子 |
| 徐瑞杰 | 1989 | 汕头市中青年教改积极分子 |
| | 1995 | 汕头市优秀教师 |
| 黄赐义 | 1989 | 汕头市中青年教改积极分子 |
| | 1992 | 汕头市教改积极分子 |
| | 1995 | 汕头市先进教育工作者 |
| 邱惠生 | 1990 | 汕头市最佳园丁 |
| 谢继发 | 1990 | 汕头市先进卫生工作者 |
| 方路 | 1990 | 汕头市先进仪器管理员 |
| | 1996 | 汕头市优秀仪器管理员 |
| 邓秀安 | 1990 | 汕头市优秀园丁 |
| | 1996 | 汕头市优秀教师 |
| | 1997 | 汕头市首批名教师 |

| 姓名 | 获奖时间（年） | 荣誉称号 |
|---|---|---|
| 胡钦豪 | 1996 | 汕头市优秀教师 |
| 陈茂锐 | 1992 | 汕头市教改积极分子 |
| | 1997 | 汕头市先进教育工作者 |
| 余勇 | 1992 | 汕头市教改积极分子 |
| 郭庆澄 | 1992 | 汕头市教改积极分子 |
| 陈云达 | 1993 | 汕头市优秀园丁 |
| 王立民 | 1994 | 汕头市优秀校长 |
| | 1996 | 汕头市杰出校长 |
| | | 汕头市“二五”普法先进个人 |
| | 1997 | 汕头市劳动模范 |
| | | 汕头市名校长 |
| 蔡贤斌 | 1994 | 汕头市优秀青年教师 |
| 李丹纯 | 1994 | 汕头市优秀青年教师 |
| 张承光 | 1994 | 汕头市优秀园丁 |
| 肖耀举 | 1994 | 汕头市优秀园丁 |
| 郭剑锋 | 1995 | 汕头市优秀青年标兵 |
| 王道榕 | 1995 | 汕头市优秀班主任 |
| | 2006 | 汕头市先进德育工作者 |
| 罗舜穆 | 1996 | 汕头市优秀教师 |
| 曾瑾 | 1996 | 汕头市优秀青年教师 |
| 许壮传 | 1996 | 汕头市优秀教师 |
| 王钢 | 1996 | 汕头市优秀班主任 |
| 林树庐 | 1996 | 汕头市优秀教师 |
| 李哲华 | 1996 | 汕头市先进园丁 |
| | 2008 | 汕头市优秀教育工作者 |
| 林萌 | 1997 | 汕头市先进教育工作者 |
| | 2000 | 汕头市优秀德育工作者 |
| | 2003 | 汕头市抗“非典”先进个人 |
| | 2004 | 汕头市优秀校长 |

（续上表）

| 姓名 | 获奖时间（年） | 荣誉称号 |
| --- | --- | --- |
| 陈筱蔼 | 1991 | 汕头市优秀教师 |
| 胡钦豪 | 1992 | 汕头市优秀教师 |
| 李煜 | 1998 | 汕头市科技优秀辅导员 |
| | 2002 | 汕头市优秀青少年科技辅导员 |
| | 2004 | 汕头市优秀班主任 |
| 杜绍芬 | 1999 | 汕头市优秀班主任 |
| 李鹏飞 | 1999 | 汕头市优秀班主任 |
| | 2002 | 汕头市优秀教师 |
| | 2010 | 汕头市教学改革先进教师 |
| 王卓英 | 2000 | 汕头市优秀教师 |
| 蔡耀得 | 2000 | 汕头市优秀教师 |
| | 2009 | 汕头市优秀校长 |
| | 2011 | 汕头市优秀考务工作者 |
| 王伟军 | 2001 | 汕头市优秀教师 |
| 谭修乐 | 2001 | 汕头市优秀班主任 |
| 林卓亮 | 2002 | 汕头市先进教育工作者 |
| | | 汕头市优秀工会先进个人 |
| 吴强 | 2002 | 汕头市优秀班主任 |
| 余希武 | 2003 | 汕头市优秀教师 |
| | 2011 | 汕头市优秀教育工作者 |
| 陈荷芬 | 2003 | 汕头市“贯彻两个条例”先进个人 |
| 魏仲琦 | 2004 | 汕头市优秀教师 |
| 黄燕眺 | 2004 | 汕头市十佳基层团委书记 |
| 林光存 | 2006 | 汕头市优秀班主任 |
| 王旭宜 | 2006 | 汕头市优秀教师 |
| | 2012 | 汕头市优秀教育工作者 |
| 许哲斌 | 2006 | 汕头市优秀教师 |

| 姓名 | 获奖时间（年） | 荣誉称号 |
| --- | --- | --- |
| 潘坤生 | 1998 | 汕头市优秀班主任 |
| 许敏明 | 1998 | 汕头市优秀教师 |
| 蔡泽钗 | 2006 | 汕头市第二届中小学艺术展演活动优秀指导教师奖 |
| 李月 | 2006 | 汕头市第二届中小学艺术展演活动优秀指导教师奖 |
| 林惜平 | 2007 | 汕头市优秀校长 |
| | 2009 | 汕头市劳动模范 |
| | 2011 | 汕头市优秀拔尖人才 |
| | 2011 | 汕头市教育局优秀共产党员 |
| 卢莹 | 2007 | 汕头市优秀教师 |
| 陈锐侠 | 2007 | 汕头市课程改革先进工作者 |
| | 2013 | 汕头市优秀教育工作者 |
| 王伟鹏 | 2007 | 汕头市优秀语文教师 |
| | 2008 | 汕头市教学教研先进个人 |
| 林楚典 | 2007 | 汕头市思想道德教育优秀教师 |
| 陈人惠 | 2008 | 汕头市优秀教师 |
| 陈志勇 | 2008 | 汕头市德育先进工作者 |
| 余银纯 | 2008 | 汕头市优秀心理健康教育教师 |
| 王壮合 | 2008 | 汕头市优秀班主任 |
| 闫永艳 | 2008 | 汕头市名教师 |
| 黄剑航 | 2009 | 汕头市优秀教师 |
| | 2012 | 汕头市语言文字工作先进个人 |
| 蔡晓玲 | 2009 | 汕头市教学改革先进教师 |

（续上表）

| 姓名 | 获奖时间（年） | 荣誉称号 | 姓名 | 获奖时间（年） | 荣誉称号 |
|---|---|---|---|---|---|
| 陈培波 | 2006 | 汕头市贯彻《学校体育工作条例》先进个人 | 陈文斌 | 2009 | 汕头市优秀团干部 |
| 林诗铨 | 2010 | 汕头市优秀教师 | 王维欣 | 2012 | 汕头市优秀德育课教师 |
| 许绍庆 | 2010 | 汕头市优秀德育课教师 | | 2013 | 汕头市优秀教育工作者 |
| 王枫 | 2010 | 汕头市优秀班主任 | 池芳芳 | 2012 | 汕头市优秀团干 |
| 林水生 | 2011 | 汕头市优秀教师 | | 2013 | 汕头市十佳基层团委书记 |
| 蔡成炎 | 2011 | 汕头市优秀班主任 | | 2013 | 汕头市优秀德育工作者 |
| 谢桂钿 | 2011 | 汕头市优秀心理健康教育教师 | 陈群彬 | 2012 | 汕头市优秀班主任 |
| 黄伟 | 2011 | 汕头市教学改革先进教师 | 吴利娜 | 2013 | 汕头市优秀班主任 |
| | 2014 | 汕头市优秀教师 | 余远奕 | 2013 | 汕头市教学改革先进教师 |
| 孔毓娜 | 2011 | 汕头市优秀教师 | | | |
| 吴贤芳 | 2012 | 汕头市优秀教师 | | | |
| 许泽平 | 2012 | 汕头市教学改革先进教师 | | | |

据校档整理。

## 第五节　坚守人文情怀，打造“绿色德育”，营造和谐育人氛围



以德育人是教育的根本。澄海中学一向重视德育工作，致力于德育理论的研究与实践，从 80 年代开始，以校园“三级文化建设”为载体，全面加强学生道德建设和规范养成教育，培养学生良好的学习、生活习惯和自觉的道德行为。进入 21 世纪以来，学校进一步强化以人为本的育人理念，以“发挥品牌效应，打造绿色德育”为目标，以规范化的常规教育和系列化的美德教育为两翼的教育过程，丰富学生的道德情感，突出提升学生的责任感和自我发展的道德需求意识，全面提升学生的精神境界，注重对学生开展各种形式的思想道德教育，培养学生健全的人格，使学生形成正确的人生观、价值观、世界观，为可持续发展打下基础。

### 一、扎实开展德育科研，提升德育队伍整体素质

以德育理论研究推动德育工作的开展，建设一支强有力的德育工作队伍，是提高德育工作实效的有效途径。因此，学校重视对德育理论的学习和探索，重视对德育实践的反思与总结。在 80 年代，学校积极探索并总结出了“三级文化建设”的管理经验；90 年代，随着国家大力提倡素质教育，学校开展了关于素质教育的大讨论，明确了开展素质教育的基本思路，积极探索学生自我管理的模式。进入 21 世纪，随着办学规模的不断扩大，学

校进一步突出了以年级为管理主体的管理模式，同时加强了对人格教育、生命教育、心理健康教育的研究；学校加大了德育科研的力度，1998 年学校的德育课题“高中学生‘心理’与‘人格’教育的探索和研究”被立为汕头市普教系统教育科研课题三个重点课题之一。进入 21 世纪以来，学校先后实施了一些省、市、区立项的研究课题，如“后进生道德认知心理的表现成因及彼此教育的个案研究”、“高中学生心理健康问题的个案研究”、“汕头市澄海区高中生对梦的认识和思考”等，以课题组带动全校的德育科研工作。

同时，学校加强德育理念教育，增强教师全员德育、全程德育和全方位德育的观念；精心开好阶段德育工作会议和班主任例会，采取业务研讨会、技能竞赛、观摩学习等多种方式强化班主任业务培训和青年教师德育能力培养，深入开发德育队伍潜力，提高育人水平；指导班主任有序、有效地开展工作，并加大情感投入和管理智慧来引领，关心班主任的工作、生活，及时为他们排忧解难，通过多种渠道指导他们更好地开展工作；引导教师正确处理言教、情教、身教三个环节，大力提升自身综合素质，以高尚的师德切实增强德育的实效性。

**图 1.6.31　班主任能力比赛**

## 二、强化制度化管理，着力“三级文化建设”

### （一）创新管理机制，不断完善“三级文化建设”

经过不断探索与实践，90 年代初，学校形成了校园文化建设、年级文化建设、班级文化建设的德育管理层次，称之为“三级文化建设”。1994 年编印《澄海中学“三级文化建设”手册》，对校园、年级、班级文化建设的内容、管理职能和必须实施的制度作了明确的规定，从而使学校的校园文化建设理论上更完善，实践上更具有操作性。此后，在实施上着力抓好文化环境、文化精神、文化活动和文化制度四个方面的建设，创设高雅的育人环境，美化、净化、绿化校园，积极培育奋进的校园精神，形成一种以“澄中精神”为主体的文化氛围。

进入 21 世纪，学校在巩固和发展原有的理论研究和实践的基础上，着力进行德育工作模式的改革，创新德育领域和途径；进一步完善年级、班级的管理功能和育人功能，加强年级、班级文化建设；各年级、各班级落实德育目标并制定实现目标的配套措施，把年级组建成职能明确的德育管理实体；进一步强化学生的自主管理，充分发挥学校值周班、年级值勤队、值日班干各自的管理功能，抓好学生的行为规范工作；引进竞争机制，强化制度管理；推行并不断完善《班级工作量化管理评估方案》，以此调动班主任的工作积极性和创造性，提高班级教育管理工作的实效性。

### （二）突出规范化管理，夯实成长基础

1. 重视行为规范，引导学生形成良好的行为习惯

80年代以来，学校一直把学生的行为规范作为管理的重点，大力开展整顿学生仪容仪表、行为习惯等方面的专项教育，引导学生养成良好的行为习惯；同时以学生发展的需要为着力点，加大对学生纪律意识、传统美德和现代公民意识的培养；开展序列化教育，循序渐进地落实中学德育目标。在高中三年的教育设计上，高一年级是行为习惯适应期，重点是文明礼仪、遵规守纪，使学生逐步形成良好的学习习惯和生活习惯；高二年级是行为习惯强化期，重点是建设班级、参与管理，使学生做到正确认识自我，学会关心集体和他人，形成良好的班风、学风；高三年级是行为规范形成期，重点是发挥好行为表率作用，提升自我修养。

2. 落实道德实践，促进学生的自我提升

如每周一次的升旗礼上，通过国旗下讲话、升旗献词等活动，激发学生的爱国情操和道德意识；每学期至少组织一次大型的群体或文艺活动，陶冶学生的情操。以制度的形式规定每个学生都必须参加劳动实践活动，参加一次值周班文明示范岗活动，利用寒暑假组织学生开展社会实践、社会调查活动，组织学生参加社区精神文明建设活动等等。使学生在实践中增长见识、获得启示、发展能力，最终受到教育。

## 三、开展系列化教育活动，拓展人文教育的内涵

### （一）思想政治教育



80年代初，学校充分认识到加强思想政治教育的重要性和急迫性，成立了由学校行政人员、政治课老师和班主任组成的学校思想政治教育工作领导小组，每月举行一次思想政治工作会议，及时学习和研究德育信息，全面筹划每个阶段思想政治工作的重点和具体做法，实施思想政治教育单元化（以《中学生守则》为依据，每学期分段进行单元的教育活动），保证思想政治教育的经常性。先后举行了“树立远大理想”、“为四化立志成材”、“共产主义火花在闪光”、“向老一辈革命家学习”、“向雷锋同志学习”等单元教育活动，经常对学生进行前途理想教育。

图 1.6.32　澄海中学“重上凤凰山”主题活动

90年代，学校除继续抓好升旗仪式的组织和有关坚持四项基本原则理论的出版、宣传、学习之外，还举行“党团知识竞赛”，组织学生观看纪录片《沧桑》，加强国情尤其是近代史的教育；组织学生到博物馆参观“余锡渠同志事迹展览”，加强学生对改革开放、艰苦奋斗精神的认识；邀请县武装部领导作国防知识报告；组织学生干部举行军事夏令营等，均收到了较好效果。

进入21世纪，学校紧跟时代的潮流，把

握时代脉搏，大力加强民族精神的教育。举行“振奋民族精神，立志报效祖国”主题系列活动，通过校会、升旗献词等形式，教育学生要牢记历史，不忘过去，珍爱和平，开创未来，同时要振奋伟大的民族精神，培养爱国情操，立志报效祖国，把爱国精神化作具体的行动；在清明节组织学生代表祭扫烈士墓；举行“青春之歌”合唱比赛；组织师生代表重上凤凰山，以缅怀革命先烈的丰功伟绩，让学生自觉继承革命传统；组织全体学生观看爱国影片，让学生了解过去，不忘历史，并从中接受革命传统教育。同时，发动广大学生阅读《抗日侨领蚁光炎》一书，并组织学生参加区“纪念抗日侨领蚁光炎”的征文活动，让学生感受抗日英雄彪炳史册的光辉人生。

### （二）法制教育

为了深入进行法制教育，更好地教育学生知法守法，学校组织学生深入学习《公民道德建设实施纲要》、《预防未成年人犯罪法》、《国防教育法》、《〈学生伤害事故处理办法〉实施细则》等法律法规，并举办法制图片展览和法制教育讲座，多次邀请区公安局的人员到校作法纪教育报告，使广大学生进一步增强法制观念。学校还通过多种形式开展系列化教育活动，把课堂教学渗透作为法制教育的主渠道，把形式多样的课外活动作为法制教育的第二课堂，把社会实践活动作为法制教育的第三课堂，坚持把“三个课堂”紧密结合起来，形成课内课外、校内校外的法纪教育体系，增强了教育的实效性。学校多次受到上级有关部门嘉奖，1986—1990 年连续几年被评为“汕头市普法先进单位”；1986 年更被省普法领导党小组评为“广东省普法先进单位”；1987 年，学校的普法教育经验还被刊登在《中国法制报》上。

90 年代以来，学校进一步把法纪教育与学生社团活动、学科综合实践活动相结合，充分发挥团委会、学生会和学生社团的作用，组织学生开展各种校园内外文化活动，如组织学生小记者团到戒毒所采访，并出版专刊；利用学生研究性学习课程和社会实践活动，开展各种社会调查等。通过实践活动，使学生丰富社会经验，增强交际能力，拓展思维空间，提升认识水平，培养自我管理的意识和能力，做到学以致用、知行合一。

近年来，学校聘请区公安局副局长陈伟鸿担任法制副校长，多次邀请区公安局的人员到校举办安全法制教育讲座，经常与公安机关进行交流，配合公安机关开展各种安全法制教育活动，如通过法制专题讲座、展览、班报等途径对学生进行法制教育系列活动，增强学生遵纪守法的自觉性和自我保护意识。学校还把法制教育与学生思想道德教育、日常行为规范教育结合起来，培养学生遵规守纪、善于自省、严于自律的良好习惯。同时，在学科教学中结合教学内容，挖掘法制教育因素，对学生进行法治文明、公平正义、恪守规则等方面的教育，努力培养学生的爱国意识、公民意识、守法意识、权利义务意识、自我保护意识，帮助他们树立正确的人生观、价值观和荣辱观，提高分辨是非和守法用法的能力，引导他们做知法守法的合格公民。多年来，澄中一直保持无安全事故、师生无违法犯罪行为的良好记录。

### （三）传统美德教育

继承和发扬中华民族的传统美德是学校德育的基本要求。自 80 年代以来，学校大力开展仁爱、责任、诚信、孝悌等传统美德教育活动。1982年，学校提出了“爱国、爱党、爱校，勤教、勤学、勤炼”（简称“三爱三勤”）的校风，明晰了学校德育的主线和方向，成为激励我校师生积极进取的强大精神力量。

进入21世纪以来，学校适应新形势、新任务的要求，大力实施《公民道德建设实施纲要》和《中共中央国务院关于进一步加强和改进未成年人思想道德建设的若干意见》，在学生中大力开展“爱国守法、明礼诚信、团结友善、勤俭自强、敬业奉献”20字基本道德规范和“富强、民主、文明、和谐，自由、平等、公正、法治，爱国、敬业、诚信、友善”24字社会主义核心价值观的学习，把道德建设与道德实践结合起来，举行了“弘扬传统美德，践行仁义礼智信”、“让生命充满和谐的精彩”、“百善孝为先”、“树仁爱之心，扬传统美德”、“感恩——让生命演绎精彩”等系列教育实践活动，以正确的导向增强学生对提高自身生命价值的意义的认识，让学生懂得感恩，热爱生命，热爱生活，培养学生良好的情感、责任意识、自尊意识和追求人生成就的精神，从而激发自我锻造的情感。

重视仪容仪表和文明礼仪教育，制定《澄海中学学生行为“十要十不要”》、《澄海中学学生交往礼仪若干规定》、《澄海中学学生礼仪规范》等规章制度，主要围绕学校礼仪、家庭礼仪、社会礼仪三个方面来开展，每个方面又细化具体的内容，做到既全面要求，又关注细节。开展专题礼仪讲座和主题班会，实行值周班和文明示范岗制度，实行礼仪规范的养成教育，通过宣传教育、氛围营造、实践内化、榜样示范、制度约束等做法，有效提高学生的文明觉悟和素养。

### （四）安全教育

学校高度重视学生的安全教育，着力做好安全防患工作，每年紧密结合“3·26”安全教育日和6月份安全教育月开展专项教育活动，通过校会、电视讲话、主题班会、专栏、倡议书等形式，对学生进行防火、防盗、防溺水、交通安全、饮食卫生等方面的教育，并多次组织校性安全检查和消防演练，及时排除安全隐患，提高学生的火灾应急逃生能力。各班还举行了“校园安全伴我行”、“生命在你手中”校性主题班会公开课，把安全教育落到实处。2014年学校被评为“汕头市平安校园”。



### （五）卫生健康教育

90年代，学校在初一、初二增设了健康教育课，对提高学生的健康意识、培养学生良好的卫生行为习惯起到很大的作用。每学期的“防近周”都开展宣传工作，如印发资料，设置咨询处，开展眼保健操大检查等，有效地促进了学校的“防近”工作。进入21世纪，学校加强校园卫生工作管理，落实公共区域卫生、教室内外环境卫生的责任制；开展“预防食物中毒”、除“四害”、抗“非典”等专项活动；积极配合上级开展爱国卫生行动，组织高一级学生利用休息日上街清理环境卫生；完成对各年级学生的体检工作；全面推行新的眼保健操，印制《用眼卫生、眼操穴位》卫生宣传资料，进一步培养学生的用眼卫生习惯。学校“红十字青少年服务队”自1990年成立以来，每年都开展助人救困活动，举行了药品应用、急救知识等讲座，进行了“急救、包扎”演练活动，并组队参加了汕头市红十字会夏令营活动，取得了较好成绩。

### （六）心理健康教育

90年代末开始，学校设立心理辅导室，由心理辅导专业人员担任专职教师。制订计划、定时间、定地点、定内容，办好专题心理健康教育讲座，每学期按计划为学生开设专题心理健康教育讲座7~8次，开展经常性的心理辅导和心理咨询活动，出版心理教育板报、专栏，配合各年级教师、各班主任有效地对学生进行心理教育。2008年，学校心理辅导室及时总结、梳理健康教育的有关资料，汇编出版了《心灵港湾——学生心理健康教育》一书，受到了兄弟学校的一致好评。班主任经常举行心理健康教育主题班会活动，各年级教师成立心理辅导组，学生成立心理健康兴趣小组，并建立QQ群作为学生倾诉和交流的平台。适时邀请汕头大学赖小林老师等心理健康教育专家为师生开设心理辅导讲座，以此推动我校的心理健康教育工作，提高学生心理健康水平。学校每学年举行一次健康教育开放周活动，面向全区乃至全市范围内各所兄弟学校开放，展示我校健康教育的做法和成果，有效地发挥了重点学校的辐射作用。2008年，学校在汕头市中小学生生命健康主题教育评选“阳光少年”活动中获得“最佳组织奖”，被汕头市教育局命名为“汕头市健康教育示范性学校”。

## 四、突出先进性教育，构建“三校”教育模式

1990年，学校开始创办“业余党校”、“业余团校”和“业余军校”，着力实施先进性教育。

### （一）开展学生党校团校活动

学生业余党校、团校是先进性教育的主阵地。80年代初，学校团委加强对团员的前途理想教育、组织纪律教育和法制教育，使他们逐步树立为“四化”建设而勤奋学习的思想，争做“有理想、有道德、有文化、有纪律”的一代新人；认真抓好组织建设，不断增强团组织的活力；积极开展讲故事、国庆专栏出版、班报比赛、联欢晚会、清洁卫生等各项活动，丰富团组织生活。学校团委多次受到上级表彰，1984年被团省委、教育厅等九个单位评为“活跃的中学生活”先进集体；1985年被团中央评为“开辟多种渠道，培养新型人才”先进学校；1990年被团省委评为“省达标创优先进团委会”。

进入21世纪，学校团委会在继续加强和完善组织建设的同时，着力加强团员意识教育及干部队伍的教育和管理，突出先进性教育，开展丰富多彩的校园文化活动，为学生创造了一个充分展示自我和实现自身价值的广阔舞台。

1. 加强团员意识教育

学校团委会通过开展以诚信和安全等为主题的团日活动及入团宣誓、成人宣誓等仪式，强化了团员的角色和责任意识。在全校全体团员中开展“戴团徽，唱团歌，竞团识”的系列活动，强化团员意识。在团干培训及例会中加强正确参与团内监督的民主意识教育和正确认识团员权利与义务对立统一、平等一致的教育。

2. 着力搞好学生干部队伍的建设

团委会在团干部中倡导“谦虚务实、团结协作、开拓创新”的12字工作作风，通过“校级学生干部校门轮值”和“团委委员轮值”制度，加强对学生干部工作的实践指导，发挥校级团干部在同学中的带头作用。同时，加大团干部培训力度，帮助他们解决工作中出现的思想问题，改进工作方法，提高团干部的综合素质。近年来，不少学生被评为市级以上优秀团员、优秀学生、“三好学生”，有些学生还获得省宋庆龄奖学金和潮汕星河奖。学校除抓好团委会外，还加强对学生会组织的管理和指导，通过学习宣传、经验交流、推优评优等一系列活动构筑平台，发挥先进性教育的主导作用，引导学生干部树立崇高理想，提高自身素质，发挥更好的作用。学生会认真开展一系列活动，受到社会和上级好评。1993年，学生会主席吴东升获“全国优秀学生干部”称号。1995年，学校学生会获“汕头市先进学生会”称号。2010年，校学生会被评为“广东省先进学生会”，获广东省先进普通中学学生会菁英奖杯，学生会主席黄昊同学参加广东省学生联合会第十次代表大会。

**表1.6.10 2000—2014年度澄海中学学生获得省级荣誉称号情况表**

| 年度 | 省“三好学生” | 省优秀学生 | 省优秀团员 | 省宋庆龄奖学金 |
|---|---|---|---|---|
| 2000—2002 | 蔡业冰 蔡孟欣 | | | |
| 2002—2003 | 袁娉婷 | | | |
| 2004—2005 | 陈博娜 | 林楠 | | |
| 2005—2006 | 江意 陈晴晴 | | | |
| 2006—2007 | 陈川 黄梓敬 | | 林澄 | |
| 2007—2008 | 金佳 | | | |
| 2008—2009 | 陈沛欢 | | 张钰琳 | |
| 2009—2010 | 林俊榕 | | 许腾剑 | 陈晓林 王宇杭 林俊培 |
| 2010—2011 | 陈宇泰 黄昊 | 黄昊 | 佘玲玲 | 邱梓楠 陈育桂 |
| 2011—2012 | 郭沛青 | 郭沛青 | 李艾芙 | 郭沛青 李艾芙 |
| 2012—2013 | 陈秀萍 | | 陈秀萍 | 黄恒昌 |
| 2013—2014 | | 黄恒昌 | 郑泽坤 | 李嘉颖 彭博东 |

据校档整理。

**表 1.6.11　1990—2014 年度澄海中学学生获得潮汕星河奖情况表**

| 届别（时间） | 姓名 | 奖项 |
|---|---|---|
| 第一届（1990） | 李柳楠 | 学业二等 |
| | 黄少昂 | 文学艺术三等 |
| | 许欢蕾 | 文学艺术三等 |
| | 王铿英 | 文学艺术三等 |
| 第二届（1991） | 陈明伟 | 学业二等 |
| | 邵仰鸿 | 学业三等 |
| | 蔡衍哲 | 学业三等 |
| 第三届（1992） | 林曙 | 学业三等 |
| | 吴新壮 | 学业三等 |
| | 罗思颖 | 学业三等 |
| | 林晓丹 | 学业三等 |
| 第四届（1993） | 陈健群 | 学业一等 |
| | 朱玮 | 学业二等 |
| | 洪金泓 | 文学艺术三等 |
| | 陈亮 | 文学艺术三等 |
| 第四届（1994） | 周新越 | 学业二等 |
| | 卢海 | 学业二等 |
| | 林夷武 | 科技三等 |
| 第五届（1995） | 蔡少莹 | 学业一等 |
| | 蔡静莹 | 学业二等 |
| | 刘宜胜 | 学业三等 |
| | 徐颖 | 科技特等 |
| | 刘泽华 | 科技二等 |
| 第六届（1996） | 余远彪 | 道德三等 |
| | 许雪琼 | 学业一等 |
| | 林洁 | 学业三等 |
| | 徐颖 | 科技一等 |
| | 刘泽华 | 科技二等 |
| 第七届（1997） | 徐颖 | 学业二等 |
| | 蔡贤克 | 学业三等 |
| | 谢龙汉 | 学业三等 |
| 第八届（1998） | 蔡御蓉 | 学业三等 |
| | 佘立寰 | 学业一等 |
| | 陈丹 | 科技二等 |
| | 徐颖 | 学业三等 |
| 第九届（1999） | 佘立寰 | 学业一等 |
| | 李浚挺 | 学业二等 |
| | 佘立寰 | 科技二等 |
| | 洪莹 | 学业三等 |
| | 蔡孟欣 | 学业一等 |
| 第十届（2000） | 陈枫 | 学业一等 |
| | 林蓉蓉 | 学业一等 |
| | 王昳丽 | 学业三等 |
| 第十一届（2001） | 蔡孟欣 | 科技三等 |
| | 张奕炯 | 学业三等 |
| 第十二届（2002） | 林洵彦 | 学业一等 |
| | 林漳 | 学业一等 |
| 第十三届（2003） | 蔡孟欣 | 科技三等 |
| | 王学孟 | 学业三等 |
| | 王碧荣 | 学业一等 |
| 第十四届（2004） | 陈哲 | 学业三等 |
| | 林楠 | 艺术一等 |
| | 陈群青 | 体育一等 |
| 第十五届（2005） | 林博 | 科技三等 |
| 第十六届（2006） | 王在强 | 学业三等 |
| 第十七届（2007） | 林澄 | 学业一等 |
| | 陈雪芝 | 学业三等 |
| | 林书楷 | 科技三等 |
| | 潘锦淳 | 艺术二等 |
| | 舞蹈队 | 艺术三等 |
| 第十九届（2009） | 林榕 | 学业一等 |
| | 陈畅 | 学业三等 |
| | 科技组 | 集体三等 |
| 第二十届（2010） | 周梓佳 | 学业特等 |
| | 蚁潇颖 | 文艺二等 |
| | 王曼儿等 21 人 | 文艺集体三等 |
| 第二十一届（2011） | 林淡萍 | 学业二等 |
| 第二十二届（2012） | 郭沛青 | 学业二等 |
| | 李艾芙 | 学业二等 |
| 第二十三届（2013） | 蚁漫霞、杨汝娴、蔡泽萍、许旭坚、张琳 | 蚁漫霞体育二等、5 人体育集体三等 |
| 第二十四届（2014） | 黄恒昌 | 学业一等奖 |
| | 林金澈 | 科技三等奖 |
| | 陈晓立 | 品德二等奖 |

据校档整理。

表 1.6.12　1979—2014 年澄海中学历届学生会主席名单

| 年度 | 姓名 | 年度 | 姓 名 |
| --- | --- | --- | --- |
| 1979—1980 | 杨绪 | 1997—1998 | 陈朝俊 |
| 1980—1981 | 金卓祥 | 1998—1999 | 陈朝俊 |
| 1981—1982 | 陈红跃 | 1999—2000 | 许航 |
| 1982—1983 | 郑伟武 | 2000—2001 | 王绪 |
| 1983—1984 | 曾澄洲 | 2001—2002 | 蔡孟欣 |
| 1984—1985 | 陈小越 | 2002—2003 | 袁娉婷 |
| 1985—1986 | 蚁艇 | 2003—2004 | 王旭 |
| 1986—1987 | 蚁艇 | 2004—2005 | 林楠 |
| 1987—1988 | 郑克东 | 2005—2006 | 江意 |
| 1988—1989 | 陈良秋 | 2006—2007 | 林澄 |
| 1989—1990 | 王伟碧 | 2007—2008 | 陈晓霖 |
| 1990—1991 | 侯建伟 | 2008—2009 | 杜键菁 |
| 1991—1992 | 吴东升 | 2009—2010 | 林珊娜 |
| 1992—1993 | 陈伟烈 | 2010—2011 | 黄昊 |
| 1993—1994 | 张旭富 | 2011—2012 | 郭沛青 |
| 1994—1995 | 张旭富 | 2012—2013 | 朱彦冰 |
| 1995—1996 | 杨壮生 | 2013—2014 | 黄恒昌 |
| 1996—1997 | 杨壮生 | | |

据校档整理。

3. 加强社团建设与管理

自 80 年代以来，学校不断发展小记者团、演讲协会、集邮协会、书法协会、足球协会、红十字队、漫画社、文学社等兴趣性协会，开展自主教育，让学生通过协会进行交际，推动学生从不同层次和方向实现自己的交际动机，使学生在交际、协调和组织活动中锻炼自己，培养自主意识、合作意识和创新精神，促进学生自我提高，形成健全人格。校团委定期召开社团干部例会，认真听取社团管理工作汇报，及时拟订各类活动方案，协调各社团工作，积极为学生社团活动创造条件，帮助社团健康成长，积极办好社团展示活动。学校 14 个学生社团，每学期都举行近百场活动。文学社期刊《彩贝》被评为“汕头市十佳校刊”；小记者社期刊《中流》被评为“汕头市优秀期刊”。



4. 开展系列活动，丰富团员课余生活

团委会积极开展志愿服务活动，积极把活动延伸到社区，进一步提高学生的思想道德素质；结合主题纪念日，开展有意义的活动，如教师节开展尊师活动，重阳节举行敬老活动，国庆节组织摄影比赛，校运会举行“校运之星”评选活动及摄影比赛、征文比赛等；组织学生参加上级团委开展的各项活动，如送戏下乡、征文比赛、摄影比赛、千名团员游澄海等多项活动，配合市、区团委做好在本校举行的“青春送你一首歌”、“学校团工作研讨会”等活动的有关工作，受到上级领导的高度评价。校团委会 1997 年被评为汕头市“先进基层团组织”，2011 年被评为汕头市“五四红旗团委”，2013 年被团中央评为“全国五四红旗团委”。

表 1.6.13　1977—2014 年澄海中学团委获得市级以上荣誉称号情况表

| 获奖时间 | 授奖单位 | 获奖称号 |
|---|---|---|
| 1984 年 | 团省委、教育厅等九单位 | “活跃的中学生活”先进集体 |
| 1985 年 | 团中央 | “开辟多种渠道，培养新型人才”先进学校 |
| 1990 年 | 团省委 | 省达标创优先进团委会 |
| 1994 年 | 汕头市团委 | 汕头市先进团委会 |
| 1997 年 | 共青团汕头市委员会 | 汕头市先进基层团组织 |
| 1998 年 | 共青团汕头市委员会 | 汕头市先进基层团组织 |
| 1999 年 | 共青团汕头市委员会 | 汕头市先进基层团组织 |
| 2002 年 | 共青团汕头市委员会 | 汕头市先进基层团组织 |
| 2004 年 | 团省委 | 广东省五四红旗团委 |
| 2007 年 | 共青团汕头市委员会 | 汕头市优秀青年志愿服务集体 |
| 2011 年 | 共青团汕头市委员会 | 汕头市五四红旗团委 |
| 2012 年 | 共青团汕头市委员会 | 汕头市第五届校园社团文化节优秀组织单位 |
| 2013 年 | 团中央 | 全国五四红旗团委 |

据校档整理。

表 1.6.14　1979—2014 年澄海中学历任团委书记一览表

| 时间 | 姓名 | 时间 | 姓名 |
|---|---|---|---|
| 1979—1983 | 杨两发 | 1997—1998 | 卢亦文 |
| 1983—1984 | 肖耀举 | 1998—2006 | 黄燕眺 |
| 1984—1985 | 陈少春 | 2006—2008 | 陈永炮 |
| 1985—1988 | 余亿云 | 2008—2010 | 陈文斌 |
| 1988—1990 | 林锐武 | 2010—2011 | 许绍庆 |
| 1990—1991 | 蔡耀得 | 2011—2014 | 池芳芳 |
| 1991—1997 | 郭剑锋 | | |

据历任团委书记回忆记录整理。

5. 办好学生党校，做好推优工作

创设业余党校，加强先进性教育，引导学生树立远大的共产主义理想，是促进澄中德育工作向更深层次发展的重要举措。进入 21 世纪，学校不断拓宽先进性教育渠道，扩大教育面，邀请区关研会和离退休老干部担任顾问，与上级党、团组织加强联系，请他们到校指导党、团工作。学校党总支部派老党员为学生党校上课，授课内容包括党章、党的重大方针政策及重要领导人讲话、革命先烈和优秀党员的先进事迹、中共地方党史等。党校每年还组织学员开展社会实践活动，到乡村党组织去实地调查。通过党的基础知识和基本理论的系统学习和社会实践，党校学员们进一步坚定了共产主义信念，提高了理论修养，树立了榜样意识，自觉带动全体同学共同进步。每年都有大批学员向党组织递交入党申请书，部分优秀学员被吸收为预备党员。例如，从 2011 年到 2014 年，共有 70 名优秀学生被吸收为预备党员。

### （二）开展学生军校活动

学生军校活动是锻炼强健体魄和顽强意志的大熔炉。90 年代，学校扩大少年军校的规模，每学年组织新生在莱芜国防教育基地举办三期全封闭的军事训练。军校还设立学员军训档案，将其纳入德育考核的内容。近几年来，在每学年开学前，学校都会邀请驻澄部队或人民武装部教官对高一新生进行为期一周的军训。

**图 1.6.33　1995 年，澄中纪念抗战胜利 50 周年暨军训大会**

**图 1.6.34　新生入学训练**

军训内容包括基础列队动作及操练、内务整理、唱军歌、国防思想教育、会操表演等，同时进行校史、校纪教育以及高中学习生活指导，加强对新生的思想作风和生活作风的培养，使学生了解澄中的光荣传统和人文环境，增强纪律观念，培养集体主义精神、吃苦耐劳精神和热爱学校的思想感情，为新生尽快适应高中阶段的学习、生活节奏和严格的纪律要求打好基础。每年军训期间，澄中学生都能做到努力克服怕苦怕累的思想情绪，遵守纪律，尊重教官，服从命令，听从指挥，严格要求自己，给教官留下了良好印象，学校多次受到上级有关部门好评，2011 年学校被评为“广东省学生军训先进单位”。

## 五、扎实做好体艺工作，活跃校园文化生活

学校在致力塑造学生做人的优良品质的同时，努力创设优良的育人环境，开展学生才艺展示、迎国庆社团展示、队列广播操比赛和校运会等丰富多彩的文体活动，活跃校园文化生活，为学生提供展现自我的舞台。

### （一）发扬学校体育特色，加强对运动队的管理

学校积极开展“阳光体育”活动，抓好“三操”的质量，鼓励学生主动参与锻炼，提高身体素质。每年都举行全校性的队列广播操比赛、校运会、象棋棋王赛，各班还于体育节开展篮球赛、拔河赛、接力跑比赛、足球对抗赛、乒乓球赛、跳绳赛等丰富多彩的竞技体育活动，活跃学生的课余生活。

同时，学校抓好运动队训练，运动队在各级比赛中屡创佳绩。学校运动队 1981 年在广东省第一届传统田径项目运动会上夺得了团体总分第三名；1985 年在广东省第三届传统田径项目运动会上获得了团体总分第一名；1998 年在广东省第六届中学生田径运动会上获团体总分第三名；2009 年在广东省体育传统项目学校田径比赛上夺得了团体总分第六名。

图 1. 6. 35　校运会

### （二）组织学生开展各种文艺活动，提高学生文化品位

学校每年结合校庆、教师节、中秋节、元旦、毕业典礼等各种节日和庆典，开展形式多样、生动活泼的文艺活动，丰富校园生活，提高了学生的思想品位与精神境界。例如，1987 年举办“我爱中华”和“我为母校献礼物”主题晚会；1991 年举办“毛泽东诗词歌曲演唱会”；1994 年举办“祖国在我心中”演讲比赛；2001 年举办中华诗词吟唱晚会；2005 年举办“和谐的旋律”元旦文艺会演和“我是光荣的澄中生”演讲比赛；2006 年举行“永恒的师恩”文艺会演、“我与澄中”演讲比赛和“健儿风采”校园摄影比赛；2007 年开展灯谜竞猜，学生书画、摄影作品展览等活动；2008 年举行“纪念改革开放三十周年、歌颂家乡发展变化”演讲比赛，“讴歌时代，礼赞中国”迎新年合唱比赛和“流韵青春”吟诗会等一系列活动；2009 年举行“书香校园”即席书画比赛；2010 年举行“飞扬青春，激情校园”高一级歌咏比赛及“澄中之韵”文艺演出；2014 年举行“涵咏经典，滋育心灵”古诗文朗诵比赛。

图 1. 6. 36　“涵咏经典，滋育心灵”古诗文朗诵比赛

### （三）组织学生参加各级文艺比赛，促进学生个性发展

21 世纪以来，学校积极组织学生参加全国、省、市、区各级文艺活动比赛，均取得了出色的成绩，充分展现了学校素质教育的成果和学生的精神风貌。2003 年，学校参演节目获得广东省第一届中小学生艺术展演活动表演类一等奖。2004 年，高二学生林楠独唱节目《八百里洞庭我的家》获得第一届全国中小学生艺术展演活动总决赛表演类声乐节目一等奖。2007年，学生参加广东省第二届中小学生艺术展演活动，潘锦淳的独唱

图 1.6.37　2004 年 1 月，林楠获得第一届全国中小学生艺术展演活动总决赛表演类声乐节目一等奖、独唱第一名

节目《在那东山顶上》获省一等奖，校舞蹈队的舞蹈《蒙古伦·扎路湖很》获省二等奖，学校获优秀组织奖。2009 年，学校组织学生参加汕头市第三届中小学生艺术展演活动“校讯通杯”声乐、器乐、舞蹈以及课本剧比赛喜获佳绩，舞蹈《梦回橘园》获一等奖，李月老师获优秀组织奖（个人），李月、陈志强、蔡泽钗三位老师获优秀指导教师奖。同年，学校组织学生参加广东省第三届中小学生艺术展演活动，取得优异成绩，高二学生蚁潇颖、佘玲玲分别获得二胡独奏、书法一等奖，学校舞蹈队的舞蹈《梦回橘园》获得二等奖。2012 年，学校舞蹈队获得广东省中小学生艺术展演三等奖、汕头市中小学生艺术展演特等奖。2014 年，林泽淮获“广东省学生规范汉字书写大赛决赛”硬笔高中组特等奖，李章楠获一等奖。

## 六、拓宽教育渠道，完善“三结合”德育网络

### （一）建立家校互动渠道，办好家长学校

澄海中学历来重视家庭教育与学校教育的紧密结合，早在 1986 年，学校就率先在初中部创办了家长学校，建立了“学校—家庭”相联系的教育网。班主任通过家访、电访、书面反馈等方式，与家长建立经常性联系，了解学生在家庭中的表现，向学生家长通报学校的重大教育措施和学生在校的表现，及时引导家长有针对性地教育学生。各个年级邀请部分家长组成家长委员会，参与学校的管理，广泛听取家长委员会委员就学校办学所提出的意见和建议，充分发挥其作用。每个年级每学年至少召开一次学生家长会，互相反馈教育信息，共商教育方法，使学校教育与家庭教育密切配合，形成教育合力。学校不定期地开设“新三字经”、“社会公德四字歌”、“家庭美德三字谣”等高质量的专题讲座，向家长讲授家庭教育科学知识，提出了家庭教育“五原则”：期望与现实教育原则、家庭影响一致性和经常性原则、融教育于生活中原则、教育的长期性和连续性原则、德育与智育同步发展原则，促进了学生家长对学生校外生活的教育、引导和管理。学校还组织家长举办家庭教育访谈录，请学生家长来校参加听课、评课活动，邀请家庭教育较成功的家长介绍教子经验，并着力于家庭教育的研究，先后开展了“重视青少年智力开发”、“怎样培养孩子的毅力”、“浅谈培养孩子的责任感”、“家庭教育中劳动习惯的培养”等专题研究和讨论，把较有质量的文章编辑成册，出版了《学校与家庭》专刊和《家庭教育经验材料汇编》。另外，为了全面贯彻党的教育方针，将现代家庭教育

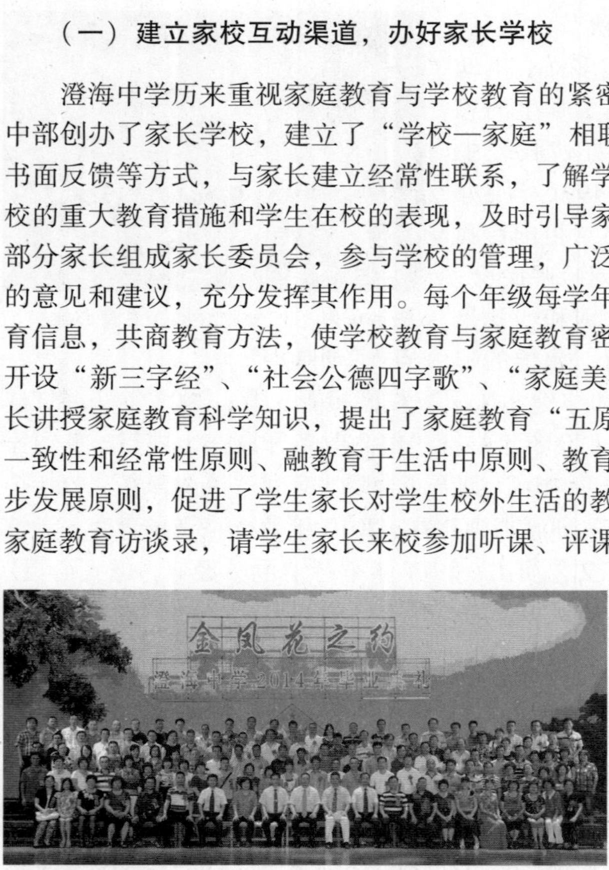


图 1.6.38　学生家长参加学校教育活动

理念、良好的家庭教育方法传递给广大的学生家长，以便更好地进行家庭教育，学校还特邀家庭教育研究专家莅校讲课，广大家长也纷纷到校听课，创新了家庭教育的形式。多样化的教育活动，有效地提高了家长的素质和家庭教育的水平，提高了学校的办学水平，学生德、智、体、美、劳诸方面得到全面发展，学校获得“广东省家庭教育先进单位”（1997 年）、“汕头市先进家长学校”（1999 年）等荣誉称号。

**（二）借助社会力量，加大教育力度**

为使教育活动获得事半功倍的效果，学校主动争取社会各方面的教育力量，发挥家庭、学校、社会三者的整体教育功能，加大教育的力度。学校通过向期中考试优秀生所在社区寄发喜报、发布高考喜报等形式，加强学校与社区的互动，及时宣传学校的教育活动和办学业绩，提高学校的社会影响，为学校的后续发展创造良好的环境。学校加强与公、检、法、司、人武部、驻澄部队和学校所在社区的联系和配合，挂钩共建，结成精神文明共建单位。早在 1987 年，学校就与驻汕空军 86319 部队共建文明单位。1988 年，学校组织学生参加县人民法院宣判会。1997 年，组织小记者团成员到戒毒所调查采访，到法庭旁听，回校后出版了《来自戒毒所的报告》专版特刊，制作成录像新闻到电视台播放，由检察院安排吸毒犯人到校作追悔介绍，使学生受到一次活生生的教育，提高了接受教育的自觉性。2006 年，学校组织学生到广东全宇工艺有限公司工厂参观采访，让学生更广泛地接触社会，了解社会，拓宽视野，增长见识，并从中得到锻炼，提高实践能力。2008 年，学校组织青年志愿者深入社区、街道，开展打扫卫生活动。学校每年还组织学生到福利院、老干部活动中心参加义务劳动，同时积极组织学生参加精神文明建设活动，如参加扶贫助残献爱心活动，上街开展法制教育和禁毒教育宣传活动，参加禁毒宣誓、签名仪式和游行活动等，让学生从中得到自我教育、自我提高，从而激发学生热爱家乡、建设家乡的情感与思想，为澄海的精神文明建设作出贡献。

## 第六节　发挥工会职能，构建和谐家园

学校工会工作，是推动学校教育教学发展的有力保证。澄中工会自“文革”后恢复以来，在学校党支部、党总支部和上级工会的领导下，积极贯彻、落实新《工会法》，认真履行工会组织的基本职能，充分发挥工会的桥梁和纽带作用，维护广大教职工的合法权益，广泛调动教职工的主动性、积极性和创造性，为学校跨越式发展作出积极贡献。

### 一、积极参与民主管理和监督，服务学校和谐发展大局

工会每年召开一次教职工代表大会，审议通过校长的学校工作报告和总务副校长的财务工作报告，发挥工会在学校管理中的参与和监督作用。全面贯彻、执行上级部门关于“校务公开”工作的精神，落实校务公开制度，积极参加学校的民主管理，推动学校的民主建设。认真做好财务监督工作，经审组坚持每季及时对学校的各项开支进行审阅，并做好经审记录，将账务不明的移交各部门进行整改，对规范财务管理提出建设性意见，有效地增强学校财务管理的透明度。工会还派员参与商务谈判活动，做好监督工作，保障学校

阳光理财措施的落实。

## 二、开展丰富多彩的文体活动，活跃教职工的业余生活

工会关心教职工的业余文化生活，结合节假日组织丰富多彩的文体活动：多次举办新春团拜会；“三八”节组织全体女工外出活动，放松身心；“五一”节组织全体教职工登灵通山或“再上凤凰山”，缅怀革命先烈；“五四”青年节组织青年教师外出踏青，营造“温馨之家”；“六一”节组织教职工适龄子女游园活动，为教职工子女发放节日购物卡或赠送一套经典的儿童读物；重阳节组织离退休老师外出游览活动；冬至组织外地教师登塔山或聚会活动。成立教职工合唱团，活跃教职工的文化生活。组织老师参加区总工会组织的环保节能征文活动，参加汕头市总工会女职工委员会组织的“女职工读书名言、警句”征集活动。此外，工会还努力开展阳光体育活动，为每位教职工购置两套运动服，想方设法开辟教职工活动场地，购置一批健身器材，为教职工运动健身提供方便，促使教职工积极参与体育锻炼。成立教职工篮球队，并组织球队与区实验高中、区职教中心、区烟草专卖局等兄弟单位开展篮球友谊赛。

**图 1.6.39　教职工运动会**

**图 1.6.40　1986 年，澄中教职工篮球队获得首届“园丁杯”澄海县教职工篮球赛冠军**

## 三、关心教职工的生活，依法维护教职工的切身利益

**图 1.6.41　“澄海中学庆祝省第 16 届老人节座谈会”上，年届 80 的郭秀达校长（中）、曾泓展老师（右）、王明同志（左）接受鲜花**

工会关心教职工的生活和福利，建立健全困难教职工的档案，健全“人寿互助基金”、“工会储金制”、“退管会基金”等制度，在教职工中倡导互助互爱之风。工会每年组织教职工免费进行健康体检；教师节、重阳节等节日，均组织慰问在职和离退休的病困教职工；春节组织慰问 80 岁以上离退休教职工；及时慰问婚、丧、产育、生病的教职工；依法保障女职工的合法权益，使教职工们时刻感受到澄中大家庭的温暖，从而营造和谐的校园环境。

## 结语

源之深者，流必长；叶之沃者，光必华。回顾澄海中学 1976 年至 2014 年的发展历程，学校自从恢复教学秩序后，办学规模不断扩大，实现了跨越式发展。在取得上述成果的过程中，澄中人继承了百年澄中的优良办学传统，踵武赓续，顺应时代潮流，与时俱进，不断淬炼学校文化精神。

### 一、学校的持续发展

#### （一）办学规模不断扩大

粉碎“四人帮”后，教育的春天来临，澄中获得新生。从 1978 年起，国家实行改革开放政策，发展国民经济，人民物质生活水平迅速提高，文化生活要求也随之迅速提高。在全县人民的迫切要求下，澄中 30 多年来不断扩大办学规模，不断适应时代发展要求，不断满足澄海本地人民群众对优质学位的需求。

表 1.6.15　1977—2014 年澄海中学办学规模情况表

| 学年度 | 班数 | 学生数 | 教职工数 | 专任教师数 | 备注 |
|---|---|---|---|---|---|
| 1977 | | | | | 全校高中毕业班 16 个班，高一级 17 个班 |
| 1978 | | | | | 学校重新恢复初中部招生 |
| 1980 | | | | | 初中开始恢复三年制，每年招收 4 个班，每班人数在 60 人左右，招生范围限定在澄海县城地区，学生择优录取 |
| 1981 | | | | | 高中恢复三年制，每年招收 4 个班（并有一至两个高考落选生的复读班），每班人数在 60 人左右 |
| 1982 | | | | | “新教学计划”颁布后，学校即改初高五年制为六年制 |
| 1984 | | | | | 高中招生班额增至 6 个。初一新生中有 50 名直接从澄城以外地区招收 |
| 1986 | 33 | 2 054 | 134 | 96 | |
| 1987 | 32 | | | | |
| 1988 | 30 | 1 925 | 142 | 111 | |
| 1989 | 28 | 1 900 | 142 | 107 | 停招初一学生 |
| 1990 | 30 | 1 946 | 145 | 121 | 恢复招收初一学生 |
| 1991 | 29 | 1 876 | | | |
| 1992 | 33 | 2 061 | 152 | 138 | |
| 1993 | 34 | 2 124 | 156 | | |

（续上表）

| 学年度 | 班数 | 学生数 | 教职工数 | 专任教师数 | 备注 |
|---|---|---|---|---|---|
| 1994 | 32 | 2 063 | 155 | | |
| 1995 | 34 | 2 115 | 154 | | 高一招生班额增至 8 个 |
| 1996 | 36 | 2 546 | | | 高一招生班额增至 9 个 |
| 1997 | 40 | 2 841 | 159 | 120 | |
| 1998 | 39 | 2 654 | 158 | | 停招初中生 |
| 1999 | | | | | 高一招生班额增至 12 个 |
| 2000 | 36 | 2 299 | 164 | 103 | |
| 2001 | 38 | 2 476 | 166 | 105 | |
| 2002 | 38 | 2 569 | 173 | 114 | |
| 2003 | 42 | 2 765 | 186 | 126 | 中学高级教师 31 人，中学一级教师 32 人 |
| 2004 | 46 | 2 985 | 202 | 139 | |
| 2005 | 49 | 3 002 | 210 | 144 | |
| 2006 | 54 | 3 205 | 216 | 144 | |
| 2007 | 52 | 3 274 | 222 | 171 | 中学高级教师 45 人，中学一级教师 40 人，省特级教师 3 人 |
| 2008 | 52 | 3 200 | 216 | 173 | |
| 2009 | 54 | 3 300 | | 192 | 中学高级教师 52 人，中学一级教师 53 人，省特级教师 2 人 |
| 2010 | 58 | 3 521 | 236 | 175 | 中学高级教师 56 人，中学一级教师 69 人 |
| 2011 | 60 | 3 638 | 240 | 180 | 中学高级教师 58 人，中学一级教师 76 人 |
| 2012 | 60 | 3 697 | 255 | 211 | 澄中史上最多学生数 |
| 2013 | 60 | 3 631 | 252 | 210 | 中学高级教师 59 人，中学一级教师 76 人，具有研究生学历教师 8 人 |
| 2014 | 56 | 3 339 | 239 | 193 | |

据校档整理。



### （二）校舍建设不断完善

在此历史时期，学校在政府部门、校友、热心人士的支持下，不断完善校舍建设，为学校的持续发展提供了物质基础。

1979 年，由政府拨款、泰国校友资助兴建科学楼，但因资金不到位，只建三层，中途停建。

1984 年，建成五层学生宿舍楼一座。

1989 年，政府再投入资金续建科学楼，同时，澄中香港校友会捐建的离退休教职工活动室“序乐园”也顺利竣工，交付使用。

90 年代，学校以市政府拨款作为启动资金，加上泰国、香港、深圳、广州、汕头、澄海的澄中校友及社会贤达的捐资，分期拆除旧的平房教室、校务处，1997 年拆除老礼堂，并相继建成“英南图书馆”、“春晖楼”、“长海楼”、“泽芳楼”、“三乐楼”、五层食堂餐厅综合楼、第二和第三栋学生宿舍楼、“景行楼”、“凤起楼”。至 2000 年 12 月底，科学馆二层门厅、文化广场及运动场改建工程完成，澄中校舍改建第一、二、三期工程告竣。除校门外，澄中原建筑的老校舍均已无存，校园旧貌换新颜。

2007 年以来，在区委、区政府的支持下，学校拆迁校园东侧民宅约 4 亩，扩建教学楼 A、B 2 栋和停车场 1 座，2009 年 9 月建成投入使用。同时扩建科学馆，建成实验室 4 个、音乐室 1 个。2009 年 6 月中旬，体育馆工程开始建设，澄海区烟草专卖局捐资 600 万元，1980 届校友、明园集团董事长李松坚先生捐资 300 万元。2010 年 5 月，校园西侧运动场及周边配套设施开始动工改建。是年 10 月，体育馆建成投入使用。

2009 年 11 月 23 日，汕头市常务副市长罗仰鹏主持会议，研究落实市委、市政府澄海现场办公会议上关于澄海区政府提出的解决澄海中学新校区用地的请求，在澄海中学原位于白沙农场的 50 亩土地的基础上，再划拨 70 亩土地。区政府于 2010 年 2 月决定将澄海中学新校区建设项目 120 亩用地整合至规划中的海平路东侧、秀水路南侧、西华汽车站用地北侧。2010 年 4 月，澄海中学新校区完成了概念设计。2010 年 6 月，澄海区委、区政府将澄海中学新校区建设项目定为“十一五”二十大民心工程之一，要求各相关部门加紧推进澄海中学新校区的建设工作。

**图 1.6.42　澄海中学白沙分校规划设计图**

### （三）学校实现跨越式发展

在本时期，澄中人劬勤精进，功不唐捐，学校每年都荣获市级以上的荣誉称号。

**表 1.6.16　1977—2014 年澄海中学获得市级以上奖励情况表**

| 获奖时间 | 授奖单位 | 获奖称号 |
| --- | --- | --- |
| 1983 年 | 省教育厅 | 省普教系统先进集体 |
| 1984 年 | 团省委、教育厅等九个单位 | “活跃的中学生活”先进集体 |
| 1985 年 | 省教育厅 | 省普教系统先进集体 |
| | 中共广东省委 | 省城镇先进基层党组织 |
| | 团中央 | “开辟多种渠道，培养新型人才”先进学校 |
| | 汕头市委、市人民政府 | 文明单位 |

（续上表）

| 获奖时间 | 授奖单位 | 获奖称号 |
| --- | --- | --- |
| 1986 年 | 省普法领导党小组 | 广东省普法先进单位 |
| | 汕头市人民政府 | 先进单位 |
| | 汕头市人民政府 | “育才之光” |
| 1987 年 | 全国少工委 | “红旗大队部” |
| 1988 年 | 汕头市委、市人民政府 | 文明单位 |
| 1989 年 | 省教育厅 | “全面贯彻教育方针，积极开展教育改革，成绩显著”先进学校 |
| | 汕头市精神文明建设委员会 | 职业道德优秀集体 |
| 1986—1990 年 | 汕头市普法办公室 | 市普法先进单位 |
| 1990 年 | 中共汕头市委 | 市先进基层党支部 |
| | 团省委 | 省达标创优先进团委会 |
| 1991 年 | 中共汕头市委 | 市先进基层党支部 |
| 1991—1992 年 | 汕头市教育局 | 校园文化建设评比第二名 |
| 1992 年 | 中共汕头市委 | 市先进基层党支部 |
| | 汕头市精神文明建设委员会 | 汕头市文明建设先进集体 |
| 1993 年 | 《广东教育》杂志社 | 第二课堂活动先进单位 |
| 1994 年 | 汕头市团委 | 汕头市先进团委会 |
| | 省教育厅 | 广东省一级学校 |
| | 省教育厅 | 振兴中华读书活动先进集体 |
| | 汕头市总工会 | 先进教工之家 |
| | 中共汕头市委 | 汕头市先进基层党支部 |
| 1995 年 | 省教育厅 | 省群体活动先进单位 |
| | 汕头市团委 | 汕头市先进学生会 |
| | 省教育厅 | 省传统项目学校先进单位 |
| | 省教育厅 | 广东省电教优秀等级学校 |
| 1996 年 | 汕头市委、市人民政府 | 汕头市文明单位 |
| 1997 年 | 广东省教育厅、省妇联 | 广东省家庭教育先进单位 |
| | 共青团汕头市委员会 | 汕头市先进基层团组织 |
| | 国家体委 | 全国群体先进单位 |
| 1998 年 | 共青团汕头市委员会 | 汕头市先进基层团组织 |

（续上表）

| 获奖时间 | 授奖单位 | 获奖称号 |
|---|---|---|
| 1999 年 | 汕头市教育局 | 汕头市文明学校 |
| | 汕头市教育局 | 汕头市国防教育先进单位 |
| | 汕头市教育局 | 汕头市先进家长学校 |
| | 共青团汕头市委员会 | 汕头市先进基层团组织 |
| 2000 年 | 广东省人民政府 | 史地组被评为广东省先进集体 |
| | 中共汕头市委员会、汕头市人民政府 | 汕头市先进集体 |
| 2001 年 | 广东省教育厅 | 广东省绿色学校 |
| | 广东省教育厅 | 广东省“贯彻两个条例”、“卫生工作”先进单位 |
| | 汕头市厂务公开协调小组 | 汕头市厂（企）务公开工作先进单位 |
| 2002 年 | 汕头市妇女联合会、汕头市总工会 | 英语组被授予“巾帼文明示范岗”称号 |
| | 共青团汕头市委员会 | 汕头市先进基层团组织 |
| 2003 年 | 汕头市教育局 | 贯彻《学校体育工作条例》、《学校卫生工作条例》优秀学校 |
| | 教育部教育管理信息中心、中国教育发展网 | 全国教育网站系统示范单位 |
| 2004 年 | 团省委 | 广东省五四红旗团委 |
| | 汕头市总工会 | 学校工会被评为汕头市“先进职工之家” |
| | 广东省总工会 | 学校被评为广东省“模范职工之家” |
| | 广东省体育局、广东省教育厅 | 学校被评为广东省体育特色学校（田径） |
| 2005 年 | 广东省体育局、广东省教育厅 | 学校被评为 2002—2005 年度广东省体育传统项目学校（田径） |
| | 中共汕头市委 | 先进基层党组织 |
| | 教育部、国家体育总局、团中央 | 贯彻《学校体育工作条例》优秀学校 |
| | 中共汕头市委、汕头市人民政府 | 汕头市文明单位 |
| 2006 年 | 中共汕头市委、汕头市人民政府 | 学校荣获 2003—2005 年度“汕头市文明先进单位”称号 |
| | 汕头市教育局 | 汕头市贯彻《学校体育工作条例》优秀学校 |
| | 汕头市厂务公开协调小组 | 2005 年度为汕头市厂（校）务公开民主管理先进单位 |
| | 广东省食品药品监督管理局 | 学校食堂被评为广东省食堂食品卫生监督量化分级管理 A 级单位 |
| | 广东省体育局、广东省教育厅 | 2006—2009 年度广东省体育传统项目学校（田径） |

（续上表）

| 获奖时间 | 授奖单位 | 获奖称号 |
|---|---|---|
| 2007年 | 共青团汕头市委员会、汕头市青年志愿者协会 | 学校团委会被评为汕头市优秀青年志愿服务集体 |
| | 广东省总工会 | 学校英语组被评为南粤女职工文明岗 |
| | 广东省总工会、广东省职工职业道德建设领导小组 | 英语教研组被评为第十届广东省职工职业道德建设先进班组 |
| | 汕头市教育局教研室、汕头市中学语文教学研究会 | 语文教研组在汕头市中学语文教学与研究表彰活动中，被评为先进中学语文教研组 |
| 2008年 | 汕头市教育局 | 学校获开展全市中小学生生命健康主题教育评选“阳光少年”活动最佳组织奖 |
| | 汕头市教育局 | 汕头市健康教育示范性学校 |
| | 广东省教育厅 | 评定为广东省普通高中教学水平评估“优秀”等级 |
| | 广东省教育厅 | 评定为广东省国家级示范性普通高中 |
| 2009年 | 中共广东省委教育工委、广东省教育厅、广东省公安厅 | 广东省安全文明校园 |
| | 广东教育学会化学教学专业委员会 | 化学组被评为2007年9月—2009年6月广东省优秀化学科组 |
| | 汕头市教育局 | 汕头市德育先进集体 |
| | 中共广东省委宣传部、广东省教育厅 | 2009年广东省“书香校园” |
| 2010年 | 省纪委、省委宣传部、省国资委、省总工会、省工商联 | 广东省厂务公开民主管理先进单位 |
| | 中国图书馆学会中小学图书馆委员会 | 2008—2009学年度全国中小学图书馆先进集体 |
| | 潮汕星河奖基金会 | 潮汕星河奖培育星星先进单位 |
| | 共青团广东省委员会、广东省学生联合会 | 学校学生会被评为“广东省先进学生会” |
| 2011年 | 汕头市总工会 | 化学组被评为汕头市“巾帼建功立志标兵岗” |
| | 共青团汕头市委员会 | 校团委会被评为“汕头市五四红旗团委” |
| | 广东省厂务公开协调小组办公室 | 广东省厂务公开民主管理ISO9000贯标认证A级单位 |
| | 中共汕头市委 | 党总支部被评为“汕头市先进基层党组织” |
| | 汕头市教育局、共青团汕头市委、汕头市妇女联合会、汕头市科学技术协会 | 2005—2010年汕头市青少年科学素质教育先进集体 |
| | 广东省军区司令部、广东省教育厅 | 广东省学生军训先进单位 |
| | 广东省教育厅 | 广东省中小学教师培训实践基地 |
| | 广州军区空军招飞中心 | 2011年度空军招飞优质生源基地 |
| | 汕头市厂务公开协调小组 | 汕头市首批市级厂务公开民主工作示范单位 |

（续上表）

| 获奖时间 | 授奖单位 | 获奖称号 |
|---|---|---|
| 2012 年 | 共青团汕头市委员会 | 团委会参加汕头市第五届校园文化节活动被评为优秀组织单位 |
| | 汕头市教育局 | 汕头市德育示范学校 |
| | 汕头市语言文字工作委员会 | 汕头市语言文字规范化示范学校 |
| | 广东省教育厅、广东省体育局 | 2012 年广东省体育传统项目学校田径锦标赛团体奖 |
| 2013 年 | 广东省教育研究院 | 物理组被评为广东省示范教研组 |
| | 广东省食品药品监督管理局 | 食堂被评为“广东省餐饮服务食品安全量化分级管理 A 级单位” |
| | 团中央 | 校团委会被评为 2012 年度“全国五四红旗团委” |
| 2014 年 | 广东省教育厅 | 广东省教育后勤工作先进集体 |
| | 广东省体育局、广东省教育厅 | 2014—2016 年度广东省体育传统项目学校（田径） |
| | 汕头市创建平安汕头工作领导小组 | 汕头市平安校园 |
| | 汕头市教育局 | 汕头市德育先进集体 |

据校档整理。

尤其值得指出的是，1981 年 6 月，广东省人民政府文教办公室转发了省教育厅《关于进一步办好重点中学的决定》，以文件形式确认澄海中学为县级重点中学；1994 年 12 月，学校被广东省教育厅评定为“广东省一级学校”，1995 年正式挂牌；2008 年 10 月，学校被广东省教育厅评定为“广东省国家级示范性普通高中”。学校实现了跨越式发展。

## 二、学校文化精神的赓续淬炼

30 多年来，澄海中学实现跨越式发展的过程，也是澄中人继往开来，不断淬炼学校文化精神的历程。

1976 年，“文革”结束，澄中迎来新生。1979 年 1 月 13 日，澄海县科教办发布《关于为澄海县第一中学恢复名誉的决定》。《决定》称：“根据党的十一大路线和实事求是的精神，现决定：为澄海一中恢复名誉，对澄海一中的一切诬陷不实之词，应统统推倒。对受林彪、‘四人帮’修正主义路线迫害的干部、教师、职工、学生应彻底平反昭雪。借以伸张正气，恢复元气。希望澄海一中在新的长征中，努力提高教育质量，为四个现代化早出人才、多出人才作出更大的贡献。”

1979 年秋，澄中与复校之后的澄海华侨中学合址办学，实行“五个统一”，即“统一领导、统一计划、统一经费、统一要求、统一生活”，经两校师生共同努力，“四人帮”的流毒逐步被清除，争“三好”蔚然成风，学校各项事业步上正轨，发展态势喜人。

1980 年 5 月 9 日，学校举办建校六十五周年纪念大会，方书仰校长在讲话中肯定了“文革”前学校“听党的话、勤奋学习、严守纪律、热心体锻、艰苦朴素、尊师爱校”校风的重要作用，重申了1979年5月9日恢复被迫停办十多年的校庆活动时提出的新时期办学目标："我们一定要继承和发扬学校'爱国、求真、团结、进步'的革命传统，求真理，敢于斗争，为四化坚持进步，努力培育一批批又红又专的人才，在新时期作出新贡献。"同时还提出了"造成'坚持有恒、勤奋学习、独立钻研、重在运用'学风"的学校思想建设新目标。

1982年，学校根据澄中的办学风格和传统，集校训、校风、教风、学风于一体，提出了"爱国、爱党、爱校，勤教、勤学、勤炼"（简称"三爱三勤"）的校园文化理念，并把它镶刻在大礼堂正面两侧，礼堂拆除后，则将之高悬于学校中轴线建筑科学馆的最高处。

1985年5月9日，在学校建校七十周年纪念大会上，林晓声校长在讲话中指出："我校发扬爱国、求真、团结、进步的光荣传统，并发展成今天'三爱三勤'的优良校风。这样的光荣传统和优良校风，已在我们校园里生根、发芽、开花、结果，成为一股激励我校师生积极进取的强大精神力量。"是年，学校结合时代要求，提出了"校风好、校园美、管理严、质量高、全面发展、体育见长"的办学目标。

1990年5月9日，在学校建校七十五周年纪念大会上，郭秀达校长提出了两点希望："澄海中学的学生要坚定正确的政治信仰，确立为人民服务的决心，保持旺盛的爱国热情；澄海中学的老师们，要增强振兴中华的责任感和时代使命感，传授教育好年青一代，做一个教师典范。"

1995年5月9日，在学校建校八十周年纪念大会上，王立民校长在讲话中提出了"力争到2000年，把澄中办成'质量一流，师资一流，设备一流，环境一流，管理一流'的示范性完全中学"的办学目标，以后又在多次大会上强调了这一目标。同时，王立民校长还指出"学校有一个团结协作的领导班子和一支稳定的、素质较高的教师队伍。以爱国主义为中心，规划整体教育系列，构建立体化的教育网络，制定严格的规章制度，创设了一种浓郁、健康向上、生动活泼的德育氛围。'严、细、实'的教学常规管理，使全校教师具有勤奋、严格、扎实、求新的严谨治学精神，创造和形成了'重情感，重基础，重思维，重训练，重方法，重能力'的课堂教学'六重'特色"。



2005年5月6日，在学校建校九十周年校庆纪念大会上，郑楚钦校长发表《永远的澄中》讲话，要求师生要敢于、善于发扬澄中90年的创业精神，加快现代化进程和优化人力资源结构，建设一支高水平的师资队伍，使"一流、竞争、流动"的观念逐渐成为澄中教师的共识，使澄中日益成为优秀人才云集的地方；以建设"一流学校、国家级示范高中"为目标，积极推进澄海中学的跨越式发展，实现"办一所知名学校，造福一方；创一种优质教育，回报社会"的追求。

2006年，林惜平校长在学校工作计划中首次提出了"人本·和谐"的办学理念。2006年10月，学校在国家级示范性普通高中初评报告中，确立了"建设'立足粤东，省内一流，走向全国的示范性高级中学'"的办学目标，"培养'具有丰富的科技与人文素养，富有开拓创新精神和较强实践能力、学有所长、体格健壮、心理健康与人格健全的内涵发展型优秀中学生'"的人才培养目标，以及"实施'大众化教育，精致化运作'"的办学策略，提出了"走内涵发展、优质发展、特色发展之路"的学校发展道路。2013年

5月，学校在总结澄中办学传统的基础上，提炼形成了澄中的“三风”：“勤知敏行，臻于至善”的校风，“修德厚学，探微求真”的教风和“勤学善思，自主发展”的学风。

2014年，侯庆生校长在第十届教代会第三次会议上提出了“站在澄中建校一百周年的节点上，我们要继承发扬百年澄中优秀文化精神，为澄中新百年的飞跃发展打下坚实基础。为此，我们要以打造‘精品澄中’、培育‘精品人才’为目标，着力抓好精英队伍、精致教学、精进文化，精心育人，精诚办学，精细管理，为澄中这所百年学府注入新的活力，创造新的辉煌”的办学新思路。同时，学校提炼形成了“博爱，精诚，饬勤，自励”的校训。这一校训的提出，是对澄中百年办学传统的总结，也是新时代精神的体现。“博爱”意为“普遍地爱天下所有的人”，“爱”是澄海中学文化传统的核心精神，从建校之初提出的“读书报国”到20世纪五六十年代提出的“尊师爱校”，从80年代提出的“爱国、爱党、爱校”，到21世纪的“人本·和谐”，其中无不闪烁着“爱”的光辉。“精诚”体现为人的工作责任心和态度，精细严谨，探微求真；唯有精诚办学，精诚从教，方能使学生乃至学校得到充分的健康发展。“精诚教育”与澄中精神和秉性吻合，“全面发展”的办学风格、“精致教学”的教学追求、“修德厚学、探微求真”的教风、“精品澄中”目标的提出，都是这种精神的体现。“饬勤，自励”，语出抗战时期我校由杜君侠老师作词的校歌:“愿我同学饬勤自励，为澄海响导者，为中华好男儿。”“勤”是澄海中学历来倡导的行为准则，从二三十年代的“饬勤自励”到五六十年代的“勤奋学习”，从80年代的“勤教、勤学、勤炼”，到今天提出的“勤知敏行”的校风、“勤学善思”的学风，“勤”都是一个核心的内容。“自励”意为自我勉励。每个人都是独立的社会个体，要通过自己的努力，发挥自身的潜能，加速自身的发展，改变自己的命运，在社会中找到自己的位置，为社会作出应有的贡献。

综上所述，新时期澄中的办学目标、办学理念和办学思路，无不继承和发展了澄中的文化传统，彰显出鲜明的时代色彩和澄中精神的一脉相承，体现了历届校长、老师勤奋敬业、创新求变、追求卓越的创业精神，体现了他们办好澄中，启智树人，报我家邦的责任感和使命感。在这种澄中精神的鼓舞和引领下，新时期的澄海中学事业蒸蒸日上，不断创造出新的成绩，不断实现跨越式发展，形成了“全面发展，体育见长”的办学特色，继承了百年学府深厚的人文底蕴。

# 第二编 专　题

ZHUAN　TI

# 第一章　体育名校　百龄强健

## 引言

自古以来，澄海民间盛行武术、象棋、泅水、举石担、拔河、托手尾等体育活动。在传统节日，人们进行各式各样的体育活动，如元宵打秋千，清明时节郊游踏青，端午节赛龙舟，重阳节竞放风筝等。清朝末年和民国初期，由于华侨经常往来，澄海人民较早接触西方文化和现代体育。20 世纪 20 年代初期，苏南兰苑乡在海外回乡侨胞的带动下，就有开展球类活动，当时还成立了“芒星三球（篮球、排球、乒乓球）社”。

澄海进行体育活动的优良传统，以及澄海在近代较早受到西方体育的影响，促成了澄海中学体育事业的良性发展。澄海中学作为广东百年名校，重视对学生德、智、体、美的综合培养。在百年的发展历程中，澄中体育人才辈出，涌现了一批优秀的体育教师，如田径国家级裁判员黄友华老师、全国体育优秀裁判员林侠老师等；澄中培养了许多优秀的体育人才，为全国各大体育院校输送了大量的优秀青年运动员，如国家级篮球裁判黄家豹、全国健美锦标赛冠军林沛渠、奥运选手陈群青等。澄中学子积极参加体育比赛，在各级体育赛事中屡创佳绩，多次打破纪录，书写了澄中体育的辉煌历史。

## 第一节　澄中体育初起步（1915—1949）

图 2.1.1　1935 年级际乒乓球赛冠军队

澄海中学成立于 1915 年，是在中国内外交困而又焕发朝气的时代。澄海中学于 1915 年秋季始业，招四年制新生 95 名，分两个班级，设置课程有国文、英语、历史、地理、数学、理化、音乐、图画等。体育课是在 20 年代开设的。体育是学校教育的重要组成部分，从德、智、体三育的关系来说，体育是德育和智育的物质基础。学生体质的好坏，关系到整个教育质量的高低。30 年代初，澄海中学附办的乡村师范班，不仅组织了排球队、篮球队、乒乓球队等，还举办了级际比赛。30 年代后，学校体育活动已经比较正规，主要以童军、军训相结合的形式进行，澄海中学的体育事业有了进一步发展。

1932 年春季，澄海中学举行运动会，全体员生一律参加，以本城东门外校场为运动场，聘请潮汕体育家到场指导，运动会规模盛大。

1937 年“卢沟桥事变”爆发，日本全面侵华战争开始。1939 年澄海沦陷，校长周英耀偕同教职员工转移到饶平浮山，设处办公，俟机复课，后考虑到学生就学不便，将学校迁回樟林乡广智小学旧址风伯庙。1943 年日寇侵占樟东，学校于 1944 年春又迁至浮山东官乡复课。自澄海沦陷到抗战胜利，学校多次搬迁，严重影响了正常教学秩序。李绍雄先生在回忆抗日战争时期澄中的学校生活时说："敌机轰炸骚扰时间，多在上午十时左右。学校定出集中上课时间为早晨六时至八时，下午四时至六时。中间学生不集中学校而分散各地，各自定择。上课科目及节数不够，则采用国、英、算（语文、英文、数学）为主科，历史、地理、生物为副科，音乐、美术、体育则于零星时间分散上课。地点不够则借用民间祠堂，如池厝祠、德茂祠、李厝祠、祥祖祠等地方做教室。"根据这一段回忆录，可见当时的教学活动极不正常，体育的教学活动只能在零星的时间进行。但澄中学子在抗战时期仍然焚膏继晷，努力学习，正如杜君侠在抗战时期所作的校歌中倡导的，在世界风云万变，国家情势颠危的时候劬勤自励，"为澄海响导者，为中华好男儿"。在当时的历史环境中，国家的独立、民族的进步需要健全有为的青年去肩负起时代的重任。因此，加紧培养青年学子的体育精神及道德，使他们形成完美人格就变得重要起来。

与此同时，在澄海沦陷区成立的伪澄海中学自称对体育教学确定了"普化"、"精神"、"严格"的目标，并声称对体育教学进行了改革，力求确保人人有训练的机会，培养学生强健的体魄。

抗战胜利后，回迁澄海县城的澄海中学，在国民政府的教育体制框架内，开展了体育教育工作。

综上，民国时期的澄中体育教育虽处于起步阶段，但为新中国成立后的继续发展奠定了基础。

## 第二节　澄中体育长足进步（1949—1979）

1949 年 10 月汕头解放后，澄海中学充实和培训师资，修整学校体育场地，增添体育器材和设备。1950 年，澄中将新校舍右侧被日寇炸平的清代县衙旧址改建为一个 300 米跑道的田径场、两个篮球场以及一片投掷场。1951 年，在体育场跑道外以及礼堂后安装单杠、双杠、肋木、秋千等器材，在教室后面增辟三个篮球场，两个排球场。同年，澄海中学倡议、安排了澄海县第一次运动大会，澄海中学有 50 多人参加裁判工作。

在学校党政和体育部门的领导下，澄海中学加强对学校体育工作的管理。为迅速开展新民主主义国民体育，加强学生体魄，澄海中学在教育方法上采用合班上课、分组指导的制度，使每个学生都能运动，培养学生集体合作的精神。课程设置为雨天在教室讲解体育理论，使理论与实践互相结合，依照学生年龄、年级、身高、体重四项制定体育技能测验标准。对学校教学设备一项，策划增添，使之稍具规模，以供全校体育活动之用。

1950 学年度开始，澄海中学体育教师向学校领导提交《学校体育工作纲要》，其主要内容是根据学校实际情况和学生的年龄特点，选定各年级的体育教材；学生必须人人上好体育课，参加体育科考试（每学期考四项），考试平均不及格者，作一科不及格论处。经过学校领导研究、批准后，正式实行。体育组教师制定了教学内容（主要是跑、跳、投掷、仰卧起坐、俯卧撑、立卧撑、跳绳等）以及考试标准（按年龄、身高、体重、年级的指数，全校男女生各分成六级）。澄海中学的体育教学工作有了制度化的管理，教学内容逐步规范化和多样化，并扩大了体育场地，增建了运动队。

图 2.1.2　“劳卫制”证书和证章

1952 年第一学期，澄海中学开始试行新教学法，采用“五级计分法”，学习苏联教育经验，订立各种教学制度，健全和完善各科教研组。是年 11 月，成立了澄中“体育委员会”，组织“锻炼小组”，培训体育锻炼骨干，改革体育教学，开始试行“劳卫制”（全称“准备劳动与保卫祖国体育制度”），加强劳卫委员会的领导作用。澄海中学的体育教学、课外活动按劳卫制的精神进行，实行四段教学法，改变过去合班分组上课的做法，严抓纪律，要求贯彻集体主义精神，加强体育锻炼的课外辅导，在原有基础上组织器械锻炼组、田径锻炼组以及篮球、体操、乒乓球、游泳、排球等运动队，以培养辅助全校同学参加体育锻炼的骨干，并注意加强对骨干的思想教育，扩大其在澄中学子中的积极影响。对于青少年的身体状况，澄中注意有计划地检查和测验，包括对身高、体重、胸围、肺活量等方面的检查。学校根据体能、技术和我国体育运动的发展，将锻炼项目和测验标准分为预备级、第一级和第二级三个等级，第一、二级的项目标准全国统一，测验及格者，授予国家统一颁发的证书和证章。

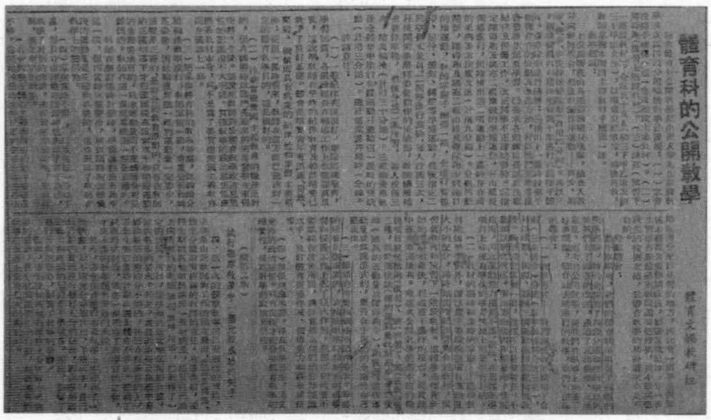
體育科的公開教學

图 2.1.3　澄海中学体育科的公开教学

1953 年，澄海中学为响应毛泽东对青少年提出的“身体好、学习好、工作好”的口号以及“为了保卫与建设祖国，坚持体育锻炼”的号召，贯彻全民皆兵的思想。澄中体育课训练的科目开设有障碍跑、跳高、掷手榴弹、标枪等，经过有计划的训练取得了良好效果。1953 年的扩大测验和优秀表演赛运动会上，参加测验及表演的学生共有 690 人，共1 258项，其中 829 项达到各级优秀标准，403 项及格，不及格的有 26 项。女子手榴弹、男子 800 公尺、女子 300 公尺、男子跳远、推 12 磅铅球 5 项突破全县纪录，说明了在“劳卫制”下，澄中学子的体育成绩以及身体素质有了较大的提高和进步。

在 1954 年的校庆运动会上，23 人 17 项破县纪录，2 人 2 项破省纪录，1 人破中南纪录；全县游泳比赛中，1 人破省纪录。1954 年学生田径运动男子组 100 米，林齐炜以 11 秒的成绩破全国纪录。普通学生体育技术的进步也很快，1952 年试行“劳卫制”时，各级优秀或及格的只有 434 人，占参加劳卫锻炼学生人数的 43.3%；在 1954 学年度，已有 700 多人达到各级“劳卫制”优秀或及格，占报名参加锻炼学生总数的 60% 以上。1955 年，澄海中学对高三、初三 1952 学年度与 1954 学年度学生的身高、体重增加情况做了统计，如下：

表 2.1.1　澄海中学 1952、1954 学年度高三、初三学生身高、体重统计表

| 班级 | 身高 | | | 体重 | | |
|---|---|---|---|---|---|---|
| | 1952 学年度该班学生平均值（公分） | 1954 学年度该班学生平均值（公分） | 增加数（公分） | 1952 学年度该班学生平均值（公斤） | 1954 学年度该班学生平均值（公斤） | 增加数（公斤） |
| 高三甲 | 164.5 | 164.5 | 0 | 49.1 | 52.2 | 3.1 |
| 高三乙 | 161.3 | 163.4 | 2.4 | 47.2 | 52.0 | 4.8 |
| 高三丙 | 162.3 | 162.4 | 0.1 | 47.3 | 52.7 | 5.4 |
| 初三甲 | 156.3 | 159.4 | 3.1 | 40.8 | 49.1 | 8.2 |
| 初三乙 | 152.0 | 158.1 | 6.1 | 39.7 | 49.8 | 10.1 |
| 初三丙 | 155.7 | 160.2 | 4.5 | 41.1 | 49.1 | 8.9 |
| 初三丁 | 153.4 | 160.2 | 6.8 | 36.9 | 47.7 | 10.8 |
| 初三戊 | 156.7 | 160.9 | 4.2 | 40.6 | 49.3 | 8.7 |
| 初三己 | 157.4 | 159.7 | 2.3 | 42.0 | 50.7 | 8.7 |

1955 年 5 月 15 日《澄海一中》第十二期校庆专刊载。

该表格为澄海中学对两个学年度学生身高、体重的调查，澄中在试行“劳卫制”后，学生通过体育锻炼，身体素质有了较大的提高。据 1954 学年度澄海中学体育工作总结报告，学生的健康情况整体上是有进步的，学生的体重自该学年度第四周至第十六周全校平均每人增加 3.1 斤，肺活量平均每人增加 199 立方厘米。由于体育锻炼转入正常化，管理制度合理化，学校体育工作获得了突出的成绩，学生身体素质得到了提高。为做好澄中体育教学活动，继续增强学生身体素质，澄海中学决定每年 5 月 9 日校庆日除召开纪念会外，还举行田径运动会。从 1954 年始，澄海中学每年夏冬二季，各举行一次全校性的田径比赛。

從本學期體育成績的提高看勞衛制的優越性

图 2.1.4　《澄海一中》剪报

“大跃进”期间，澄海中学体育工作情况比较复杂。“大跃进”初期，学校的体育工作仍能坚持实事求是，但随着全国大搞浮夸风，澄中“‘劳卫制’满堂红”，全校学生达到“24 红”，人人都“劳卫制”及格，都会游泳、骑自行车、下象棋等，“浮夸风”对学校体育教学造成了较大的不良影响。在三年经济困难时期（1960—1962 年），经济生活紧张。澄中仍努力做好体育教学，照旧上好体育课，但将课程的密度和运动量适当降低，教材内容采用轻松活泼的基本舞步。课外锻炼改为文体活动，以跳集体舞为主要内容。运动队训练缩减，剩下田径、篮球两队，坚持按计划训练，训练的密度和运动量则适当降低。三年困难时期给中国带来的影响是很大的，饥荒带给人民饥饿和死亡，但澄中仍坚持体育训练和教学，澄海中学对体育的重视可

见一斑。1963 年开始，经济生活有所好转，学校的运动队也得到了基本恢复和训练。在 1964 年广东省第二届全运会上，澄海中学田径队的黄继海、陈颜惠、黄巧婵、王曼姬四人入选地区代表队，占全队总人数的 13.3%。黄继海参加 800 公尺赛跑，获得第二名。乒乓球、体操、游泳、篮球等地区代表队澄海中学均有学生参加。在该年，澄海中学被评为地区体育先进单位。1964 年，“劳卫制”改称“青少年体育锻炼标准”，汕头市区和澄海县的学校在全专区最早施行，1966 年“文化大革命”开始后被迫中止。

虽然“文革”前澄中的体育工作由于客观因素受阻，但澄海中学的运动员大多数学习成绩相当突出，他们到了大学，仍是学校尖子、学校代表队员，如北京纺织机械厂的副厂长郭继煜、广州海洋研究所的林巧銮、广州水利研究所的陈纯绮以及在美国及其他各国工作的黄光宙、宋濬澄、黄继海、陈恩娜等。

澄海中学在 20 世纪五六十年代的体育工作取得的进步和成就中，不得不提到黄友华老师。黄友华对澄中体育工作有很大的影响，作出了很大的贡献。

图 2.1.5　黄友华

黄友华，原籍揭阳县。1934 年毕业于上海东亚体育专科学校，1950 年 8 月到澄海中学任教，历任学校、县体育教研组长。1954 年，黄友华屯黄光宙被选为澄海县体育工作者代表，同年，二人出席广东省第一届体育工作者代表大会，黄友华被选为中华全国体育总会广东省分会委员。同年 5 月随广东省参观团赴东北、北京等地参观学习，返校后参加《广东省中、小学体育教学大纲》的编写工作。1956 年参加《广东省中等学校课外体育专项训练教学大纲》的编写，1965 年协助广东省教育厅主持编写《广东省中、小学游泳教材》。1959 年担任田径国家级裁判员。黄友华为澄海中学建设体育场地、举办运动会和改革体育教学出谋献策，为澄海中学乃至澄海县的体育教学做了大量工作。他在为全校做好体育工作的同时还注意培养体育健将，澄海中学五六十年代在全省、全国比赛中取得了优异成绩，涌现了一批运动健将，向全国著名体育院校输送了体育人才，这都与黄友华老师的努力分不开。

“文革”期间，体育工作和教学工作受到林彪、“四人帮”的严重破坏。1972 年，澄海中学参照“文化大革命”前《体育锻炼标准》的达标规定，自行制定标准重新施行。1973 年，地区体委、省体委、国家体委先后到澄海中学了解试行《国家体育锻炼标准》情况，广东省体委在澄中举行“试行《国家体育锻炼标准》的现场会议”。由于澄海中学的体育工作出色，影响较大，珠江电影制片厂到澄海中学拍摄体育影片，以作宣传。同年秋季，澄海中学有 3 名学生被武汉体育学院录取。但是，在“文革”时期，全国正常的生活和秩序受到严重破坏，澄海中学的体育工作总体上陷于停滞不前、走下坡路的状况。“文革”后，澄海中学的体育工作逐渐恢复正常，1977、1978、1979 三届高考，澄海中学有 21 名毕业生被广州体育学院、武汉体育学院以及广东各地区师专体育院校录取。

从新中国成立之初至 70 年代后期，澄海中学根据不同历史时期的形势变化调整体育教学内容，即使在困难时期仍然培养了不少体育人才，提高了学生身体素质。在新中国成立之后的 30 年里，澄中体育取得了很大的进步和发展，体育教学活动有了制度保障，教学的内容、形式变得多样化，体育设施有了较大的完善，增设了各类体育项目运动队。

# 第三节 澄中体育繁荣发展（1980 年至今）

1978 年十一届三中全会召开，中央政府确定将全国的工作重心转移到经济建设上来，实行改革开放。汕头市于 1981 年成立经济特区，处于中国改革开放的前沿阵地，澄海中学也因此受到改革开放春风的影响。

在新时期，澄中的体育在对外交流、竞赛上更加积极活跃，也取得了更加优异的成绩。澄海中学田径队在各级比赛中都有不俗的表现：1981 年 7 月，在广东省第一届传统田径项目运动会上，澄海中学获团体总分第三名；1983 年参加广东省第二届传统田径项目运动会，获团体总分第七名；1985 年参加广东省第三届传统田径项目运动会，获团体总分第一名；1989 年参加广东省第五届传统田径项目运动会，获团体总分第四名；1999 年参加广东省第九届传统田径项目运动会，获得初中组团体总分第一名，高中组团体总分第三名，获得初、高中团体总分第二名，并获得体育道德风尚奖；2001 年参加广东省第七届中学生运动会，澄海中学 10 名运动员共获得 4 枚金牌、3 枚银牌；2003 年，澄海中学 6 名运动员参加广东省体育传统项目学校田径比赛，获男子 400 米和跳高 2 枚金牌、女子标枪银牌的好成绩；2006 年，参加广东省传统项目学校田径比赛，获团体总分第三名；2010 年参加汕头市中学生运动会田径比赛，获团体总分第一名；2013 年参加广东省传统项目学校田径比赛，获团体总分第五名。

**图 2. 1. 6　2010 年澄中在汕头市青少年田径锦标赛上夺冠**

澄中体育不仅在团体上表现优异，在学生个人的体育竞赛成绩上也特别突出，在各级体育竞赛当中屡创佳绩。1980 年 5 月，在广东省中学生田径运动会上，姚炳群三级跳、林宝儿 200 米获得第一名，林虹跳高获得第三名；1981 年的广东省少年田径锦标赛上，吴宏有 400 米、800 米获得第一名；1985 年广东省少年田径锦标赛中，刘朝晖获得 100 米、跳远两项第一名，肖鹏获得跳高第一名；1986 年参加全国第三届中学生运动会，蔡旭青 100 米栏、4 × 100 米接力第一名，100 米第二名；1995 年全国第六届中学生田径运动会，郑嘉德获 110 米栏第一名，4 × 100 米接力第一名；在 1997 年的全国第八届运动会上，陈哲婉获赛艇金牌；2002 年全国健美锦标赛，林沛渠获得全场冠军；2004 年雅典奥运会，陈群青获得第四名。澄中也注意培养体育人才，截至 2005 年，澄海中学先后为县、市、省输送了 200 多名体育尖子，

**图 2. 1. 7　1998 届初中部校友陈群青（中）等中国女子曲棍球队队员**

为体育院校输送了191名体育后备人才。在当代，澄海中学继续发扬传统体育项目，积极参与各种体育竞赛，提高澄中体育竞技水平，增强学生身体素质。

改革开放以来，澄中由于体育工作、团体成绩以及学生个人竞赛成绩优异，多次获得国家级、省级和地区级体委等单位颁发的荣誉称号。1979年，汕头地区体育卫生工作检查组，深圳市、广州市郊体育参观团到澄海中学检查，参观体育卫生工作，澄海中学的体育教学、早操、眼保健操、课间操和课外锻炼都得到了肯定。该年澄中被评为广东省体育工作先进单位、汕头地区体育卫生工作先进单位、澄海县体育卫生先进单位。同年10月，国家教育委员会和国家体育运动委员会联合颁布《中、小学体育工作暂行规定》，要求“在普及体育运动的基础上，学校建立以传统项目为主的运动队”。1980年省教育厅和省体委联合发文，批准澄海中学为广东省田径传统项目学校。同年4月，在汕头地区中学生田径运动会上，中学生组30个项目中，澄海中学学子获得5项第一名，7项第二名，5项第三名，是汕头地区成绩最好的学校之一。1980年，澄海中学被评为广东省贯彻实施《学校体育工作条例》先进单位。1985年，澄中提出体现时代要求的“校风好、校园美、管理严、质量高、全面发展、体育见长”的目标，号召全校师生为此而努力，澄中“体育见长”的传统继续得到巩固和发扬，是年，澄海中学获得“传统田径项目学校先进单位”、“传统田径项目学校先进集体”、“实施《国家体育锻炼标准》先进单位”等荣誉称号。90年代，澄中多次获得“实施《国家体育锻炼标准》先进单位”、“体育传统项目学校先进单位”、“学校体育工作先进单位”、“传统田径项目学校先进单位”等荣誉称号。1994年，广东省体育运动委员会授予澄海中学“广东省群众体育先进单位”称号；1997年，国家体委授予澄海中学“全国群众体育先进单位”称号。进入21世纪以来，澄海中学的体育成绩取得了很大进步，成绩斐然。2001年，获得广东省教育厅颁发的“广东省实施《学校体育工作条例》和《学校卫生工作条例》先进学校”称号；2005年被教育部、国家体育总局、团中央共同授予“全国贯彻《学校体育工作条例》优秀学校”的荣誉称号；同年3月，获得“广东省体育特色学校”称号。



新时代澄中学子在体育方面取得的优异成绩，离不开澄中老师的培养和澄中学子的努力。这一时期，涌现了全国优秀裁判员林侠老师，全国体育传统项目学校先进工作者林树庐老师，国家级篮球裁判员黄家豹，优秀的体育健将吴宏有、林沛渠、陈群青等。

林侠是全国优秀裁判员、优秀体育教师，1981年被评为广东省、全国优秀裁判员，同年12月，被《光明日报》、《文汇报》、《体育报》联合评选为全国优秀体育教师。1985年，林侠被评为全国体育优秀裁判员，1990年被评为广东省实行国家“体锻标准”先进工作者，1992年被评为全国千名优秀体育教师。

林树庐于1983年12月被国家体委、教育部授予“全国体育传统项目学校先进工作者”称号，1986年被评为广东省体育先进工作者，1996年被评为汕头市优秀教师。

黄家豹，黄际遇教授的第七子，1955年毕业于澄海中学，被北京体育学院录取，毕业后在广东省体委运动队工作，1975年荣获“国家级篮球裁判员”称号。

吴宏有于1979年开始到澄海县业余体育学校进行训练，在王在歆教练的培养下，取得长足进步。1982年3月，吴宏有赴河南参加全国第五届世界中学生运动会田径选拔赛，获男子400米第一名（51秒2）。同年4月，进入广东省体工大队。1983年，赴日本神户参加中日美澳四国青年田径对抗赛，获400米第三名（48秒97），破全国青年纪录。1984年，参加在杭州举行的全国青年田径冠军赛，获400米（48秒94）和400米栏（53秒2）两项第一名；6月参加在上海举行的全国田径冠军赛，获400米栏第四名；9月，参加在南京举行的全国田径锦标赛，获400米栏第二名（51秒48），达健将标准，破全国青年纪录和省成年纪录，同时获4×400米接力第一名，破省成年纪录；10月，参加在上海举行的全国青年田径锦标赛，分别获得400米和400米栏第一名；12月，参加在香港举行的第二届亚洲十四城市青年田径锦标赛，获得400米栏金牌。1985年1月，吴宏有东渡日本参加在大阪举行的国际室内田径大奖赛，获4×400米接力第三名；6月，参加在上海举行的全国田径锦标赛，获400米栏第二名、4×400米接力第一名；8月，参加在新加坡举行的第三届亚洲十四城市青年田径锦标赛，再次获得400米金牌；10月，参加在郑州举行的第一届全国青少年运动会田径赛，夺得400米、400米栏和4×400米接力三枚金牌。吴宏有取得的优异成就曾轰动一时。

图 2.1.8　1986届校友吴宏有（前排左四）与校领导、体育教师合影

陈群青是澄海中学1998届初中部校友，中国女子曲棍球队队员，多次参加国际比赛，并获得好成绩。在第28届奥运会上，陈群青作为中国女子曲棍球队队员参赛，获得团体第四名。陈群青是澄海中学历史上第一位参加奥运会的运动员。汕头市委、市政府授予陈群青“汕头市劳动模范”荣誉称号，共青团汕头市委、汕头市妇联也分别授予陈群青“汕头市青年标兵”、“汕头市三八红旗手”荣誉称号。

林沛渠是澄海中学1996届校友，2002年获得全国体育大会健美75kg冠军，全国健美锦标赛75kg冠军、全场冠军；2002年获第十四届亚运会健美比赛75kg第五名；2002年参加埃及世界健美锦标赛；2004年获得全国健美锦标赛75kg冠军、全场冠军；2004年获得亚洲健美锦标赛70kg第四名，并获全场最快进步奖。

图 2.1.9　1996届校友林沛渠（中）荣获2002年全国体育大会健美75kg冠军

在新时期，澄中继续发展体育，“体育见长”的传统得到巩固和发扬。澄中积极参加体育竞赛，取得了辉煌的成就，学校田径队在国内各级体育赛事当中多次获得好名次，运动员在比赛中屡创佳绩。1980年省教育厅和省体委联合发文，批准澄海中学为田径传统项目学校；2005年澄中获得“广东省体育特色学校”称号；此外，澄中多次被各级单

位评为体育工作先进单位。这些荣誉称号不仅是对澄中体育的认可，也是对澄中教师、青年学子在体育方面所取得的成绩的褒奖。

## 结语

体育不仅可以锻炼身体，促进个人身心健康，推动学生德、智、体、美的综合发展，培养公民道德精神，在体育运动过程中还可以锻炼学生坚韧不拔的品格，培养学生团结协作的精神。纵观澄中百年来的体育发展史，澄中历来重视体育教学工作，向国内优秀的体育院校学习先进的体育教学方式、管理经验，并注意发扬和巩固澄中“体育见长”的传统，培养体育人才，积极参加、举行体育比赛。澄中在百年的发展历程里，获得了许多荣誉称号，特别是在改革开放后，由于澄中体育工作出色，成绩突出，被评为广东省田径传统项目学校、体育特色学校。澄中作为广东百年名校，在智育上也取得了很大的成功，学校注重培养文理兼修、体育见长的综合素质人才，这正体现了秦牧在校歌里所寄托的“德智体美样样发展，文科理科都不放松”的殷切希望。在新世纪里，相信澄中必定能百尺竿头更进一步，培养出更多为国家、社会、人民服务的综合型人才。

附：

**表 2.1.2　澄中体育工作获奖统计表（1960—2014）**

| 时间 | 颁奖单位 | 奖励名称 |
| --- | --- | --- |
| 1964 | 汕头市 | 地区体育先进单位 |
| 1979 | 广东省体委、教育厅 | 体育先进单位 |
| 1980 | 汕头地区教育局、体委、卫生厅 | 体育卫生先进单位 |
| 1981 | 广东省体委、教育厅 | 传统田径项目学校二等奖 |
| 1982 | 汕头地区教育局、体委、卫生局 | “两个暂行规定”优秀单位 |
| 1983 | 中国田协、共青团、妇联、国家体委、教育部 | “雏鹰起飞”田径通讯赛优胜单位 |
| 1985 | 广东省教育厅、体委 | 传统田径项目学校先进单位 |
|  | 国家体委、教育部 | 传统田径项目学校先进集体 |
|  | 中国田协、共青团、妇联、国家体委、教育部 | “雏鹰起飞”田径通讯赛优胜单位 |
|  | 广东省体委、教育厅、高教局、劳动局 | 实施《国家体育锻炼标准》先进单位 |
| 1986 | 中国田协、共青团、妇联、国家体委、教育部 | “雏鹰起飞”田径通讯赛优胜单位 |
| 1987 | 中国田协、共青团、妇联、国家体委、教育部 | “雏鹰起飞”田径通讯赛优胜单位 |
| 1988 | 广东省教育厅、体委、劳动局、高教局、团省委 | 实施《国家体育锻炼标准》先进单位 |
| 1989 | 广东省教育厅、体委、劳动局、高教局、团省委 | 实施《国家体育锻炼标准》先进单位 |
|  | 广东省体委、教育厅 | 传统田径项目学校先进单位 |

（续上表）

| 时间 | 颁奖单位 | 奖励名称 |
|---|---|---|
| 1990 | 广东省教育厅、体委、劳动局、高教局、团省委 | 实施《国家体育锻炼标准》先进单位 |
| | 汕头市教育局、体委 | 广播（韵律）体操通讯赛优胜单位 |
| | 汕头市教育局、体委 | 体育传统项目学校先进单位 |
| | 汕头市教育局、体委 | 实施《国家体育锻炼标准》先进单位 |
| | 汕头市教育局、体委 | 学校体育工作先进单位 |
| | 汕头市教育局、体委 | 学校体育工作先进单位 |
| 1991 | 汕头市教育局、体委 | 实施《国家体育锻炼标准》先进单位 |
| | 汕头市教育局、体委 | 体育传统项目学校先进单位 |
| 1992 | 汕头市教育局、体委 | 广播（韵律）体操一等奖 |
| | 汕头市教育局、体委 | 队形体育先进单位 |
| 1994 | 汕头市体委 | 群众体育先进单位 |
| | 广东省体委 | 广东省群众体育先进单位 |
| 1995 | 广东省教育局、体委 | 实施《国家体育锻炼标准》先进单位 |
| | 广东省教育局、体委 | 传统田径项目学校先进单位 |
| 1996 | 汕头市教育局、体委 | 实施《国家体育锻炼标准》先进单位 |
| 1997 | 国家体委 | 全国群众体育先进单位 |
| 1998 | 汕头市体委、教育局 | 实施《国家体育锻炼标准》先进单位 |
| | 汕头市教育局 | 先进教研组 |
| 2001 | 广东省教育厅 | 广东省实施《学校体育工作条例》和《学校卫生工作条例》先进学校 |
| 2005 | 广东省教育厅、广东省体育局 | 广东省体育特色学校（田径） |
| | 教育部、国家体育总局、团中央 | 全国贯彻《学校体育工作条例》优秀学校 |
| 2006 | 广东省教育厅、广东省体育局 | 广东省体育传统项目学校 |
| | 汕头市教育局、汕头市体育局 | 汕头市贯彻《学校体育工作条例》先进学校 |

据《澄海中学校史资料特辑：纪念澄海中学建校八十五周年》及校档整理。

表 2.1.3 澄中学生参加全国、省体育竞赛成绩表（1973—2014）

| 名称 | 时间 | 地点 | 名次 | | | 说明 |
|---|---|---|---|---|---|---|
| | | | 1 | 2 | 3 | |
| 广东省中学生田径运动会 | 1973.01 | 广州市 | 1 | | | 郑鹏建撑竿跳高第一名 |
| 广东省少年田径赛 | 1974.08 | 中山市石岐区 | | | 1 | 罗育毅 200 米第三名，100 米第四名 |
| 广东省少年田径选拔赛 | 1975.08 | 汕头市揭阳区 | 2 | | | 赵小明 800 米第一名，张健民铅球第一名 |
| 广东省少年田径选拔赛 | 1976.07 | 广州市 | 1 | | | 方毅五项全能第一名，陈悦君 400 米第五名 |
| 广东省中学生田径运动会 | 1980.05 | 肇庆市四会县 | 2 | | 1 | 姚炳群三级跳远第一名，林宝儿 200 米第一名、林幼华五项全能第五名，林虹跳高第三名 |
| 广东省第一届传统田径项目运动会 | 1981.07 | 佛山一中 | 5 | 4 | 3 | 团体总分第三名 |
| 广东省少年田径锦标赛 | 1981.08 | 中山市石岐区 | 2 | | | 吴宏有 400 米、800 米第一名 |
| 第五届省运会少年田径赛 | 1982.07 | 广州市 | 4 | 1 | | 吴宏有 400 米、800 米第一名，陈泽君铅球第六名 |
| 广东省第二届传统田径项目运动会 | 1983.07 | 韶关市北江中学 | 4 | 1 | | 团体总分第七名 |
| 广东省少年田径锦标赛 | 1984.07 | 广州市 | 3 | 1 | 1 | 蔡旭青 60 米、80 米栏第一名，蚁卫东铅球第一名 |
| 广东省十四城市田径锦标赛 | 1985.02 | 惠州市 | 2 | 1 | | 刘朝晖 4×100 米、4×400 米接力两项第一名，跳远第二名 |
| 广东省第三届传统田径项目运动会 | 1985.07 | 广州市华师附中 | 3 | 1 | 2 | 团体总分第一名 |
| 广东省少年田径锦标赛 | 1985.08 | 珠海市 | 3 | | | 刘朝晖 100 米、跳远两项第一名，肖鹏跳高第一名 |
| 全国少年举重分区赛 | 1986.04 | 河南省郑州市 | | | | 陈玉龙获 55 公斤级第四名 |
| 广东省第三届中学生田径运动会 | 1984.04 | 佛山市 | 1 | 1 | 3 | 陈松苞 400 米栏第二名，刘朝晖 4×100 米接力第一名、跳远第三名，蚁卫东铅球第三名，肖鹏跳高第三名，杨伟丽 100 米栏第五名 |
| 全国青少年田径锦标赛 | 1986.08 | 陕西省西安市 | | | | 肖鹏跳高（1.96 米）第四名 |
| 全国第三届中学生运动会 | 1986.08 | 辽宁省鞍山市 | 2 | 1 | | 蔡旭青 100 米栏、4×100 米接力第一名，100 米第二名 |
| 全国青少年田径锦标赛 | 1986.10 | 浙江省杭州市 | 1 | 1 | | 蔡旭青获 60 米第一名（破全国青少年纪录），80 米栏第二名 |
| 广东省第四届传统田径项目运动会 | 1987.07 | 湛江一中 | 3 | 1 | 3 | 团体总分第十三名 |

（续上表）

| 名称 | 时间 | 地点 | 名次 | | | 说明 |
|---|---|---|---|---|---|---|
| | | | 1 | 2 | 3 | |
| 广东省第五届传统田径项目运动会 | 1989.07 | 广州市华师附中 | 3 | 3 | 1 | 团体总分第四名 |
| 全国第四届中学生运动会 | 1989.08 | 河北省唐山市 | | 2 | 1 | 邱泽宏110米栏、4×100米接力第二名，4×400米接力第三名，陈杏转获800米第六名 |
| 广东省第六届传统田径项目运动会 | 1992.07 | 东莞中学 | 3 | 3 | 1 | 获团体总分第八名 |
| 广东省第四届中学生田径运动会 | 1992.04 | 南海市 | | | | 林曼玲100米第四名、200米第五名，陈慕佳400米第五名，林楚先100米栏第七名、4×100米接力第六名，陈曼芝400米第六名，卢楚明110米栏第八名（林曼玲获道德风尚奖） |
| 广东省第七届传统田径项目运动会 | 1994.08 | 广州市广雅中学 | 2 | 5 | 2 | 团体总分第四名 |
| 广东省第九届运动会少年田径赛 | 1994.11 | 肇庆市 | 2 | 1 | | 李崇雄200米第二名、4×100米接力第一名，陈少根4×100米接力第一名，朱小莲200米第五名，刘汉武铅球第五名 |
| 广东省第五届中学生田径运动会 | 1995.05 | 东莞市 | 4 | 2 | 3 | 团体总分第八名 |
| 全国第六届中学生田径运动会 | 1995.08 | 广州市 | 2 | | | 郑嘉德110米栏第一名，4×100米接力第一名 |
| 广东省第八届传统田径项目运动会 | 1996.07 | 广州市华师附中 | 7 | 12 | 3 | 团体总分第五名 |
| 亚太地区帆板锦标赛 | 1996.10 | 珠海市 | | | | 金燕君获帆板比赛两项第五名 |
| 全国第八届运动会 | 1997.09 | 上海市 | 1 | | | 陈哲婉获赛艇金牌 |
| 广东省第六届中学生田径运动会 | 1998.07 | 广州市 | 6 | 5 | 7 | 团体总分第三名 |
| 广东省第十届运动会 | 1998.10 | 珠海市 | | 2 | 1 | 金春暖撑竿跳第二名，林伟彬110米栏第二名，郑嘉德110米栏第三名 |
| 广东省第九届传统田径项目运动会 | 1999.08 | 广州市 | 5 | 6 | 3 | 初中组第一名，高中组第三名，初、高中团体总分以一分之差列第二名 |
| 汕头市中学生田径运动会 | 2000 | 澄海市 | | | | 团体总分第一名 |
| 广东省第七届中学生运动会 | 2001 | 广州市 | 4 | 3 | | 获“体育道德风尚奖” |

（续上表）

| 名称 | 时间 | 地点 | 名次 | | | 说明 |
|---|---|---|---|---|---|---|
| | | | 1 | 2 | 3 | |
| 釜山亚运会健美比赛 | 2002 | 釜山 | | | | 林沛渠获第五名 |
| 全国健美锦标赛 | 2002 | 四川省绵阳市 | 1 | | | 林沛渠获得全场冠军 |
| 广东省体育传统项目学校田径比赛 | 2003 | 广州市华师附中 | 2 | 1 | | 男子400米和跳高2枚金牌，女子标枪银牌 |
| 汕头市中学生田径运动会 | 2003 | 汕头市 | 15 | 5 | 7 | 团体总分第一名 |
| 雅典奥运会 | 2004 | 希腊雅典 | | | | 陈群青获得第四名，这是澄海第一位奥运健儿 |
| 心系奥运——首届两地青年学生“同一颗心”田径运动会 | 2005 | 香港 | 1 | 2 | | 团体总分第五名 |
| 第五十九届世界健美锦标赛 | 2005 | 上海市 | | | | 林沛渠获得70公斤级第五名 |
| 广东省传统项目学校田径比赛 | 2006 | 茂名市高州中学 | 1 | 2 | 1 | 团体总分第三名 |
| 广东省传统项目学校田径比赛 | 2007 | 佛山市南海石门中学 | | | | 团体总分第九名 |
| 汕头市第十一届运动会 | 2007 | 汕头市 | 6 | 4 | | |
| 广东省传统项目学校田径比赛 | 2009 | 广州市玉岩中学 | | | | 团体总分第六名 |
| 广东省传统项目学校田径比赛 | 2010 | 梅州市梅州中学 | | | | 团体总分第六名 |
| 汕头市中学生运动会田径比赛 | 2010 | 汕头市 | | | | 团体总分第一名 |
| 汕头市青少年田径锦标赛暨体育传统项目学校田径比赛 | 2010.11 | 汕头市 | 11 | 6 | | 以总分223分、超出第二名67分的绝对优势获得中学组团体总分第一名 |
| 广东省传统项目学校田径比赛 | 2012 | 河源市龙川第一中学 | | | | 团体总分第九名 |
| 广东省第十届中学生运动会 | 2012 | 深圳市 | 3 | | | |
| 广东省传统项目学校田径比赛 | 2013 | 潮州市金山中学 | 4 | | 1 | 团体总分第五名 |

据《澄海中学校史资料特辑：纪念澄海中学建校八十五周年》及校档整理。

**表 2.1.4　澄中体育工作大事记（1930—2014）**

| 时间 | 内容 |
|---|---|
| 1932 年春季 | 澄海中学举行运动会，全体员生一律参加，以本城东门外校场为运动场，聘请潮汕体育家到场指导，运动会规模盛大。 |
| 1950 年 | 将新校舍右侧被日寇炸平的清代县衙旧址改建为一个 300 米跑道的田径场、两个篮球场以及一片投掷场。 |
| 1951 年 | 在体育场跑道外以及礼堂后安装单杠、双杠、肋木、秋千等器材，在教室后面增辟三个篮球场，两个排球场。<br>澄海中学倡议、安排了澄海县第一次运动大会，澄海中学有 50 多人参加裁判工作。 |
| 1952 年 | 澄海中学倡议举行澄海县第一届学生田径运动会，每年冬季举行一次。<br>试行“劳卫制”，采用“五级计分法”，大力学习苏联教育经验，订立各种教学制度，健全和完善各科教研组。是年 11 月，成立了澄中“体育委员会”，组织“锻炼小组”，培训体育锻炼骨干，改革体育教学。 |
| 1954 年 | 决定每年 5 月 9 日校庆除召开纪念会外，还举行田径运动会。<br>黄友华、黄光宙被选为澄海县体育工作者代表，参加广东省第一届体育工作者代表会议，黄友华在会上被选为中华全国体育总会广东省分会会员。 |
| 1955 年 | 黄友华参加广东省体育参观团，前往东北、北京等地参观学习。<br>许才、高耀杰、黄家豹 3 人被北京体院录取，陈楚楚、陈璇卿被武汉体育学院录取。 |
| 1956 年 | 澄海中学运动队增设了射击、航空模型、航海模型、垒球、棋类、足球六个队。 |
| 1959 年 | 黄友华被国家体委授予“田径国家级裁判员”称号，这是粤东地区第一位获得这一称号的裁判员。 |
| 1964 年 | 广东省第二届全运会上，澄海中学田径队的黄继海、陈颜惠、黄巧婵、王曼姬等四人入选地区代表队，占全队总人数的 13.3%。黄继海参加 800 公尺赛跑，获得第二名。乒乓球、体操、游泳、篮球等地区代表队澄海中学均有学生参加。在该年，澄海中学被评为地区体育先进单位。 |
| 1965 年 | 澄海中学体育教研组长黄友华，应省教育厅邀请到东莞主持编写《广东省中、小学游泳教材》。 |
| 1971 年 | 开始办初一文体特色班。 |
| 1972 年 | 澄海中学参照“文化大革命”前《体育锻炼标准》的达标规定，自行制定标准重新施行。 |
| 70 年代初 | 学校实施《体育锻炼标准》，通过国家体委群体司验收，其经验在全国体育报刊介绍推广。 |
| 1973 年 | 广东省体委在我校召开“试行《国家体育锻炼标准》”现场会，并拍成纪录片在全省推广。 |
| 1979 年 | 学校被广东省体委、教育厅评为广东省体育工作先进单位。 |
| 1980 年 | 11 月，学校被批准为广东省田径传统项目学校，“体育见长”的特色继续巩固和发扬。<br>学校被评为广东省贯彻实施《学校体育工作条例》先进单位。<br>参加广东省中学生田径运动会，姚炳群三级跳、林宝儿 200 米获得第一名，林虹跳高获得第三名。 |

（续上表）

| 时间 | 内容 |
| --- | --- |
| 1981 年 | 参加广东省第一届传统田径项目运动会，获得团体总分第三名。<br>吴宏有获得广东省少年田径锦标赛 400 米、800 米两项第一名。 |
| 1982 年 | 3 月，吴宏有参加全国第五届世界中学生运动会田径选拔赛，获男子 400 米第一名（51 秒 2）。 |
| 1983 年 | 参加广东省第二届传统田径项目运动会，获得团体总分第七名。<br>吴宏有参加中日美澳四国青年对抗赛，获 400 米第三名（48 秒 97）。<br>学校被中国田协、共青团中央、全国妇联、国家体委、教育部评为“雏鹰起飞”田径通讯赛优胜单位。 |
| 1985 年 | 学校提出“校风好、校园美、管理严、质量高、全面发展、体育见长”的目标，号召全校师生为此而努力。<br>学校被广东省体委、教育厅评为传统田径项目学校先进单位。<br>学校被国家体委、教育部评为传统田径项目学校先进集体。<br>参加广东省第三届传统田径项目运动会，获得团体总分第一名。<br>参加广东省少年田径锦标赛，刘朝晖获得 100 米、跳远两项第一名，肖鹏获得跳高第一名。 |
| 1986 年 | 学校被中国田协、共青团、妇联、国家体委、教育部评为“雏鹰起飞”田径通讯赛优胜单位。<br>蔡旭青参加全国第三届中学生运动会，获得 100 米栏、4 × 100 米接力第一名、100 米第二名。<br>蔡旭青参加全国青少年锦标赛，获得 60 米第一名并打破全国青少年纪录。<br>肖鹏参加全国青少年田径锦标赛，获得跳高第四名。 |
| 1987 年 | 学校被中国田协、共青团、妇联、国家体委、教育部评为“雏鹰起飞”田径通讯赛优胜单位。 |
| 1988 年 | 学校被广东省体委、教育厅、高教局、劳动局、团省委评为实施《国家体育锻炼标准》先进单位。 |
| 1989 年 | 学校参加广东省第五届传统田径项目运动会，获得团体总分第四名。<br>学校被广东省体委、教育厅评为“传统田径项目学校先进单位”。<br>学校被广东省体委、教育厅、高教局、劳动局、团省委评为实施《国家体育锻炼标准》先进单位。<br>邱泽宏参加全国第四届中学生运动会，获得 110 米栏、4 × 100 米接力第二名、4 × 400 米接力第三名。 |
| 1990 年 | 学校被广东省体委、教育厅、高教局、劳动局、团省委评为实施《国家体育锻炼标准》先进单位。 |
| 1992 年 | 学校参加广东省第六届传统田径项目运动会，获得团体总分第八名。 |
| 1994 年 | 学校参加广东省第七届传统田径项目运动会，获得团体总分第四名。<br>学校被广东省体委评为广东省群众体育先进单位。 |
| 1995 年 | 学校被评为广东省体育传统田径项目学校先进单位。<br>学校被评为广东省实施《国家体育锻炼标准》先进单位。 |

（续上表）

| 时间 | 内容 |
| --- | --- |
| 1996 年 | 学校接受广东省田径传统项目学校复查验收，获得优秀等级。<br>学校参加广东省第八届传统田径项目运动会，获得团体总分第五名。 |
| 1997 年 | 学校被国家体委评为全国群众体育先进单位。<br>陈哲婉获得第八届全国运动会赛艇项目第一名，亚洲赛艇锦标赛两项第一名。<br>金燕君获得亚太地区帆板锦标赛两项第五名。 |
| 1998 年 | 学校参加广东省第六届中学生田径运动会，获得团体总分第三名。<br>学校参加广东省第十届运动会，获得两项第二名，一项第三名。<br>体育组被评为汕头市“先进教研组”。 |
| 1999 年 | 学校参加广东省第九届传统项目田径运动会，获得团体总分第二名（其中初中组获得团体总分第一名，高中组获得团体总分第三名），并获得体育道德风尚奖。 |
| 2000 年 | 学校投资 250 万元新建成 300 米塑胶田径场投入使用，大大改善了学校体育锻炼条件。<br>学校代表澄海市参加汕头市中学生田径运动会，获得团体总分第一名。 |
| 2001 年 | 学校被省教育厅评为广东省实施《学校体育工作条例》和《学校卫生工作条例》先进学校。<br>学校通过广东省田径传统项目学校复评验收。<br>学校参加广东省第七届中学生运动会，我校 10 名运动员共获得 4 枚金牌、3 枚银牌的好成绩，并获得“体育道德风尚奖”。 |
| 2002 年 | 林沛渠代表中国参加釜山亚运会健美比赛，获得第五名；同年他还获得全国健美锦标赛全场冠军。 |
| 2003 年 | 学校参加广东省体育传统项目学校田径比赛，获得 2 枚金牌、1 枚银牌。<br>学校代表澄海区参加汕头市中学生田径运动会，获得 15 枚金牌、5 枚银牌、7 枚铜牌，团体总分第一名。 |
| 2004 年 | 陈群青代表国家队参加 2004 年雅典奥运会，获得第四名，这是澄海第一位奥运健儿。<br>为适应体育新课标的实施，学校开始试行体育选修课教学，新开设了轮滑、健美操等选修课程。 |
| 2005 年 | 学校被评为广东省体育特色学校（田径）。<br>学校被教育部、国家体育总局、团中央联合授予“全国贯彻《学校体育工作条例》优秀学校”称号。<br>学校获得汕头市中学生课间操比赛一等奖。<br>学校代表汕头市参加首届“心系奥运——首届两地青年学生‘同一颗心’田径运动会”，获得一项第一名，两项第二名，一项第五名，团体总分第五名。<br>林沛渠参加第五十九届世界健美锦标赛，获得 70 公斤级第五名。 |
| 2006 年 | 学校被评为广东省体育传统项目学校、汕头市贯彻《学校体育工作条例》先进学校。<br>学校参加广东省传统项目学校田径比赛获得一项第一名、两项第二名，一项第三名，团体总分第三名。 |
| 2007 年 | 学校获得广东省传统项目学校田径比赛团体总分第九名。<br>学校参加汕头市第十一届运动会，获得六项第一名、四项第二名。 |
| 2008 年 | 学校接受广东省普通高中教学水平评估，体育组获得优秀等级。 |

（续上表）

| 时间 | 内容 |
| --- | --- |
| 2009 年 | 5 月，为进一步加强学校体育设施建设，缓解体育活动场地紧张的状况，由澄海区烟草专卖局捐资 600 万元，学校 1980 届校友、上海明园集团董事长李松坚先生捐资 300 万元的体育馆开始动工兴建。<br>7 月，学校参加广东省传统项目学校田径比赛，获得团体总分第六名。 |
| 2010 年 | 7 月，学校参加广东省传统项目学校田径比赛，获得团体总分第六名。<br>10 月，学校体育馆建成并投入使用。新建成的体育馆包括二楼室内篮球场及羽毛球场、三楼乒乓球室、一楼 25 米室内游泳池及体育健身器械区等功能区，它的建成使用，有效缓解了体育活动场地紧张的状况。<br>12 月，学校代表澄海区参加汕头市中学生运动会田径比赛，以绝对优势获得团体总分第一名。 |
| 2012 年 | 学校获得广东省传统项目学校田径比赛团体总分第九名。<br>7 月，学校代表汕头市参加广东省第十届中学生运动会，获得奖牌三枚。<br>学校参加汕头市第十二届运动会，获得金牌 8 枚。 |
| 2013 年 | 学校参加广东省传统项目学校田径比赛，共获得 4 项第一名，一项第三名，获得团体总分第五名。 |

据《澄海中学校史资料特辑：纪念澄海中学建校八十五周年》及校档整理。

# 第二章 版画美术 莲峰毓秀

## 引言

澄海是著名侨乡，文化底蕴深厚，人才辈出。早在清乾隆、嘉庆期间，就有黄璧、陈琼两位画家的传略编入《历代画史汇传》、《岭南画征略》、《广东画人录》画史典籍中。现代又涌现出吴贯因、黄际遇、杜国庠、秦牧等一批知名学者。澄海的民间文化活动多姿多彩，美术创作历代不衰，尤其是群众性的版画创作活动在澄海崛起，成为文艺百花园中的一朵奇葩。在澄海中学的发展进程中，版画美术活动占据着重要位置，因其突出的美术教育和创作，涌现出大批的美术人才而使澄海中学扬名在外。

## 第一节 澄中版画的创作与影响

“五四”运动以来，中国文化进入一个革旧鼎新的时代。随着西方现代艺术及其思潮在中国的传播与影响，20 世纪 20 年代，一场推翻传统国画风格内容的中国现代美术运动拉开帷幕。现代美术发展和现代美术教育的发展是同步进行的。在这一背景下，新兴美术院校纷纷建立。如国立杭州艺术专科学校、上海美术专科学校（简称上海美专）、上海新华艺术专科学校（简称上海美专）、广州省立艺术专科学校等，为中国现代美术的振兴培养和造就了一批新人。接受新式美术教育的青年们，一方面从事现代美术传播，探索中国艺术的改革；另一方面担负起培养美术创作人才的重任，他们中不少成为各地学校、美术团体的骨干力量，其中就包括澄海现代美术开拓者中的代表人物。

### 一、谢海若与洪风对澄中版画的影响

早在 30 年代，在鲁迅先生倡导的新兴版画艺术热潮的影响下，澄海陈普之赴上海美专求学，其版画作品被收入《木刻纪程》，成为鲁迅先生培养的第一代版画家，对后来发展澄海版画产生了深刻影响。

图 2.2.1 陈普之版画《黄包车夫》

当时，由于潮汕与上海贸易频繁，许多潮汕人到上海经商，两地交流紧密，一大批潮汕美术青年因之能较方便地到上海求学深造，他们当中不少人对版画创作情有独钟，凭着一股艺术学徒的热忱，以一副铁笔和几块木板，脚

踏实地地苦学深思，在黑暗中探索，成为新兴版画的拓荒者。这些学习了新的版画创作法的青年画家中，有不少人先后返回潮汕，开展新兴版画活动，把技法和创作经验传播给年青一代。

在返回潮汕的版画家中，对澄中版画产生重大影响的主要有谢海若和洪风。

图 2.2.2　谢海若版画《鲁迅像》

谢海若（1901—1981），号海翁，揭阳炮台桃山（今属揭阳市揭东区）人。20 年代开始学习西画，1931 年，到上海美专暑期补习班进修，并参加“一八艺社”。1932 年，他带了三把木刻刀和几张原拓木刻回到汕头任教，在学生中提倡木刻创作，并编印了潮汕第一本手拓版画选《海滨木刻集》。他参加汕头青年抗敌同志会，提倡以版画函授为抗敌宣传武器，受全国木协委派为潮汕函授班导师，还曾到当时进步学校南侨中学讲授版画课，培养新手。他与钟步清、张望等合办版画展，并组织新野美术学会和大众木刻研究会（是当时广东两个新兴木刻社团之一）。1941 年，澄中在樟林复课，当时版画家罗清桢辞去梅县松口中学教职，赴前线参战，临走前邀请谢海若代其教务。谢海若赴梅县途中，路过樟林，应师生邀请，为学生传授版画知识，并赠送十多幅作品给他们。

如果说谢海若是客串为澄中学生讲授版画知识的话，澄中美术教师洪风则是澄中版画的提议人和传授者。洪风(1915—1999)，原名洪应镳，潮安人。1936 年毕业于国立杭州美术专科学校，在学期间，参加进步组织“火花读书会”。曾用笔名洪枫，与李桦、黄新波、江丰等青年画家参加全国木刻流动展览，毕业后返回潮汕任教。1938 年秋，洪风到澄海东里毓英小学任美术教员，开始在学生中传授版画技法，并教授东里一位修钟表师傅制作木刻刀，以应教学之需，虽工艺精度不大标准，但毕竟能用于创作。

图 2.2.3　洪风版画《舞》

1940 年，多位毓英小学毕业的学生升学入洪风任教的樟林澄海中学，洪风继续组织他们创作版画，配合抗战宣传活动，出版《尖兵木刻》，并为木刻集设计封面，采用 16 开本版式，上端为红色，突出 4 个字横排的美术体刊名，下半部中间则为黑色的装饰图案，最下端是绿色花边，黑色字标明出版日期及“澄海中学第廿六班班会出版”字样，既简洁又大方。《尖兵木刻》的内容以宣传抗战救国为主，有些则反映学校的学习与生活。当时限于条件，纸质较差，工序都由手工进行。陈卓、陈楚生、杜联洽、杜锦盛、陈钢等几位学生利用假日进行编印，利用课余时间完成 20 多页的《尖兵木刻》，不久又出版第二、三期。

据当年的澄中学生回忆，洪风上美术课时，除了讲授中国美术史，让学生们学习素描外，还把鲁迅从苏联引进的作品《引玉集》介绍给学生们，让大家感受精品版画，这成为澄中版画发展的热源动力。学生们一边上课，一边在洪风带动下，忍饥斗寒，用版画为抗战服务，开展抗战宣传活动。新兴版画的特点是以刀代笔，自画自刻自印，可以拓印多幅，成为一种战斗传单，特别是在革命之时，使用广泛，虽极匆忙，但顷刻能办，是最好的大众艺术之一。鲁迅评当时青年版画时云："以清醒的意识和坚强的努力，在榛莽中露出了日见生长的健壮的新芽。"当时澄中学生大多备有一套创作版画的木刻刀，但木刻刀不容易找到，洪风就多方找寻联系，最后在大埔的罗清桢、罗映球两位版画家的帮助下，买到他们在大埔精工研制的木刻刀。这些刻刀每套有平刀、斜刀、圆刀、三角刀、排刀五支，做工精细且锋利，起了很大作用。后来学生越学要求越高，感到刀不适合，希望拥有大小不同的各类刀具，学生们便自己动手制作刀具。用小五金的三角锉、圆锉先行退火后，加工磨制，再淬火，有的用钢质雨伞骨改做，而所用木板，更是就地取材，拓印用的"大窗纸"则是村民平时所用的土纸。

## 二、《澄中版画》的意义

1941年6月，在洪风的指导下，澄海中学美术研究会出版了《澄中版画》手拓本，散发全国各地（其中一本现收藏于中央美术学院美术史系），其《编后话》写道："抗战把一切文化从沿海搬到内地，从都市搬到农村，跟着这个总的搬家，版画也移植到澄海县属的农村樟东了。"这110本手拓《澄中版画》，说明文字均用钢板缮写油印，作品尺寸虽小（相当于3至7寸的照片），但方寸之间见天地，是学生们拳拳赤子心的真实流露。学生们在国难当头、物质极度匮乏时，刻苦学习，引刀向木，创作了记录澄海人民抗战史实的版画作品。现在看起来，可以说他们更多的是一种动力和勇气，也给人一种警示，是一种时代生活的印记，也成为进行爱国主义教育的形象化乡土教材。

**图2.2.4　《澄中版画》封面**

新兴版画在中国的兴起，自始即与救亡图存的时代主题密切相关，最大功能表现在教化宣传方面。浅显的图画以其直观、通俗、有趣的特点而较易为下层民众所接受。《澄中版画》共有作品22件，作者15人，其中1幅是封面版画，描写3位童子军升旗敬礼的场景，其余21件为集中作品。澄中版画显然考虑到了受众的理解力，其图像意涵大多直白易懂，一目了然，较少含蓄、隐喻、暗示等艺术技巧。版画的主题主要是日军对澄海的侵略暴行和中国军民对日军的抵抗，这正是当时"全民抗战"口号的图像化展示。

在抗战的艰苦环境中，在工具、材料、创作条件极其困难的情况下，澄中学生凭几把刻刀、几块木板，满怀激情，有感而发，用心血创作出一幅幅感人的图画。在敌机轰轰声中诞生的《澄中版画》，内容丰富，主题突出，形象朴实，刀法简练，黑白分明，画面虽小，却是一幅充分表现了悲壮高昂的斗争历史画卷。正如校长朱名宗撰写的《澄中版画·卷头语》中所言：

自抗战以来，各部门都无不各尽所能，以贡献国家民族，艺术界的同人对于宣传——不论是戏剧、漫画、诗词、小说等，都莫不尽力以赴，以暴露敌人的暴行和加强民众抗战之决心与必胜的信念。

《澄中版画》画面以人物为主，也表现风景、动物、花卉静物，主题突出，形式多样，有纪实性、漫画性、抒情性，从多角度、多侧面表现抗战时期澄海人民共同对敌，英勇斗争，对抗战充满必胜信心，同时也揭露日寇侵华的滔天罪行。画集作品可分为反映直接对敌作战的场面、揭露日军侵入澄城实行“三光”政策暴行的纪实性场景、人民积极支前抗战的场面等。

图 2.2.5 陈楚生版画《瞄准》

反映对敌作战的场面的有陈楚生的《瞄准》（9.1cm×9.5cm），其表现的是1940年2月，独九旅兼潮汕警备司令华振中带领战士全面反攻，夺回已沦陷的澄城的场景。1940年2月27日，日寇抽调兵力进行反扑，独九旅战士在南桥地带奋勇抵抗，连续作战五昼夜。这是抗战期间，潮汕地区较有规模的一次收复县城战斗。战斗结束后，澄海中学校长周英耀带领学生到东里鼎新学校等地慰问伤兵。其中一位掌握轻机枪的战士介绍，为保存火力，不敢随便开枪，只能等敌人走近时再开枪。这一情节成为陈楚生创作的素材。

张淑初的《莫让敌人进前一步》（5.5cm×6.8cm）的创作背景是：南桥之战中，独九旅参战官兵只有两挺轻机枪（据说，其中一挺还是民众捐赠的），在这样的艰难条件下，该旅共产党人张震带领爱国官兵和青抗会成员保卫疆土，浴血奋战。

蓝继权的《战地归来》（7.8cm×10.6cm），描绘一位在战斗中负伤的战士，治愈后回到家乡。他手执木杖，背着包袱，在村口受到乡亲们的欢迎和亲切的慰问。

李楚宜的《守卫》（7.3cm×9.8cm）描绘一位全副武装、手持步枪的士兵的背影。

图 2.2.6 蓝继权版画《战地归来》

图 2.2.7 李楚宜版画《守卫》

揭露日军侵入澄城实行“三光”政策暴行的纪实性场景的有李绍桐的《澄城大屠杀》(10.2cm×6.3cm)，林世民的《幽默的凯旋》(7.3cm×10.9cm)。《澄城大屠杀》描绘的是1939年6月21日（农历五月初五）汕头沦陷的场景。农历五月三十日上午，驻汕头日寇饭岛部一行300多人进犯澄城，实行“三光”政策，连续3天进行大屠杀，被害者可考人名的达700人，仅便生医院蜈蚣桥附近就有几十人被砍杀。日军撤离澄城时还捉了40多名百姓当挑夫，为其挑抢掠来的东西，到外砂河边，把东西搬上汽艇后，命令全部百姓排列在河边沙滩上，用机枪射杀。日寇走后，善堂组织收尸，发现有一人尚未死亡，便将其救活，此人是澄海中学学生食堂工友陈白，后来陈白也随学校到樟林复课，身上仍穿着一件前后对应有子弹孔补丁的衣服，成为日寇屠城罪行的活见证。《幽默的凯旋》从侧面揭露日寇实行“抢光、杀光、烧光”的暴行。1939年7月16日，侵华日寇饭岛部分成两队，共六路进犯澄城。城内居民纷纷逃往外埔、港口、白沙等处。日寇一路追赶，在外埔用机枪疯狂扫射，血染莲阳河；后又在外埔、港口村内见人便杀，被害居民有千余名。表现同样主题的还有陈亿章的《敌人的赐予》(5.2cm×8.9cm)，当日寇侵占澄城后，百姓纷纷外逃福建、江西避难，东里、樟林至饶平黄冈，一路上饿殍满街，灾民扶老拉幼，哭声动地。李楚宜的《狂炸后》(9.3cm×10.6cm)记录了东里、渡亭、红渡等地被炸后的惨景。杜联洽的《别忘记咱们的大仇敌》(9.5cm×17.1cm)诗画结合，反映沦陷区人民的悲惨生活和抗日情绪。日寇对澄海各地狂轰滥炸，房屋倒塌无数，人们妻离子散，只得逃到外砂海边临时搭盖的“蓬屋”，作为栖身之地。作者还配诗一首：

月凄凄，月凄凄，夜色迷离。
孩子哟，谁赶你诞生此地。
别忘记，咱们的仇敌。

表现人民积极支前抗战的场面的作品有张淑初的《运输队》(15.8cm×7.6cm)，描绘的是澄城失陷后，爱国官兵顽强作战，力图收复失地。由于装备悬殊，澄城几经得而复失。在战斗中，负责后勤保障的战工队员冒着炮火抢救伤员，鼓舞士气；老百姓则煮茶水、饭菜送前线劳军。军民同仇敌忾，斗志昂扬。

**图2.2.8　张淑初版画《运输队》**

杨冠禧的《救护队》(7.4cm×8.1cm)描绘的是战地后方组织红十字队到前线抢救伤员的场面。杜联洽的《慰劳》(6.3cm×8cm)描绘的则是澄中学生在鼎新小学慰问伤兵时，一位女同学协助医生救济伤兵的场面。黄孝直的《耕》(13.3cm×10.4cm)描绘了潮汕沦陷后，又连年旱灾，老百姓弃耕逃难，在不受敌人控制或半控制的地区，人民都大力引水，发动春冬耕，种大米和地瓜，夺取粮食。

**图2.2.9　黄孝直版画《耕》**

林卓云的《教育民众　领导民众》(10.6cm×

12. 6cm)，从侧面反映澄海青抗会、教师抗敌后援会、学生会等爱国组织，以街头剧、舞台剧等活动，宣传抗日救国思想的情景。

黄汉权的《怒吼吧！敌国里的友人》（8. 5cm ×9. 4cm）描绘的是日本人民反战游行的一个侧面。正当侵华战争进入相持阶段，越来越多的日军产生了厌战情绪，澄海的抗日地下工作人员发动各地群众散发反战传单，有的贴到日军岗哨，号召日军反战，从精神上打垮日本侵略者。张景仪创作的《战争何时停》（12. 4cm ×11. 8cm），即记录了日本士兵低落的讨战情绪，还在旁边配诗一首：

春光好，春光好，战地不如家乡好。
战争究为谁？岂能把我妻子依。
战争何时停？我身安得归三岛。

吴楚炼的《饵》(14. 5cm ×12. 2cm)，形象地揭露了日寇实行怀柔政策的阴谋。日军侵占澄城后，积极推行“以华制华”的侵略方针，在军事、经济上实行高压统治，在政治上采取怀柔欺骗手段，进行奴化教育。日伪成立了“澄海青年团”、“妇女会”等宣传机构，用歌谣、演唱、口头宣传、标语等形式，大肆鼓吹“中日亲善”、“大东亚共荣圈”等奴化政策，还在澄城等处开办多所日语学校，以进一步奴化我同胞。

陈楚生的《不好惹的狂风》（8. 5cm ×9. 4cm)，反映知识青年的抗战情绪。当时樟林没有报纸发行，战争形势人们仅能靠打听知晓。当时有位学生利用自己学到的知识，装了一部电子管单管收音机，尽管讯号十分微弱，戴上耳机也能听到一些战事消息。根据消息，陈楚生创作了《不好惹的狂风》。

王人勃仿张仃漫画稿创作了《吞得下吗》（9. 3cm ×10. 6cm)，画面夸张地突出一个日本军国主义者，如凶神恶煞的头部，张开大口，露出大牙，双手捧起大块食物，拼命往口中挤，想一口把它吞了。食物上刻着“CHINA”，标志着我们大中国，而标题是“吞得下吗?”——这正是当时一个中学生对侵略者的质问，你们能吞下我们大中国么？一定不能！这体现了作者对侵略者的嘲笑。



在版画集中，唯一没有人物的作品是王人勃的《小品》(5. 8cm ×9. 6cm)，作品是当时洪风讲解刀法运用的效果时，在多幅习作中选出的。从那充满生机的瓶花中可以领悟到在战火纷飞的年代，人们对和平的憧憬，通过一花一木的描绘，表达了作者爱国爱乡的热忱。

当时《澄中版画》直接融入轰轰烈烈的抗日救亡的洪波巨流之中，成为唤起民众的重要工具，尽管这些作品是学生的习作，画集中有的人物形象较概念化，表现技法还不够熟练，但正如画集卷头语所言：“他们一股为国家民族之热情，一种对工作之努力兴趣，确亦值得称赞。”这正是对《澄中版画》所具有的意义的恰当评价，值得大书特书。

## 三、澄中版画的影响

1949 年之后，在汕头文化部门的重视下，版画家陈望来到澄海，扶植一批青年农民版画作者。1954 年，版画家黄新波、黄笃维、陈望等到澄海举办版画讲习班，版画创作开始在澄海复兴。澄中毕业生蔡仰颜就是这一年代组织辅导澄海版画创作的主要负责人。

图 2.2.10 陈望在指导澄中等校学生创作版画

图 2.2.11 蔡仰颜校友在指导澄中学生创作版画

1960 年，广东省群众艺术馆、汕头专区文化局联合在澄海举办“汕头专区第一届工农木刻训练班”，参加训练班的有一半是澄海青年版画作者，版画艺术从此在澄海进一步开花结果。澄中教师李昭泉 1962 年创作的版画《拾鹅蛋》，表现澄海的乡村生活，作品吸收中国传统线描艺术，采用阴刻方法，层次分明，对比强烈，精雕细刻，似一首清新优美的田园小曲。李昭泉（1933—2007），澄海人，长期从事美术教育和社会美术活动，国画、版画兼擅，他继承古典主义的优秀传统和现实主义的创作方法，造型坚实，手法朴素，形象独特。蔡怒飞（1933—1980），澄海外埔人，他凭着对艺术的追求和爱好，经常向名师请教，后在澄中等多所中学从事美术、音乐、语文教学工作。1959 年，蔡怒飞与蔡仰颜、李锦堂、李昭泉、丁绍深等澄中毕业生合作创作的反映潮汕平原新貌的套色木刻版画《园田新歌》组画，参加 1960 年广东省美术展览后又被编入《广东 10 年美术选集》大型画册；蔡怒飞创作的《岭南春早》套色水印木刻，获得广东省第三届群众美术展览二等奖，该作品以一棵盛开红花的木棉为背景，树下放牧着一群白鹅，色彩鲜明，富有艺术感染力。



1963 年，广东省文化局组织“澄海群众版画展览”到湛江专区巡回展出，作品参展者多是澄中毕业生，这更促进了澄海版画的交流与发展。1976 年，广东省文化局、中国美术家协会广东分会在广州举办“高州 · 澄海农民版画展”，高州和澄海的版画被誉为“广东群众版画的双璧”。1983 年，中国版画家协会主席李桦到澄海参观群众版画展览，举办群众版画创作讲座，由于讲座在澄海文化馆举办，不少澄中学生都到场聆听，各镇、村、学校、机关也都有版画作者参加，对发展澄海群众版画起到很大的促进作用。此后，全国及广东一批著名版画家先后莅临澄海指导群众版画创作，澄海版画创作十分活跃。

图 2.2.12 《澄海知青版画选》

60 年代以来，数百件澄海版画作品入选广东省美术作品展览、全国美术作品展览、全国农民画展、全国版画展、全国侨乡风貌美术作品展览等，并有多件作品获省级以上奖，有 100 多件群众版画作品被选送日本、泰国、韩国、美国、新加坡、比利时、澳大利亚、中国香港、中国澳门等国家和地区展出，不少版画作品为中国美术馆、上海美术馆、深圳美术馆、辽宁美术馆等艺术机构收藏。上千件作品发表于《人民日报》、《美术》、《版画艺术》、《版画世界》等各级报刊，部分编入各种画册。70年代以来，先后出版《澄海青年版画集》、《高州·澄海农民版画集》、《澄海版画集》，有上百件版画作品入选《潮汕版画集》1~3集。这批作品基本上都出自澄海中学毕业生。

1986年3月10日，澄中初一（2）班学生陈竞芳、蔡惠茹的版画作品《悄悄话》被中国展览公司选入第十四届里迪采国际少年儿童美术展，送往捷克斯洛伐克展出。这是澄中学生版画作品第一次出国参展。随后，1986年澄中学生许云戈的版画作品《灯节》、1987年澄中学生陈淑钿的版画作品《集邮》又先后被送往津巴布韦、苏联展出。

图 2.2.13　陈竞芳、蔡惠如版画《悄悄话》

当年的澄中版画如星火燎原之势，澄海版画创作实践既出作品，又出人才，自70年代以来，澄海版画作品参加中国美术家协会、中国版画家协会、广东省美术家协会等各级专业艺术展览，每年有多位版画作者考上美术大中专院校。而就澄海工艺美术行业而言，澄中毕业生中，版画作者担任澄海各类工艺厂厂长的就有几十人，为当代澄海玩具、动漫产业的发展壮大作出了贡献。



多年来，新华社、中新社记者先后采访澄海版画。天津、上海、福建等地版画家多次莅临澄海进行版画艺术指导与交流。《人民日报》、《华声报》、《现代人报》、《南方日报》、泰国《星暹日报》等海内外报刊也专稿介绍澄海版画。北京中国国际广播电台、中央电视台、珠江电影制片厂、香港翡翠电视台等先后播映关于澄海版画的内容。1989年4月，广东电视岭南台以“刀笔木纸蕴乡情”为专题介绍澄海版画创作活动。由于澄海版画创作活动成果突出，1989年，澄海版画创作群体获广东省第三届鲁迅文艺基金奖二等奖。1990年，汕头市文化局在澄海举办“汕头市群众版画经验交流会”，对澄海群众版画给予了较高的评价。1995年6月，广东电视岭南台和中央电视台第4套节目分别播映澄海儿童版画。澄海群众版画已在国内外引起反响。1996年11月，国家文化部命名澄海为“版画艺术之乡”。1997年6月，广东卫视专题播映澄海版画艺术之乡创作活动。

## 第二节　澄中的美术教育与美术人才的影响

澄海画史上的知名人物，明代有陈明德（？—1553），字思准，海阳县下外莆都辟望村（今澄城）人；叶芝，字国英，明万历三十一年（1603）贡生，能书善画，擅长兰菊。但现在能见到的最早作品是清康熙年间澄海县令王岱的《山水图》，该作山岩盘踞，用笔苍老秀润，气势轩昂，是一件十分难得的珍品。而真正在艺术上为人们所认识的澄海古代画家要数清乾隆时期的黄璧、陈琼，他们受业于潮州画家翁铨和自福建来潮定居的闽派画家房修。

进入民国时期以后，社会环境的改变，使美术家们开始大胆追求对传统中国画的改良，澄海画家也不例外。在这个过程中出现不少很有代表性的画家，他们都在传统绘画上花了不少心力，同时由于对艺术追求的本能和原来较为闭塞的交流途径的打开，他们的画作中都融入了现代美术的意味。澄中在校园版画创作与发展之外，也涌现了不少在版画之外的美术领域有影响的名家，他们的作品，基本上不能脱离传统与闽浙画风的影响，同时由于岭南派的崛起及地域上的原因，澄海画风也受了不少影响，但是在总体上还是以上海画风为主要学习对象。

## 一、民国时期的澄中美术教育

民国时期的澄中就非常注重对学生这方面的教学，知名美术教师有刘昌潮、李开麟、黄绍猷等，他们都是上海美专的学生，采用写生、临摹兼用的方法上美术课，学生临摹的教材从黑白画到淡彩画再到色彩画，先静物后风景、动物、人物及抗战画、版画等各种宣传画。他们在课堂上作示范，即席演示，使学生初步掌握运用毛笔和墨水作国画的技巧，在直观中兴趣盎然地接受知识与技能。

刘昌潮，揭阳人，曾在潮汕多所名校任教，1980 年汕头画院成立时任首任院长，是中国美术家协会会员、汕头政协副主席，出版有多部画集。据学生回忆，针对一般学生的美术课，刘昌潮多在黑板上用纸画漫画进行讲解，每张纸约半米见方，画的内容以基础用笔为主，在传授的同时让学生学习创作。逢有重大活动，如国庆、总理诞辰日，各班班会还要求出版庆祝壁报，在美术老师指导下，由学生自行创作，以图画的形式达到宣传教育的效果。

图 2. 2. 14　刘昌潮国画

图 2. 2. 15　李开麟国画

李开麟（1908—1996），潮安磷溪人。先后在隆都中学、澄海中学、汕头一中等学校任教，出版有《李开麟画集》。他在澄中樟林复课后到校任教，所上美术课以素描、色彩写生为主，兼国画及手工劳作，注重学生的动手能力。他在澄中任教时，又是潮剧编剧，编有《洪厝埔血案》和反映南京大屠杀的《都城喋血记》等剧本，教学生们唱《长

图 2.2.16　黄绍猷绘黄迪洸像

城谣》、《杜鹃花》等进步歌曲，举办戏剧和音乐演出时，舞台背景、道具等均由他指导学生自己制作绘画。

黄绍猷治艺严谨不苟，既支持刘海粟所倡导的“思想自由，兼容并蓄”的教学思想，主张让学生自由选择不同的风格流派和手法，又十分重视学生的基础训练。在教学方面，尤有创见，提出透视学、色彩学、解剖学“三学并举”的主张，要求学生作画用线，做到“一线三学”，即用线体现出透视、色彩、解剖三方面的学问，表现出物象的体积感、质感和光感。写人物则力求骨骼、肌肉、光色、动态、神韵等在“一线三学”中表现出来，使学生在严格的学习和实践中，打下坚实的基本功，以诲人不倦、循循善诱的精神，培养了不少人才，为澄海美术作出了可贵的贡献。

图 2.2.17　林派燊漫画《军民合作向敌人迎头痛击》

抗战期间，面对国土沦陷、人民流离失所的情景，澄中学生的美术创作重视与现实生活的联系，大家怀着愤怒的心情，以漫画的形式讽刺侵略军，真诚地描绘抗战军民的战斗生活，如林派燊所作《军民合作向敌人迎头痛击》、李幼石所作《日本前途之悲哀》、吴兰生所作《抗战后的日本》等漫画，突破了绘画在内容、题材、情调上的单一。此外，澄海浓郁的文化艺术氛围，给澄中漫画作者提供了大量创作素材，创作者大多是描绘自己熟悉的、本乡本土的人物风情、山光水色、田园诗意，众多的作品都带有浓郁的地方风味，从各个侧面反映澄海风情，使作品不仅具有浓郁的乡土气息，而且具有地方的民间艺术特色，构图富有民族传统特色，装饰性强，受到广大群众的喜爱。

图 2.2.18　李幼石漫画《日本前途之悲哀》

图 2.2.19　吴兰生漫画《抗战后的日本》

而到了 40 年代后期的澄中漫画作品，多以壁报插图形式出现，大家在坚守固有传统基因的同时，吸收写生绘画的技法，形成融合中西、折中古今、紧跟时代、服务大众的艺术风格，既反映了潮人激越、昂扬的精神面貌，也呈现了当代潮汕政治、经济、文化发展中的风貌。如一幅《山有木兮木有枝，心悦君兮君不知》的漫画，寥寥几笔，就勾画出一个意境，一位穿着长裙的女子，正倚在树边，双手托腮，若有所思，光秃秃的树枝，再加上天上几只飞鸿，透出神妙鲜活的艺术气息，虽是画幅内容的界定，却又未妨碍读者的审美空间。这一时期，漫画在澄中壁报中多有出现，既能继承传统，又能锐意创新；画作来源生活，但不为生活原型所囿；汲取融合诸家各派之长，变为自己的个性，让笔下的景象，富有强烈的生活气息，成为这一时期澄中美术的共同艺术特色与追求。

## 二、计划经济时期的澄中美术教育

40 年代末，李澄之开始在澄中任教，李澄之是一位对澄中美术发展起着重要作用的人物。李澄之（1901—1959），澄海鸥汀人（今属汕头市龙湖区）。出身于富商家庭，其家族在汕头、上海、香港创立敬昌商贸行。他把分家后应得的家产及商贸行股份委托其兄代管，每年将盈利作为学费。1931 年考入法国马赛美术学院，受法国野兽派泰斗马蒂斯的指导。抗战中，他开始了澄中任教生涯，40 年代末，他为同事、岭东才子许伟余作写真肖像，描绘了这位学者、诗人凝神沉思的瞬间形象，笔法酣畅自如，色调庄重优雅，把西方人的绘画务实与东方人的注重写意相结合，掺以西方印象派的色彩效果，许伟余对画作备加赞赏，挂于他在学校的备课室。解放军接管澄海时，他为庆祝会场及游行队伍绘制了马克思、恩格斯、列宁、斯大林和毛泽东、朱德以及各社会主义国家人物的单色油画巨像。这些画像，单纯明快，形神兼备，他早年在国立杭州艺术专科学校和法国马赛美术学院学得的写实传神的过硬功夫得到充分发挥。他的艺术也受到当时首任澄海县委书记许士杰、县长余锡渠等领导的关注和人民群众的激赏。不久，他当选为澄海第一次人民代表会议代表。

广州美术学院创立时，著名画家胡一川到澄海找当年同窗李澄之，原想聘他到美院任教，当他看到李澄之的油画《漓江春雨》时，在赞赏其具有现代美术特征手法后，又不得不惋惜这不符合当时学院的教学模式，只好作罢。1954 年，李澄之曾一度被下放回家乡鸥汀任小学校长，1956 年落实政策回澄中。这期间他画了一些反映农村生活的油画小品，如《清塘》一画，用笔赋色凝重洗练，给人以质朴而又冷峻超俗的朦胧美，反映了一种平和、安逸的心态，这在艺术上与马蒂斯所述的“现代美术的特征是参与我的生活”，以及“准确描绘不等于真实”的艺术表白颇有相通之处。

像李澄之这样在澄中美术进程中产生一定影响，留下了光辉的一瞬和令人难忘的业绩，但鲜为人知的艺术家，还有李昭泉、蔡怒飞等。

为了配合潮汕各地开展的土地改革运动的宣传，配合农业生产互助合作运动的宣传，澄中师生成立了美术创作组，以绘画的形式下乡宣传土改。1952 年，国家教育部门公布《中学暂行规程（草案）》和《小学暂行规程（草案）》，明确提出中小学加强“美育”的问题，至 1956 年，教育部首次公布了全国初中、小学及师范学校图画教学大纲（草案）。60 年代之后，李昭泉、蔡怒飞、曾泓展等先后到澄中任美术教师。这一时期，澄中的美术教育有高度的目的性和计划性，对于培养全面发展的高素质人才具有重要的作用，美术教学在统一要求、扎实基础、全面发展的前提下，通过第二课堂的重点培养来造就画坛未来人才。李昭泉、蔡怒飞、曾泓展等美术教师，在教学中能从少年的心理特征出发，注重培养他们的审美感受和创新思维，根据学生年龄阶段特点和学生实际能力的发展来编选教材，实施教学。对初一学生，主要指导他们掌握基本技法；对初二学生，则引导他们探索一些复杂的形式、技法。

图 2. 2. 20　李昭泉国画

李昭泉对任伯年、吴昌硕等国画名家的技法多有涉猎和研究，长期从事社会美术活动，他在六七十年代创作了不少表现现实题材的画作，如表现工人在艰辛劳动中精疲力竭，得不到歇息的瞬间状态，在这个表现不朽的人类劳动和贫困的形象中，渗透了他所认同的“艺术本身带着革命性”的观点，蕴含着画家强烈的爱憎，以及对劳动者的深沉感情和讴歌劳动神圣的主题。蔡怒飞教学之余，除版画之外，坚持国画、水彩画创作，他的画作构图丰富、气脉雄肆，在画中常常流露出一派端严不苟的精神，如代表作《百鹅图》，充分体现其用笔粗细有致，墨韵浓淡相宜的艺术特色，使著名的澄海狮头鹅形象跃然纸上。

曾泓展在美术教学中，图画、工艺并举，两个课堂一起抓。他带领的美术兴趣小组中的学生作品多次荣获省、市优秀奖，为大中美术院校输送了一批人才。1984 年，他撰写《初中美术课本雕塑、手工部分教材分析》一文，详细分析各学期美术教育的技巧方法，在《中国美术教育》杂志上连载。



## 三、澄中校友在美术方面的成就

1976 年以后，随着“文革”的结束，普通美术教育作为美术教育的基础，重新得到了重视。从 1979 年至 1982 年，国家教育部门公布了从幼儿园到高师美术专业一整套教学大纲，重新编写了中小学和中师美术教材。1992 年，国家教委审定并正式出版了九年义务教育全日制小学及初中的美术教学大纲，这两个大纲分别对小学和初中的美术课的性质进行了较为科学和准确的描述，明确提出各自的教学目的，详细规定了教学内容和要求，以及选择教学的原则，成为新时期小学、初中美术教学的纲领性文件。

而澄中走出来的毕业生，与各地艺术广泛交融，他们的美术作品的风格面貌出现多元化局面，以老一辈国画家和艺坛新秀为主体的画家，除立足本土外，还分赴北京、上海、杭州、广州、香港、澳门、台湾及世界各地，不少人如今在中国美术学院、广州美术学院、广东画院、广州大学、汕头大学、汕头画院、汕头职业技术教育学院、汕头工艺美术学校等院校从事美术工作，培育出一批知名美术家：

蔡仰颜，现为中国美术家协会会员、中国版画家协会会员、汕头市美术家协会名誉主席、汕头画院名誉院长；

曾照歆，历任广州军区文艺创作室美术创作员，高级工艺美术师，获鲁迅版画奖；

蔡秉铮，高级工艺美术师、广东工艺美术协会理事、广东嘉隆工艺美术装饰实业有限公司董事长；

杜应强，中国美术家协会会员，中国版画家协会会员，汕头画院名誉院长；

许川如，中国美术家协会会员、中国版画家协会会员、汕头画院画师；

蔡枫，中国美术学院教授，硕士生导师，中国首批文学油画方向博士，中国美术家协会会员，曾获第九届全国美展金奖、全国鲁迅版画奖；

陈映欣，广东画院专业画家、《广东画院》副主编，中国美术家协会会员；

李小澄，汕头职业技术学院教授，中国美术家协会会员，汕头水彩画家协会会长；

陆晓翰，汕头职业技术学院副教授，中国美术家协会会员，广东省美术家协会水彩画艺术委员会委员；

王绍强，广州美术学院视觉艺术设计学院院长、教授、硕士生导师，《DESIGN 360°》杂志创办人和总编辑；

杜雄伟，中国美术家协会会员，潮汕版画协会副主席；

卢小根，中国美术家协会会员，广州大学松田学院院长；

蔡潮，中国美术家协会会员，汕头大学长江艺术与设计学院副教授。

当代，人们的思想得到了进一步解放，澄中毕业生中，卓有成就的老画家的作品大放异彩，中年和青年的画家则开始改变旧的思维方式，重新思考传统和现代、东方和西方的关系，画家们主张写实，改变传统题材，寻求新的表现形式与技法，绘画向着多层次、多态式发展，出现了空前繁荣的景象。他们积极引入美术展览形式，进行媒体传播，努力实现美术大众化，大力兴办现代美术教育。先后举办了一批代表性画家的个展、群展，挖掘、整理史料，创办刊物。而随着美术交流日趋频繁，美术家对国际、国内文化的状况有了迅速了解的可能性，连续多年，有成批美术作品入选全省、全国及国际性展览，为国内外美术馆、博物馆和社团所收藏，并获多种奖励。这些美术作品作为高雅艺术品逐渐进入千家万户，为当代美术家架起了艺术传播的桥梁。

## 结语

纵观百年澄中美术史，可以深深地体会到澄中美术教育与美术人才的影响，版画、国画、油画、水彩画等，都深深植根于潮汕文化的沃土和源流中，聚合老、中、青画家的群体力量，弘扬民族传统艺术和潮汕文化，继承美术的现实主义传统，吸取和借鉴西方现代艺术的有益因素，坚持各个画种的风格与流派发展的多元化。在现代文明的浪潮推动下，澄中美术不断拓展、深化和超越，力求构成与时俱进的艺术风格，创造具有多样化、多层次、多面体的新格局，在更高层次上展现潮汕文化特有的艺术风采。

# 第三章 书法翰墨 韩江流芳

## 引言

中国书法是融形神于点、画的艺术，既能表情达意，又独具美学价值，这种独特的艺术传统源远流长。近代以来，学校的书法教育更在书法艺术薪火相传中发挥了重要的作用。澄海中学经过百年的发展，成为广东省的名校之一。书法教学是澄海中学美育的重要组成部分，师生有着良好的书法教学、创作环境。百年校史中，书法人才辈出，从校长、教师到校友，都有不少人以书法名世，其中既有以“鼎新体”称誉的第四任校长王鼎新，又有加入各级艺术协会的知名书法家，他们共同谱写出辉煌的澄中书法史。

## 第一节 黄际遇对澄海书法的影响

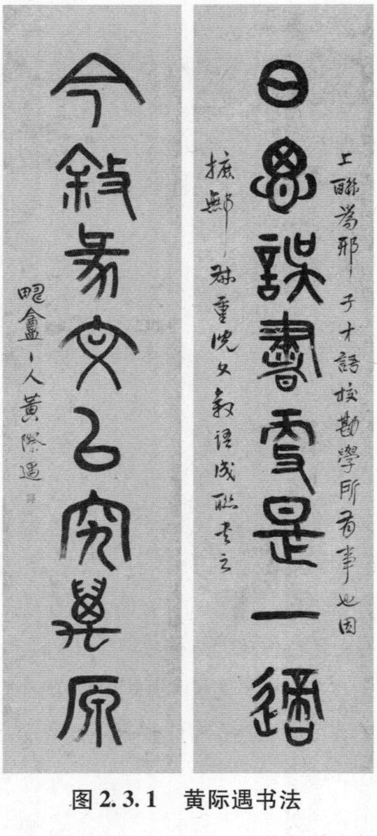

图 2.3.1 黄际遇书法

阮元《南北书派论》和《北碑南帖论》的问世，为清代碑学的中兴竖起了第一面鲜明的旗帜；包世臣的《艺舟双楫》，把碑学的地位提升到了前所未有的高度；康有为的《广艺舟双楫》，更将碑学的地位推上了巅峰，民国时期的书法承清末碑学之余绪。“尊碑抑帖”的影响力正劲，但澄海书法家不完全接受“尊碑抑帖”的观念，强调整体的和谐，肯定事物多样性的统一，主张海纳百川，兼容并包。因而他们的书法审美理念是“帖为碑开路，碑为帖服务，碑帖和合”。这些理念，散见于他们的著述之中。民国年间的澄中书法人物，转益多师，出碑入帖，熔铸古今，审时度势，艺术创作路子宽广。他们作字，倚仗的是敏感和学养，有的继承传统帖学，下笔妍雅，不落尘俗，人文内涵丰富。有的以魏碑笔法入行草，赋予其新意，皆表现出强烈个性，体现了他们深厚的生命情怀。在这里要特别提一提对澄海民国书法有重要影响的人物——黄际遇。

黄际遇（1885—1945），是 20 世纪初在中国开创现代高等数学教育事业的先驱。他学贯中西、文理皆通，在多所高校任教数十年。书法方面，黄际遇致力于六朝碑版，旁及唐人写经，对张黑女有独到见解，黄际遇“碑帖合一”的艺术追求和审美观，无疑对当时澄海书法群体产生了很大冲击力。黄际遇对姜叔明谈学书之法时说：“写字以唐字为底，横平竖直缓缓写。”又说“欲求用世则沿明而下，取法近贤，以博其用；欲求自得则溯晋而上，尚友古人，以究其蕴”。言简意赅，文短义深，令人咀嚼无穷。从这些论述和评论中可以看出他的治学精神和对书法的真知灼见。黄际遇诸体皆能，而行书作品存世量最多。由于他早年曾从章太炎治文字音韵之学，深谙六书，其行书常渗以各篆家结构，不拘成法，更见奇趣。

## 第二节　民国澄中书法概述

作为澄海的最高学府，澄中多位校长皆以书法为世人称道。第三任校长杜国庠（1889—1961）是著名马克思主义哲学家，1925年任澄中校长。杜国庠20世纪50年代初为推介苏联电影的题词册页，从容潇洒，极具学者风范。接任校长王鼎新（1894—1968）的书法以《张黑女碑》为基，博采欧体、汉隶，自成一格，有“鼎新体”之誉。现在澄海中学的校门上，有王鼎新所书的“澄海县立中学”六个大字，是其成熟的代表作，点画精到，结体端庄，备尽楷则，意态自然，既有神清骨秀的南方书风，又不失北派书风畅达粗犷的意象，成为澄海一处知名的文化地标。

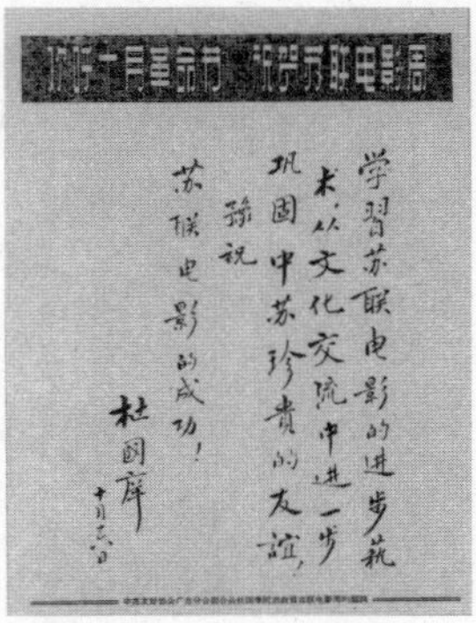

图2.3.2　杜国庠书法

此后的周英耀、朱名宗、余仿真、周英拔等校长，也多能书法，常应邀为刊物题词。民国最后一任澄中校长黄家器（1912—1988），系黄际遇长子，幼承家学，耳濡目染，也擅长书法，他为暹罗澄海同乡会成立周年所题的篆书贺词，明显受其父影响，结构严谨，笔法洒脱自如，突破传统“玉箸篆”的风格，融入金文的特点，独具婉丽圆劲的魅力。

图2.3.3　王鼎新书澄中门匾

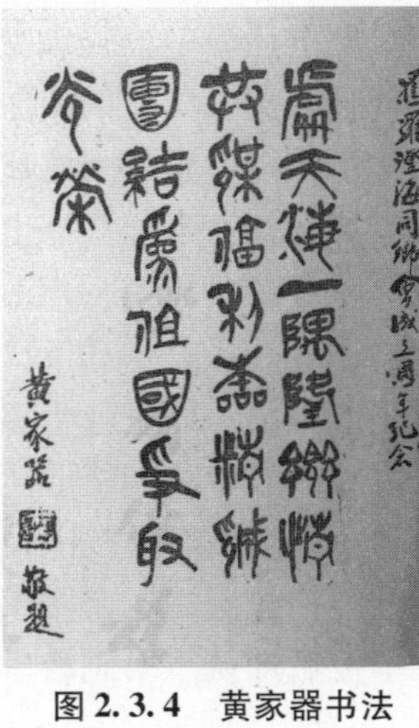

图2.3.4　黄家器书法

民国年间，澄中教师也多擅书法。澄中首任总务主任许乃秋（1871—1945），一生致力于教育事业，1915年参与筹办澄中，是年9月为县知事鲁国斌所撰《澄海中学学校暨教室宿舍碑记》书丹，碑由二石联成，原立于澄中原址校墙。许乃秋书从“二王”入手，旁及“颜柳”，融会贯通。有“澄海才子”美誉的许伟余（1884—1974），任教澄中多年，他以学识入书，独具一格，用笔老辣生拙，骨力练达，绝去甜俗。杜国玮（1887—?）是南社社员。澄中肇建，其即被聘为首批六名教员之一，其擅隶书，华美流畅而又不掩端庄凝重。1921年毕业于澄中的黄祺（1905—1947），曾在澄海中学任教，书法从颜体入手，后受康有为书风影响，有纵横奇宕之势。刘昌潮（1907—1997），1930年秋毕业于上海美专，1933年2月至1940年8月任教于澄中。刘昌潮的书法遒劲凝练，气度恢宏。1941 年至 1944 年在澄中任教的李开麟，以画名世，其书法章法奇特疏朗。余启正（1915—1952），出身莲阳望族，曾留学日本经济大学，抗战时与郭沫若、杜国庠、陈卓凡等同事，抗战胜利后辞去军职，回乡任澄中教师、教导主任。他以颜体书法名世，楷书悉本《多宝塔》、《东方朔画赞》，行草则源于《祭侄文稿》、《争座位帖》，自成宽博磊落、雄秀纵逸风格，可惜现在仅余“一门忠烈”匾传世。1949 年底，澄海召开解放庆祝大会时，在澄中大操场连续三夜公演潮剧，公演大会的大横批便为余启正用颜体书法所题。黄家锐（1915—1972）是黄际遇次子，家学渊源，及长求学于上海美专，返乡后长期执教，在澄中除教语文课外，还开设制图课，其书法雄浑恣肆，浑茂苍劲。在书法上有造诣的澄中老师还有余翼云（1891—1976），其用笔稳健朴实；毕业于香港美术专科学校的黄绍衷（1918—1981）也曾受聘于澄中执教，其书法神清骨秀，意境幽淡。

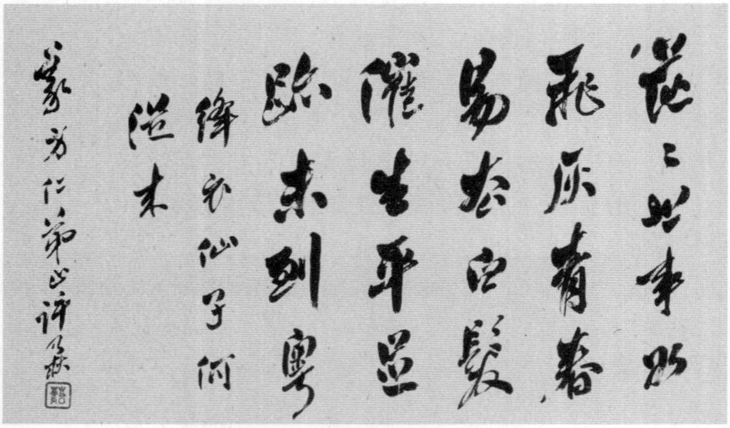

图 2.3.5　许乃秋书法



从上述澄中校长和教师的书法成就可以看出，他们的书法风格形成了一个带有浓烈书卷气味和文人气息的流派，代表了澄海近现代书坛不可忽视的新风貌。民国年间的澄中，经常举办校内学生书法比赛，如 1946 年底举行的书法比赛，分甲乙两级及大小楷两种同时进行，初三下至高三上为甲组，初一至初二下为乙组，杜之骞、杜觉非、孙仰学、蔡继龙等分获各种类第一名，获奖者除荣获奖状外，学校还给予一定的物质奖励。在书法教学、比赛的风气带动下，澄中学生学习书法蔚然成风，许多人的书法造诣非凡。

澄中第一届毕业生王家华（1898—1988），一生从教业医，书法得力于六朝碑版，浑朴古雅。澄中早期毕业生侯润山（1920—1996），长期从事教育工作，书法主要写《郑文公碑》，笔画多出之中锋，妙在不圆不方之间，志平气和。郑俊英（1918—2005），泰国侨领，捐建澄中英南图书馆，擅书法，为澄海书法协会顾问。杜英俦（1922—2001），澄中毕业后即从事书画教学，对楷行尤擅长，点画结体劲健典雅，质朴凝练。

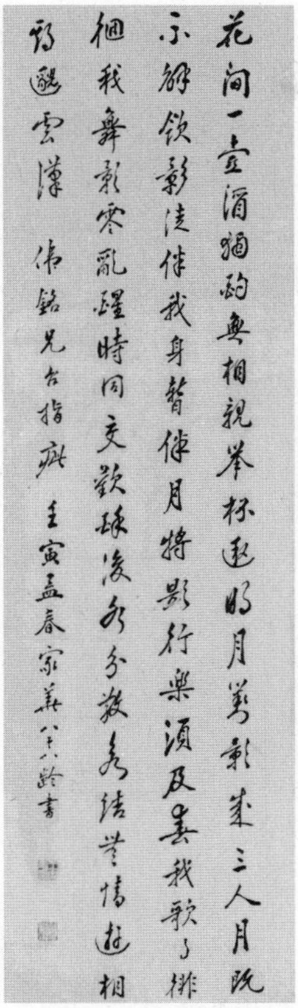

图 2.3.6 王家华书法

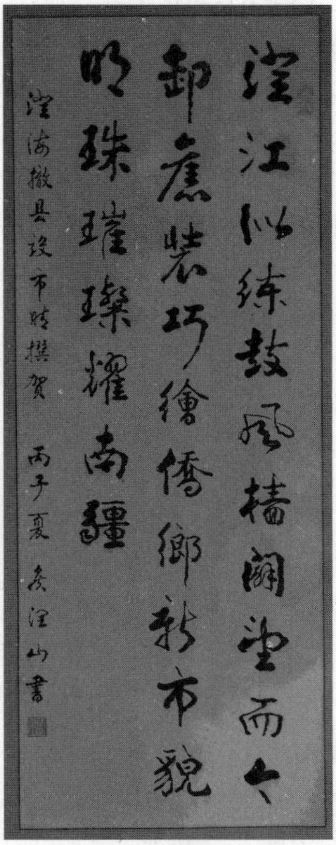

图 2.3.7 侯润山书法

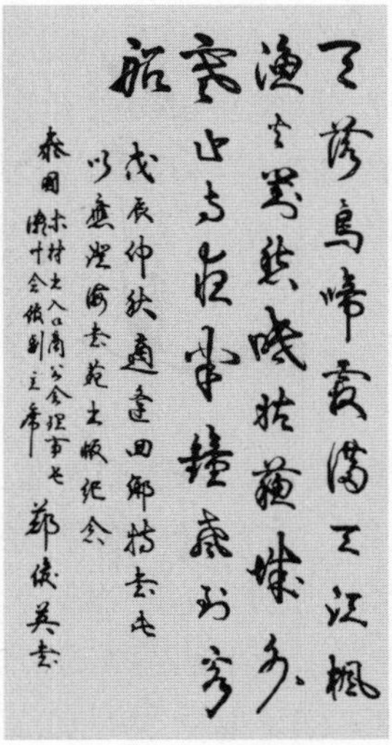

图 2.3.8 郑俊英书法

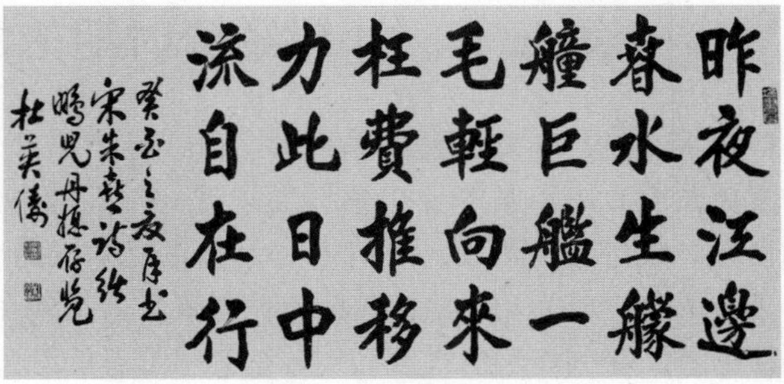


图 2.3.9 杜英俦书法

澄中早期校友中，张乐恭（1925—2008）尤以书法名世，其曾任汕头市书法家协会第一届副主席，澄海书法协会第一、二、三届主席，出版有《张乐恭书法作品集》等。

蔡兆彤（1917—1995），擅长小楷。他从赵体小楷诸帖入手，加之后来研习魏碑，骨力增强，他的小楷更有“大气象”。澄海书协成立，其即被聘为顾问。1980 年写的小楷作品《千叟长寿歌》入选卫生部举办的“南方八省，北方十三省美术、摄影、书法巡回展览”并获得一等奖，蔡兆彤的名字因此被载入《澄海县志》（1992 年版）。由于这些书家创作上的成熟和他们较高的社会地位，产生了较大的影响，进而形成了一种带有浓烈书卷气味和文人气息的书法风格，他们这种别具一格的书风在潮汕乃至广东现代书坛有着不容忽视的地位。

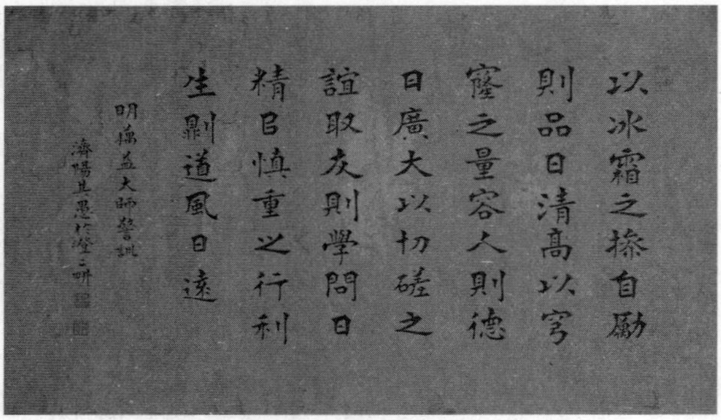

**图 2. 3. 10　蔡兆彤书法**

书法艺术是情态类的艺术，它的创作者和欣赏者都必须具有相当的文化素养。杨守敬在《学书迩言》中强调学书者除了传统见解的“三要”（天分第一，多见次之，多写又次之）之外，还要增加“二要”：“一要品高，品高则下笔妍雅，不落尘俗；一要学富，胸罗万有，书卷之气自然溢于行间。”

纵观民国时期的澄中书法，无论是校长、教师，还是校友，他们或擅长诗文辞章，或业医肄业，或毕生从教。他们以同事，以朋友，以师生结成志同道合、趣味相同的群体，其书艺成就既影响当时，也遗泽后世。以澄中为平台，切磋砥砺，形成互相探讨、共同提高的良好氛围，使个人的特色在影响群体的同时，也受到群体环境的滋养和影响，既深化交流，开阔视野，又激发了创造力，共同构筑起一道亮丽的风景线。



## 第三节　计划经济时期的澄中书法活动

1949 年 10 月 24 日，解放军接管澄海，澄中掀开了发展的新篇章，书法教学也走向新的发展阶段。1950 届毕业生蔡仰颜是这一时期的书法代表人物。他在澄中求学时，得到刘昌潮、余启正等亲授，潜研书法，负责澄中校园壁报的抄写，他抄写的壁报一丝不苟，工整秀美，成为当年澄中校园一处景观。后来他在澄海文化馆工作期间与王鼎新副县长隔屋办公，在创作时的气度和对传统艺术形态的综合吸收方面，受王鼎新影响颇深。

60 年代，澄中更加重视学生的书法，建立书法授课和作业制度，同时成立兴趣组开展课外活动。1962 年初，北京出版社发行了一套丰子恺题签的“标准习字帖”，书体为欧、颜、柳等家的楷书，配有执笔法、基本笔画书写法和临摹法等解说，又附历代楷书名家的作品局部，有关楷书源流及各家书体的特点简介等，非常适合学生练习。在此背景下，澄中语文教研组认为书法教学本是语文科应有的内容，更应开展这方面的工作，于是由李益扬老师负责，在初中部间周开一节书法课。高中部不开课，但学生应交书法作业，所有的作文要用毛笔书写，同时成立兴趣组，开展课外活动。当时王鼎新任分管文教的副县长，李益扬向王鼎新汇报开展书法教学工作后，王鼎新非常高兴，亲自到澄海文化馆借来两大部共几十册的书法字帖给澄中学生观赏，又特意撰写《学书之法》横幅，送到澄中作展览之用。《学书之法》内容为："学书之法无他谬巧，要在多看多写而已。多看可吸取各家之精华，化为已有。多写则搦管挥毫，便能随手应心，至于气魄神韵，要视各人之襟怀修养如何耳。"这是王鼎新潜心书艺的经验之谈，精辟地指明学习书法的要领，即学习书法必须研究全篇布局及整体行气，主张临摹碑帖，要选全拓佳本，才能窥见整体气势。此为王鼎新将古代文艺理论中的审美取向，移植、演化为书法创作的美学思想。

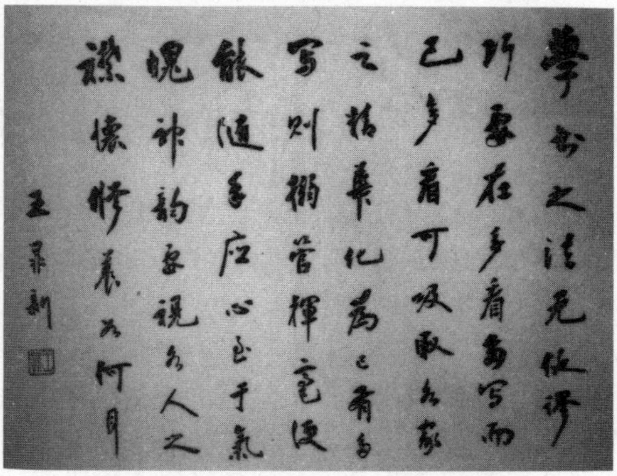

图 2.3.11　王鼎新书《学书之法》

在王鼎新及学校领导的支持下，校务处有的会议厅腾出来作为展览室，沿墙和中间摆课桌，披上红布条，字帖选书体和年代有代表性的翻开陈列，陈大道老师则协助有重点地附简介标签。展览室外，贴上"字帖展览"大字，《学书之法》横幅就挂于门右。展览在校园引起轰动，教师、学生反响强烈。

在良好的学习氛围之下，澄中顺势开展了一系列活动。

一是教工示范。不少教工少时曾临习字帖，有一定的书法基础，有人还将书法作为业余爱好，能创作书法作品。于是，李益扬与学校领导商定，在教工会经常出版墙报的校务处门厅，开辟书法专栏。经过发动，教工们踊跃响应，每次供稿者十几人，作品尺寸在16开内，多为楷书，工整秀美，学生在课余时常观摩学习，进一步促进了校园学书法的良好风气。

二是举办讲座。以澄中书法兴趣组为基本听众，内容为指导学生理解、学习《标准习字帖》的方法，推动大家临帖。如引"拨镫法"的八字诀——擫、押、钩、揭、抵、拒、导、送，使学生理解临帖的执笔和运笔概念要领，在讲授时，以手势演示，让学生直观领会掌握。在临摹方面，又要求学生们依照王鼎新《学书之法》的教导——"多看"，临之时要多看，直至熟读成诵而背写，使效果更佳。

三是陈列优秀习作。1963 年初，由各年级选出优秀习作，集中在礼堂前的语文墙报上陈列，给学生以示范和激励，受到学生的欢迎。当年五六月间，王鼎新又通过县教育局，举办全县中学生书法竞赛，并亲自评选定奖。此次比赛中，澄中高二级学生周浩的书法获高中部大楷一等奖，蚁行恕、林举英、蔡炫辉和陈静麟等，分获二、三等奖。

通过这些举措的推动，学习书法的风气更广泛地在澄中兴起。这一时期的学生中，高中 1965 届的蔡炫辉、1967 届的黄挺，初中 1965 届的陈贯英在书法上取得较高造诣，他们虽逸笔余兴“聊抒胸臆”，却具有深厚的文化意味，具有共同的思想基础和艺术意趣，而且在寻找书法变革方向中，一致认为整合碑帖是时代的必然，从中悟出发展书风的新意和理念。

70 年代，由于客观原因，澄中书法教学受到影响，老师、学生在书法方面的造诣不及前辈，此期间，1973 届的陈向军、1979 届的蔡枫等数位校友的书法颇有水平，但后来都主要创作版画、国画等，较少专门创作书法作品。

## 第四节　改革开放以来澄中书法的影响

“旧日潮州底处所，如今风物冠南方。”独特的文化源流和人文地理环境，使地方文化艺术蕴藏着无限的创造力和生命力。进入新时期以来，澄海书法有了长足的发展，出现一片繁荣景象，在潮汕书坛上占有一席不容忽视的地位。1984 年元旦，澄海书法协会成立，协会的主要领导张乐恭、蔡炫辉、陈贯英等都是澄中校友。协会成立后，曾与澄中师生举行笔会，交流创作经验。80 年代是澄中第二课堂活动非常活跃的时期。蔡炫辉、蔡建群先后调任澄海中学书法教师，澄中书法活动更加经常化。同学们在老师的指导下，坚持传统，匡正书风，创作出一批优秀作品，参加各级展览或比赛，取得喜人成绩。1985 年，学生林海燕（林渊液）的作品入选，上京展出。1990 年，黄少昂、王铿美的作品选送日本展出，两位作者因此获得首届潮汕星河奖。1992 年，“蔡炫辉师生书法展”由澄海政协文艺委员会、汕头市书法家协会、澄海书法协会和澄海中学主办，在汕头市文联展厅和澄海文化馆展出。这是“文革”后汕头市的第一个师生书法展，也是这一时期澄中书法教学成果的展示。许多澄中学生在毕业后坚持书法学习创作，成为成绩斐然的青年书法家，高中 1991 届的许子韩、初中 1995 届的黄玉林是其中的佼佼者，两人先后加入中国书法家协会，是潮汕知名的青年书法家。

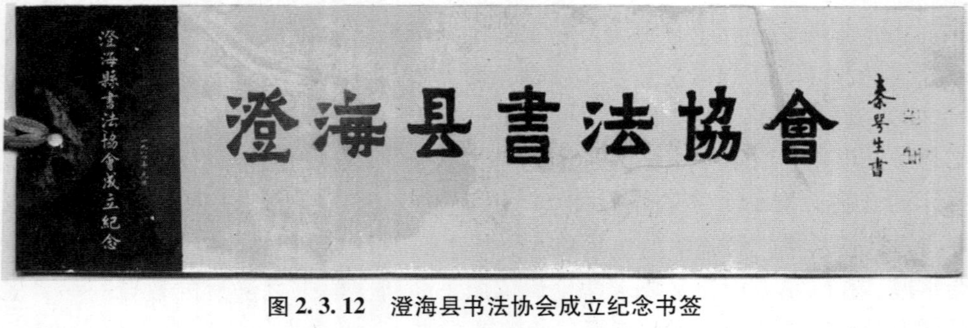


图 2.3.12　澄海县书法协会成立纪念书签

值得一提的是校友邱卓恭(1923—2000)，他1938年毕业于澄中，后到香港创业，系香港出版界成功人士，擅书法，法度谨严，清逸秀丽。邱卓恭生前为澄中图书馆捐赠了一大批个人珍藏典籍，并捐款25万元供澄中添购新图书，后又留下遗嘱捐资100万元兴建澄中艺术馆。邱卓恭艺术馆于2004年1月落成，成为澄中师生作品展示、交流的一个平台。2005年2月4日至13日，由汕头市书法家协会、澄海区文联、澄海中学联合举办的“蔡炫辉师生书法第二回展”在澄海中学邱卓恭艺术馆开幕，展出蔡炫辉及学生谢洲瀚、陈俊德、芮永青、林海燕（林渊液）、许子韩、黄玉林、李毓楠等的书法、篆刻作品近50件，篆、隶、行、楷、草诸体兼备，作品形式丰富，充分展示了书法作者的艺术才情和审美追求。近年来，澄海中学又成立了学生书法社，学生书法社的成员们在学业之余，勤于临池，创作出一批有一定水平的作品。

图 2.3.13　蔡炫辉师生书法展合照

## 结语

百年澄中书法的发展之路，是艺术融合和求新精神的体现，它包含了四个方面的内容：一是传统精神，以传统、以帖为根基；二是时代精神，澄中书法人物为倡碑推波助澜，在取法内容上跟上时代前进的步伐；三是兼容精神，不尊碑抑帖，而是碑帖结合，即“折中碑帖，融合古今”；四是创新精神，大力发展“以碑法入行草”。这四种精神构成了相当完整的奕世传承的澄海中学书法体系。

“结字因时相宜”，“笔墨当随时代”。梳理百年澄中的书法史，可以看出，从澄中走出来的书法家们，不以书法为功利之舟，而是在创作中体验创造的欢乐，在欣赏中享受审美的快意，认为唯有“养吾胸中浩然之气”，方可在绢素中升腾浩然之气，在淋漓墨韵中得到艺术的升华，发掘传统的精华，注入时代的审美精神，使当代澄海书法呈现出一派欣欣向荣的景象。

# 第四章 科技教育 经世致用

## 引言

清代中后期，两次鸦片战争，大清王朝几番战败，兵燹所致，圆明一炬，丧乱临头，銮舆北狩，退兵有计，唯是割地赔款，谈判无由，只能签字纳款。伴随着两次鸦片战争，太平天国迅速壮大，横扫南方大部分省份。内忧外患，康乾时期的盛世美梦已然崩溃，有识之士开始寻求救国之道，"自强"、"求富"、"强兵"、"富国"等口号被提出。同是为了拯救战场失利的大清王朝，一部分官员士绅主张保守经典，守着传统文化的核心价值，通过清肃吏治等手段，提升军队的战斗力，从经典中寻求救亡之道，他们认为，一旦经典沦丧，人心不古，就不是亡国而是亡天下了。一部分官员士绅则在以固有文化为根本的前提下，主张在一定程度上向西方学习，提出了"中体西用"、"师夷长技以制夷"等思想，通过购买机器、培养人才等手段增强本国的实力，通过商战、外交等手段与外国对抗。19世纪60年代以后，倾向西学的恭亲王奕䜣获得一部分中央权力，在李鸿章等地方大员的共同努力下，开办工厂，建立新式学堂，筹建北洋水师，称"洋务运动"；地方上的士绅也参与到其中，或出资筹建工厂，或参与办学。地方上亦因之出现了种种与传统书院不同的学堂。这些学堂大多数仍保留着传统儒学背景，有些是由私塾改造而成的，学生也仍多热衷科举，真正传播西学的学堂并不多，但是，随着19世纪后半叶国家危机的加剧，尤其是甲午战争的刺激，学堂的教学内容一步步接受西学。近代中学教育中科技方面的内容，正是在此一步步孕育而生。



除官办、民办的新式学堂之外，教会力量也在一定程度上传播了科技知识。19世纪中期，随着各种条约的签订，传教士在中国获得了更多的行动自由和传教自由。或是为了利于传教，或是出于拯救"罪人"的爱心，传教士在中国也建立了不少教会学校。澄海县城的南面，是当时隶属于澄海县的汕头埠，为《北京条约》所定的开埠港口，开埠之后，商旅往来固然频繁，教会活动亦然，教会学校亦是发达；而澄海县城北面的盐灶乡，则是清代中期以来传教士在潮汕地区活动的重要据点，道光年间，德国巴色城国外布道会已经在此创办了盐灶中学。教会学校的教学，相比于中式官办、民办学堂，最明显的不同是主要课程与宗教有关，于是有《圣经》课等，为了增强吸引力和提升社会认可度，也会教授一些科学知识。这种教学带来的与传统中式教育不同的因素，也影响了后来的科技教育。

虽然道光、咸丰年间，伴随着中西各式学堂的出现，传统的教育内容已经开始改变，但是直至"废科举"，大部分学子仍然热衷于通过科举考取功名，这确实也是当时读书人最直接的进取之径，因此，"四书五经"等儒学经典仍然是最受重视的内容。直至20世纪初，在潮汕地区，金山学堂"成了最先对所授课程进行改革的旧式学校之一。这些新课程包括：基础中文学科、官话（北京方言）、算术、历史、地理、天文、化学和英语，还有体操”。但是，对于澄海地区而言，以上种种只是萌芽与积蓄，真正的发展是民国初年澄海中学的建立。

## 第一节　万事开头难：起步阶段的澄中科技教育

民国肇建，教育部颁令废除“忠君”、“尊孔”的教育宗旨，提倡公民道德教育，将中学教育界定为“以完足普通教育，造成健全国民为宗旨”的教育。民国四年（1915）9月，澄海中学正式创办。根据1992年版《澄海县志》的记载，创立之初，“澄海中学按照国民政府教育部规定，课程设修身、国文、外语、历史、地理、博物、物理、化学、法制、经济、图画、手工、歌乐、体操等14科，采用教育部审定的‘国定本’教材。”由此可见，澄海中学从创立开始，已经体现出对学生综合素质的重视，对于数、理、化等科技类学科，也安排了专门的课程对学生进行培养。万事开头难，科技方面的课程在一开始的开展并不顺利。物理、化学等学科的教学，一则需要优秀的教师，二则需要足量的实验器材和仪器。从1914年至1924年，无论是教师、教室，还是教学工具都十分匮乏。师资方面，学校通过不时招募教师来解决，如1917年，聘请林兆鸿为数理教员。教学用品方面，学校或是向政府申请拨款，或是向地方士绅募捐，逐渐改良教学环境。值得一提的是，1920年，学校增置了一大批理化仪器和药品，并向中华书局购买了大量图书，以备学生实验、浏览之用。实验教具的增加某种程度上促进了教学，但是，或许是传统书院、私塾教育的影响太深，大部分教师的教育方式一时很难转变过来。1923年，时任澄海中学校长的叶浩章着力改革校政，使学校全部经费收支编配有序，对学生学业严厉督教，自此学校规模稍具。叶浩章之前的校长李景濂，对于改革心有余而力不足，在《同学录绪言》中，李景濂称：“20世纪之新潮日日震撼，吾人当潮流之冲，宜导宜砥，不可不具鸿识。”但是，李景濂终因年迈之故，辞职而去。叶浩章少年时即被称为“神童”，青年求学于京师大学堂，又曾在光绪朝任中书，中西学都有较好根基，但可能是个人作风相对保守，并不能适应学生激情澎湃的思维，“两耳不闻窗外事”的教育思想与学生急迫的报国热情的冲突日渐明显，叶氏终于挂冠而去。

这时候的教育方式可能仍存在较为浓厚的私塾、学堂的风韵，蔡英豪在《育才护花话前贤——怀念鼎老》一文中写道：“他（王鼎新）和杜老（杜国庠）那样，首先注意到的是培养什么样的人才，他最大的贡献是改革教学、改‘填鸭式’为‘启发式’。”另外，直至20世纪三四十年代，仍有教师在校刊、校报中讨论如何改变“填鸭式”教学的问题。由此推断，初创之时，特别是对于数、理、化等科技类学科的教学方式仍显比较呆板。不过，这种看似呆板的教学方式，实际上已经把澄中的科技教学推向了现代化，学生在此过程中，也逐渐掌握了基本的数理化知识，对科学的部分基本原理有了一定认识，这与传统的教育体制已是截然不同了。更可贵的是，在创立之后，澄海中学的校长和教员，并不满足于现状，不断尝试改善学校的教学环境和教学方式，一开始步履蹒跚的科技教育也日渐成型。

# 第二节　处境虽艰，生气勃然：20 世纪三四十年代的澄中科技教育

20 世纪 20 年代大革命时期，杜国庠、王鼎新两位校长在任，他们进一步推动了澄海中学的教育事业，科技方面的教育亦获得了较大的发展。相比之前的叶浩章，一方面，杜国庠、王鼎新均曾留学日本，杜国庠 1919 年还曾在北京大学任教，对西学接触更多，对中西文化之间的差距认识也更深，对“民主”、“科学”等观念有更强烈的追求，意识到救国救亡的教育不应该仅仅停留在教学内容，也应该涉及教学的方式、教育的受众。教学方面，他们提倡对学生以启发为主；受众方面，他们招收了若干女子进入中学读书。这两方面的措施，使澄海中学的科技教育无论是深度还是广度都有了明显的进步。另一方面，叶浩章是东莞人，相较之下，作为澄海人的杜国庠、王鼎新对本地风土人情有更深的了解，加之大革命时期，国共合作，政治环境较为宽松，天时、地利、人和，保障了澄海中学科技方面教育的发展。

这种和谐的局面维持的时间并不长，在外国专家的协助下，国民党已经重组成一个集权型政党，国共两党之间的蜜月期走向终结。国共合作破裂，国民政府加强了对教育的意识形态控制。从此直至 1949 年新中国成立，教育一直在政治大旗的挥舞下活动，科技方面的教育亦然。期间，政局相对稳定，则教学质量提升；政局相对动荡，则彳亍而行。所幸的是，近代无论什么党派的斗争，都必须借助“救亡图存”作为重要口号，而近代以来“救亡图存”的一条重要途径就是“科学化”、“现代化”，因此，在这种政治氛围的笼罩下，科技方面的教学虽然没有被放到教学首位，也不至于被忽视忘却。30 年代的澄中校园中，辟有实验室，物理、化学课程设置有实验课环节。

图 2.4.1　30 年代的澄中实验课

20 世纪 30 年代末，日本占领澄海县城，澄海中学师生先后迁往樟林、饶平东官等地，据杜君侠《澄海县立中学校史》记载，即使在仓皇搬迁的烽火年代，澄中也并不忽视对实验器材的保护，仪器在每次搬迁的时候都进行统计，以此尽量保证教学的质量。到樟林复课时，累次搬迁，大部分仪器仍然完好。学生或出于对科学未知领域的好奇，或出于对科技救国的热情，对于科技方面的课程也尤其用功：“上课科目及节数不够，则采用国、英、算（语文、英语、数学）为主科，历史、地理、生物为副科，音乐、美术、体育则于零星时间分散上课……由于学校上早晚课，课余时间较多。同学大多是十六七岁的青年，既幼稚又天真，求知欲旺盛，尽管这段时间紧张恐怖、人心惶惶，也各趋所好，凭自己的兴趣，自找所喜爱的知识项目。那些对知识的要求如饥似渴的，便找老师要求指

导。”（李绍雄《在烽火中锻炼——抗日战争时期澄海中学学生学习生活回忆录》）

大革命失败，国共合作破裂后，地方政治走向高压，此后日寇侵略，县城沦陷，因花溅泪，目鸟惊心，正如杜君侠、彭一明等人所记载的，“经费难筹、维持不易”，“惨淡经营、悉心辟划”，“赤手空拳，归复非易”，所幸学校师生“处境虽艰，生气勃然”，“工作繁重，薪给微薄，而同人不以为苦，宵衣旰食，孜孜不倦，故能奠定基础”。至民国二十九年（1940），澄海中学有近20名教员工作，其中如郑振汉、丁志强等毕业于国立中山大学理工科，都在澄海中学任教，民国三十年（1941）、三十一年（1942），虽然政治环境恶劣，仍有新增教员。另外，地方官员和士绅也颇有远见，当学校校产沦陷之时也给予了不少支持。在这数十年间，澄海中学培育了大量初步掌握科技知识的学生，这些人或是精通数术，或是博物鸿识，或是理化精湛，或是匠心妙才；后来他们或成为著名学者，或成为商界人士，或是回归乡土反哺乡土建设，这段时间比较突出的有建筑学专家徐学瀨、化学工业专家陈亿章。

徐学瀨，澄海县东陇乡人。少年时期即显示出过人的才智，20年代中期，徐学瀨在澄海中学读书，后来又留学日本、美国，在美国密西根研究院获得机械设计专业及西洋画专业两个硕士学位。20世纪50年代初，徐学瀨担任华南工学院筹备委员会副主任，后被聘为华南工学院（今华南理工大学）二级教授。曾多次当选广东省政协常委、省人大代表。据徐氏后人说，徐姓是东陇乡的大姓，30年代末日军占领东陇之时，本来想狠狠地敲诈徐氏宗祠一大笔钱，后来带队的队长听到徐学瀨是这个家族的子弟，钦佩不已，于是取消了原来的行动，而且亲自上门拜会了徐氏宗祠的老人。

陈亿章，澄海县人，初中在澄海中学读书，后来就读于金山中学、中山大学化学系，1949年毕业后，在广州市化工总公司工作。毕业之后，其常常怀念起澄海中学的求学生活，但一直因为工作繁忙，没办法专门和学校取得联系。20世纪80年代以副总工程师退休（该公司当时没有正职总工程师）后，一次机会偶遇澄海中学王立民校长，一见如故。不久即向澄海中学写信，希望将自己家中数十年来因工作需要及自己兴趣积存的化学药品，捐给母校，促进母校化学教学的发展。

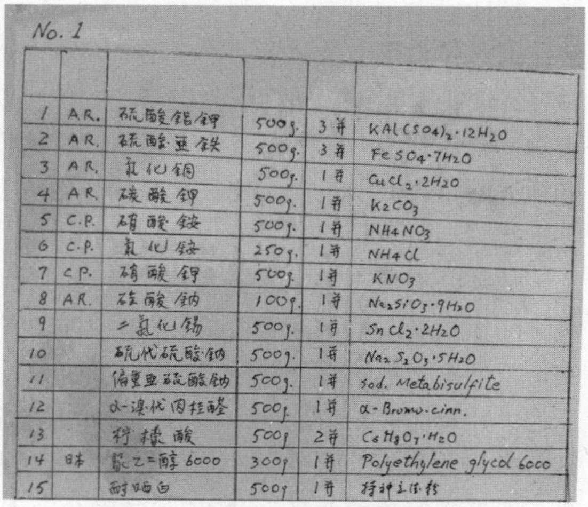
No. 1

| | | | | | |
|---|---|---|---|---|---|
| 1 | AR. | 硫酸铝钾 | 500g. | 3瓶 | $KAl(SO_4)_2 \cdot 12H_2O$ |
| 2 | AR. | 硫酸亚铁 | 500g. | 3瓶 | $FeSO_4 \cdot 7H_2O$ |
| 3 | AR. | 氯化铜 | 500g. | 1瓶 | $CuCl_2 \cdot 2H_2O$ |
| 4 | AR. | 碳酸钾 | 500g. | 1瓶 | $K_2CO_3$ |
| 5 | C.P. | 硝酸铵 | 500g. | 1瓶 | $NH_4NO_3$ |
| 6 | C.P. | 氯化铵 | 250g. | 1瓶 | $NH_4Cl$ |
| 7 | C.P. | 硝酸钾 | 500g. | 1瓶 | $KNO_3$ |
| 8 | AR. | 硅酸钠 | 100g. | 1瓶 | $Na_2SiO_3 \cdot 9H_2O$ |
| 9 | | 二氯化锡 | 500g. | 1瓶 | $SnCl_2 \cdot 2H_2O$ |
| 10 | | 硫代硫酸钠 | 500g. | 1瓶 | $Na_2S_2O_3 \cdot 5H_2O$ |
| 11 | | 偏重亚硫酸钠 | 500g. | 1瓶 | sod. Metabisulfite |
| 12 | | α-溴代肉桂醛 | 500g | 1瓶 | α-Bromo-cinn. |
| 13 | | 柠檬酸 | 500g | 2瓶 | $C_6H_8O_7 \cdot H_2O$ |
| 14 | 日本 | 聚乙二醇6000 | 300g | 1瓶 | Polyethylene glycol 6000 |
| 15 | | 耐晒白 | 500g | 1瓶 | [illegible] |

图2.4.2　陈亿章捐赠化学用品清单

40年代，澄海中学还培养了知名军工专家谢昂、天文学家陈晓中等。

抗战胜利后，澄海中学重新迁回县城，办学规模相较之前有所扩大，师资队伍亦更加强大。好景不长，国共合作再次破裂，为了在意识形态上进行有效控制，学校教育中的党化教育因素更加强化。这段时间师资方面有所提升，截至民国三十七年（1948），学校教职员有48名，其中亦不乏名校毕业生。但是，这个时期所见澄海中学的相关文献大量是关于政治斗争的，科技教育相对停滞。

## 第三节　向科学的堡垒进军：新中国早期的科技教育

新中国成立后，由于澄海中学有着光荣的革命传统，人民政府接管了澄海中学，又将县衙旧址（现操场）及毗邻十多座平房划拨给学校使用。不久，新中国前始建的教室、礼堂和教务处落成，田径场、科学馆、膳厅、医疗室和学生宿舍也先后配套，新校舍正式建成。这时期，澄海中学师生的教学探索热情大多高涨，老师积极探索新时代的教育方式和理念，学生也对此作出了热烈回应，积极组织各种各样的活动。政治上的训导固然是这个时代最主要的话题，但科技方面的教学也不落后。1953 年《澄海一中》（1953 年“澄海中学”改名为“澄海一中”）创刊号上就登载了若干教师对教学的心得和探索历程。例如，郑振汉基于给初中三年级上物理课的授课经验，写作了《我怎样讲物理学中“斜面省力原理”》，文中详细地分析了上课过程中各个环节的处理。上课之前，郑老师先认真准备了教案。开始上课的时候，郑老师通过提问的方式，先让同学回顾既有的知识，从“功”的原理到杠杆、滑轮、轮轴、齿轮等几类已经掌握的简单机械原理，将问题引入到新课程：“我们都已明白了杠杆和滑轮轮轴等简单机械省力的原理，都是由杠杆原理导出的，因为它们是杠杆和杠杆变形的机械。同时又明白了省力的机械是费时的。我们要学习的简单机械除了这几类外，还有两种，它们都是很省力的。它们能够省力的道理，可以用‘功’的原理来研究。第一种便是我们现在要学习的斜面。”接着，郑老师详细讲解了斜面原理的知识，先是通过现实生活中修筑盘山公路的例子，由现实说起，让学生更容易接受，然后通过在课堂演示弹簧秤拉动小铁车的实验，用实验产生的数据让同学们加深理解，通过实验得出的数据，推演出“$F/w=h/l$”的公式。通过精心的教学安排，“学生们很容易便听得懂了”。课后，郑老师对学生就这门课的内容进行测试，三个班一百二十多名学生，仅有两名学生没有全部做对。在这段时期，积极探索教学方法，准备教学教案的老师远不止郑振汉一人，校长李缵华、教师方书仰等也都为学校科技方面的教学作出了重要贡献。



教师的努力与学生的努力相互激励。1953 年，当时读高一下乙班的曾务滋写下《向科学的堡垒进军》的豪言壮语：“新中国的青年学生是光荣的，我们所肩负的责任是重大的。祖国把未来的建设的任务交给我们！我们要记住‘在科学上面是没有平坦的大路可走的，只有那些不怕困难、不怕艰阻的人才能攀到光辉的顶点’。让我们开始新的步伐，来一次学习方法上的革命，向科学的堡垒进军。”伴随着种种豪言壮语，学校师生策划组织了课外学习活动、夏令营、“科学晚会”等与科技相关的教学互动内容，这些活动大多较好地把科技教学和实用联系在一起。据自然科教研组《同学们的课外研究小组》一文记载，1953 年，学生组织成立了物理、化学、气象、米邱林①等小组，其中，物理小组又根据年级分成了三个小组，或是制作电动机模型，或是制作照相机模型，或是制作离心轨道。化学小组分为高中和初中两组，高中的同学设计他们学习过的制造硫酸接触法的装置；初中的同学学习多种仪器的使用方法，后来还利用粉笔屑重新制成粉笔，为国家节约资源。气象小组一开始就学习多种观测器具的使用，如干湿计、风向器、雨量计、最高最低温度计、气压计，还有云种辨识的学习、记载和统计。米邱林小组的同学主要是培养、种植番茄。"科学晚会"也是精彩的，据当时报刊记载，1953 年的"科学晚会"与纪念"一二·九"是联系在一起的。会场的一侧是纪念"一二·九"的专题黑板报，另一侧则是陈列各种各样的科技产品。晚会开始，钟声响起，大会主席、青年团代表杨景鹏就纪念"一二·九"发表讲话，最后说："向科学的堡垒进军，把学得的理论应用到实践中去，掌握牢固的知识，为我们伟大祖国的社会主义工业化而斗争！"短暂的肃穆之后，是如雷的掌声，然后学生迅速地各处"寻找科学"去了。礼堂和八个教室灯光通明，黑压压的人群围满了每个游戏的场所，各个兴趣小组也各尽所能，向同学们展示最新的研究成果。最后，正如《科学晚会》一文中写的："在这难忘的夜晚中，大家都怀着力图探测神秘的科学领域的愿望而沉入梦乡去了。"这正是 20 世纪五六十年代澄海中学科技教学的盛况。

五六十年代的科技教学还注重实践，加之师生们对新时代有较高的热情，课程之余，师生们还参与了实践，如 1959 年办起了盐酸厂、酒精厂、造纸厂等，都能投入生产。

需要指出的是，这时候虽然师生们的学习热情高涨，但百废待兴，教育水平亦然，加之政治挂帅，科技教育的发展一定程度上受到政治运动的影响，学生的受教育水平亦参差不齐，规范化教学尚未完善。关于投入生产方面，由于受到"大跃进"的影响，不少计划轰轰烈烈地开展生产之后，缺乏长久可行的配套措施维持。

在此阶段，从澄海中学走出了中国神舟五号飞船副总设计师郑松辉研究员、中国导弹专家杜之明将军等国家顶尖科学家。

郑松辉，1937 年出生，澄海人，高中时代在澄海中学度过。中学时代的郑松辉，从 1957 年苏联发射第一颗人造卫星开始，对航天知识产生了浓厚的兴趣。"当时对太空的奥秘充满了好奇，更多的则是希望我们祖国有一天也能做到，而自己也是其中的一分子。"在澄海中学读书期间，郑松辉除了刻苦学习，认真掌握知识之外，也积极参与各种文体活动，尤其热爱体育锻炼。中学时期知识的储备和身体素质的提升，正是他后来投身科学的基点之一。2004 年，郑松辉回到母校访问，饱含深情地回忆起当年在母校的学习生活。正是在澄海中学高水平教学和严谨活泼校风的熏陶教育下，郑松辉以优秀的成绩完成了 3 年高中学习，考上了中国科技大学。

与郑松辉年纪相仿的杜之明少将也有类似的求学经历，杜之明，澄海涂城人，中学时

① 米邱林，亦作米丘林，伊凡·弗拉基米诺维奇·米丘林（Иван Владимирович Мичурин，1855 年 10 月 27 日—1935 年 6 月 7 日），俄罗斯园艺学家。米丘林从 1875 年开始进行良种选育工作，俄国内战结束后，他的工作得到了列宁的重视。提出关于动摇遗传性、定向培育、远缘杂交、无性杂交和驯化等改变植物遗传性的原则和方法，培育出 300 多个果树新品种。20 世纪 50 年代，新中国以俄为师，因此科学小组也有以米丘林命名的。

期求学于澄海中学，中学时期的教育，给青年杜之明播下了科技的种子，树立了远大的志向。1965 年，杜之明从中山大学数学力学系毕业，面对着众多的选择，为了祖国的建设大业，杜之明毅然选择了西部边疆，从此在西北边疆从事导弹研究四十余年。对于一个岭南人，西北绝域生活的艰苦是难以想象的，但是杜之明凭借着对国家建设事业的忠诚，对科学理想的坚持，数十年如一日地研发，创造出累累硕果。

这段时间从澄海中学走出并为国家、社会的科学技术事业作出贡献的杰出校友还有林彤（1951 届）、李世祥（1951 届）、黄润秋（1956 届）、陈友地（1956 届）、林式藩（1956 届）、林汉元（1957 届）、蔡璇琴（1958 届）、陈有昭（1958 届）、蔡炳勤（1958 届）、蔡文（原名蔡楚璜，1959 届）林木材（1960 届）、王照浩（1962 届）、蔡锐彬（1964 届），他们利用澄海中学给予的科学技术方面基础知识，在各自的岗位辛勤耕耘，在理、工、医、商、政等各个领域，为社会作出贡献（人物履历详见人物篇）。

新中国成立后相对稳定的科技教育维持了十来年，1966 年，随着“文化大革命”的爆发，全国的教育系统濒临崩溃，澄海中学自然也不能幸免。学校改名，学制混乱，不一而足。一方面，相较于人文学科，数、理、化等科技类学科虽然断断续续还能开课，但是由于整个教育体制的混乱，高中与专业院校、高等学校之间缺乏有效的输送渠道，学生断断续续学到的科学知识也难以进一步深入理解。另一方面，此时编写的教材，大多不讲逻辑性、连贯性，只突出政治性，教师没法教，学生没法学。覆巢之下，固无完卵，“文革”十年，澄海中学的科技课程教学基本处于停滞或后退阶段。

## 第四节　科技就是生产力：20 世纪 80 年代的澄中科技教育



1976 年，随着“四人帮”被打倒，在经受了十年的极“左”路线的摧残破坏之后，迎来了教育的春天。1977 年，邓小平同志在科学和教育工作座谈会上提出：“我们要赶上世界先进水平，从何着手呢？我想，要从科学和教育着手。”“不抓科学、教育，四个现代化就没有希望，就成为一句空话。”邓小平同志明确把科教发展作为发展经济、建设现代化强国的先导，摆在当时中国发展战略的首位。紧接着政治上的“纠左”和对科教的重视，教育行业改变了“以阶级斗争为纲”的指向，重新规划学校的建设。大乱之后，人心思定，十年浩劫，否极泰来。在澄海县教育局的关心、支持下，原澄海中学校长陈德桂、方书仰重回学校任主要领导，在“文革”期间被调离学校的富有学识和教学经验的教师也先后被调回澄中，与此同时，县教育局还在全县教师中抽调一批教学骨干充实学校的领导和教学力量。获得政府的支持，学校的领导和老师结合国家教育大纲迅速规划了培养方案、课程大纲、招生指标等方面内容，并迅速落实教学实践。是时，就任澄海中学的校长陈德桂，在教育工作战线上已奋斗多年，无论是第一线的教学，还是对全校的统管领导，都有丰富的工作经验，一方面修复硬件设施，另一方面注重教学质量。根据规定，学校恢复招收初中，高中根据高考需要分文科班、理科班上课，文科班的科技教育注重基础，保证学生对基本科学常识和科学原理的认知；理科班的科技教育侧重系统化的理解，对科学原理不仅仅停留在基本认知，更鼓励学生进行进一步探索。陈德桂还鼓励学生发展兴趣爱好，多读书，多开展活动，更进一步促进了澄中学生的求学激情。

从1976年到1980年，在上述措施的推动下，澄海中学的元气逐渐恢复，几年高考都取得了较好成绩；1980年以后，澄海中学的规模逐渐扩大，办学水平突飞猛进，成为具有特色的重点中学。面对已有的丰硕成果，学校领导并没有故步自封，而是有远见地规划学校的长期建设。1985年，时任副校长的郭秀达在“纪念澄中七十大庆校友及来宾座谈会”上发言认为：“办教育不仅要面向我国的现代化，而且要面向世界、面向未来，我们不能故步自封，夜郎自大，我们要吸取世界科学技术发展的新成果，提高我国的科学水平，使我们在国际竞争中，立于不败之地。因此，我们不能把学生从学校里输送出去就完事了，我们要从我国经济振兴等方面来考虑培养人才，不仅要从学生离校后或是工作，或是升学的前途考虑，而且要从学生一辈子的工作和学习来考虑，使新的一代能够赶上时代的步伐。为了提高教育质量，向高等学校输送更多的人才，这是需要一些相应的措施和现代化的教学设备的。”对此，他提出了短期设想：①成立一个奖教、奖学基金会。②购置一些现代化教学设备。③创办一个校办工厂。又安排了远期规划：①完成科学楼五楼的建设。②建设一个能容纳2 000人左右的大礼堂。③建设一座与教务处对称的图书馆、陈列室或教工之家。这些设想后来大多都实现了，确实也促进了学校科教事业的发展。学校的教师也没有满足于已取得的成绩，继续探索各种教学方法以更好地适应新时代的教学，另外，受“十年浩劫”影响，部分学生基础较差，教师通过组织教研组，定期不定期开会研讨，寻求有效的解决途径。

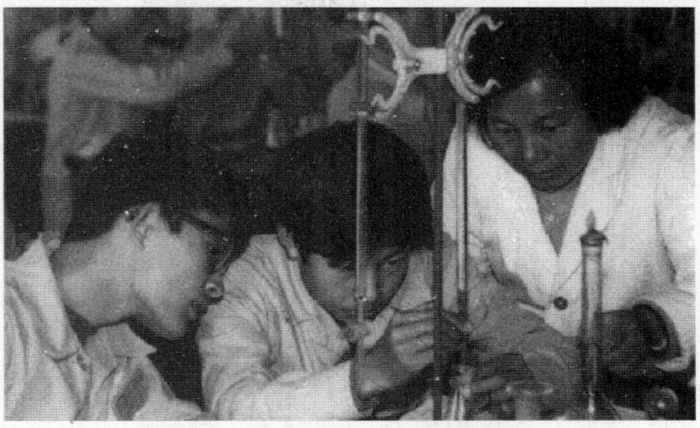

**图2.4.3　80年代的澄中实验课**

特别值得一提的是时任澄海中学教导主任的陈亿定，教师余维汉、郑楚钦、陈有章等。“文革”后，陈亿定从东里苏北中学调到澄海中学。为了响应改革开放初期中央培养人才的政策，他提出要培养“高分高能”的学生，鼓励学生在课余开展多种活动，提升综合素质。为了改善教育条件，一方面，他几乎拿出每月所有工资投入到学生教育，当时中学教师收入水平普遍较低，一个月的工资常常不敷家用。由于陈主任的女婿在香港工作，收入颇丰，家用多能仰仗。于是将工资用作学生的科技实验设备器材采购，有时还让女婿从香港带来“高科技”微型内燃机等投入使用，促使学生的活动开展更为顺利。另一方面，当学生的活动获奖时，他将所获奖金全数投入科技教育之中，或用于奖励学生，或用于购买器材。“工欲善其事，必先利其器”，利器在手，科技发展更为迅速。当时有部分教师对这种做法感到疑惑，他并不因此退缩，面对阻力据理力争，加之他口才极佳（据说无论是在苏北中学上政治课，还是在澄海中学上历史课，他从来不需要看教案，纵横捭阖，张弛有度，口若悬河，学生为之倾倒者不在少数），终于获得学校领导的支持。

图 2.4.4 指导老师和兴趣小组

与此同时，余维汉、郑楚钦、陈有章等第一线的教师也积极配合科技教育工作。1981 年 9 月，郑楚钦、陈有章分别任初一（1）班和初一（3）班的班主任，面对一群基础参差不齐的学生，两位老师一方面狠抓课堂教学，保证学生能够完成学业，另一方面响应培养“高分高能”的口号，鼓励学生开展、参与各种课外活动。在两位老师的带动下，这两个班的学习成绩和课外活动水平长期旗鼓相当，造成良性竞争的氛围。余维汉是物理兴趣小组的主要指导老师，对课外科技小组的引导起了关键作用。余老师教物理课，在讲到“电路”相关知识的时候，在确保安全的情况下，鼓励学生研究他办公室的电路，并学习维修家电，处理电路故障，培养了陈曙青、陈名俞、蚁艇、蔡贤承等一批积极分子。此外，余老师的动手实践能力很强，在“电工”技术之外，还指导学生制作航模。

在校长、教导主任、教师的共同努力下，学生的求学激情也更加高涨。这段时期，学生认真地学习课堂知识，备战高考，使澄海中学的高考理科成绩在汕头市、县中名列前茅，更有不少尖子生脱颖而出。这段时期，学生不仅专注于课堂的学习，还充分发展兴趣爱好，有的研究电器构造，有的尝试化学实验，有的自主探索生物的奥秘。在此阶段，余维汉带领下的航模小组获得了国家级别大奖；李茂荣带领下的哈雷彗星观测小组，在老师的启发下，自己动手翻阅资料，绘制图样，收集材料，反复试验，终于制成两架反、折射式天文望远镜，并成功拍下了全国第二帧、广东省第一帧哈雷彗星照片，先后参加市、省展览评比，均获优秀奖。因此，“观哈”兴趣小组得以参与汕头地区观测代表团，前往海南再次观测。

图 2.4.5 代表汕头地区到海南观测哈雷彗星

20 世纪 80 年代，改革开放的春风使澄海中学的科技教育进一步发展，澄中一方面向高等院校输送人才，另一方面为社会培养综合型人才，他们将技术运用到实践，让生产效率更高，生产质量更高。这个时期的泛科技界突出代表有中国原子能科学研究院串列升级工程部总经理张天爵研究员，美国加州 chemoCentryx 生物制药公司首席科学家郑伟，中国科学院南海海洋研究所研究员、中国科学院研究生院教授、博士生导师、国家级海域使用论证评审专家、九三学社广东省第六届委员会常委、中国自然科学核心期刊《热带海洋学报》编委蔡树群，美国桂兰大学终身教授、美国国家项目基金会评审员、“美国化学学会 2000 年优秀论文奖（每年全世界仅评 1 人）”和“美国青年科学家和工程师总统奖”获得者卢云峰，广东省建科建筑设计院副院长、高级建筑师、一级注册建筑师、广东省高级工程师资格第一评审委员会委员庄平江，潮汕地区著名实业家、广东猛狮电源科技股份有限公司董事长兼总经理陈乐伍等。

# 第五节 科技与综合素质：20 世纪 90 年代以来的澄中科技教育

20 世纪 90 年代，澄海中学科技方面的教育日渐重要，大多数师生对于理科的热情也十分高涨。一方面，1988 年，邓小平同志在“科教兴国”之外又提出了“科技是第一生产力”的说法，国家政策对科技行业也有更多的倾斜，《大学》曰：“一家仁，一国兴仁。”上行下效，在整个社会普遍出现以“科技能力”的强弱作为主要评判指标，以理科为善，以理科为好的观念。另一方面，中学教育面对高考，80 年代后期，高考录取工作中对于理科学生实施一定的政策倾斜，这也促使中学教育在科技方面课程的比重相对增加。

90 年代以降，最明显的变化是学校硬件设施的不断提升。相较于人文学科，理工学科更依赖仪器。国家在教育方面的投入比重相对增加，课堂教学的多媒体化，教学实验室的完善化，实验仪器的精密化，实验耗材采购的专门化，如是种种，提升了基本硬件，保证了学生受教育的整体环境。硬件提升的同时，师资力量也在提升，学校通过多种渠道招收教师，不断充实师资队伍，保证教育教学的持续发展。

90 年代以降，澄海中学早期校友的影响力进一步加强，“桃李不言，下自成蹊”，澄海中学的品牌越做越好。校友的榜样力量鼓舞学生奋进，郑松辉研究员、杜之明将军等杰出校友回校开展讲座，勉励师弟师妹努力学习，当时在澄海中学读高中的校友回忆，在听了郑松辉、杜之明的讲座之后，受到前辈学人精神鼓舞的同时，也对这种能够为国为民贡献青春的绚烂人生更加向往。

在这种情况下，澄海中学的办学水平不断攀升，理科尤其突出，历年高考中，出现多名广东省、汕头市尖子生，如王建民（1995 年广东省物理单科第一名）、曾立环（1996 年汕头市物理单科第一名）、刘泽华（1997 年汕头市数学科第二名）、蔡贤克（1998 年汕头市数学科第二名）、余立寰（1999 年汕头市总分第二名）、陈少芸（1999 年汕头市生物科第二名）、林澄（2007 年广东省理科类总分第七名，汕头市第二名）等。

伴随着 90 年代澄中学子在应试方面水平显著提升的过程，大多数教师并没有放弃对素质教育的探索。20 世纪以来，素质教育的呼声越来越高，中青年教师都用各自的方法培养学生的综合素质，使文科生具备基本的科学素养，理科教学又不致脱离人文基础。

在课外兴趣活动方面，则受到一定程度的削弱。升学压力增大，中、高考的应试教育在学校的教学比重中也不可避免地增大；办学规模的扩大以及师资结构的转变，入学的学生大多经历了比较完整的小学教育，新招录的教师大多经历了比较系统化的师范类教育，90 年代的澄海中学课程设置更加系统，教材更加统一，教学灵活度则一定程度上受到影响。但是，大多数师生并没有放弃科技探索的兴趣。20 世纪 80 年代末，在观测哈雷彗星之后，由于哈雷彗星在短期之内并不会回归地球，于是同学们利用已有的天文观测设备，观测其他天文现象，如日食、月食、流星雨等。航模小组在 1985 年后由于种种原因，逐渐解散，此后虽然也有部分模型制作，却再也没有恢复到 80 年代早期的规模，取而代之的是水火箭。

在21世纪之后的高中物理教材中，有关于水火箭制作的介绍，但是较为简单，于是，同学们在此基础上，纷纷发挥自己的创造力，制作出个性化的水火箭。2008届校友陈泽伟的团队制作的水火箭是比较成功的。据他回忆，他是高二的时候接触水火箭制作的，他们的团队名为“技之五人组”，所有人都以技×互称，团队成员还有陈金俊、黄东宏、蔡颖、吴伟鑫（均为2008届校友）。据陈泽伟忆述：“水火箭是一门所谓的开放性课，然后我们几个就想起物理提过这个，所以去实践。”“先查了下资料，然后找齐材料，很简单，包括大汽水瓶，橡胶塞，自行车打气的那个塞。流程就是将橡胶塞钻孔，刚好可以塞进气阀，用胶水封好，保证气密性。再做个圆锥形顶粘在汽水瓶底部，使水瓶呈流线型。最后做些简单的修饰就完成啦!”“还找了个有沙的地方做了几次实验，测试最佳水量。”“最后我们的水火箭在校运会开幕式上使用，全场惊呼!”2008届校友许雁泽是另一个团队的水火箭主要制作人，他也有相似的记忆。高二的时候由于课程内容接触到水火箭，于是他和陈越（2008届校友）等几个同班同学开始策划。首先，他们以教材的内容作为基础，设计了水火箭的大致结构，火箭的主体部分由2.5L的可乐瓶做成，其他相关配件材料则分工收集完成；在完成了主体结构之后，他们又找到物理老师黄燕朓，黄老师对一些细节又进行了修改；此后，经过了多次试验，他们的水火箭可以发射到三四层楼高。

总体而言，20世纪90年代以来，随着中学教育逐渐规范化，科技教学的整体水平有了显著提升；课外的科技创新方面，比重相对受到挤压，但对未知的好奇心仍使部分师生利用课余时间进行探索，许多学生也在此后考入名牌大学，延续在澄海中学未完的梦想。如今他们大多数处于事业的起步阶段，正如梁任公曰：“红日初升，其道大光。河出伏流，一泻汪洋。”

## 结语



澄海中学的科技教育作为教育的一部分，与其整体教育水平的发展有较强的联系。澄中肇造，百废待兴，科技教育内容也较为简单；随着澄中的办学规模日渐成型，科技教育也日渐规范，内容逐渐完善。但是，科技教育又不完全与整体的教育水平同步，主要体现在两个时间段，一是抗战时期，二是改革开放后，主要原因是科学技术在各种学科中有更强的实用性。抗战时期，县城沦陷，学校迁至樟林、饶平等地，此时的整体教育水平是受到较大削弱的，但是，在抗战救亡思潮的鼓动下，为了科学救国，不少师生在艰苦的环境下坚持教学理化课程，虽然教学进度受到了影响，但仍然培养出了不少人才。改革开放初期，教育界迎来了“春天”，而在“科教兴国”、“实现四个现代化”等口号的号召下，科技教育水平相比整体教育水平有更明显的突破，这种突破体现在学生在较好完成应试的同时，综合应用能力获得提升，这种突破在80年代中期达到高峰，此后转向以应试为主的科技教育方式。关于这两个方面的不同，一方面，科技教育与现代化的关系密切，有其自身的发展与国家政策的侧重，民国时期救亡图存的迫切意识，新中国成立初期至今对理科的相对侧重，都促成了科技教育曾经相对领先于同期学校整体教育水平；另一方面，必须指出，有相对的领先，但并不明显。抗战时期，危巢之下难有完卵，进一步做反事实推断，如果不是抗日战争的爆发，那么澄海中学的科技教育会不会更好，虽未经严格的数理模型分析比对，难以做定量分析，不过从定性分析来看，从办学环境、教学硬件、师资、生源各方面来看，都很有可能会更好。在这个推断下，澄中抗战时期的科技教育在战争时期仍是收到负面的效益，仅仅是收到的负面效益较少而已。改革开放后的问题，同样可以用反事实推断进行讨论，可以推断出科技教育在此阶段仍是与整体教育水平相伴上升的；改革开放后还涉及另一个问题：80年代中期以后转向以应试为主的教育方式，是否是对80年代初期科技教育蓬勃活力的反作用。从目前的成就看，80年代后期至今，科技教育除了在高考上造成了一串美丽的数字之外，仍缺乏“名人”的身影；然而“十年树木，百年树人”，教育的培养和输出需要一定的时间，80年代后期以来，澄海中学科技教育中的实践能力确实受到削弱，但是这并不是科技教育的全部，小部分学生仍利用课余时间进行科技小实验；这段时间相对周期较短，相比早期相同的时间跨度，“名人”及其贡献值的不明显实属正常现象，要充分讨论这个阶段的科技教育水平，或需假以时日。总体而言，讨论澄海中学的科技教育史，难免与澄海中学的整体办学史重合，却也有其自身的特殊性。

关于澄海中学的科技教育史与全国的中学科技教育史的关系问题，在全国视野下，中学科技教育出现得更早，其前身多是学堂，并由此逐渐演进而来。“戊戌变法”期间，光绪曾谕中小学堂要“一律中西兼习，以广造就”，民国初期，各地多有办学，不同地区办学水平参差不齐。目前缺乏具体数据来讨论民国年间澄海中学的科技教育在全国的水平，但从两个方面可以推测当时澄海中学的科技教学水平在广东有一定影响。一是教师，民国时期澄海中学的教师多是大学毕业，有不少教师或留洋归来，或名重一时，如叶浩章、杜国庠、王鼎新、杜君侠等；二是学生，20世纪三四十年代，早期出版的校园刊物中出现《论毒气》等具有一定科技意识的文章，可见其时至少已有小部分学生尝试借助科技探索救亡之道。在这个时期，澄海中学培养了新中国成立早期在自然科学、工业等业界作出贡献的栋梁之材，如谢昂、陈晓中、陈亿章等。新中国成立之后，教育规模更加统一，在新中国成立初期，澄海中学的科技教育与全国的教育具有较强的同步性。20世纪80年代以来，相较全国的中学科技教育，澄海中学的科技教育有较为明显的提升，并且获得较高的自由度，这主要得益于改革开放的政策优势以及侨乡固有的资源，政府的重视、华侨的襄助、校友的反哺，使百废待兴的澄海中学迅速发展起来。90年代以后，由于澄海经济的发展，玩具行业逐渐规模化，企业家注重桑梓建设，继续为澄海中学的教育提供资金支持。当然，澄海中学的科技教育历程在全国也不是独一无二的，与许多中学也有一定的相似性，但是，在相似性中，澄海中学的科技教育历程中存在着值得我们深思并善待的独特个性。

# 第五章　方言研究　澄海学统

## 引言

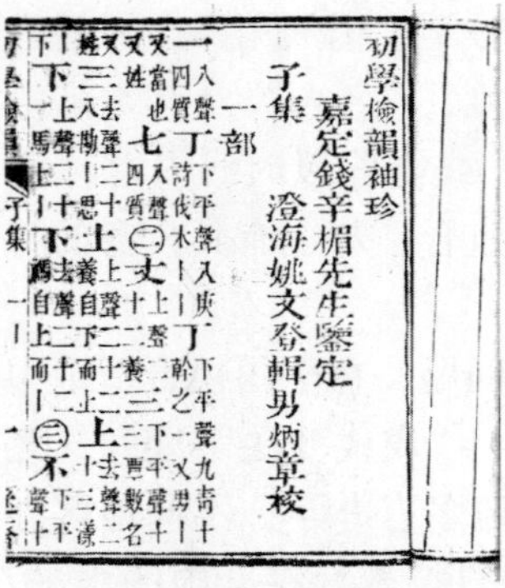
初學檢韻袖珍
嘉定錢辛楣先生鑒定
澄海姚文登輯　男炳章校
子集
一部

2.5.1　《初学检韵》书影

传统的“小学”（文字、音韵、训诂）研究，在澄海民间一直有着颇深的渊源，早在清嘉庆年间，澄海声韵学家姚文登便著有《初学检韵》一书。《初学检韵》“体旧而趣新，义明而词净”，为声韵研习者提供了极大的检索便利。古音学家钱大昕为此书作序，称其书“于同声异部，同字异韵者，辨审而守约，可为诗赋家圭臬”。清代乾嘉学派注重考据的精神，推动了传统声韵学的发展，也开启了后代学人治学的经世实证的学风。自姚文登始，从传统的“小学”到现代语言学，从声韵到方音，无不留下澄海人躬耕其中的身影。

## 第一节　早期澄籍人士的潮汕方言研究

澄海本身有着独特的语言面貌。澄海话保存了潮汕方言较为早期的特征，是研究潮汕方言历史变化的绝好参照点。澄海方言的研究，无疑有着相当重要的现实意义和历史意义，因此吸引了不少澄籍学者。



早在20世纪初，澄海方音就已经引起学者的注意，来潮传教士施约翰（John Steele）为它编纂了方言词典《潮正两音字集》（*The Swatow Syllabary Mandarin Pronunciation*）并在上海出版发行。同一时期，隆城村人张世珍参考闽南方言韵书，结合澄海方言语音实际，编写出《潮声十五音》一书，成为潮汕方言“十五音”韵书编纂的开始。在此基础之上，民国年间澄海人姚弗如、刘绎如先后编印了《潮声十七音》、《潮声十八音》。其后，澄城人陈凌千（1905—1957）又编著了《潮汕字典》一书，此书是部首笔画式潮汕字典的肇始之作，对潮汕文化教育之功不在张世珍之下。

图 2.5.2　黄际遇

最早将现代语言学原理与传统声韵学知识结合，运用到潮汕方言研究的，是被澄海人称为“举人爷”的黄际遇先生（1885—1945）。

黄际遇，近代著名数学家，兼长文学、音韵学和书法，曾任中山大学数学天文学系教授、系主任，同时在文学院开设

《〈说文〉研究》、《骈文研究》课程，并于1934—1935年发表了《潮州八声误读表说》，作者有感于潮音“清声与浊声二类之字，上声与去声二类之字与韵书不合者大约有四分之一”的情况，列出《声类切母八声误读表》和《韵类字首八声误读表》，精细考核，为潮音的正音研究开了先河。

从姚文登开始，到张世珍、陈凌千、姚弗如、黄际遇……方言韵书、字典编纂，乃至语言学研究的传统，一直在澄海延绵赓续，开枝散叶，这其中便有许多从澄海中学走出去的校友。

## 第二节　高校澄籍学者的潮汕方言研究

黄家教（1921—1998），中国著名方言学家，广东澄海人。黄家教先生幼承庭训，有其父黄际遇先生博才多学之风，其长兄黄家器曾任澄海中学校长。1943年，黄家教从澄中毕业后考入中山大学文学院，是著名语言学家王力先生首创的语言学系的首届毕业生，师承于岑麒祥、方光焘、杨树达、商承祚、严学窘等著名学者，1947年毕业之后继承父业，一直在中山大学中文系任教四十余年，投身语言教学和研究，并开设过《汉语方言学》、《汉语音韵学》、《语言学概论》和《现代汉语》等课程，历任助教、讲师、副教授、教授。

**图2.5.3　黄家教**

对汉语方言理论问题的研究，是黄家教学术研究的最重要内容，其中既有对某一方言的某些现象、特点的研究，又有对某些普遍性方言理论问题的研究。黄家教先生最早对潮汕方言的语音系统作全面的调查研究，他的代表作有《潮州方音概说》、《潮汕方言的代表语问题》、《潮安畲话概述》、《有关汉语方言分区的一些问题》、《关于汉语方言词汇调查研究的问题》、《谈汉语方言的语音调查》、《从历史音韵出发来考察汉语方言语音的差异》、《有关当前语言研究的思考》等论文。晚年，黄家教教授将毕生学术研究之精粹，撰成学术专著《语言论集》，受到海内外同仁的广泛赞赏与肯定，其生平事迹及学术成就，被收进《中国现代语言学家·第三分册》。

黄家教曾任全国汉语方言学会理事、中国音韵学研究会学术委员会委员、广东省中国语言学会学术委员会委员、广东省中国语言学会顾问、汕头市中国语言学会顾问等职务。黄家教从事语言教学与研究四十多年，为中国教育事业和语言研究事业贡献了毕生的精力，也培养了大批的语言学人才。在研究内容方言，黄家教既重视学术方面的深入研究，又注重学术研究与实际应用的结合，其研究对象涉及汉语方言学、少数民族语言、社会语言学、语言教学、文字学和聋哑儿童教学等多个方面。

1985年，黄家教先生应邀担任汕头市语言学会、潮汕方言研究会的顾问，多次莅汕讲学，为潮汕地区的文化教育事业献策献计，尽心尽力。

李新魁（1935—1997），8岁时入黄际遇先生家塾读书，学过“四书五经”，还阅读过大量古籍和新文学作品，他聪慧好学，常受塾师赞扬。李新魁15岁时考入澄海县第一中学，在澄中读书时，曾任《澄中日报》执行主编。1955年，20岁高中毕业后考上中山大学中文系，师从著名学者容庚、商承祚、陈必恒等教授，这时他对家乡方言产生了兴趣，在黄家教的指导下开展调查研究。1956 年，大二时撰成《潮州话研究》；1957 年，大三时与人合作写成《潮州人学习普通话手册》，并于翌年正式出版，同时期发表了《潮州人学习北京音》、《潮州话的几种特殊句式》、《潮州方言的数量词》等方言学方面的论文。在此期间，他开始师从著名学者方孝岳教授学习语音史，"始以方言为绪，继而涉猎音韵"。从此走上语言学的研究道路。

图 2.5.4　李新魁

24 岁大学毕业前夕，李新魁即撰成《〈韵镜〉校证》专著初稿；1959 年，李先生毕业后被分配到广东师范学院中文系工作，主持制订了《潮州话拼音方案》。他运用语言学的科学理论，在过去《十五音》的基础上，按照潮汕方言的实际，以汕头市语音为主要依据，编成《新编潮汕方言十八音》一书出版。它共分十八个声类、四十六个韵部、八个声调，采用《潮州话拼音方案》（1960 年广东省教育行政部门公布）的例字和符号，共收字 7 300 个。该字典既用传统注音方法用同音字或反切注音，又用《潮州话拼音方案》注音，收字以《新华字典》为基本，适当增加潮汕方言俗字。1960 年撰成《普通话语音史》初稿。

李教授在等韵学、近代音、中古音、上古音等诸方面均有很深的造诣，改革开放以后，他著作等身，成就卓著，出版的著作计有《古音概说》（1990）、《〈韵镜〉校证》（1982）、《〈中原音韵〉音系研究》（1983）、《汉语等韵学》（1983）、《汉语音韵学》（1986）、《中古音》（1991）、《潮汕方言词考释》（与林伦伦合著，1992）、《韵学古籍述要》（与麦耘合著，1993）、《广东的方言》（1994）、《广州方言研究》（与黄家教等合著，1995）等；在此期间，他还有大量论文发表，其中在音韵学界和汉语方言学界影响重大者有《上古音"晓匣"归"见溪群"说》、《论上古音"之"部及其发展》、《论（切韵）系统中床禅的分合》、《重纽研究》等。

因为对音韵学造诣高深，他对潮汕方言的研究也有很多新发现，发表在《潮学研究》第一、二期上的《潮音证古》两篇论文是其代表作。当然，令其在潮汕驰名的，还是他的《普通话潮汕方言常用字典》。《普通话潮汕方言常用字典》在注音方面采用了 1960 年制订的《潮州话拼音方案》，并首次把汕头话作为注音的基本代表点，并加注各地不同的读音。与之前诸多潮汕方言字典相比，有了明显的进步，对潮语语音的规范化起到很大的作用。除了潮汕方言，李先生在汉语方言学上的贡献，主要还有对广东闽、粤、客家三大方言的描写研究以及对闽、粤方言与汉语语音史关系的研究。

李新魁教授兼治汉语史，除了汉语音韵学的研究之外，还著有《汉语文言语法》、《古代汉语自学读本》、《类别词汇释》、《实用诗词曲格律辞典》等著作十多部，论文数百篇，有 400 多万字。李新魁先生曾任中国语言学会常务理事、中国音韵学研究会副会长、中国民族语言学会理事、全国高校文字改革学会理事、广东省中国语言学会副会长兼学术委员会主任、广东省社联委员等，并多次应邀到日本和中国台湾、中国香港等地高校作学术演讲，在海内外皆有影响。

李新魁是澄海中学百年历史天空中一颗熠熠生辉的"魁星"，他的治学成就在汉语言文字学的研究领域中独造了一座学术高峰。他的很多著述日后成为汉语方言学、汉语音韵学学科的经典论著，对后代有着重要影响。他的精神更是鼓舞着一代又一代有志于学术研究的澄中人。

黄家教、李新魁的学生中，日后有不少成为著名语言学家，如现任权威中文刊物《方言》期刊主编的麦耘教授，澄籍语言学家林伦伦教授、陈伟武教授、王彦坤教授、陈小枫副教授、王永鑫副教授。

林伦伦在中山大学中文系学习期间，曾与李新魁先生合著《潮汕方言词考释》，后获得了“潮学研究”特等奖。硕士毕业后被分配至汕头大学工作，现任韩山师范学院院长，广东省中国语言学会副会长。著有《广东南澳岛方言语音词汇研究》、《新编普通话对照潮州音字典》、《潮汕方言：潮人的精神家园》等专著二十多种，其中在汉语方言学界影响重大的有《潮汕方言词考释》和《澄海方言研究》，发表论文100多篇，获得过“中国社会科学院青年语言学家奖”，是继李新魁之后方言研究的又一名家。林伦伦指导的澄海籍研究生林春雨、杜奋（澄中校友）等，也都以潮汕方言为研究方向。

图 2.5.5　林伦伦

陈伟武现为中山大学中文系教授，博士生导师，兼任中山大学古文字研究所所长、中山大学传统文化研究中心主任、中国语言学会理事、中国古文字研究会理事兼秘书长，著有《简帛兵学文献探论》、《愈愚斋磨牙集》等古文字学研究专书，发表有《潮汕话鼻化韵概述》、《潮汕方言词选释》、《〈潮汕方言词考释〉续貂》、《潮汕方言词琐记》等潮汕方言研究的学术论文。陈伟武指导过的博士，现任中山大学中文系古文字学博士生导师的陈斯鹏教授，也是澄海人。

王彦坤现为暨南大学文学院教授，博士生导师，专治文献学与训诂学，著有《古籍异文研究》、《历代避讳字汇典》等专著，发表有《潮州话动词或处所名词前面的“来”》等潮汕方言研究论文。

陈小枫任教于中山大学中文系数十年，有《广东闽方言语音研究》（与林伦伦合作）、《中山闽方言探源》、《汕头方言的部分特色词》等著述；陈小枫的学生，汕头大学文学院副教授陈凡凡博士是澄中1999届的毕业生，致力于对外汉语研究，发表有《广东澄海闽方言数词的语法特点》（与林伦伦合作）等论文。

王永鑫副教授（笔名王笑）长期在韩山师范学院、汕头教育学院中文系从事汉语教学和研究工作，曾任广东省中国语言学会理事，著有《潮汕方言与中古语音的比较》、《潮汕方言特有声韵调探源》、《略谈潮汕方言研究的历史与现状》等10多篇文章和专著《潮汕方言俗语》、《潮俗诗歌选注》、《语言论稿》。并在韩山师专、汕头教育学院中开设《潮汕方言与文化》课程，颇有影响。

在前辈澄海籍学者的开拓下，以潮汕方言研究为基石的语言学研究，出现了不少澄中人接踵前行的身影，并结出了累累硕果。

## 第三节　本地澄中校友的潮汕方言研究

回望历史，澄海本地重视潮汕方言研究的传统历来有之。1961年，在曾任澄中校长的王鼎新副县长倡导下，筹备成立了澄海县文博研究会并将方言研究作为其中一项内容，当时有郑应钦、李绍雄、蔡英豪等澄中师生参加。蔡英豪先生后来一直坚持潮汕方言俗语的搜集整理、潮汕文化历史渊源考证及内涵的研究，并出版有《潮汕熟语集释》、《潮汕辞典》等专著，发表方言论文近30篇。30年后，澄海县文博研究会重新成立，在会内设方言研究组，蔡英豪、余自然等澄中校友积极组织本县一批方言研究爱好者从事方言研究，组织搜集、出版方言著作。

**图2.5.6　蔡英豪**

在本地业余从事潮汕方言研究，较有成就的还有校友余流先生（笔名于六）。余流，澄海莲上人，曾任汕头戏曲学校教材组长，编著有《潮汕俗谚》和《潮汕民间成语初集》（合作），还发表了《潮汕话本字考五则》、《潮汕音乐名物术语考释》等10多篇论文，并参加《汕头市方言志》的编写工作。



本地中青年校友中，有师从王永鑫的澄中校友许泽敏，师从林伦伦的澄中校友有王伟深、邵仰东等。许泽敏主要从事潮汕方言调查、研究，发表《南澳话声调系统的特点》、《潮汕话声调异读及其语法意义》、《南澳话声韵调系统简述》等论文及方言文章20多篇，独立调查南澳话词汇系统，为中华书局出版《南澳县志》撰写《方言》篇。王伟深主要从事潮汕方言及民俗研究，出版有《潮汕俗语文化趣谈》、《潮汕妙语趣谈》（合作）等多部著作以及《中国的言语禁忌与避讳》（合作）等语言学专著。独立完成及合作出版著作12本，共100多万字。邵仰东现为汕头大学研究馆员，曾参与《新编潮州音字典》的编写，著有《潮汕熟语俗典》（与余流、王伟深合作）。

## 结语

潮人俊彦星汉灿烂。除了澄海的语言学家，潮州的詹伯慧教授和曾宪通教授，潮阳的张盛裕教授、汕头的施其生教授，都是中国语言学研究中各个领域的领军人物。在他们的共同努力下，潮汕方言这一在中国语言学中具有重要价值的方言，其意义在学界不断得以阐发。他们丰硕的研究成果发表于各种语言研究的权威学术刊物上，经由他们，潮汕方言研究实际上已经成为一个具有重要学术意义的研究范式。在这些潮籍语言学家中，澄海人对语言学、方言学的关注，自姚文登以来不绝如缕，并在澄中校友黄家教、李新魁先生的身上得到了发扬光大。澄海方言研究的学术传统一脉相承，人才辈出。

澄中校友对潮汕方言研究作出的贡献，与澄海中学历来重视学生的语文读写训练以及语言文字运用不无关系。澄中的语文教学向来注重训练学生扎实的语言基本功，在对学生的语文基础能力教学中贯彻精致教学的理念，培养了他们良好的语文素养。近年来，澄海中学成立了潮汕方言研习社团，一些学生选择潮汕方言为课题进行研究性学习。越来越多的澄中人，正走在由前辈澄中校友用深厚的学术积淀铺就的大道上，走向语言学这座宏伟的殿堂。

# 第六章　文学蔚起　观风鉴史

## 引言

一学校之历史，必包括一学校之文学。现代中国的每一次巨变，几乎都有文学的参与，具体到一个学校，也是如此。小至个人的少年愁绪，课堂的师生互动；大到危急关头的家国情怀，革命时期的振臂一呼，无不与文学息息相关。因而，百年的历史，理应有一幅属于文学的风景。

本专题即以时间为序，对澄中各个时期的文学创作、文学教育情况作一番概览。对于那些从澄中毕业后以文学知名的校友，我们也在每个时期中作简要的介绍。

## 第一节　中华民国时期（1915—1949）

澄中文学史的开端，与“文学革命”有着密切联系。民国九年（1920），亦即震惊中外的“五四”运动爆发后一年，《新青年》、《向导》、《每周评论》等新文化刊物便开始在澄中的学生中流传。至民国十四年（1925）“五卅”运动时期，接受了新观念的澄中学生已成为澄海县学生联合会的发起者。澄中青年白话剧团自编自导自演了《爱国人儿》、《婉真姑娘》、《黄浦怒潮》等话剧参与募捐活动，支持工人的罢工斗争。《澄中》（现仅见第二卷第一期，以下所称《澄中》，均指此），便是当日澄中学子接受新文化思想的集中展示。

图 2. 6. 1　《澄中》书影

《澄中》的版式为繁体横排。在澄海中学现存的 1949 年以前的刊物中，这种“激进”的排版方式是独一无二的（“横排”意味着对传统“竖排”的反叛）。杂志出版于民国十六年（1927）。民国十六年，在中国现代文学史上是极为特殊的一年。在此之前，文学的发展主要还是受新文化运动的影响；在此之后，一方面国民党政府对文化界控制逐步加紧，另一方面左翼文学兴起，两种力量共同造成了政治对文学的过分干预。在《澄中》中我们看到的讨论“党化教育”的文章，便是当时政治环境的反映。

《澄中》由“澄海中学校学生会出版委员会”编辑出版，

收录师生文章①。刊物的内容，按体裁，可分为杂论、小说、诗歌、散文等。其中，最引人注目的是它的小说部分。此处先介绍一组“郁达夫式”小说。《沦落》，题目就让人联想到郁达夫的成名作《沉沦》。它的故事，可看作《沉沦》、《春风沉醉的晚上》的拆散重组——一位多病寥落的教员在一个晚上邂逅一位正处于性苦闷期的已婚妇女。一夜风情之后，教员彻底走向堕落。小说的语言，随处可见郁达夫式直白而带有神经质的呐喊以及对女性身体近于自然主义的描写。从模仿的角度来看，这篇小说可称得其形神。《沦落》的作者署名“其敏”，据考，他就是日后有名的电影编剧、影评家、散文家、古典文学研究家和编辑出版家吴其敏。吴其敏本名吴锐心，笔名眉庵、向宸、望翠、翁继耘、梁柏青等。民国十四年（1925）入澄中，也是在这里，吴其敏开始了他的文学生涯。民国二十六年（1937）后，他移居香港，以后来被收录《吴其敏文集》里的诸多剧本、散文及所主编的《海洋文艺》，在20世纪的香港文坛占据一席之地。

与《沦落》相比较，《秋芙蓉》（绵亘）和《一条深刻的旧裂痕》（葭蕤）的语言显得不够成熟，但前者的温暖感伤和后者主人公那无处排遣的闲愁，还是很容易让人联想到郁达夫的名作《迟桂花》。

与郁达夫式小说的专注于自我相反，另有一批小说选择将目光投向社会。它们大都是“文学革命”后风行一时的“问题小说”的模仿物。不过，学生的视野毕竟狭窄，他们基本只专注于婚姻爱情方面，如仿陶晶孙的《茑萝》、《礼教下的牺牲者》。值得一提的例外是《拜金主义》（阿初）。本篇讲述了一个没落乡绅么四，因受财主双木之骗，欠下巨款，被迫将自己的女儿许与商人，此事因触犯了传统的士商界限而引起其他乡绅的介入，双方相争不下，故事最后在对么四女儿出路的讨论中结束。在小说中，乡绅与富商、宗族与法庭等新旧势力的斗争得到了关注，虽然人事均有概念化之嫌，但就眼界而言，已殊为不易。另有两篇描写婚姻爱情的小说则以形式出新取胜。《楼角芙蓉》（嘉瑞）是日记体，通过一个女性的心理自白展示了社会变动中一段无果的三角恋爱。与丁玲后来震动文坛的《莎菲女士的日记》相比，本篇的写作还早了近一年。而《缺刻的梦痕》（林衍兆）则借由梦境，描写了一个恐怖的四角恋爱故事。值得一提的是，这两篇小说的作者很有可能均是女性，而澄中直到民国十五年（1926）杜国庠任校长期间才招收女生。如此，则新时代女学生的自我觉醒，似要比制度的进步迅速许多。

《澄中》还收录了不少诗歌。令人意外的是，在小说中显示出巨大影响力的创造社作家，在诗歌方面却缺乏追随者。刊物中的诗歌大体是湖畔诗派和冰心的哲理小诗的模仿物。从内容上看，当时的学生偏爱咏物，不少诗作写得颇为活泼有趣。相比之下，散文的创作显得太少，只有一篇《我》（半呆），对了解当日的学生生活具有一定意义。

《澄中》之后的澄中文学创作情况有相当长一段时间的空白。新的叙述点出现，要等到抗战时期。

---

① 《澄中》倒数第二页有“投稿简章”，明言登载时用的是“别号”。因时隔多年，现今所能知道的确切作者，只有“其敏”乃吴其敏，为当时学生；“杜英三”即杜国玮，为澄中国文教师。《澄中》未限制投稿范围，且面向社会销售，因而是存在校外人士投稿的可能的。但囿于材料，无从论证，故只言师生。

民国二十六年（1937）“七七事变”后，中国的一切转为以抗日服务为重，文学亦不例外。1938 年 3 月 27 日，中华全国文艺界抗敌协会在汉口成立，新文学进入“抗战文学”阶段。澄中在战争爆发后紧跟时代步伐，积极投入到救国的洪流之中。1939 年 6 月 21 日，潮汕沦陷。有关澄中在此期间的迁徙，校史的其他部分有提及，此处不再赘述。必须指出的是，即便环境是那样的艰苦，澄中师生依然能坚持学习，参加各种活动。这些活动有野餐会、曲艺表演等丰富多彩的课外娱乐，也有出外募捐、宣传抗战等。现今仍留存在中山大学图书馆的部分文献，可以让我们一窥战时澄中文学的风貌。

民国二十七年（1938）出版的《火炬》，全部文章内容均与抗战相关，首篇周英耀校长的《现阶段教师的使命及其应有的努力》，是在当年 6 月 6 日教师节的一个演讲，强调教师应负起新的教育责任，那就是教育学生树立起“建国必战”、“抗战必胜”的信念。《兵役宣传周工作日记》（山人）则可以让我们具体了解师生在抗战期间所参与的各项活动。其中，话剧表演的频繁出现值得注意。作为毛泽东最为看重的文艺样式，话剧在澄中抗战文学里的重要性及其内容的“红色”特性，似乎在一定程度上，预示了内战时澄中的迅速左转。

**2.6.2** 《澄海县立中学校元旦特刊》书影

民国二十八年（1939）的《澄海县立中学校元旦特刊》是师生合作的一本刊物（在本刊中，有些篇章会在作者姓名前加上“初二”、“初三”等字样，以此可推测那些只署姓名的文章当是老师所写）。老师所作，大体是就大的环境局势着眼，以杂论为多。署名“英耀”（当是当时澄中校长周英耀）的《新岁献辞》纵观当时形势，对未来作出了乐观的估计。其他像《革故鼎新》（树文）、《怎样才能根本地肃清汉奸》（名宗）和《新年抗战的形势和目标》（式昭），无不体现老师们的爱国情怀和独到眼光。学生的讨论则相对范围较小，值得一提的作品有署名“汉光”的诗歌《妈妈，我将不能长侍汝了!》，长歌当哭，表达了甘愿为国捐生的坚定意志。初二学生蔡作楫则以极大的热情写作了长诗《我爱慕前线的战士》，表达自己对出生入死的士兵的敬佩。初三学生吴兰生的《抗战与战争文学》和初二学生黄心莹的《抗战与妇女》两文均条理清晰，语言明快。初三学生李幼石的《到金砂乡去》写的是抗战募捐的活动，涉及社会各色人物对募捐的反应。文章写到了捐出自己仅剩的半毛钱的女工、慷慨解囊的华侨，以及或装穷或出逃外洋的有钱人，可作一幅白描的抗战众生相看。

同年出版的《澄中校刊》则主要体现了抗战进入相持阶段的历史情境。第一期刊载的周英耀校长的《求学与工作》，已经说到学校能够开学“要感谢前方的忠勇将士浴血苦斗，为国捐躯，换来这样安静的环境给我们得以继续求学和工作”。第三、四期合刊则已大谈《长期抗战中澄海青年学生应有之认识》（卞稚珊，时任澄海县长）。

关于内战时期的澄中现代文学，我们通过一些回忆文章，得知早在民国三十五年（1946），澄中便有高年级学生组织读书会，吸引了一些进步青年，以后，讽刺话剧、进步歌曲也相继在校园演出传唱。《风帆》、《智捉大佐》、《禁止小便》、《机器人》、《向太阳》之类的文学作品也开始出现。现存民国三十五年（1946）第一期、第二期，民国三十六年（1947）第三期的《澄中校刊》也有几篇文字值得一读，如《战时澄中生活》（高一下学生池悦宏）、《新校舍梦游记》（梦生）、《风筝比赛素描》（陈奕涛）等。这几期还有几篇文学评论的文字值得重视，如《小品文做法漫谈》（逊吾）、《读鹏鸟赋》（高二下学生杜之骞）、《李长吉及其诗》（诗愚）、《评雷雨的繁漪》（杜之骞）等。这些文学评论，在澄中的刊物中是比较少见的。

本时期在文学创作上取得较大成就者有：

王君实（1910—1942），原名王惠风，笔名王修惠。1937 年赴新加坡，从事文学活动，写了大量宣传抗日文章。1942 年日军占领新加坡，派兵包围其书店，限 3 天内交出王君实。为了不连累书店人员，王君实写下绝笔书，跳楼殉难，表现了凛然的民族气节。遗著有《王君实选集》。

陈博文，1923 年在澄海出生，笔名华、萧燕、任坚等，旅居泰国，自创商行，兼任报刊副编辑，进行杂文和小说写作。出版有《三不斋谈薮》、《人海涟漪》等书籍。

周镇昌，笔名闻莺，1928 年生，剧作家，中国剧协会员。与杨景文合作整理的潮汕民间故事《鸳鸯铁展桃》，获得广东省鲁迅文艺奖。另有民间文学的研究论文多篇。

## 第二节　中华人民共和国时期（1949 年至今）

中华人民共和国成立以后澄中的现代文学创作，可以从两个方面进行观察：一是以各个时期澄中的文学社团为中心的学生校园文学活动，二是从澄中走出来的文学人才及其创作。

### 一、80 年代以前

1949 年 10 月 1 日中华人民共和国成立，10 月 24 日潮汕建立新政权，政权的更迭导致了校园与文学的关系产生剧烈的波动。毛泽东“文学艺术为阶级斗争服务”的文艺思想，成为纲领性的指导思想。激烈的政治事件从来都是最先触动青年学生的神经，“解放”的狂欢与承诺带给青年学生的感受，正如学生黄思瑜一首诗歌的题目——“幸福的生活从此开始”。

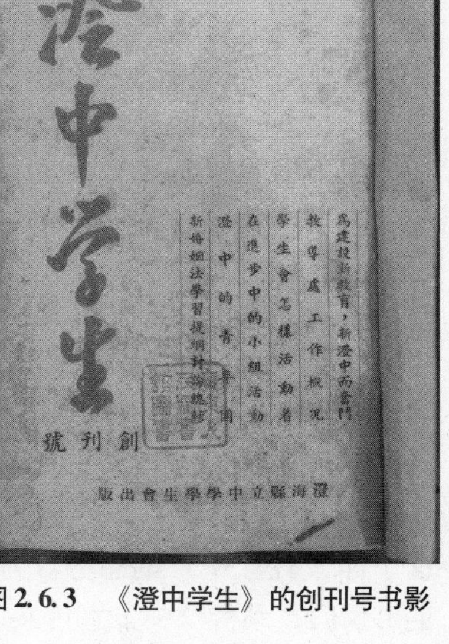

图 2.6.3　《澄中学生》的创刊号书影

1950 年，为了迎接“这伟大的教育的新时代”，由澄海中学学生会主办的《澄中学生》创刊。这份刊物以“新澄中”命名，表现了与

"旧"澄中的决裂。1953年校刊《澄海一中》正式创办，为宣传爱国主义与革命教育，"发掘学生的共产主义道德品质"，校刊开始陆续发表了一大批学生的习作。这些作品大多为了配合政治宣传，主题鲜明，带有"政治论文"的时代色彩。

1949年5月9日，116名澄中师生上凤凰山参军，"震撼了黎明前的潮汕"。这一历史事件，在其后的文学活动中被不断地回忆、想象、重组和书写，成为"澄中文学"重要的创作"资源"。60年后，仍有校友对此慷慨赋诗。作为一种抒情的文体，诗歌无疑为写作者提供了最好的选择。黄宇智《我们，就要奔上新的征程》（1955）是这一时期"政治抒情诗"的代表。这首诗以"大我"的"抒情主人公"形象，书写了"五九"凤凰山参军的情感反应，诗句充满了鼓动性。

这时期的澄中诗歌承接了30年代"左联"的诗风，充满了革命浪漫主义气息。但也有"坐在河边的草地上，望着发光的对岸沉思"的小诗人陈煜。他的《幸福就在我们眼前》是50年代学生诗歌作品中，难得一见的佳作。这首诗写道："一只从岸上飞来的鸟儿，/停在我旁边的树枝上，/拍着翅膀，高兴地歌唱着。//它叫着、唱着、望着幸福的对岸，然后用着愉快的目光看着我。"诗中描绘了一幅快乐和谐的情景，风格清新自然，语言质朴，与当时众多"政治抒情诗"形成强烈的对比。

1954年与1955年澄中分别举办了以"平凡的一天"（1954）、"新人新事"（1955）为主题的征文比赛。获奖的作文"主题明确，能对具体事物作出生动的描写，在一定程度上反映了同学在平凡的日子里成长起来的爱国主义思想和道德品质"，但"反映面太狭，有的写的不细致深入"。其中，高二学生李新魁的《这一天》脱颖而出，获得第一名。作为文艺活动的积极分子，李新魁巨细靡遗地记叙了澄中一天内的学习生活，叙事条分缕析，辞藻也颇具文采，为50年代的澄中校园生活提供了一幅生动的图景。

"成长"是这一时期澄中文学的"母题"，学生的文学作品强调要写课内外生活中的思想觉悟，要求突出"真实"、突出"改造思想"，鼓励学生"进步"。这些文体意识并不明确的文章或写人，或记事，树立学习榜样，宣传先进事迹。一些小散文如《课间操》、《愉快而又有意义的暑假》、《落叶精神赞》、《小伙伴》虽不那么意识形态化，但文章仍脱离不了"写景（人）抒情（言志）"套路的窠臼，少有新意。

与新中国成立前相似，在澄中的"文学场域"内，话剧仍是一种特别的艺术样式。据《澄中剧运概述》记载：澄中剧社在1949年后复苏。第一次在"劳军大会"上，以班为单位，演出《一朵红花》、《英雄之家》、《蒋匪帮》、《囤户》、《群猴》、《特务血迹》、《故乡》、《蒋匪区一角》、《佃农之家》九个独幕剧。第二次在"欢迎参军师生大会"上，剧社演出改编的潮剧《白毛女》和话剧《血泪仇》。1955年校庆日，学生演出话剧《考验》。1957年校庆，教工又排演了话剧《万水千山》。这些话剧的演出，实践了革命文艺的教诲宣传作用，达到了预期的宣传效果。

这一时期澄海中学的"文学教育"，主要以苏联和解放区作家的无产阶级激进文艺作品为主。学生阅读的文学书籍，也是经过学校认真挑选，明显呈现出厚"今"薄"古"，重"洋"轻"中"的态势。为了实践"文艺为工农兵服务"的大众文艺主张，澄中师生走出校门，到群众中去宣传文艺。这些口头文学作品注重平民化，如描绘合作社好处的潮曲《老三探社》（李正岳）在配合社会宣传工作中受到群众好评。

借着良好文学教育环境的背景，这一时期的澄中还产生了两份重要的刊物——《澄中报》和《语文学习》。《澄中报》，即澄海中学黑板报，原名“澄中日报”。每周出版一期，位于原澄中大礼堂前左侧，每周一、三、五轮流出版一大版。该报设有编辑部、出版组、采访组和通讯组。无论校性新闻或小通讯，都经过精选，很有可读性，深受学生欢迎。《语文学习》则创办于50年代后期，其前身是成立于1953年的文学组织“青年鲁迅小组”所主持的黑板报刊《文艺学习》，初在学校教务处前左侧，后迁至原澄中大礼堂前右侧，双周出版，后改为每周出版、每周两期。编辑部设于礼堂一楼学生会办公室隔壁，由语文教研组指导，通讯员由各班学科代表和兴趣组成员组成。《语文学习》的内容主要介绍语文知识，选摘语文杂志的文章。1956年，中央提出“百花齐放、百家争鸣”的方针，《语文学习》还特地举办征文比赛。这两份黑板报刊，均极大地提高了澄中学生文学创作的热情。

图 2.6.4　1965 年《语文学习》人员合影

到了“文化大革命”，学生的文学活动停滞，在“砸烂旧澄中”口号的声浪中，八个“革命样板戏”成为校园文艺活动的主要样式。

本时期在文学创作上取得较大成就者有：

高俊彦，笔名南雁，澄中1952届校友。著有武侠小说《白玉虎传奇》、长篇历史小说《刘进忠反潮州》等，与周镇昌合编潮剧《宁海神缘》。

杨景文，澄中1958届校友。出版散文特写集《各领风骚》等四部作品集。

陈有昇，澄中1959届校友。主要著作有《白云飘逝——陈有昇自选文存》等。

陈少华，1965年澄中初中毕业。所作《秋恋》曾获香港无线电视台征文亚军。出版散文集多部。

陈海鹰，1970年澄中毕业。作者于1969年在澄中读高一时，到牛田洋参加劳动，遭遇台风。10年后就读于中山大学时，在中山大学《红豆》杂志发表小说《黑海潮》，描写其亲历的牛田洋台风海潮事件，中山大学中文系为之举行“陈海鹰小说《黑海潮》讨论会”。小说曾获“广州文艺奖”二等奖。创作出版长篇小说《深山野匪》、短篇小说集《韩江渔灯》，其创作的100万字《新红楼梦》，也受到文坛普遍关注。

陈继平，1975届校友。出版有长篇小说《埠魂》、小说集《最后的香洲》。潮剧剧本《风雨红头船》被列入省精品项目并发表于《广东艺术》；与人合作的大型话剧《大潮商魂》获广东省第十二届艺术节优秀剧目奖等5项奖。

李立群，1977级校友。词作家。作品曾由中央电视台、中央人民广播电台、中国国际广播电台以及日本、新加坡等地的电台和电视台播出。获各级大奖近百项，主要有中宣部全国“五个一工程”文艺奖；中国“广播新歌”政府奖一等奖；中国国际音像博览会征歌歌词最高奖——最佳作词奖；奥运会优秀歌词奖；广东省宣传文化精品奖；广东省“星海音乐奖”流行音乐年度最佳作词奖等。

## 二、80 年代以来

20 世纪 80 年代初期，随着改革开放的进行，中国开始了又一次对西方文化的大规模吸收。在青年学子中，对单一声音的质疑逐渐演变为对人之为人的尊重和对多元思想的兴趣。时代风潮所及，澄中校园文学活动也开始变得频繁，不少学生后来走上了文学之路。

1983 年至 1984 年间，澄中初三学生陈森、刘冬娜、陈娴等成立了小水滴文学社，参加的同学最多时有 20 余人。他们出版了《小水滴》油印小报，将会员的作品集中刻印成册。而大约同时，同届的澄中学生林戈、谢向阳等 6 人也成立了一个名叫“木兰舟”的文学社。

1985 年，澄中学生陈竞芳、郑璐、吴佳、黄长勇、蔡惠茹、蔡秋阳等人发起成立了烛光文学社。当时，这些学生怀着对文学的朦胧爱好，夜晚在班里点燃蜡烛刻印小报，故名之“烛光”。随后，学生陆续自发成立若干文学创作小组，分别油印小报，编辑壁报。烛光文学社是改革开放以后澄海中学文学社团的雏形，激发了中学生对文学艺术的创作热情。

1985 年 9 月至 1986 年 7 月，澄中在学的林海燕（林渊液）、杨丽莹、邹瑞华等校友创办《萤火》杂志，诗歌、小说、散文等文体兼备，陈云达等老师经常给予指导。该杂志以手刻钢板油印出版，16 开，约出版 6 至 8 期。

1988 年 9 月，星星文学社由王洁、黄有升和张文伟等筹备发起，拥有社员约百人，系秦牧文学社之前身。筹备初期，王洁担任首届社长。该社在正式成立以后由黄有升接任社长，之后历任社长有蚁卫平、蔡乐娃，出版有《星光文学报》（四开二版）10 余期。该报在 1995 年 12 月 20 日改为《星光报》（四开四版），由澄海中学学生会主办，成为《澄中报》特刊。



《星光文学报》创刊号卷首语《星的宣言》由张文伟执笔，该期发表有《悠悠寸草心》（蔡之翰）、《夜雨》（东风寒）、《余音未尽——评〈共和国不会忘记〉》（黄庠）等文章，另开设诗歌专栏，登载《留恋》（蚁卫平）、《阿波罗之光》（蔡乐娃）、《过去，未来》（林爱平）和《雾的岁月》（庄旭）等诗歌作品。

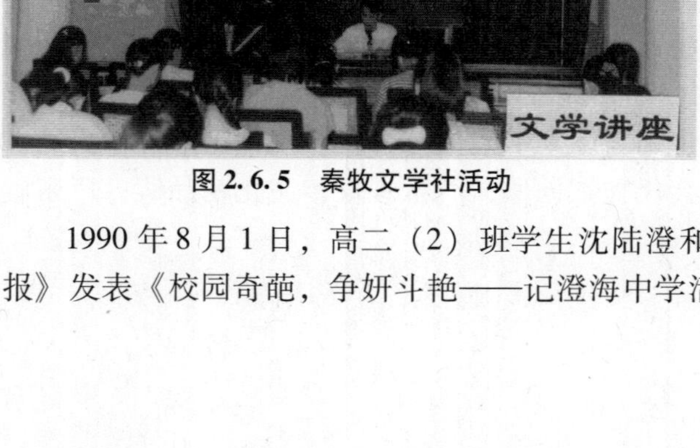

**图 2.6.5　秦牧文学社活动**

自 1988 年至 1991 年间，星星文学社一直坚持出版《星光文学报》，组织了包括观看电影、采风、文学讲座、文学交流会、读书会等一系列的文学活动，提高了学生们的文学素养，进一步激发了学生参与文学创作的热情。

1990 年 8 月 1 日，高二（2）班学生沈陆澄和陈仁凯以“陆凯”的笔名在《汕头日报》发表《校园奇葩，争妍斗艳——记澄海中学活跃的第二课堂》的文章，介绍了星星文学社、集邮协会、英语角、鸣柳话剧团、澄风谜联等社团活动的盛况。文章特别提到，“在这些课外组织中，最具影响力、号召力的首推星星文学社。文学社使文学爱好者得到了学习、锻炼和施展才华的机会，社员的作品常常占据了《澄中报》的整个版面。社刊《星光报》有力地促进了学生文坛的发展，繁荣了同学的创作生活，受到了师生的一致好评”。

1994年，为纪念澄籍散文家秦牧，澄海中学星星文学社易名为“秦牧文学社”。秦牧先生虽未在澄中就读，却也与澄中渊源颇深。80年代的校歌，就出自他的手笔。

秦牧文学社创建伊始，即与学校语文教研组有着密切联系。语文课堂成为培养学生写作兴趣，发掘热爱文学的学生作者，保证作文比赛顺利进行的文学基地。也正是通过作文比赛，秦牧文学社在短时间内聚起了一批热爱文学的学生作者，顺利编印了第一期《彩贝集》。

1996年，《彩贝》诞生，澄中文学由此进入了异彩纷呈的“彩贝时期”。其时商业文学在中国正呈上升之势，这份小小的社刊却保持了80年代校园文学的理想品格。郑琪即以《火鸟》明志，追求品德高洁，为自由不惜羽毛；王育平的《铜板眼睛》好似改革开放版的《狂人日记》，冷嘲经济发展下的孝道危机。

图 2.6.6　《彩贝》书影

除却一些表达社会关怀的作品外，在90年代当代文学重视个人话语抒发的背景下，自我情感经验的抒情化表达是《彩贝》这一时期作品的主要特点。学生作者们重视自我情感体验，以抒情的方式表达青春期的“我”对这个世界“小小的洞见”。总体上，这些作品是典型的校园文学，文笔虽有些稚嫩，但也不乏佳作。江俊杰的《两只蚂蚁的婚礼》便是典例。其诗歌语言一反80年代重抒情的传统，而有90年代诗歌重视叙事的特点。这首诗构思独特，化寻常事物为意象，以清新的语言描摹两只蚂蚁的婚礼过程，充满新奇的趣味，表达了作者对这个微观世界真挚的爱意。

90年代以来文学总体的落寞似乎并未影响到澄中文学的发展。相反地，秦牧文学社这一时期各种文学活动十分活跃。1998年，秦牧文学社首次举办“但愿人长久”中秋联欢晚会，获得轰动性的效果。此外，举行作文比赛，组织以原稿文学状况为主题的辩论会、作家文学讲座等文学活动，以其广泛的参与性，使得文学进入澄中普通学生的视野。2000年，秦牧文学社与金山中学寒冰文学社、峥嵘文学社等潮汕地区兄弟学校的文学社建立“文友联盟阵线”，每期刊物互相推荐发表作品，促进了校际文学交流。在世纪之交，活跃的文学活动成为澄中文学独特的风景线。

作为在粤东地区具有影响力的学生文学社团，秦牧文学社在创作与活动方面的成绩也一步步地被外界认可。谢瑞玲、王池琦等同学在“中华圣陶杯全国中学生作文大赛”中获一、二等奖；学生作品被收录在《语文月刊》、《广东省中学生优秀文学社佳作选》等书刊；秦牧文学社创建之初作为汕头市唯一的代表，参加省文学总社成立大会；2003年，秦牧文学社被评为广东省优秀文学社……

成立于1996年6月5日的澄海中学小记者团也是一个非常活跃的学生文学社团。第1

至3届团长分别为谢育勉（1998届）、陈淑华（2000届）和邱媛玲（2001届）。1996年12月30日，小记者团创办《中流》杂志，由郭剑锋、蔡耀得、王道榕、董庆霞、黄燕朓、戴蓝绫、林萌、姚纯、陈群丽、李少洁、郑德兰、蔡晓星等担任指导老师。该刊设有特稿、校园聚焦、点评、操场风云和诗歌长廊等栏目，发表了学生大量的文学作品。小记者团还举办全校即场演讲大赛，与汕头金山中学、澄海师范记者团访问交流，采访澄海发电厂、澄海信宁万沣毛织厂、南峙山火葬场、澄海环卫局、白沙戒毒所和汕头龙湖外砂李厝集义福利会等单位，并与澄海电台《周日校园时光》栏目合作主持节目。该团还出版《小记者报》、《军训特刊》、《中秋特刊》、《校运特刊》、《国庆特刊》、《新生特刊》和《心灵家园》等刊物，及时报道校园动态。

迈入21世纪后，“新概念”作文大赛发青春文学之滥觞，在全国各学校掀起一股青春文学的飓风。而澄中两位“新概念”作文大赛一等奖得主——林培源、张坚也为21世纪澄中文学史书写新的辉煌。在《生如夏花》这首对生命历程礼赞的散文诗中，林培源文学语言的诗意与个人风格已显山露水；《打马而过的旧时光》通过对家族史的非线性叙述，具有潮汕特色的个体家族史隐秘的阵痛跃然纸上，展现林培源在叙事艺术上的天赋；《我的石头祖父》是一篇质感独特的小说，在这篇小说里，林培源为我们塑造了一个孤独的石匠祖父，一副自制的石棺使他的葬礼变得壮丽。成熟的笔法与对人物特质的准确把握使我们不能不惊讶于林培源在艺术上的早熟。考入大学之后，林培源依然坚持着自己的创作道路，并屡获佳绩。截至今日，已出版长篇小说《薄暮》、《锦葵》、《欢喜城》、《南方旅店》，短篇小说集《第三条河岸》、《钻石与灰烬》六部作品。

同为“新概念”作文大赛一等奖得主的张坚，其作品如《父亲·土地·我》、《根》等，多以潮汕大地作为背景，以独特的视角追溯父辈记忆，乃至通过对潮人过番的心酸历史的书写，承接了“文化寻根”这一当代文学的重要母题；这在获奖作品《流年》里也不例外，这篇小说从女性视角出发，通过对传统家族史书写中被遮蔽的女性苦难家族史的追溯，将潮汕女性一世纪的苦难史浓缩于三千余字之中。



除却林培源、张坚外，蔡艺峰、林祥环等澄中学生也在各项全国性学生作文比赛中斩获首奖。

本时期在文学创作上取得较大成就者有：

林昂，1981届校友。大型话剧《百花园纪事》（与人合作）获2002年广东省“五个一”工程奖，另创作小说、戏剧多部。

林海燕（林渊液），1988届校友。已出版散文集《有缘来看山》、《无遮无拦的美丽》。曾获第四届全国冰心散文奖、第五届老舍散文奖、广东省首届“九江龙”散文奖金奖、第三届全国“建筑、城市与文化”散文大赛一等奖等。2011年，入选“岭南文学新实力”广东青年十家。

吴芃，1986届（初中）校友。散文作家。曾获“孙犁散文奖”。

厚圃，原名陈宇，1990届校友。代表作品有长篇小说《结发》、《清水谣》，小说集《只有死鱼才顺流而下》等。曾获台湾联合文学奖、首届广东省小说奖、首届广东省青年文学奖长篇小说奖等，并入选“岭南文学新实力十家”、“聚焦文学新力量——当代中国青年作家创作实力展”等。

陈仁凯，1991 届校友。诗集《灵魂之门被谁打开》获首届国际潮人文学奖诗歌奖。

蔡妙芳，1993 届校友。散文集《巷陌间》获首届国际潮人文学奖散文奖。

李怀宇，1995 届校友。曾任《南方都市报》副刊首席记者、《时代周报》文化主笔。作品已出版的有《亲爱的风流人物》、《访问历史》、《访问时代》、《思想人》、《家国万里》等。

张淳，2003 届校友，广东省作家协会会员、广州市文艺批评家协会理事，创作题材包括小说、剧本、诗歌。作品有《兰陵王》、《月迷津渡》、《藤缠树》、《禁步》等。

## 结语

纵观澄中文学百年史，我们一方面为澄中师生强烈的家国情怀所折服；另一方面，也为各校友在文学创作领域所取得的巨大成就深感骄傲。如今，百年已过，文采风流已作为往日辉煌的一部分被写入历史。唯愿今后澄中校园的文学教育继续深入开展，文学社的各项活动举办得更为成功。未来的澄中人，必将书写澄中文学史更灿烂的未来。

# 第七章　诗词歌赋　与古为徒

## 引言

澄海中学是一所具有悠久历史和优秀人文传统的名校。澄中崛起于岭东，百年来名师荟萃，桃李芳菲，人才辈出。其古典文学创作，也是高手云集。虽然历经沧桑，文献凋残，已难窥全豹，然片鳞只羽，亦金精玉粹，佳作动人。

## 第一节　中华民国时期（1915—1949）

澄海中学的古典文学创作，可分为前后两期，以1949年为分界线。

自明清以降，澄海出了许多知名文人骚客，形成浓郁的文化氛围。作为全县最高学府的澄海中学，从教师到学生，涌现出一批具有深厚古典文学修养和创作能力的人才。教师如杜国玮、叶浩章、杜国庠、许伟余等，都是古典文学的名宿。得名师亲炙，学生黄绍猷、吴其敏、高作沛等也皆诗文俱佳。

### 一、教师的古典诗文



#### 1. 杜国玮

图2.7.1　杜国玮

杜国玮，（1887－?），字英三，号珊俦。澄海莲阳兰苑村人，光绪岁贡生，南社社员，澄海中学创建时首届6位教员之一。后因时局战乱而趋避于安南（今越南），任一中学校长，后因病殁于该地。

杜国玮诗宗晚唐，伤世忏情，哀感顽艳，风神绵邈，是典型的才子诗人。他是南社的成员。南社当年的作手如苏曼殊、黄人等，都是学晚唐而兼采龚自珍，杜国玮的风格也与之相近。他的《旧游二十首》，为其回忆平生游历的一组七绝，末句都押“游”字韵。所过之地甚广，其中一部分是写家乡潮汕的，如：

翼翼凤城对水流，潮来试上浪西楼。
瀛洲占得人间福，瓮雪冰壶冷旧游。

潮州素有凤城之称，又称古瀛，开篇“翼翼”二字，化虚为实，颇见飞动之势。浪西楼在今北阁，贾岛寄韩愈诗有“月明初上浪西楼”之句。后半以瀛洲仙境喻潮州，契合“古瀛”之称，全诗乡情洋溢，韵味隽永。

此外，还有吟咏厦门、杭州、上海、苏州、南京、扬州等地的诗，多为江南之地。诗多如杜牧，郁伊怅怀，充满怀旧的情调。如：

招飐青旗罨画楼，二分风月认扬州。

绿杨城郭曾呼酒，廿四桥边数旧游。

此首便是学小杜的佳作。第二句化用徐凝名句“天下三分明月夜，二分无赖是扬州”。末句的廿四桥则暗用小杜的“二十四桥明月夜，玉人何处教吹箫”诗意。而“曾呼酒”三字颇为跌宕潇洒，名士风度十足。

杜国玮的律诗也颇多名作，如《自忏》之写情，有联曰：“尽有美人迟暮感、况多婴女别离愁。”这种伤美人迟暮、哀身世流落的情调，也是南社当年许多志士因革命的现实与希望相差甚远，产生的一种普遍的失落情绪，是那个时代的哀音。在另一首七律《风尘》中，这种感世忧生的情怀更是表现得淋漓尽致，其结语曰：“俯仰神州百年事，斜阳方照小溪滩。”对祖国百年所受的苦难，有无限的哀感，最后的景语也使人想到李商隐的“夕阳无限好，只是近黄昏”。杜国玮是清末民初晚唐派在潮汕的一位代表性诗人，可与曾习经、丁惠康鼎足而称“三杰”。

2. **叶浩章**

叶浩章（1884—1971），字叔俊，别字根道，东莞道滘永庆坊人。光绪三十四年（1908）京师大学堂毕业，奖文举人，中书改七品小京官，签分度支部。留京四年，归乡后任东莞中学教员一年，即调任广东省立琼崖中学校长之职，历时六年。旋调任澄海中学任校长四年。新中国成立后任华南联合大学教授，1951年后任广东省文物保管委员会委员、省文史馆馆员。善医工诗，有《叶佛乘诗集》、《如海老人诗集》等传世。

**图 2.7.2　叶浩章**

叶浩章尤工七律，诗学中唐，格在刘长卿、白居易之间，工于白描，文从字顺，风度翩翩。如：

**九日**

西山联步陟高岗，一片幽怀兴倍长。葭树飞光劳远目，菊花天气又重阳。

落冠谁羡参军俊，簪发空怀杜牧狂。更向松峰登绝顶，万家烟霭散微茫。

全诗情景交融，颇为隽永。颈联用典，上句用“孟嘉落帽”典。下句不知所指，按杜牧“似无簪发”之句，疑是杜甫之误，老杜有“白头搔更短，浑欲不胜簪”、“自笑狂夫老更狂”之句，似更合“簪发狂”之说。若是则宜云：“落冠谁羡参军俊，簪发空怀工部狂。”暂且存疑焉。

**丙戌十一月十五夜看月**

又见当头月满轮，良宵休负梦中身。只应置酒欢今夕，那管经时照古人。

尘世几闻天上曲，嫦娥长作桂宫嫔。一年一度君须记，纵看千回不厌频。

议论清俊，自具风度。颔联名句，大有古人乐以忘忧之意。

叶浩章诗佳作盈篇，俊句名联，俯拾皆是，如《寄公社长以自题〈珊洲归棹图〉诗见示次韵奉和》之“出云正待为霖雨，归棹偏教趁早潮”、“忍弃莼鲈羁宦海，偶寻僧寺到东湖”。《春寒》之“愁看雪岸将舒柳，苦忆寒江独钓人”。《和寄公元宵》之“笙歌响彻秦楼月，罗绮香腾紫陌风”俱堪传世。

3. 杜国庠

杜国庠（1889—1961）作为一位博通今古的学者、革命家，其古典诗歌也写得非常出色。他是思想家、社会活动家，故其诗充满家国情怀，关心民瘼，在格调上与杜甫相近。如：

**吴淞夜泊**

风雨凄凄夜泊舟，吴淞港外几帆愁。心伤野岸玄黄血，肠断江声呜咽流。

边塞只今烽火急，中原何日鼓鼙收？明朝解缆应惆怅，惨淡芦花满地秋！

**夜坐**

图 2.7.3　杜国庠

宵寒嗟不寐，起坐对明河。春意天涯浅，雁声客里多。

茅茨忧社稷，宇宙隘干戈。壮志阶谁语，殷勤拂太阿。

两诗皆是哀时之作，但写得沉郁顿挫，充满战斗精神。这是明显有“杜味”的作品，这种“茅茨忧社稷”的情怀，正与“老杜”一脉相承。

此外，他还有一些作品，也如其堂兄杜国玮，写得缠绵悱恻，如“桐色侵窗冷，雨声入梦幽”、“淡烟疏柳过苏州”、“流水孤村花数朵，于无人处最销魂”，皆是风神摇曳之作。可见他是个多面手，既能写悲壮，也可赋缠绵。

4. 许伟余

图 2.7.4　许伟余

许伟余（1884—1974）的古典诗文写得非常出色，是澄中教师的杰出代表。其诗早岁从袁枚入手，后来专攻韩、苏两家诗集，并兼采清人金和、江湜诸家之长，形成自己独特的风格。蔡启贤先生《庶筑秋轩诗集序》评其诗曰：“许先生的诗，以叙事说理为多，因为他都是借事抒怀，但能以唱叹出之，言尽而意不尽，故意境自深，神韵独远，与泛泛论古论事，俚而成死句者全不相同。”兹举其佳作两例：

**从军曲**

下泽乘车原即休，居然佳语古今留。

不因伏波征蛮去，谁识平生马少游？

此诗用《后汉书·马援列传》典：“吾从弟少游常哀吾慷慨多大志，曰：‘士生一世，但取衣食裁足，乘下泽车，御款段马，为郡掾史，守坟墓，乡里称善人，斯可矣。’”“下泽车”指一种适宜在沼泽地上行驶的短毂轻便车。许先生反其意而落笔，言马援之弟胸无大志，“下泽乘车”之说本来就不值一提，没想到居然被作为佳语传颂古今。如果不是因为伏波将军马援征讨蛮夷，独成大功，名传青史，谁又会知道还有马少游这个人呢？这是在鼓励青年胸怀家国，奋力战斗去抗击日本侵略者，不要像马少游那样碌碌无为，老死乡里。

### 效玉溪体咏贫士

草草生涯食与衣，书生亦复有寒饥。监河侯粟贷匪易，列御寇浆馈可疑。

空羡绨袍加范叔，真成带索走荣期。撑肠千卷只供笑，一字不售命如丝。

标题言效玉溪体，玉溪指唐人李商隐，其诗以擅长用典著称，故此诗用了许多典故来写贫士。三句用《庄子·外物》典，庄子向监河侯借粟，监河侯推脱不给，庄子就用一个“枯鱼之肆”的寓言来揶揄他。可见人贫困的时候，想借点米都难，故言“贷匪易”。

四句用《庄子·列御寇》典，列子在街上买浆，结果十家卖浆的有五家自动先给他送过来，他觉得无事献殷勤，肯定是有目的的，这就是所谓的“馈可疑”。

五句用《史记·范雎蔡泽列传》典，战国魏人范雎，“尝从魏中大夫须贾使齐。既归，须贾以雎有通齐之嫌告魏相。魏相魏齐大怒，使舍人笞击雎，折胁折齿，雎佯死得免。乃伏匿，更姓名曰张禄。后随秦使王稽赴秦，以远交近攻、加强王权之策说秦昭王，昭王大悦，用以为相，封应侯。范雎相秦，秦号曰张禄，而魏不知。魏闻秦将伐韩魏，使须贾赴秦。范雎布衣微行，至客馆见须贾。须贾大惊，曰：‘范叔固无恙乎？’又曰：‘范叔一寒如此哉！’乃取一绨袍赐之。须贾旋知秦相张禄即范雎，乃肉袒膝行趋前请罪。范雎数其罪有三，然以绨袍之赠，尚有故人之意，赦而释之”。许诗是说如今连须贾这样愿意以绨袍赠范叔的人都没有了。

六句荣期即荣启期，见《列子·天瑞篇》，荣启期是春秋时的隐士，《高士传》中言荣启期“鹿裘带索，鼓琴而歌”。《世说新语·排调》注云：“子欲为隐遁也，则当如荣期之带索。”陶渊明诗曰：“荣叟老带索，欣然方弹琴。”可见“荣期带索”已经成为隐逸的代名词。

七句的“撑肠千卷”指饱学。叶适《哭郑丈》诗之三：“插架轴三万，撑肠卷五千。”

八句用苏曼殊《本事诗》：“丹顿裴伦是我师，才如江海命如丝”之意。末联感叹饱学千卷，却一贫如洗，命薄如丝。全诗用典雅切，深得玉溪神韵。

许伟余还工于古文，特别是他的骈体文，精彩绝艳，是潮汕屈指可数的名家。他的《野蔷薇赋并序》，撰于1941年，堪称绝代销魂之作。此文分为两部分，一为“序”部分，以绮丽的四六文出之；二为“赋”部分，以郁伊的骚体出之。特别是“序”部分，写得尤其出彩。开始一段：

碧桃和露，秾李笼烟，海棠中酒，红杏娇春。足兹花之妙态，卒众美于一身。宝楚宫之倾国，竟沦放于水滨。立荆榛而为夫，将萧艾兮卜邻。虽娟娟而自弃，终抑抑其伤神。徒见惯于樵父，未眄及乎美人。缅江篱与辟芷兮，曾遇赏于屈平。虽小州而获申兮，名永垂于丹青。哀兹花之秀令兮，乃不蒙乎骚客之品评。幽居悱恻，牢落郊坷，流水自照，悒悒一生。

特写蔷薇之“野”，虽“卒众美于一身”，无奈出身于荆榛萧艾之间，无人见赏。彼江篱与辟芷，虽为野草，犹能得到屈原的品评，可惜野蔷薇从来就没有诗人吟咏过，所以只能默默地牢落郊坷，流水自照，孤芳独赏，悒悒一生。如果联系到许伟余的生平，那这段文字不啻是他的夫子自道，他是在借野蔷薇来慨叹自己的命运。“序”文中间有一段：

丽华入井，绿珠坠楼，王嫱出塞，蔡琰包羞。息妫见辱于荆后，红儿被戕于罗州。问归来之堂，易安何在？过我闻之室，如是不留。

以历代之薄命红颜比野蔷薇，而出之以对仗工整的偶句，顿成振奇之笔，野蔷薇有知，亦当临风洒泪，感激知己。接着，又荡开一笔：

蝴蝶飞来，恍然入梦；明月奄至，攸尔成俦。譬绝代之佳人，空山容与；同离伦之畸士，陋巷优游。

不再流连于自怨自艾，而是横空落想，以蝴蝶入梦，明月成俦，来解除野蔷薇的忧愁，又以美人容与空山，畸士优游陋巷相期许。文章到此，又是一振，然后便托出了作者的高论：

彼群芳之遭遇，竟毒酷而惿刘。倘相提而并论，果孰劣而孰优？于是愚叟经过，有感于中，忆深山之雾豹，念天末之冥鸿。虽为物之匪一，而避患之意同。爰操觚而染翰，歌渺渺之深衷。

为野蔷薇辩护，她的“野”，虽然让她默默无闻，但也不会像群芳那样受到人为的摧残，她如豹隐深山，鸿游天末，庶几可以全其生也。此真传世名作，令人歌哭无端，一唱而三叹焉。

### 5. 其他教师的诗文

民国三十五年（1946）《澄中校刊》第二期载有署名“星火”所作五律一首：

**黎明常闻一画眉清唱庭树杪，山居闻之，每起遐思**

（寓东官时作）

星火

一枝聊寄傲，百啭信天工。巧语惭莺燕，高歌发聩聋。

背人犹独唱，遗世为谁容？纵有知音赏，孤栖亦汝同。

此诗借画眉以写其傲世寡合之性情，咏物而有寄托，堪称力作。开篇“一枝聊寄傲”，破空而来，出处自高。中二联皆从题中之“闻”字落笔，极写画眉之高歌独唱，异乎莺燕之巧语，足可振聋发聩，惊世骇俗。末联将自己与画眉打成一体，以表遗世独立之意，咏物至此，物我合一矣。



同书又有署名“一叶”所作七绝《乙酉避难杂诗》两首，也是难得佳作：

**清明日牛角湾扫亡儿墓**

往事凄凉已化烟，临风凭吊一潸然。

老夫那有寻春兴，底事山花著意妍？

此为纪念亡儿之作，字字血泪，令人不忍卒读。后半以山花著意妍之乐景，反衬自己的哀儿之情，愈增其哀。

**闻捷（步仿真校长原韵）**

频闻捷报展愁眉，心急翻教信复疑。

争似不知消息好，城头遍树汉旌旗。

此诗写闻国军捷报而不知真假的复杂心情。第三句用杜甫《述怀》“自寄一封书，今已十月后。反畏消息来，寸心亦何有”之意，颇为雅切。

1948年4月，澄中著名教师杜君侠先生逝世，全校震动，为之治丧。当时的一篇祭文《杜君侠先生祭文》，其开头是“维中华民国三十七年四月八日，澄海县各界代表陈廓连等敬献鲜花清酒，致祭于杜君侠先生之灵曰”，陈廓连时任国民党澄海县党部书记长，作为代表诵读祭文，但祭文应该不是他写的，可能是出自哪位澄中老师之手，已无从知道。文章出入六朝，骈散交用，堪称名作。其中撰杜君侠生平一段：

维我先生，巨族名门。清材丽质，早岁留学东瀛，殚精勤于异域。荧膏继晷，克劳其形。沉浸郁郁，咀华含英。前言可咏，吐辞为经。闳中肆外，一邑蜚声。学优而仕，文初发硎。具满腹之经纶，取功名如拾芥。而乃陂淹荣利，甘淡儒修。遽赋归来，耻折腰米五斗；宏开绛帐，乐树人兮百年。澄中讲学，卅载蝉联。启蒙发昧，桃李盈前。洎乎抗战军兴，惊鼓动地，县邑沦陷，随校播迁。烽火连天，弦歌未辍；仓皇戎马，不废赞研。学不厌而教不倦，境弥窘而志弥坚。维绝续于一线，不中道而乐捐。

先以一段四言兴起，再以四六句交替而下，文如涌泉跳珠，深得六朝风致。末段曰：

讵意天道无亲，不佑善人。覆车道路，遽陨厥身。霜凄露冷，月暗星沉。风云变色，天地不春。廓连等或同议席，或共讲坛，或附丝萝，或敦交谊，惊闻噩耗，涕泪沾巾，固知生有自来，逝有所为，人世为哲，生天为神。况乎玉树兰枝，阶前竞秀；明德之后，必有达人。然怅人琴之顿杳，空结想于音尘。岁百年之有尽，不禁一往而情深。馨香公祭，聊申哀忱。灵兮不昧，来格来歆。尚飨。

沉痛感人，祭文如是，闻者孰能不同哭乎。

## 二、学生的古典诗文

### 1. 黄绍猷

黄绍猷，澄海上华横陇人。澄中早期学生，后负笈上海美术专科学校，毕业后任澄中美术教师。其民国戊午年（1918）文稿共 20 册 54 篇，现藏澄海博物馆。其中《秋感四首》是一组七律，写当时的军阀混战带给人民的苦难，佳句如“十室有人皆盗贼，四郊何处不干戈”，颇见诗才。不过他最擅长的还是古文，深得六朝风神。如《桃源图记》曰：

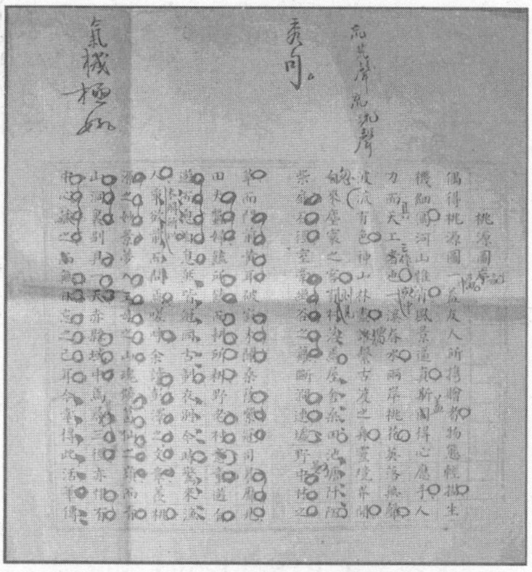

图 2.7.5　黄绍猷文稿《桃源图记》

偶得桃源图一幅，盖友人所携赠者。物态轻描，生机细写；河山惟肖，风景逼真。盖得心应手，人力而具天工之作也。就中一溪春水，两岸桃花，英落无声，波流有色。神山林尽，独系古渡之舟；灵境界开，忽来尘寰之客。则见有村落焉，屋舍桑田，池塘阡陌。柴扉石径，室牵幽谷之梦；断涧连墟，野蔓中林之草。而门前黄耳，破寂未闻；桑荫紫冠，司晨靡见。田夫蚕妇，溘所溘而耕所耕；野老村童，游自游而息自息。然皆冠同古制，衣别今时。惊来渔人，未解所以，争欲前而问焉。嗟呼！余读彭泽之文章，美桃源之妙景。梦入王母之山，魂绕葛仙之岭。而青山洞里，别具一天；赤县域中，焉寻三径。亦惟有中心藏之，无日忘之已耳。今幸得此活笔，传彼灵山。幻景非虚，真形毕肖。犹少足慰我景慕之思也，则又恶能以无记哉。

文中大体为四六文，间插散句，骈散结合。以工整秀丽的四六对偶句，来表现陶渊明《桃花源记》的意境，堪称一绝。黄绍猷是民国初年的学生，去清未远，可以看出他从小应是习过制举之文，具有深厚的古文功底。十几岁的中学生能写出这样的文章，真是令人惊叹不已。

2. 吴其敏

图 2.7.6　吴其敏

吴其敏（1909—1999），广东澄海人，原名吴锐心，笔名眉庵、翁继耘、梁柏青、向宸等。后来成为香港的著名作家、文坛的资深前辈。16 岁考取澄海县立中学，早年受教于著名学者杜国庠和柯柏年等。吴其敏中学时代便在汕头参加了新文学团体彩虹社的活动，参与编辑、出版《彩虹》半月刊和“彩虹”丛书。1937 年举家移居香港，从此开始了他在香港半个多世纪的文学生涯。著述精选编成《吴其敏文集》（文学编）和《吴其敏文集》（电影戏剧编）。

1927 年《澄中》杂志第二卷第一期，载有其小令三首，写得风神摇曳，沁人心扉，词格在花间北宋之间，极见才情功力。

**忆江南**

惊晓梦，帘卷落花风。犹似当年春到也，垂杨罨画画楼东，倩影转朦胧。

此词前两句写晓梦方醒，后三句由“犹似当年”一转折，写由晓梦而回想到当年的一个春日的情景，垂杨如画，摇曳于画楼之东，倩影渐看渐朦胧，一片春情，芳馨悱恻，颇为动人。二句的“帘卷落花风”细腻轻灵，堪称词中名句。



**十六字令（二首）**

秋，憔悴残阳下画楼。侬何计，开锁两眉愁。

愁，拼取香醇一醉休。相思泪，难禁两行流。

上首由秋日残阳而写到自己愁眉如锁，无计开启，这个比喻极见灵性。第一首下笔比较矜持，第二首则放笔直写，寓豪放于婉约之中。“拼取”二字值得玩味。最后的“相思泪，难禁两行流”，所谓的词中重语、拙语是也。

小令越短越难写，吴其敏的这三首都是潜气内转，浑然天成，可见他在少年时代就具有深厚的古典文学修养，后来他能成为香港的著名作家，根基其实在澄中时就已经奠定。

3. 高作沛

民国三十五年（1946）《澄中校刊》第一期载有一首七言古风，署名为“高一下学生高作沛”，其诗曰：

**双忠庙行并序**

本校运动场之旁，有双忠庙焉，不知建于何代，盖祀唐张巡、许远二公也。自澄城沦陷后，地近敌司令部，人迹罕至，日久庙宇倾圮，不胜荒废，复员以后，好事者集资修葺，庙貌为之重新。余课馀之暇，偶参拜先贤遗像，景仰之心，油然生焉，作双忠庙行。

河北已无干净土，烟尘日夜驰檄羽。承平日久不知兵，当时将帅如童竖。
二十四郡风鹤惊，烈士先有颜杲卿。二公忠义能继起，誓死保卫睢阳城。
贼势猖狂日夜迫，激励军民同协力。只抱丹心死勿移，那堪弃地资逆贼。
捍守孤城已半年，军民戮力志益坚。寇凶粮尽心如铁，杀妾食士亦欣然。
贺兰救兵终莫至，城破从容同就义。精忠已足泣鬼神，壮烈又堪动天地。
一代英名万古崇，迄今庙貌仰孤忠。英姿飒爽如神在，想见当年节士风。

此诗虽如史传，谱写唐朝名将张巡、许远抗击安禄山叛军的故事，但叙事井然，生气虎虎，其中颇有借古写今之意，出自一位高一学生之手，洵为难得。可见民国时期澄中学生的文史修养之出色。

## 三、有关校史的古典诗文

1915 年，澄海中学建校伊始，时任澄海县知事的鲁国斌为学校撰写了一篇碑文《澄海中学落成记》，文中提出了“强学即所以强国”，希望师生奋发自爱，当以卧薪尝胆、明耻教战为务，以报效国家，振兴中华。辞气慷慨，闻者鼓舞，这是澄中第一篇有关校史的重要文献。(原文见本书第四编文献)

**图 2.7.7　余仿真**

澄中民国年间有两首校歌，歌词分别为校长余仿真、名师杜君侠所作，皆用文言，颇为典雅。特别是余仿真的《校歌》：

巍巍澄中，鮀海之东；文物所系，启迪鸿蒙。礼义廉耻，师生景崇。修齐治平，一道共宗。聚英才兮乐育，促世界兮大同。如日月经天永，垂教育于无穷。

前段为四字句，有如铭文，后段亦骈亦骚，句式错落有致。通篇押以一东韵，声调铿锵，余韵无穷。

1939 年，侵华日寇在潮汕地区登陆，6 月澄海县城沦陷，澄海中学校舍被夷为平地，教室、教具被毁，学校转移到饶平浮山设处办公，俟机复课。1940 年，澄海中学学校机关迁回澄海樟林，由朱名宗校长主持，选定广智小学旧址风伯庙（原澄海区苏北中学校址）办学复课。至 1943 年刚好是复校三周年，学校编了一本《澄海县立中学校复课三周年纪念特刊》，其中有一首古风，写复校的前后经过，颇具代表性，兹为录出共赏。

**复校三周年献词**

杜定功

共和方肇造，澄校随崛起。开办廿四年，济济称多士。
彼苍不厌乱，蓦地罡风被。敌寇肆披猖，荐食来蛇豕。
县垣当前线，陷落烽烟里。图籍成劫灰，黉舍馀荒址。
抗建先文化，人心幸未死。筚路苦经营，弦歌又盈耳。
复课忽三载，公门灿桃李。擘划敢辞劳，成绩差可喜。
我今献芜词，愿望原无已。学人谈报国，请自教育始。

杜定功是当时学校的会计室主任。这首五言古风，押上声“四纸”韵，一韵到底，铿锵有力。诗分成三层，第一层从开始至“济济称多士”，写民国之后，澄中建校的辉煌历史。第二层自“彼苍不厌乱”至“黉舍馀荒址”，写抗战时澄海沦陷，学校停办，校舍荒废的惨状。第三层写学校复办之后，欣欣向荣的大好局面，唱出了教育报国的时代强音。此诗叙事特达，层次分明，下笔老练，遣词文雅。

1945 年抗日战争胜利，澄海光复。余仿真校长回澄城勘查学校旧址，发现已成废墟，遂暂借便生医院为临时校址。郑长雄有《校庆纪念暨新校舍奠基献辞》一诗记其事，其中有“莘莘学子赋归来，校舍丘墟谁安置？权把医院作杏坛，春风入处皆心醉”。欣校舍之重新，寄希望于学子：“原子时代已来临，应识文明须臾异。构得广厦千万间，尽供藏修息游地。愤启悱发迪后生，振我国魂永不坠。行看桃李自成蹊，培莳亦趋助缘臂。且愿善护本与根，持以待诏来哲至！”殷殷之嘱，掷地有声。

## 第二节　中华人民共和国时期（1949 年至今）

新中国成立后，澄海中学的古典文学创作不绝如缕。老辈名家至“文革”已陨落殆尽。改革开放之后，时代日新月异，古典文学创作逐渐式微。然老师辈作手犹有人焉，如林晓声、陈锡楚、蔡炫辉等人的古典诗歌作品，是澄中犹存的硕果。

### 1. 林晓声

林晓声（1929—2008），男，澄海凤翔街道信宁村人，中共党员。早年毕业于广东法商学院国际贸易系。1949 年 5 月入伍，曾在凤凰山政工队、澄海文宣队、南澳文教科工作，后任澄海隆都中学教导主任、校长，澄海中学校长、高级教师，澄海人大第七、八、九届代表，澄海政协第一、二、三届委员，政协澄海诗社第三届社长，澄海老干部活动中心诗词组副组长，汕头杏园诗社社员，广东及汕头老干部书画研究会会员。出版诗词集《西园拾翠》一书。



其诗多明白如话，生活气息很浓。亦有化用前人，而自然流畅有如己出者，如：

**二〇〇七年夏日，师友澄城欢聚感咏**

别离半纪喜相逢，问姓称名忆旧容。
华发满堂君莫笑，夕晖脉脉映山红。

第二句用唐人李益《喜见外弟又言别》“问姓惊初见，称名忆旧容”诗意。结语大有李商隐“莫道桑榆晚，为霞尚满天”的豪情。

### 2. 陈锡楚

陈锡楚，1936 年 12 月生，澄海隆都宅头村人。1960 年毕业于华中师院中文系，长期任职于高级中学，并任语文科组长，汕头市中语会副会长，于金山中学退休。有《中学语文教学摭论》专著问世。

**望海潮·五月花**

南天如洗，江流似带，莲桥水涨潮惊。高阁凌霄，层楼叠翠，迎来大海涛声。金凤醉春城，绿云垂深院，满地红英。万户千门，花街耀眼看分明。

欣逢日丽风清，有莘莘学子，荟萃园庭。桃李吐芳，歌诗竞盛，胸藏广厦图形。久别又相逢，握手频频语，共赴前程。指日腾飞万里，把酒赋豪情。

黄赞发先生评曰“南天如洗，江流似带”，满城绿荫，繁花似锦，一派欣欣向荣。上片极力渲染如斯美景，营造出聚会的美好氛围。下片转笔描述久别重逢的“莘莘学子”，就如盛开的“五月花”，又将“腾飞万里”。豪情胜慨依旧，笔墨浓郁，富感染力。

### 3. 蔡炫辉

蔡炫辉，1946年10月生，广东澄海凤翔街道信宁村人。1969年毕业于华南师院。澄海政协第四、五、六、七届委员。现为中华诗词学会会员，广东中华诗词学会理事，广东书协会员，岭海诗社理事，政协澄海诗社社长，澄海书协顾问。著有《历代书家杂咏》、《澄江流韵·蔡炫辉卷》、《二乐堂随笔》。

**游潮安归湖幽峪逸林**

山谷幽深不觉秋，葱葱草木悦人眸。涧流汩汩舒清兴，瀑响訇訇伴野游。

奇石千姿生幻景，古藤百绕走苍虬。坐评介甫《褒禅记》，袅袅茶香满竹楼。

曾楚楠先生评曰：“四处用叠字而诵之流转、和谐，颇见功力。”“瀑响訇訇伴野游”，写幽谷深山闻瀑而不见瀑之情景，看似平实却极具韵致。

随着各级诗词组织的成立，不少澄中校友活跃于粤东诗坛，其中王大川、陈森杰、李汉庭等成为市、区诗社的中坚。而他们的诗学修养，均源于澄中古典文学的传统教育。

### 4. 王大川

王大川（1925—2013），广东澄海莲下槐泽村人。中国老年书画研究会会员，广东省老年书画家协会会员，汕头市岭海诗社社员，政协澄海诗社原副社长、顾问。其《沁园春·老人节》词曰：

老者安之，孔圣微言，实现在今。念漫漫永夜，狂魔乱舞；生民沟壑，虎啸猿吟。两百年来，神州板荡，樯橹纷纷恣入侵。斯时也，有谁家父老，得意清心。

十年改革良针，疗瘵疾，沉疴苏兆民。倡尊亲敬老，发扬传统，恤孤润寡，挤困扶贫。点滴才华，诗篇画卷，珍重储藏似宝琛。佳节日，乘轻车画舫，选胜登临。

上阕写两百年来，中国积弱，老者不得所安。下阕言改革开放之后，国家富强，老人才能安度晚年。全篇无华丽辞藻，无雕琢痕迹，喜溢言表，笔力老健。

### 5. 陈森杰

陈森杰，1939年7月生，潮安官塘人。大学本科毕业，中学高级教师，原澄海隆都中学校长。澄海第九、十届人大代表，汕头市第八、九届人大代表。现为中华诗词学会、广东中华诗词学会、汕头市岭海诗社社员，政协澄海诗社副社长。著有《鹤渚山居录·诗词卷》、《澄江流韵·陈森杰卷》、《浮生记》。

**满江红·陈十反清起义一百五十周年祭**

乡先人陈十，率官塘乡众十万，联合彩塘吴忠恕，反清起义。1854年5月，从东西两面夹攻潮州府城。时饶平县令王惠溥奉令解饷增援，于白石岭密林为义军俘获。血战数月，攻城未克。十暴病亡，起义遂败，遭剿乡、抄家、戮尸。悲壮哉！

官恶残贪，共工怒，救民前列。攻府治，义旗飘举，反清讨伐。驿道智擒莽县宰，湘桥酣战惊残月。志未酬，慨暴疾亡，留悲切。

剿乡急，兵燹劫。烧族宅，夷楼阙。叹狮山尸藉，内湖凝血。嗣裔心铭崇祖魄，乡邻口赞钦人杰。壮烈史，百五载沉埋，岂评说？

写其乡先人陈十反清斗争的英雄事迹，壮怀激烈，历历如见其人。

### 6. 李汉庭

李汉庭，1940年11月生，澄海广益街道城北管区人。全球汉诗总会会员，汕头市岭海诗社副秘书长，汕头市剧协理事，政协澄海诗社社员、澄海文博研究会会员。有《潮剧漫话》、《家园梦拾》、《潮剧冥搜集》、《澄江流韵·李汉庭卷》问世。诗词作品还散见于多种报刊和诗词专集。

**甲午百年祭**

不堪回首话玄黄，板荡神州失凤翔。邓世昌身沉怒海，刘公岛水泣残阳。

马关一纸帑财尽，台屿五旬夷虏狂。太息今人轻国耻，春帆楼忘李鸿章。

追祭甲午战事，告诫后人莫忘甲午之败、马关之辱。悲怆愤慨，气韵沉雄，爱国情怀充溢于字里行间。

## 结语

澄海中学的古典文学创作，历经百年，名家辈出，是潮汕文学一笔宝贵的精神财富。澄中创校初期教员杜国玮先生旅居越南期间，曾为当地明月居士林撰写楹联曰：“明知庞蕴真居士，月照祇园护佛林。”佳联难得。像这样的澄中师生的优秀古典文学作品，遗存于天壤之间者，不知凡几。今辑录者，仅见冰山一角，谨录以飨读者。

# 第八章 慈善公益 明德惟馨

## 引言

澄海是我国著名侨乡，且尊师重教之风甚盛。早在清末，便有侨居海外的澄海籍华侨带回了西方学校教育知识和兴办新式学堂的资金，投身于家乡的教育慈善公益事业，对促进本土教育的近代化起了非常重要的作用。澄海中学作为澄海的最高学府，历经百年的发展，成为粤东乃至广东省内的名校。一百年来海内外澄中校友及社会各界热心人士陆续慷慨解囊、捐资助学，尤其是新时期以来，社会各界对澄中的慈善公益捐赠更加踊跃。凡此善举，不仅为学校的发展提供了坚实的物质保障，更营造了良好的校园慈善公益文化氛围。学校的慈善公益史成为百年校史中的重要组成部分。

“十年树木，百年树人。”在长达一个世纪的岁月里，澄海中学既经历了崎岖曲径，也抒写了灿烂篇章。百年澄海中学的慈善公益发展史，大致可划分为以下三个时期：

## 第一节　中华民国年间的慈善公益事业（1915—1949）

澄海中学的创建，始于地方官绅的捐资倡导，在罹灾之后又蒙海外侨商鼎力捐助，得以一再重修。1914 年秋，澄海县县长吴静庵大力支持建设澄海县立中学，并首捐廉三百金，以资提倡，然因建筑经费不足，于是经各界人士集会商议决定变卖澄海县同善祠产业，悉数拨充建筑费用。1915 年秋，澄海县立中学校舍落成，并招收第一批学生。1917 年春季，因教室缺乏，教学仪器用品不足，学校向绅富劝捐增建前楼教室两座，并购置仪器、标本多件。1918 年 2 月 13 日，潮汕地区发生大地震，学校前座教室外骑楼倒塌，校方蒙旅居暹罗的侨商高学修首先捐助 3 000 元，随之多方筹款，获得各界慷慨捐资方能重建前楼，得以恢复旧观。

1922 年 8 月 2 日，潮汕地区经历了一场史无前例的“八二风灾”，据史料记载，这是 20 世纪潮汕死亡人数最多的一次风潮灾，总计约有 8 万人丧身其中，澄海县死伤人数几达本县人口的十分之一，屋宇倾圮无数。面对这场大风灾，刚刚建校不久的澄海县立中学也难逃厄运，学校后楼宿舍及前座礼堂、图书馆全行倒塌，图书及仪器设备损失严重，加之田租失收经费无着，损失之重，几至停办。李县长派杜君侠为驻汕代表，分别向海外华侨及各慈善团体接洽请求救济事宜。据澄海中学近年来出土的两块“八二风灾”石碑的碑文可知，当时海外侨胞对救灾非常热心，除了赈济衣食外，还捐资 19 万余元用于修建医院、避难所、敬老院、孤儿院等公共场所。经过数月的募捐，由富绅、海外华侨捐资，县府拨款及员生捐助，校舍始得修葺盖建。

图 2.8.1 “八二风灾”后修复的宿舍

为了扩大办学规模，1926 年新任的王鼎新校长对校政益加整饬，成绩斐然，并开辟尼姑庵址为操场，向海外华侨募捐增建校舍、图书楼及教室。

1939 年 6 月以后，潮汕各地相继沦陷于日军手中，战火所及，交通封锁，生灵涂炭，学校播迁，颠沛流离。澄城沦陷期间（1939 年夏至 1945 年秋），学校曾先后迁往樟林和饶平浮山东官乡。其间 1941 年太平洋战争爆发之后，东南亚各国相继沦陷，海外潮人生命财产遭到严重损失，侨汇几乎断绝。同时，由于战乱，本县地方拨款日益减少，校产田租无法正常征收。澄中为了坚持上课，校长及教职人员几近义务教学，且多次到隆都募捐维持办学。

值得一提的是，在艰难的抗战期间，澄中校方、学生不忘发扬慈善救济精神。1944 年 9 月 23 日，从台湾海峡过境的东北飓风袭击澄海县，演成自“八二风灾”后的又一次大风灾，“澄海县境受灾严重，满目疮痍，尤以第六七三三区田禾毁损极厉，南北港一带渔民遭患，惨不忍睹，学校初中部男女学生四十余人，发起组织‘九二四’灾情旁海慰问队，携带应用药品到南北港一带替受灾同胞服务，并调查实地灾情，积极应对灾后救济工作。”

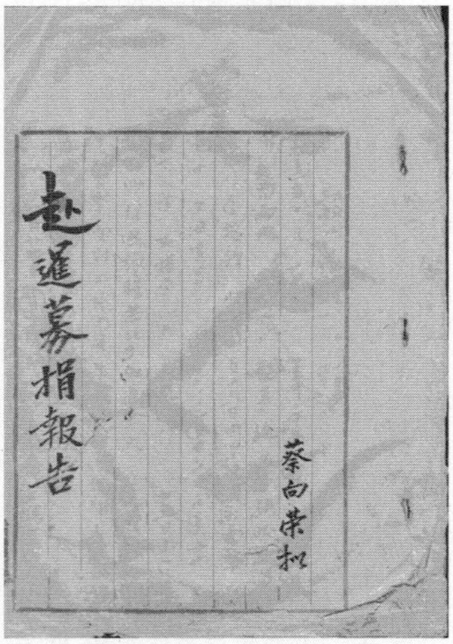


图 2.8.2 《赴暹罗募捐报告》

1945 年秋抗战胜利，学校从饶平浮山东官乡迁回澄城，因旧时城东校舍被敌伪拆毁无存，便借县便生医院旧址为校舍，李厝祠为学生宿舍继续办学。是年 12 月 10 日至 12 日，澄海县政府假座澄海县立中学召开年度行政会议，会议上，余仿真校长提议“从速筹建县立中学新校舍，并将县立小学校产收益暂拨给澄海县立中学以充实高中部兼筹办师范班”，决议“筹建县立中学校舍由余校长计划并介绍当地热心教育人士呈澄海县聘请担任”。随后澄海中学筹建校舍委员会成立，在该委员会委员（如时任新加坡潮州八邑会馆主席，著名侨领黄芹生先生）、学校领导及各界热心人士的努力募捐下，1946 年，各地侨胞捐款暹币 21 万铢、坡币 2 万元、港币 6 万元，以学宫旧址建新校舍。

1947 年，为了增建澄中校舍，事务主任蔡向荣又远赴泰国、香港募捐，按其 1948 年撰《赴暹募捐报告》中记载：“自民国卅六年（1947）底至民国卅七年（1948）二月廿二日止，曼谷一埠计募起捐款暹币二十万零八千五百零五铢，共一百八十二条，捐助最多者为陈炳春银行，刘鸿兴栈、蔡乐斯、陈焯刚诸家。此次在暹进行募捐，所遇困难极多，然向荣仍设法克服，努力以赴，并获本县各侨领之热切襄助。”在本次捐赠者中，“澄侨中如苏君谦、郑开修、杜国畴、杨筱明、李其雄、李也流、蔡学馀、蔡乐斯、曾建屏、陈梧宝、刘介臣、魏惟镛、陈家海、陈荣源、蔡允卿、林克来、林先彬、林奇生、林圣恭、曾仰梅、广顺堂、曾北吾、陈炳坤、林陶生诸先生，俱系热心桑梓之士，对此次募捐工作，协助殊多，提请澄海筹建孔庙暨中学校舍委员会分别致函申谢”。民国三十七年（1948）二月廿三日，蔡向荣飞抵香江，“力促募足港币四万元”。

澄海县立中学在积极募捐改善教学设施的同时，还从学生的角度出发，以人为本，筹募奖助学金，扶助优秀贫困学生，助其继续学业，不为经济限制而湮没其才能。1948 年 1 月 1 日，在“澄海县立中学庆祝元旦暨筹募奖学金晚会”上，澄中师生出演三幕神话大笑剧《捉鬼传》筹募奖学金。是年 10 月初，《澄光社新闻稿》刊载一则“澄海县中发奖学金”消息：“本县县立中学为奖助学行优良及家境清寒学生，前经成立奖学基金保管会。查该校本学期获得甲种奖学金有高三上许丽闺等四十二名，每名发奖金金券四元；获得乙种奖有高二上蔡鹤寿等三十九名，每名发给二元；获得丙种奖有初三上陈慎传七名，每名四元，共计发奖金金券二百七十四元。是项奖经于昨天发给各生云。”

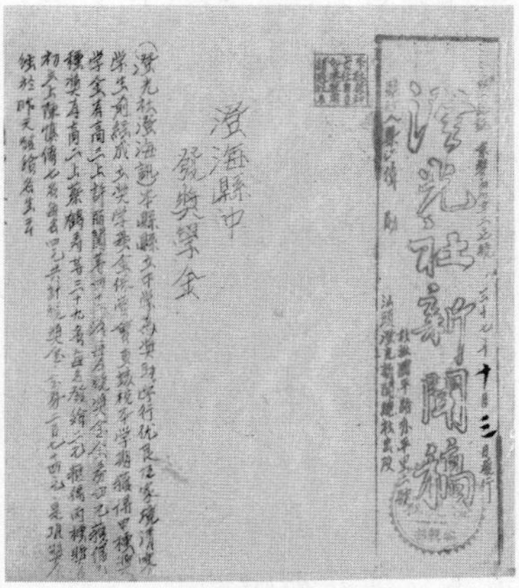
澄光社新闻稿
澄海县中
发奖学金

图 2.8.3　澄海县中发奖学金

纵观新中国成立前的澄海县立中学，在地方社会及海外华侨的捐赠扶持下，经历建校阶段、灾后重建阶段、抗战搬迁阶段、战后复建阶段，得以连贯办学。抗战期间的澄中与同时代的潮汕许多学校一样，其校舍、仪器、设备、图书等都遭受战争的破坏，随着战后教育体制的不断改革，学校办学规模的不断扩大，原有的校舍不能满足教育发展的需要，校领导、老师不辞辛苦，几渡南洋，主要依靠海外潮人的资助而获得重建。与此同时，澄海中学亦不遗余力地在救灾工作中回馈社会。

## 第二节　改革开放前的慈善公益事业（1950—1978）

新中国成立后，随着国内外社会政治、经济形势的变化，中国与东南亚各国来往的大门渐次关闭，侨汇难以汇入中国。

1950 年澄海县人民政府拨出澄中新校址附近土地给学校，使校舍扩至 100 亩。1951 年县人民政府拨款续建校舍，又将县衙旧址及毗邻十多座平房划拨给澄海中学，将金城巷几座侨房拨借给澄中作学生宿舍。此后数年，新中国成立前始建的教室、礼堂和校务处先后落成，田径场、科学馆、图书馆、膳厅、医疗室和学生宿舍相继配套建成。这个时期，校舍建设费用基本由地方政府拨款，这是因为新中国建立以来，政府把教育慈善事业作为政府办理的事业，其费用由政府财政拨款，很少接受社会各界捐助。

1953 年，学校被定名为“澄海县第一中学”。同年，中国从不发达的市场经济或准市场经济向计划经济过渡，1956 年全面建立计划经济体制，中国进入计划经济时代。那时候慈善事业和相关活动的直接组织者是政府，国家不提倡个人捐赠，这就制约了社会各界慈善组织和团体的发展，而且在国有企业占全国经营单位绝大比重的情况下，即便是来自企业的捐款也具有公共资源的性质，而真正来自澄中校友及热心人士的慈善捐款资源十分有限。

正是在这样的时代背景下，我们看到整个计划经济年代没有突出的捐赠实例。但是，五六十年代，学校培养起“勤奋学习、遵守纪律、尊师爱校、艰苦朴素、热心体锻”的优良校风，建立“课堂六项常规”，使学生在经济生活紧张的情况下，仍然保持旺盛的学习热情。1963 年 3 月 5 日，毛泽东等党和国家领导人题词“向雷锋同志学习”，澄中学生掀起“学雷锋”的热潮，在雷锋的高尚道德品质和共产主义思想影响下，澄中青少年的思想道德水平大为提高，学校风气大好。毫不利己、专门利人、热爱集体、团结互助、尊老爱幼、拾金不昧的好人好事层出不穷；艰苦朴素、克勤克俭、努力工作、刻苦钻研、奋发上进的正气得到发扬，社会主义新人新事蔚然成风。到了 70 年代末，学校进一步坚持“学雷锋、创三好、树新风”的思想教育活动，并随着形势的发展，不断充实教育内容，更新教育方法，培育青少年为“四化”立志成材的理想。

这批新中国成立后入学的澄中年轻学子，他们在那个特定的年代所受的思想品德教育，为他们日后事业有成回馈母校、回馈社会埋下了种子。当年他们从母校获得知识和能力，接受了母校和社会对其学业的帮助，在改革开放的春风吹拂大地的同时，各地澄中事业有成的校友们饮水思源、知恩图报，逐步形成一种回馈母校、回馈社会的思想意识和社会责任感，形成了捐资母校、推动地方教育事业发展的良好氛围。

## 第三节　改革开放以来的慈善公益事业（1979—2015）

出生于澄海樟林的散文家秦牧写过这样一首诗：“万里穿云燕，归巢恋旧枝。家乡甜井水，何处不相思。”这首诗正表达了澄海华侨的爱国爱乡情怀。



教育的发展首先离不开校舍的建设，经历了十年“文革”，学校教学设备受到严重破坏，在百废待兴的新形势下，澄中亟待建设设施齐全、图书资料充实的校舍以满足教学需求。这一迫切现实需要牵动着众多海内外校友及热心人士的心，他们纷纷慷慨捐献，认捐校舍和设施。

与此同时，随着国门渐次打开，海内外潮人联系逐渐频繁。1979 年由政府拨款、泰国校友资助兴建科学馆，但因资金紧缺，至 1982 年只建成三层后停建。80 年代以降，海内外澄中校友及社会各界人士纷纷奉献爱心，大力捐赠兴办澄中教育。1980 年，泰国华侨温国英捐助 0. 7 万元用于购买 90 套座椅；1982 年，侨居泰国校友刘国智等人捐资 3. 5 万元建设教学大楼；1985 年，侨居香港任光华昌行经理朱濬澄热心发动校友，同香港海联有限公司经理许立椿、袁仰愈、余煜深等人捐资 3. 2 万元修建语音室及购买两张乒乓球桌；同年，为了学校教师办公方便，香港工艺制衣厂董事长陈家伟捐献两台价值 0. 35 万元的台式计算机。1985 年，在王霭春老师的倡导下，校友陈柱捐资 1 万余元，设计建成假山水池，由郭秀达校长定名为“智泉”，寓意“母校，智慧的源泉”，校友蔡仰颜题名。

80 年代末，部分校友提议应当给本校离退休教师创造一个舒适的养老环境。1989 年 4 月，由香港校友捐资 5 万元港币，澄海校友会捐款 8 000 元修装的离退休教师活动中心落成，时任校长郭秀达将其命名为“序乐园”，寓意澄海中学离退休教工在结束了漫长的教学生涯之后有一个“老有所乐”的颐享晚年之所。同年，政府投入资金续建科学馆并最终得以落成。

图 2.8.4　序乐园外景

图 2.8.5　科学馆外景

90 年代以降，澄中校友及社会贤达纷纷捐助澄中建设。科学馆建成后，图书馆便从礼堂二楼迁移至科学馆一楼，学生借书阅览较为方便，借阅人数大增。随着学生人数和图书资料的逐年增加，图书馆须扩充馆舍，以便为本校广大师生提供良好的借阅条件。澄海东湖乡旅泰侨领郑俊英、郑俊南两位先生热爱祖国，关心桑梓教育，慷慨解囊，于 1991 年 9 月捐资港币 70 万元兴建“英南图书馆”。翌年 2 月，这栋四层面积共计 1 261 平方米的图书馆落成，为学校师生拓宽知识视野、充实知识储备提供了优越条件。此外，自 1991 年起，郑俊英先后两次共捐资港币 30 万元设立奖学助学金。1993 年 3 月，旅港校友王树霖、许立椿、蔡克任、陈梦梅、郑振烈、杜伟忠先生共捐款 32 万元兴建的“春晖楼”落成。

图 2.8.6　英南图书馆落成庆典

图 2.8.7　春晖楼落成庆典

学校建校 80 周年前夕，由海内外名士及各地校友热心赞助建设的 3 座大楼相继竣工。1994 年 8 月，由旅港校友王树霖、许立椿、蔡克任先生各捐资 30 万元建设的“泽芳楼”落成。两个月后，由汕头市长海电力发展有限公司总经理林奕炯先生支持捐资 120 万元建设的“长海楼”落成，该大楼以赞助商公司“长海”二字命名，以永记英名而励后学。

同年11月，一贯关心家乡教育事业，多次捐资助学的隆都籍慈善侨胞林谦然先生捐资10万元，广州、深圳、汕头校友会捐资19.7万元助建的“三乐楼”落成。

图2.8.8　泽芳楼外景

图2.8.9　长海楼外景

图2.8.10　三乐楼外景



澄海撤县建市前夕，得到地方政府的关怀和海内外校友、社会贤达的支持，澄海中学继往开来，在王立民校长的主持下，于1994年2月开始了对校舍的全面改建，至2000年上半年顺利完成了校舍改建第一、二期工程。

随着澄中校舍的逐步扩建，办学质量稳步提升，对地方社会的贡献越来越大，众多校友纷纷支持母校的发展。校友邱卓恭（1923—2000），祖籍澄海东湖乡，为香港出版界知名人士，著名书法家。曾任香港《海光地理杂志》、《海光文化》杂志主编，主管万里书店编辑工作，其知识渊博，治学严谨，在香港文化界久享盛名。邱先生热爱祖国，尤顾念母校澄中，晚年喜闻澄中业绩辉煌，事业万里，遂将珍藏之大量典籍捐赠母校图书馆，并捐赠港币25万元购置图书以充实图书馆藏书量。2000年5月先生病逝，其夫人林舜兰女士、儿子邱绍东先生秉承先生遗愿，捐款港币100万元兴建澄中艺术馆。为表彰先生高尚品格，艺术馆以先生名字冠名，“邱卓恭艺术馆”于2003年12月落成，成为澄中师生作品展示、交流的一个平台。

2009年，澄海区烟草专卖局捐资600万元，1980届校友、上海明园集团董事长李松坚先生捐资300万元，用以建设“体育馆”。同年9月，汕头市电信局捐赠电脑76台，计30万元；中国移动汕头分公司捐赠电脑桌一批，计7万元；澄海区生隆纺织有限公司董事长蔡春生先生捐赠大树两棵，计16.8万元；1991届校友林植健捐资14.9万元，用以改造文化广场文化椅。2012年，1982届全体校友捐资26.8万元建设教室直饮水设备。

2013 年，1984 届初三（1）班校友捐赠图书管理系统一套和图书一批，价值 20 万元。凡此种种善事不胜枚举。

图 2.8.11　邱卓恭艺术馆外景

图 2.8.12　体育馆外景

为庆祝澄中百年校庆，2015 年 1 月，澄中深圳校友会向广大校友及社会热心人士募捐善款筹建“百年纪念亭”园林景观工程。该园的主体建筑纪念亭包括“百年澄中”题字碑（饶宗颐先生题于 2014 年）及《澄海中学落成记》（鲁国斌县长撰于 1915 年）、《澄海中学百年记》（李哲华老师等集体创作于 2015 年），建设占地面积为 163.2 平方米，费用约为人民币 60 万元。澄中中山校友会向母校赠送校园电视台设备，广州校友会则向澄中赠送书画作品。

由上可知，改革开放以来，捐资支持澄海中学教育发展的主体是澄海中学校友、企事业单位等，捐赠的类型有现金、图书资料、教学仪器设备、房产及其他物品等。他们一方面热情捐资支持澄海中学建造教学楼房，修缮、更新教学科研设施，扶持学科专业和实验室的建设，改善学校办学条件；另一方面还设立各类奖学助学基金，奖励品学兼优的学生和有突出贡献的教师，同时慷慨解囊资助经济困难的学生，使其得以继续深造，这在澄海中学百年慈善公益史上写下了浓墨重彩的一笔。

1987 年，泰国校友蓝健龄、张淑益，香港校友朱濬澄共计捐赠 2.7 万元，香港校友会捐赠 2.7 万元，泰国校友会捐赠 2.497 5 万元用于奖励品学兼优的学生。

与此同时，我们看到不仅澄中校友慷慨解囊，还有学校的一些老领导、老师，在子女事业有成，具有一定的经济基础后，便在学校设立一些奖学助学金；更突出者，将平时省吃俭用的积蓄无偿捐献给澄中。不少澄中的教职工成为学校慈善公益事业的有力推动者及捐赠者，其中已退休的陈亿定教导主任、谢瑞奎副校长就是代表。

改革开放初期，陈亿定就提出要培养“高分高能”的学生，鼓励学生在课余开展多种活动，提升综合素质。为了改善学生的受教育环境，一方面，他几乎拿出每月所有工资投入到教育事业中，当时中学教师收入水平普遍较低，一个月的工资常常不敷家用，由于陈主任的女婿在香港工作，收入颇丰，家用多能仰仗，于是将学校工资用作学生的科技实验设备器材采购，有时还让女婿从香港带来“高科技”微型内燃机等投入使用，促使学生的活动开展得更为顺利；另一方面，当学生的活动获奖时，他将所获奖金全数投入科技教育之中，一是用于奖励学生，二是用于购买器材。

原副校长谢锐奎，1957 年从母校澄中高中毕业，1981 年 7 月由外地调来澄中任教。

1984 年 7 月起历任副教导主任、教导主任、副校长，管理教学业务。1994 年 9 月退休。根据当时学校制定的《奖教奖学条例》和学校老教师少、青年教师多的实际情况，1994 年 9 月，他个人热心设立“青年教师优秀奖”，每年捐资 3 000 元，用以奖励优秀青年教师，对学校青年教师的成长给予了很大的支持和帮助。自 2010 年 1 月开始，又每年捐资 3 万元设立“谢锐奎奖教扶困金”，奖励优秀骨干教师和优秀青年教师，扶助贫困师生。21 年来，谢锐奎副校长已捐资近 30 万元奖教助学。

图 2.8.13　谢锐奎副校长（左五）为获奖青年教师授奖

进入 21 世纪，澄海中学有了专门的奖助学教育基金会，由专人来负责管理接受的捐赠资金，并使善款增值。随着澄中的办学质量、办学水平及社会声誉的提高，近年来不断吸引社会各界对其捐赠支持发展，这也让捐赠者对学校的发展前景充满信心。

2004 年，澄中为鼓励在校师生员工勤教勤学勤管理而设立“澄海中学奖教奖学金”，基金由海内外校友和热心人士、社会团体、企事业单位等指定用途的专项基金及学校自筹基金构成，基金利息用以支付奖金。在随后的第一、二、三批奖教奖学金中，用于奖励品学兼优的学生和有突出贡献的优秀教师共计人民币 671 009.48 元。

图 2.8.14　校友许松辉先生（右三）资助贫困学生上大学助学金发放仪式

2003 年，1978 届校友、民营企业家、广东省人大代表、澄海区政协副主席、广东全宇公司董事长许松辉先生事业有成，心系母校，为激励母校学子奋发向上，在高考中夺取好成绩，帮助个别家庭经济困难的优秀学生上大学，首次捐资 50 万元人民币，特设立“许松辉奖学助学基金”。2005 年澄海中学 90 周年校庆前夕，许先生再次捐资 50 万元作为奖优助学金，并且出资 10 万元在学校文化广场两侧教学楼设立 10 尊汉白玉雕像，为母校 90 华诞献礼。到了 2010 年建校 95 周年之际，许先生捐资善款累计 250 多万元，且再出资 30 万元为母校的全体教工购置西装。2014 年百年校庆前夕，许先生再次捐资 200 万元，为母校百岁华诞献礼。

2005 年，1980 届校友、上海明园集团董事长李松坚先生为吸引更多优秀人才到母校工作，提高母校的教学质量且帮助母校贫困学子继续深造，捐资 50 万元设立“明园奖教助学金”，95 周年校庆之际，李先生在前期捐资 350 万元的基础上，再次捐资 60 万元设立奖教金，激励教师敬业乐业。

从澄中走出去的企业家在捐资奖教助学的同时，时刻不忘当年教育过他们的恩师们，他们用实实在在的行动，诠释着尊师重教的真正内涵。2011 年 9 月，澄海知名企业家、校友蔡启昌先生捐资 50 万元作为慰问离退休教工专项资金，使老教师们能安享晚年，感谢老师们当年的教导之恩及对母校教育事业所作出的贡献。

自 2002 年以来，校友、民营企业家、广东省政协委员、汕头市人大代表、澄海区工商联副会长、中信房地产汕头华鑫有限公司董事长陈汝鑫先生曾连续多年捐出善款扶持高考取得优异成绩的贫困学生，其善举深受社会各界人士赞许和称颂。与此同时，陈先生的事业也蒸蒸日上。2014 年，他一次性捐资 220 万元善款，购买农商行 100 万元投资股，每年收益用于奖学、助学，惠及后学。

除了上述各类奖学助学基金外，社会各界热心人士纷纷慷慨解囊，广州校友会、深圳校友会、香港校友会、汕头校友会、澄海校友会、广东省宋庆龄基金会、凯兴达爱心基金会、瑞海助教助学基金会、汕头儒善慈善会、海外潮人联谊会、广东奥迪公司、广东奥飞动漫文化有限公司等一批批慈善团体及企业，林树恒先生、郑伟武先生、林岳先生、林植健先生、陈汉士先生、郭绍溪先生、吴哲歆先生、杜潮茂先生、蔡贤标先生等一个个先进企业的老板就是其中的代表。

**图 2. 8. 15　校友陈汝鑫先生（后排左二）资助贫困学生上大学助学金发放仪式**

**图 2. 8. 16　校友郭绍溪先生（左五）资助贫困学生上大学助学金发放仪式**

由上可知，改革开放以来，澄中成立了以捐赠者为名号的各类奖学助学教育基金，其成立的目的，就是寻求更多的海内外澄中校友、社会团体自愿捐赠，用于支持澄海中学的发展。其善款不仅改善了学校的教学设施和校园文化环境，奖励品学兼优的学生和有突出贡献的优秀教师，慰问已离休的教职工，资助基础教学研究，而且还支持澄中刊物的出版。如 2003 年 2 月，在老校友的关注支持下，陈楚生校友赞助 4 000 元，澄中抗日时期樟林同学聚餐会、广州地区校友会、汕头校友会各赞助 2 000 元，汕头校友会会长陈绍卿、副会长郑鹏健、校友蔡仰颜、李泽沾、王济授、王人勃、陈亿章、张景仪及校长李楚宜各捐助 1 000 元，校友陈卓、林世民赞助 500 元，校友李绍桐赞助港币 1 000 元，共计 2 万元人民币及 1 000 元港币，用以资助澄海中学《澄中版画》手拓本重印出版，为建校

88 周年校庆献上一份弥足珍贵的厚礼。两年后，1965 届校友郭绍溪出资 5 万元、黄继海出资 3 万元，1970 届校友陈香谱出资 5 万元，1974 届校友黄颖出资 5 万元资助《澄海中学建校 90 周年纪念画册》一书出版。

2015 年 1 月 3 日，在获悉本校王沛贤同学身罹重疾的消息之后，全校师生、学生家长、各地校友以及社会热心人士纷纷以各种形式表达对王沛贤同学的关心，截至 1 月 12 日，学校收到捐助的善款共计 572 762.2 元，其中教工捐款 42 060 元，学生捐款 425 152.2元，谢锐奎校长个人捐款 30 000 元，社会热心人士捐款 75 550 元，该善款被用于王沛贤同学的治疗，帮助她战胜病魔。

据统计，自 2002 年 1 月至 2015 年 1 月，社会各界爱心人士捐赠澄海中学的各类奖学助学金等基金总额已达 496.838 22 万元人民币、6 000 元港币，受益师生达 925 人次。

值得一提的是，澄中在接受社会各界爱心人士大力支持澄中发展的同时，在校的师生也积极从事公益事业，将爱心传递给更多人，为地方社会的和谐发展作出重要的贡献。近年来，澄海中学团委会组织学校一支青年教师志愿者团队进行“凤凰行动”系列志愿活动探索与实践，在公益活动中坚持“关心特殊教育、感恩奉献互助”、“传承革命精神、弘扬爱国主义”两大主线，积极投身于精神文明建设，深入开展澄海区启智学校志愿活动，坚持向学生弘扬爱国主义。此外，还组织学生志愿者团队开展一系列“尊老、敬老、爱老、助老”活动。学校师生志愿者们以无私的奉献和优质的志愿服务，充分展示了澄中师生良好的公益精神风貌，受到了社会各界的充分肯定和普遍欢迎。

## 结语

纵观百年来，尤其是改革开放以来的澄中慈善公益史，在海内外澄中校友及社会各界热心人士的捐资兴学下，澄海中学不仅获得了跨越式的发展；同样重要的是，澄中已形成一种慈善公益文化氛围，这是学校“人本·和谐”办学理念、“博爱精诚·朂勤自励”校园精神文化中的一个重要组成部分。澄中的慈善公益文化，是百年来澄中在发展过程中不断创造和积累的、外在的、以物化形式存在的一种校园物质文化，更是历史积淀下来的“黍稷非馨，明德惟馨”中华人文精神，弥漫于校园的每个角落，在潜移默化中影响、激励着广大师生和校园内外的每一位澄中人……

# 第三编 人　物

RENWU

# 第一章　高山仰止

## 杜国庠（1889—1961）

图 3.1.1　杜国庠

字守素，澄海兰苑村人。1919 年毕业于日本京都帝国大学。回国后，从事先秦诸子思想的研究和马克思列宁主义的传播工作。

1925 年 8 月至 1926 年 1 月，杜国庠就任澄海县立中学校长，在任期间，力改校政。他聘请李春蕃（柯柏年）、方次雄（方君壮）等进步教师到校任教，还冲破封建礼教的门禁，破例录取蔡楚吟等 6 名女生，创立男女同校新风，收到良好的效果。1925 年 11 月，周恩来出任东江行政委员，动员杜国庠与王鼎新、杜式榜等人负责改组国民党澄海县党部。12 月，杜国庠就任国民党澄海县党部主席委员。同月，受周恩来指派接任广东省立第四中学（今金山中学）校长。

1928 年 2 月，杜国庠在上海加入中国共产党。从此，在党的领导下，杜国庠长期坚持地下斗争，为无产阶级革命事业努力奋斗。

新中国成立后，杜国庠历任中共广东省委员会委员、广东省人民委员会委员、中国人民政治协商会议广东省委员会副主席、中国人民外交学会理事、中国科学院中南分院副院长等职。杜国庠终身为党的事业努力奋斗，并长期从事马克思列宁主义学术研究。几十年来，他勤学苦研，学识渊博，著述甚丰。1959 年，他将自己先后发表过的部分文章，编辑成《便桥集》出版。

1961 年 1 月 12 日，杜国庠积劳成疾，患胃癌与世长辞，终年 72 岁。郭沫若为老战友杜国庠的去世写了悼诗，高度称赞他一生的品格和成就。

## 王鼎新（1894—1968）

图 3.1.2　王鼎新

又名王心民、王慎名，澄海槐泽人。少时读书聪颖，有爱国之志。1914 年春东渡日本求学，入读东京成城学校。1916 年至 1920 年入读东京高等师范学校文科第一部乙组，并于 1921 年（大正十年）3 月毕业。留日时参加彭湃等留学生组织的“赤心社”，因反对袁世凯卖国，在日本被捕入狱。1921 年春回国后，在广州任旅省潮州八邑中学校长。1923 年在汕头创办《时报》，担任总编辑。1925 年任澄海县教育局长。同年 11 月在汕头受周恩来接见，受任改组和建立澄海国民党组织，后任国民党县党部执委主席委员。1926 年 1 月至 1927 年 8 月担任澄海县立中学校长，依靠进步教员，团结师生，发展进步力量，启发他们参加社会革命实践。1927 年 4 月，澄海发生“四一〇”反革命事件，王鼎新在革命师生的掩护下脱险，离开澄城。

1929年以后避居上海，担任南强书局经理，积极宣传马克思列宁主义，联系进步作家，掩护革命活动。抗战爆发后，投身于抗日救亡事业。1938年回汕头，任广东省第八区民众抗日武装统率委员会秘书，以训练总干事的身份，主持举办训练班，亲自讲课，对学员进行反法西斯教育。1944年2月至1945年3月，任广东省第五区行政督察专员公署主任秘书。1946年秋至1957年，任苏北中学校长。

1954年参加农工民主党，担任农工民主党汕头市第一届委员。1957年任澄海县副县长，抓文化教育工作，作风深入细致，建树良多。1960年2月至1962年10月，担任澄海县科学技术协会主席。

王鼎新的一生，一心一意跟着共产党，勤恳工作，乐于兴办教育事业，是澄海县教育界德高望重的前辈，广大师生公认的楷模和表率。1968年10月，他被迫害致死，时年74岁。1978年5月11日至20日，中共澄海县委为其平反，并于11月8日召开追悼大会，广州市委书记许士杰写《王鼎新同志十六年祭》，以表悼念。

**李缵华**（1917—1958）

图3.1.3　李缵华

澄海莲上竹林人。其父李世铎是民国初期的澄海县劝学所所长、教育局局长，在任上倡议创办澄海中学、李缵华自幼聪颖，酷爱读书。1935年8月，在澄海县立中学初中毕业。1935年9月起，先后在汕头礐光中学、聿怀中学，揭阳聿怀中学，平远东江临时中学，梅县梅州中学读高中。1940年考入国立中山大学工学院土木工程学系。

1944年8月，他大学毕业后，到普宁县立第一中学任数理教员。1945年2月，应省立金山中学校长詹昭清所聘，到该校任教。他知识根底深，知识面广，善于探索，认真执教，教学效果好，得到学生的爱戴与同行的肯定和赞扬。1947年2月，转到澄海县立中学任教。在此期间，在中共派到澄中领导学运的地下党组织的影响和带领下，接受了马克思列宁主义教育，思想日趋进步。他除对学生进行知识教育外，还积极参加学生的进步组织“学习会”的活动，传播进步学说，宣传革命道理，鼓励学生走革命的道路。1949年5月9日，在地下党组织的领导下，他与曾凌风、陈得绍等老师及所教一百多名学生毅然上凤凰山参加解放军。

新中国成立后，李缵华任澄海县文教科副科长，后改任澄海县经建科科长，1950年2月调到澄海中学任副校长，1951年9月任代理校长。在澄中任职期间，李缵华为建设澄中、广纳贤才、造就人才而倾情尽力。他认真贯彻党的教育方针和政策，致力于学校的教育改革，建立了一整套澄中教学管理制度，从严治教。1951年，在学校建立教研组，培养教学骨干，带领教师学习教育学、教学法，并亲作研究，撰写经验文章，提出“关于课堂基本解决问题”、“关于教课好坏的标准”等教学原则和要求，以指导教学实践。同时，组织开展教学经验交流和教学观摩活动，在澄中营造浓厚的教研氛围，为树立澄中的优良教风和学风奠定了坚实的基础。

李缵华十分注重学生的全面发展，自1952年起，他在学校建立各类课外兴趣小组，创办学生夏令营，广泛开展课外兴趣活动，取得良好效果；同时，成立“体育委员会”，试行“劳卫制”体育锻炼标准，受到省里的表扬。1953 年，澄中正式成为广东省“劳卫制”定点试验单位。李缵华撰写经验文章刊于《南方日报》，为澄中体育见长的特色的形成奠定了基础。

李缵华尊重知识，爱惜人才，对年轻教师悉心帮助指导，对学生关怀爱护，以身作则，言传身教。他工作深入细致，学识广博，诲人不倦。

李缵华的一生爱国、爱党，胸怀坦荡，勤恳工作，为澄海中学的建设与发展作出了不可磨灭的贡献。从澄海县实行人民代表大会制度起，他年年都是县人民代表，是县首评的高级知识分子，还被评为省的教育工作先进分子。

1957 年的反右斗争中，李缵华无辜遭受批斗。1958 年 2 月 13 日，他在学校含冤去世，时年 41 岁。1979 年，澄海县人民政府为他平反昭雪。

**杜君侠**（1881—1948）

**图 3.1.4　杜君侠**

名邦俊，号君侠，澄海莲上涂城村人。出身于一个富足的乡绅之家，其家族耕读传家，人才辈出，主持乡族，参与县政，常为族人所拥戴。杜君侠自幼喜欢读书，文章丽雅，工于书法。1907 年，与同乡吴柳隅（吴贯因）、杜韧初留学日本，毕业于东京高等师范学校文科。回国后居家读书，精研学术，卓有建树。

1915 年澄海中学创立，聘请杜君侠担任国文教员，先生以服务乡梓、培育人才为己任，慨然应允，从此终生任教于澄中。先生执教之余，热心校务，建言献策，对学校建设贡献甚大。1922 年，澄海遭遇“八二风灾”，学校宿舍、图书馆尽数倾塌，加以田租失收，经费无着，几至停办。杜君侠先生受李鉴渊县长委派任驻汕代表，向各善团洽请救济事宜，经过数月努力，争取到各善团的资助，重新修建了校舍。



1939 年 6 月，澄城沦陷，师生辗转于澄海樟林、饶平浮山等地，坚持办学。杜君侠年近六十，也随学校辗转流离，历尽艰辛，却甘之如饴，其间还为澄中撰写校歌歌词。他因此被誉为教育者的典范，受到了教育部的褒奖。

1945 年澄城光复，杜君侠随澄中师生迁回澄城。由于原来的校舍已成废墟，于是临时借用便生医院为校舍复课，同时筹建新校舍。杜君侠以澄中创校元老身份被推举为建筑委员，兼管学校财政，后又被推举为县参议会参议员。先生虽年过六十，却未曾颐养天年，仍为学校和地方建设多方奔走。1948 年 2 月 10 日（农历正月初一），他在汕樟公路上坠车重伤，至 2 月 22 日，终因伤重不治，享年 67 岁。

杜君侠是澄中元老，德高望重，去世之后，全县发起公祭，国民党元老、时任行政院长张群，知名学者饶宗颐以及澄中众多师生均致送挽联或撰写诗文，表达了对杜君侠的敬意和哀悼之情。

**许伟余**（1885—1974）

图 3.1.5　许伟余

原名挹芬，澄海莲下许厝人。自幼聪颖，才思过人，与同县诗人侯节、东北大学教授吴贯因被誉为“澄海三才子”。

许伟余青年时到广州两广游学预备科馆学习，准备出国留学。后因科馆改为两广方言学堂，故转上海中国公学学习经济。回澄海后即于 1908 年起从事教育工作。先后任澄海县立小学，汕头女子中学、聿怀中学，省立韩山师范学校，澄海第一中学等校国文教员。辛亥革命前后，协同同盟会会员吴子寿等编辑发行《大岭东报》，宣传革命。1925 年至 1927 年，任《汕头时报》和《星报》编辑、主笔，撰写进步文章。

许伟余一生倾向进步，青年时期拥护康梁变法维新的主张，“五四”运动时，积极提倡学生作文改写白话文，成为潮汕地区第一个主张学生写白话文的人。国民党统治时期，洁身自好，恬淡自持，从不登权贵之门，以读书教书为乐。同情革命，新中国成立前夕，鼓励县立小学学生和幼子许守介上山参加革命；新中国成立后，亲送长孙许大云参加解放军。认真学习革命理论，拥护党的方针政策；认真搞好教学工作，培育人才，学生遍布国内外。在他的影响下，以教育为终身事业的子孙辈共有 16 人。

许伟余治学严谨，对学生循循善诱，诲人不倦，讲课言简意赅，深入浅出，诙谐流畅，学生学而不厌，深受教益，教学质量甚高。许伟余年高德重，是汕头专区内外知名的老教师，也是被澄海县教育界后生所景仰的前辈。1953 年和 1954 年分别被评为澄海县优秀教师、汕头专区优秀教师，被选为澄海县第二届人民代表大会代表。1955 年退休后寓居汕头市，任广东省文史馆馆员，第二、三届广东省人民代表大会代表，汕头市第二、三届政协副主席。

许伟余学识渊博，擅长诗文。壮年刊印有《慧观道人诗集》，晚年完成的著作有《庶筑秋轩诗集》稿本，饶宗颐教授和已故中山大学教授詹安泰对这本诗集的评价很高。又应香港《文汇报》之约，为青年诗歌爱好者撰写古典诗词名作的诠释文章，辑为《庶筑秋轩文稿》。1974 年在汕头病逝，享年 90 岁。

**许包野**（1900—1935）

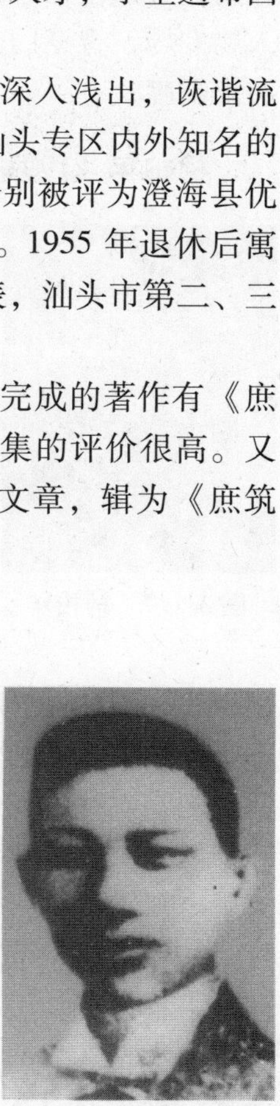
图 3.1.6　许包野

原名许鸿藻，乳名许金海，曾用名许宝如、伯勒、阿宝、宝霞、宝尔、老刘，澄海冠陇（今冠山村）人，生于泰国华侨家庭，7 岁回国，15 岁进澄海中学，因勤奋又聪颖，考试常名列前茅。

1919 年上半年，许包野中学毕业，时值“五四”运动，他受新文化、新思潮的影响，于是年冬毅然投考蔡元培为会长的“华法教育会”组织的赴法勤工俭学，以优异成绩被录取。1920 年赴法国勤工俭学，先后在法国、德国和奥地利攻读哲学，并获得博士学位。旅欧期间，他积极自学马克思主义书籍，研究马克思的哲学思想，认真探索革命真理，并积极参加中共旅欧支部组织的革命活动。

1923年2月经朱德介绍加入中国共产党。1926年，许包野被派往苏联莫斯科东方大学任教，任教5年，为国际共产主义运动作出了积极的贡献。1927年9月28日，叶贺大军攻占澄海县城，建立澄海县工农军革命政府，其被任命为副县长，此政府存在时仅三日，史称“澄海三日红”。

“九一八”事变后，许包野受共产国际的派遣，从苏联秘密回国，于1931年底到上海向中共临时中央报告共产国际情况。1932年3月，他抵达厦门，5月，受中共厦门中心市委的派遣，先后到安溪、惠安、泉州、莆田等地巡视工作，了解情况，发动群众，健全农会组织，建立农民武装，协助整顿游击队，巩固红色根据地。

1932年10月，党中央任命许包野为中共厦门中心市委书记。1934年7月，中共江苏省委连遭敌人破坏，党中央调许包野任江苏省委书记，领导恢复和重建江苏省委机关。同年10月，中共河南省委遭敌人破坏，党中央又调许包野任河南省委书记，在处境十分危险的环境中领导河南省委坚持斗争。

1935年2月，由于叛徒出卖，许包野在河南郑州被捕，随即被押解到南京国民党中央军人监狱。1935年在南京英勇就义，时年35岁。

1987年3月27日，广东省人民政府批准追认许包野为革命烈士，并将他的革命事迹在雨花台烈士纪念馆展出。2006年，中央电视台全国新闻联播节目开辟《永远的丰碑》人物专题，曾专门介绍许包野的革命事迹，让全国人民永远记住许包野为中国革命作出的突出贡献。

**柯柏年**（1904—1985）

**图3.1.7 柯柏年**

原名李春蕃，出生于广东潮安城（今潮州湘桥区）。中共早期党员之一，马克思主义著作翻译家。少年时就读于潮州城南小学、汕头礐石中学。受堂兄李春涛影响，广泛阅读进步书籍，开始接触社会主义思想。1920年，在李春涛的帮助下到达上海，进入沪江大学中学部学习。1923年，升入沪江大学社会学系学习，后转入上海大学社会学系学习。1924年1月，柯柏年在上海大学经同学杨之华（后来成为瞿秋白的夫人）介绍，加入中国共产党。后来当选为上海大学学生会执行委员，同时兼做非基督教同盟的工作。1925年8月，柯柏年接受澄海中学校长杜国庠的聘请，任澄海中学教员。他与杜国庠、朱叟林等人积极开展革命宣传和组织工作，还亲自带领中学生二十多人步行到海丰县学习农民运动的经验，这批学生多数人后成为共青团员。1925年11月，柯柏年被周恩来任命为东征军总政治部驻澄海特派员，负责指导澄海的国民革命运动。他配合东征军和当地革命干部，建立共青团澄海小组和支部，传播马克思主义；旋任东江各属行政委员公署社会科副科长，负责农运、工运，在周恩来的领导下，担任《岭东民国日报》副总编辑，主持副刊《革命》，积极参与震东中学“社会科学院”的撰稿、译著、授课。1926年夏，他奉调到广州任国民革命军第三军政治教官，并协助张太雷编辑中共两广区委机关刊物《人民周刊》。1927年春，柯柏年回汕头，主持由中共汕头地委创办的社会科学院，并任《岭东日日新闻》副总编。汕头爆发“四一五”反革命政变后，他辗转到上海，担任上海闸北区第三街道支部书记，后参加社联，任党组成员。1930 年，参加中国社会科学家同盟，任中共党组成员。1937 年抗日战争爆发后，柯柏年奔赴延安。1938 年 5 月后，历任中国中央马列学院西方革命史室主任、中央研究院国际问题研究室主任、边区政府编审科长等职务。1944 年，担任中央军委外事组高级联络官，在从事翻译马列著作的同时，还参加接待中外记者团和美军延安观察组的工作。抗战胜利后，柯柏年随叶剑英参加北平军调处执行部，任中共方面翻译处处长、中共方面新闻处处长、中央外事组研究处处长。

新中国成立后，柯柏年担任外交部美澳司司长，兼任中国人民政治法律学会副主席。1954 年，他作为中华人民共和国代表团成员陪同周恩来总理参加日内瓦会议。后又历任驻罗马尼亚人民共和国大使、驻丹麦王国大使、中国人民外交学会副会长、国际关系研究所副所长、中华人民共和国外交史编辑委员会主任委员、国务院学位委员会法学组评议委员、中国翻译工作者协会顾问。曾参加主持《毛泽东选集》第五卷的英文翻译工作。1985 年 8 月 9 日在北京病故，享年 81 岁。

柯柏年主要译著有《社会主义从空想到科学的发展》、《哥达纲领批判》、《帝国主义论》、《农业税的意义》、《社会革命论》、《社会问题大纲》、《辩证法的逻辑》、《法国的革命和反革命》（与王若巍合译）、《马恩通信选集》、《拿破仑第三政变记》、《法兰西阶段斗争》等。主编《怎样研究新兴社会科学》、《美国手册》，并参与《马恩列斯思想方法论》、《列宁选集》的编译工作。

**刘昌潮**（1907—1997）

图 3.1.8 刘昌潮

别名不烦斋主人，广东揭阳人。中国美术家协会会员，曾任汕头市政协副主席、汕头市文联名誉主席、中国美术家协会广东分会理事、汕头美术家协会名誉主席、岭海翰墨社社长等职务。7 岁开始学画，读高小期间，曾代表美术教师为社会人士绘制国画作品，受社会人士好评。师从岭东名画家孙裴谷先生。1927 年秋考入上海美专，受教于刘海粟、黄宾虹、潘天寿、王个簃等大师。1930 年秋毕业后任揭阳一中美术教师，1931 年应聘任泰国曼谷培英学校美术教师。1933 年回国，20 世纪 30 年代至 50 年代初先后任教于澄中及汕头、揭阳等地其他中学和省立韩山师范学校。1980 年 9 月出任汕头画院首任院长，同年任中国美术家协会广东分会理事。1984 年为北京人民大会堂创作国画《坚�硬节凌霜雪》，悬挂于北门厅。同年应泰国国家艺术厅、泰国国家博物院、泰国法政大学、泰国是巴吞大学之邀，分别举办了“中国书画艺术讲座”，并被编成专书，成为第一位应泰国国家级单位邀请的中国画家。1989 年为北京天安门城楼创作国画《梅竹石图》，悬于正厅。擅长描绘山水、花卉，晚年更以墨竹名世，驰誉海内外，郭沫若先生对其画作评价道：“清新俊逸，兼而有之，画竹如此，真是当代板桥。”1979 年，其作品《竹》被选送日本展览，并被编入《近代亚洲美术作品集》；《墨竹》被编入《中国现代绘画展作品集》。多次在国内外举行画展，出版有《刘昌潮画集》。

# 第二章 星汉灿烂

## 第一节 军政界

吴文兰（1904—1928）

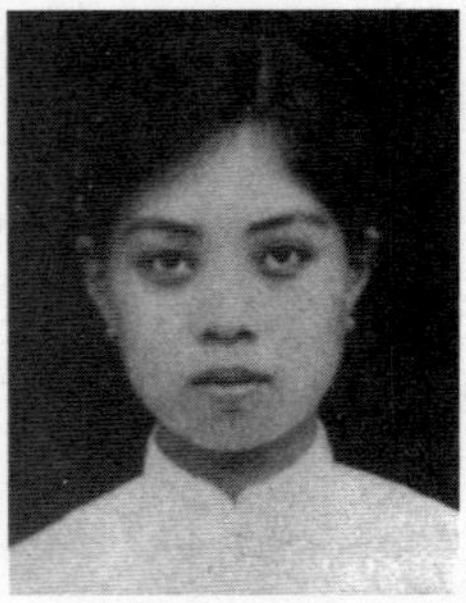
图 3.2.1 吴文兰

澄海城关城西人，潮汕妇女运动的著名领导人和组织者。1920年参加革命。1925 年 9 月，进入澄海中学就读，成为澄中首批招收的 6 名女生之一。1926 年 1 月，吴文兰光荣加入中国共产党。她先后任改组后的国民党汕头市党部委员和妇女部长、汕头妇女解放协会会长、中共汕头地委妇委书记，在周恩来、邓颖超的直接领导下从事妇运工作。曾陪同邓颖超到澄中指导学运工作。1928 年 2 月 19 日，她因被叛徒告密，被捕入狱，针刺指甲，火钳烙肉，受尽酷刑，但她坚贞不屈，于同年 6 月 18 日光荣牺牲，殉难前唱《国际歌》，高呼口号，从容就义。

王绍杰（1905—1945）

图 3.2.2 王绍杰

又名王溥生，澄海莲下神州村人，澄中早期校友。1925 年 12 月加入共青团，1926 年 1 月转为共产党员。1926 年 1 月 10 日，澄海县农民协会筹备处成立，他与林灿、邹克英、吴杰生等被推举为委员，并兼任苏南区农民协会特派员；同月，在凤山小学参与建立中共澄海县第一个党支部。“四一〇”事件以后，在中共汕头地委委员陈国威指导下，与何丹成、黄琪、邹克英等组织发动全县党团员和各乡农军 5 000 多人举行武装暴动。1927 年 9 月 28 日，叶贺大军攻占澄海县城，建立澄海县工农军革命政府，时仅三日，史称“澄海三日红”。事败后，随县委撤退莲花山区。1928 年 3 月 8 日，澄海县召开第二次党代表大会，与林灿等 8 人当选为澄海县委执行委员。1929 年春流亡暹罗，1931 年抵达香港。1937 年春，经方方同志介绍，回福建省龙岩县白土参加武装斗争。抗日战争初期，曾任新四军第二支队司令员张鼎丞的秘书、新四军第二支队政治部秘书长兼民运科科长。1939 年 11 月，被派往丹阳、江阴、无锡从事财经工作，后任新四军江南指挥部政治部秘书长、新四军第一师师长粟裕的秘书、新四军第一师司令部人事教育科科长和秘书长。1945 年 3 月起，任苏浙公学政治部副主任、新四军苏浙军区第二军分区政治部主任和第四军分区副政委。同年 10 月 15 日，新四军江南部队北撤渡江时，在江苏泰兴县天星桥水域沉船遇难。1957 年 8 月 1 日，中央人民政府颁予其家属

0043 号“革命牺牲军人家属光荣纪念证”，该证盖中央人民政府及主席毛泽东的印鉴。

**林灿**（1905—1942）

图 3.2.3 林 灿

又名林建楠，澄海盐鸿鸿沟村人，1925 年在澄海中学读书，当选为澄海中学学生会主席、澄海县学生联合会主席。1925 年夏毕业后，留校当图书管理员，在汕头新学生社帮助下，组织澄海县新学生社。7 月，澄海各界外交后援会成立，与杜式榜、林亦苏、蔡楚吟等当选为负责人，举行为期 3 天的游艺会，宣传反帝反封建，进行募捐，支援省港罢工工人。同年 12 月，经中共潮（州）梅（县）特别委员会批准，林灿等 10 多名符合条件的团员“跨党”。次年 1 月，加入中国共产党，担任中共澄海县特别支部书记职务。1926 年 1 月 10 日，澄海县农民协会筹备处成立，其与邹克英、吴杰生、王绍杰等担任委员，何丹成任特派员，会址设于澄城同善祠（今县人民政府所在地）。11 月 10 日，中共澄海县特别支部改设为中共澄海县部委，林灿担任书记。各区成立特别支部。全县有支部 28 个，党员 170 余人。1927 年 1 月，澄海县农民协会第一次代表大会于凤山小学召开，代表共 300 人，会上决定成立澄海县农民协会，林灿等 10 多人为常务委员。全县九成以上乡村组织农民协会主持乡政。4 月 10 日，广东省总工会澄海支会的蔡子隐、蔡鳌、刘鹏飞、陈抗及县署游击队长余礼明等率部袭击澄海县农民协会。翌日，林灿与澄中师生共 60 多人一起被捕。9 月，经营救出狱。1928 年 3 月 8 日，澄海县召开第二次党代表大会，与王绍杰等 8 人当选为澄海县委执行委员。次年秋天，被当局通缉，避居香港。1937 年回国参加抗战，次年参加新四军，担任该军第三师参谋，1942 年在作战中牺牲。

**杜式哲**（1905—1930）

图 3.2.4 杜式哲

澄海莲上涂城村人，出生于泰国曼谷一个贫苦的华侨工人家庭。11 岁时回家乡读书，1925 年初进入澄海中学，受到李春蕃等进步老师的影响，倾向革命，积极参加学生运动，与同学林灿、陈澄等被选为澄海县学生联合会负责人，领导全县学生运动。“五卅”运动后，积极参加反帝宣传，深入海丰一带考察农民运动，思想觉悟迅速提高。1926 年 1 月调任共青团汕头地委文书，后被选为共青团汕头地委的学委委员；5 月受中共潮（州）梅（县）特别委员会派遣，以省农民协会特派员的身份到饶平县开展工作，在县城和各区乡相继成立农民协会、妇女解放协会、儿童团等组织，还组建起农民自卫军。1927 年“四一二”反革命政变后，5 月转移到上饶山区坚持斗争，领导了农民自卫军开展武装斗争，当选为中共饶平县委书记，兼任工农革命军第十四团党代表。1928 年 6 月任中共东江特委委员；9 月又被选为中共东江特委副书记，参与组织东江特委日常工作和整个东江地区的革命工作。1930 年 4 月调任中共广州市委书记。在险恶的形势下，杜式哲坚定勇敢，对党的事业忠心耿耿，把个人生死置之度外。他曾对好友说：“我如被捕，给反动派的只有一纸革命书。”1930年6月，他不幸被捕。在狱中组织狱友继续和敌人展开斗争。同年7月1日，在广州红花岗畔英勇就义，牺牲时25岁。

**邹克英**（1906—1928）

**图3.2.5　邹克英**

澄海城关人，生于上海。祖父邹梅为清代举人，父亲邹心如在上海商界任职员。少年自沪返乡读书，高小毕业后考进澄海中学。1925年秋毕业后，担任县立第二高小（景韩学校）教师，11月加入共青团。同月，国民革命军东征军总政治部主任周恩来于汕头外马路243号接见潮汕各县代表，听取汇报并讨论学运、农运等问题，他与杜国庠、王鼎新、杜式哲等澄海代表被接见并参加讨论。12月下旬，澄海奉命成立改组国民党澄海县党部筹备处，他与王鼎新、李春蕃（柯柏年）、侯传稷等被任命为筹备处委员。1926年1月转为中国共产党党员，并在国民党澄海县党部第一次代表大会上当选为国民党澄海县党部执行委员兼农民部长，与陈澄、侯传稷、侯传穗、蔡楚吟等在澄城岭亭兴办“青年义学”，从事革命宣传工作。同年1月10日，澄海县农民协会筹备处成立，会址设于澄城同善祠，林灿、邹克英、吴杰生、王绍杰等任委员，何丹成任特派员，1927年4月15日，参与组织发动全县党团员和各乡农军5 000多人举行武装暴动，负责东线指挥。9月，澄海工农革命军大队扩编为广东工农革命军东路军第四独立团，担任团长。9月28日，澄海县工农军革命政府成立，担任县长，政权时仅三日，史称“澄海三日红”。1928年3月8日，澄海县召开第二次党代表大会，当选为澄海县委常委兼组织部部长。7月1日，澄海县委在西浦召开党员骨干会议，翌日与书记吴杰生、宣传部长许家声、西埔村支部书记郑森发4人被捕，8月14日在汕头就义。



**蔡楚吟**（1910—1969）

**图3.2.6　蔡楚吟**

澄海人，1925年8月，在杜国庠校长的支持下，冲破封建礼教的束缚，成为澄中第一批女生之一。蔡楚吟是中共澄海党组织的第一位女党员，革命战争时代，先后担任团汕头地委候补委员、团海陆丰地委妇委书记、中共军委地下交通员、中共南方工委侨务通讯员和某总支部局常委等职，长期在“白色恐怖”下展开勇敢的斗争。新中国成立后，她先后担任广东省侨办副主任、中国驻越南大使馆领事部副主任、中侨委国内司副司长、华侨大学党委副书记等职，为发展侨务工作和教育事业作出了贡献。“文革”期间，面对林彪、“四人帮”一伙的残酷迫害，她以死相抗争，终年59岁。

**柯国泰**（1924—1949）

图 3.2.7　柯国泰

原名柯家嗣、柯以圻，出生于新加坡。1938 年 5 月加入中国共产党，从此开始了他的革命生涯。入党以后的柯国泰，把自己的一生都交给了党。1948 年 6 月，柯国泰走上凤凰山，在闽粤赣边纵韩江支队第十一团六连任副指导员。同年 9 月，受党组织委派，下山负责白区的青运工作，并担任《海啸》报编辑。1949 年 5 月 9 日，组织澄海县立中学 108 名学生上山。1949 年 7 月，在澄海程洋岗仙美渡口被捕。1949 年 8 月 28 日英勇就义。在赴刑场途中，柯国泰大声呼唤："乡亲们，解放军已渡江南下，潮汕快解放了，大家准备迎接黎明的到来吧！共产党人是杀不完的。"牺牲时，年仅 25 岁。

**黄素**（1929—）

图 3.2.8　黄　素

原名黄长素，1947 届校友，澄海城北人。父亲黄其是中共早期党员。黄素幼年时因父亲从事进步学生运动而遭受迫害，颠沛流离，但坚持上学读书，在读书期间受到进步思想的启蒙，积极参加学校抗日救亡剧团的演出。1943 年秋在樟林入澄海县立中学高中一年级读书，樟林沦陷于日本侵略军后随校往饶平县浮山复课，1945 年日本投降后又随校回澄海县城继续高中学业。1946 年与进步同学共同发起组织读书会"学习会"，学习进步革命书刊，后我地下党派人联系"学习会"并吸收其骨干，建立地下新民主主义青年团。

1947 年考入厦门大学，1948 年加入我地下党闽浙赣省委城市工作部，1949 年初上大南山参加潮汕人民抗征队（不久改编为闽粤赣边纵队第二支队），任连队政治指导员，参加解放鲤湖、两英、惠来和赤寮歼敌、攻打普宁县城、阻击胡琏兵团一部等战斗。1950 年奉调参加海军，任中南军区海军海岸炮兵营二连政治指导员、虎门要塞区政治部干事。1953 年上调海军政治部，历任干事、处长、秘书长等职，立过三等功。1985 年任海军政治学院副院长，为副军职。1988 年被授予海军少将军衔。1990 年被授予胜利功勋荣誉章。

## 第二节　文教界

**谢和**（1900—1982）

图 3.2　谢　和

前清秀才，1919 年毕业于澄海中学，1924 年赴日本早稻田大学学习半年，回国后在武汉大学读书至毕业。在武大期间与革命先烈彭湃过从甚密，是党外的布尔什维克。1934 年初，出任当年把原官立凤山高等学堂、景韩高等学堂及县立女校合并成立的澄海县立小学的首任校长。因抨击国民党媚敌卖国，被捕入狱。出狱后，应泰国曼谷潮籍侨胞所办的培英学校校董事会邀请，出任该校校长。在此期间，协助中央在泰国的党组织输送了不少进步学生投奔延安参加革命。1946 年再度受聘出任培英学校校长，1946 年 4 月 28 日，被选为暹罗华侨教育协会第二届执行委员，同年 6 月 30 日又被选为暹罗华侨教育协会组织委员，为促进泰国华侨教育界的大团结殚精竭力。1950 年 1 月 1 日回到汕头，不久便应中共派驻香港的金融界首脑人物庄世平先生之邀请，到香港南洋商业银行任职，为国内在香港所办银行金融业的发展作出了卓越的贡献，多次受到北京中国人民银行总行的嘉奖。有一次在北京开会期间，当时的中侨委主席何香凝还赠给他亲笔所画的猛虎图一幅。

**黄友华**（1915—1995）

图 3.2.10　黄友华

揭阳登岗人。1934 年 1 月毕业于上海东亚体专，后回汕头市同济中学任教，开始从事体育教育工作。1937 年 7 月，因日寇入侵，失业返乡。1942 年受聘到普宁简师任教，日本投降后在汕头聿怀中学、磐光中学和潮州韩山师范学校任教，并从此在澄海定居。1950 年 8 月到澄中工作之后，即着手尝试体育教学改革，倡议成立城关镇中小学体育教研会，后又进一步建立全县中小学体育教研会，编订了全县中小学各年级的体育基本教材和考核标准。1952 年，广东省开始试行“劳卫制”，他敦请学校主动申请参加试行获准，在全校师生的共同努力下，1953 年澄海中学成为全省 11 家试点中学中的成绩最佳者。1972 年 6 月，在国家体委提出《国家体育工作五年规划》之后，他草拟了《澄海县体育锻炼标准暂行办法》，在澄海县体委和县教育局的支持下推行，至 1973 年 1 月，澄中全校达标率超过了 60%，国家体委和省体委都派人到澄中检查、验收，省、地、县三级体委还先后到澄中召开了现场会议。1953 年起，他兼任县和地区自行车运动队业余教练，先后培养了刘本盛、吴恰佑、萧秋桐等 9 名队员达到国家运动健将标准。1959 年被国家体委批准为田径项目国家级裁判员，1963 年被评为广东省优秀裁判员。此后曾多次担任省、地区、县田径运动会的副总裁判长、总裁判长。1978 年国家体委重新恢复裁判员等级制度后，他再次获得“国家级田径裁判员”称号。1964 年至 1979 年任广东省政协第三、四、五届委员，1980 年至 1987 年任澄海县政协第一、二届副主席。编著有《广东省中学体育教学大纲》（1955 年 4 月）、《训练纲要》（1956 年 5 月）和《按摩健身法》（1993 年 9 月）。



**李泽沛**（1931—）

图 3.2.11　李泽沛

深圳大学香港法研究所所长，法学教授，澄海人。1947 年 9 月在读澄海县立中学高一第一学期。1950 年至 1951 年在澄海敬爱小学教授语文课。1951 年进入南方大学学习。1955 年考入中国人民大学法律系学习。1959 年毕业后留校任教并任法律系党支总书记。1983 年，由中国人民大学派遣到深圳筹建深圳大学法律系，先后担任法律系副主任、主任，校务委员会副主任，香港法研究所所长。又担任澳门大学社会及人文科学学院法学教授及中国经济研究中心管理委员会主席。长期从事高等学校的教学工作，为国家培养了大批优秀法学人才，曾先后赴伦敦大学、悉尼大学、墨尔本大学、香港大学、香港中文大学等高等院校讲学和参加学术活动。曾担任深圳市人民政府法律顾问、深圳市人大常委会委员、中国国际法学会理事、中国国际法研究会理事、中国法律咨询中心顾问、中国国际贸易仲裁委员会仲裁员、广东省检察学会常务理事等职务。主要著作有《国际法》、《香港法律大全》、《对外经济贸易法律与实务系列丛书》。其著作曾获得广东省优秀社会科学研究成果奖、全国第二届通俗政治理论读物二等奖、深圳市社会科学优秀成果荣誉奖等一系列奖项。曾被评为深圳市优秀党员、深圳市模范教师。

**蔡德麟**（1935—）

图 3.2.12　蔡德麟

1953 届校友，教授、哲学家、文化学者，澄海人。祖父蔡子庸是新加坡爱国侨领，曾发起成立新加坡中华商务总会，授花翎道衔。1947 年进入澄海县立中学初中部读书。1953 年 10 月，经校长李缵华、党支部书记林圣克推荐，考入北京师范大学政治教育系。1958 年北京师范大学哲学研究生班毕业。1994 年被日本创价大学授予名誉博士学位。先后任教于安徽省合肥师范学院、安徽劳动大学、安徽大学等院校，曾任安徽大学哲学系主任、安徽教育学院副院长、安徽省哲学学会副会长、安徽省高等学校教师职务评审委员会委员等职务。1987 年至 1991 年任安徽大学党委副书记、常务副校长，主持校务，代行校长职责，为安徽大学的发展作出了重要的贡献。1991 年 11 月至 1996 年 8 月任深圳大学教授、校长兼党委书记，全力以赴投入到学校的建设工作中，使深圳大学得到了快速发展。退休后应深圳市政府的邀请，参与组建文史资料委员会，担任主任一职。后又应邀出任清华大学深圳研究生院人文研究所常务副所长，被评为深圳市杰出专家，领取国务院特殊津贴。曾任广东省第七、八届政协委员，深圳市第二届政协常委、文史资料委员会主任，并兼任中国马克思主义哲学史学会理事、中山大学哲学系教授、华南师范大学教授、中国老教授协会特区分会及深圳市教授协会名誉会长。在哲学、文化学领域发表论文近百篇，撰著和主编的学术著作有《马克思的第一个伟大发现——唯物史观的形成》（获安徽省第一届哲学社会科学优秀成果二等奖）、《马克思主义哲学史教程》、《马克思主义哲学》（国家教委师范司委托统编教材）、《毛泽东哲学思想与当代社会主义建设》、《跨世纪的抉择：邓小平的社会主义论》、《深港关系史话》、《东方智慧之光：池田大作研究论纲》和《文明对话》等。

**李新魁**（1935—1997）

字星桥，澄海人。著名语言学家，古汉语音韵学家，文字学家。1950 年 2 月考入澄海县立中学，1952 年起担任《澄中日报》主编，1955 年高中毕业，考入中山大学中文系。1959 年毕业后历任广东师范学院中文系助教，暨南大学中文系助教，华南师范学院中文系助教，中山大学中文系助教、讲师、副教授、教授、博士生导师等职，享受国务院特殊贡献专家津贴。李新魁对汉语音韵学、方言学、古代汉语词汇和语法、文字学、少数

图 3.2.13 李新魁

民族语言文字等方面都有深入的研究，特别是在音韵学和方言学两方面，造诣最深。他是最早对广东畲话进行研究的学者之一，也是国内为数甚少的西夏文专家之一。他除了对潮汕方言有较深入的研究外，对闽、粤、吴三大方言形成的历史和发展也有精辟的见解。他的突出成就引起国内外汉语音韵学界的重视，在海内外产生了重要影响。曾任中国语言学会常务理事、中国音韵学研究会副会长、中国民族语言学会理事、全国高校文字改革学会理事、广东省中国语言学会副会长兼学术委员会主任、广东省社联委员、《学术研究》编委、广州国学研究社社长等职，并受聘为汕头大学、广东社会科学大学、信阳师范学院兼职教授。主要学术专著有《潮汕话研究》、《古音概说》、《韵镜校证》、《李新魁自选集》、《李新魁语言学论集》、《李新魁音韵学论集》等 24 部。曾应邀赴日本、中国台湾、中国香港、中国澳门等国家和地区讲学；曾连续多届获广东省社科研究优秀成果奖、广东省高教厅人文科学优秀成果奖等奖项。

**林侠**（1935—）

图 3.2.14 林 侠

澄海南砂乡人。1948 年进入澄海县立中学读书。1951 年 4 月在澄中参加中国人民解放军，进入广州中央军事体育学校读书。1958 年 6 月由部队转业至台山，先后在华南农垦局联安农场、台山赤溪钢铁厂工作。1959 年 7 月起，在广东越华中学、那扶中学教书。1973 年 3 月调至澄海中学任教。1981 年 12 月，被《光明日报》、《文汇报》和《体育报》联合评选为“全国优秀体育教师”，荣获金质奖章。1984 年 6 月起，担任政协澄海县第二至第四届委员会委员。1985 年 12 月 15 日，获得国家体委授予的“全国优秀裁判员”证书及奖章。同年由国家体委和教育部评为全国施行《国家体育锻炼标准》先进工作者。1992 年 9 月，在国家体委群众体育司、国家教委体育卫生司、新华通讯社、人民日报社等单位联合举办的“全国优秀体育教师”暨“十佳体育教师”评选中荣获“全国优秀体育教师”称号。

**陈铿华**（1936—）

图 3.2.15 陈铿华

澄海东湖人。1951 年 9 月至 1957 年 8 月在澄中读书。1958 年 9 月考入广东师范学院数学系。1962 年 8 月毕业后，分配到潮阳高级中学任教。1969 年 12 月调到澄海师范训练班任教，1970 年 2 月在澄海师范学校任教，是年 8 月调入澄海中学任教。1984 年 1 月获得人民日报社、光明日报社等 7 个单位联合评选的“全国优秀班主任”称号。1985 年被评为广东省劳动模范。1984 年至 1992 年连续三届任澄海县人大常委会委员；曾任广东省第六届、第七届人民代表大会代表。

**蔡学余**（1900—1960）

图 3.2.16　蔡学余

字冬心，子士瑞，澄海苏南区程洋岗乡人，居于程洋岗乡下市余香小筑。1915 年秋季考入澄海中学第一届四年制甲班，与李柏年、杜国进并称“澄中三位高材生”。1919 年秋毕业后，曾任汕头市立第二小学校长。1927 年起在暹罗任《国民日报》等多家报纸的主编或主笔。1938 年加入中国青年新闻记者学会，参与徐州突围战，随华侨记者团退往豫东宁陵。1946 年 11 月 10 日，在澄海县立中学校友会理监事会第一次联席会议上被推举为暹罗校友通讯站主任，负责该地校友登记通信事宜。1947 年 3 月 20 日，澄海筹建孔庙暨澄中校舍委员会在澄海县立中学举行会议，其与蔡乐斯、杜国畴、蚁美厚等 11 人被推举为常务委员，并成立澄中校友会暹罗分会，以协助筹建工作进行。同年，参与倡议发起暹罗澄侨互助社（即暹罗澄海同乡会前身）。1948 年 6 月 15 日任该会第一届理事，曾加入暹罗《世界日报》工作。曾撰文《一个有关中泰互助的最高纪录：怀念我们伟大的乡先辈郑王》发表于《暹罗澄海同乡会成立周年纪念特刊》。

**蔡力行**（1917—1999）

图 3.2.17　蔡力行

澄海西门乡人，名侠兰、敬昭，后改名水泽、力行、大丰，曾用笔名蔡求生、江子扬、立信、张光鲁、大江、康健、曾烈家、陈利加等。1931 年至 1932 年就读于澄海县立中学，曾任职于国民党中央党部、粤汉铁路南段管理局特别党部、财政部盐务总局汕韶督运专员办事处、浙赣铁路管理局特别党部、两浙盐务局等处。1932 年起先后历任汕头《岭东民国日报》记者、南京《学生生活》主编、《救亡日报》广州版特约时论撰述、《东南日报》主笔、《中央日报》福建版主笔、东南出版社编辑部主任等职，并创办上海的《新闻杂志》、《大地》，广州的《民族革命》、《中国儿童》，南雄的《民生日报》，永安的《联合周报》等多种报刊，从事抗战文化工作。1946 年起在上海成立大江通讯社、联合编译社等，先后创办《现代经济文摘》、《现代文摘》。1947 年加入中国民主同盟，担任宣传干事职务，并与章伯钧、覃子豪创办民盟宣传刊物《现代新闻》周刊，担任上海《新诗歌》月刊发行人。1948 年至 1949 年，主编上海《群言》周刊和《内幕新闻》丛刊。1950 年至 1951 年，主持上海实用出版社、人人出版社和星光出版社的工作。编著有《怎样阅读国际新闻》、《日德军备的检讨》、《侦查汉奸的方法》、《未来的苏日战争》、《国际现势》、《中国远征军》和《中共人物小史》等书籍，文章散见于南京《中央时事周报》、南京《时论》半月刊、南京《前途》月刊、广州《救亡日报》、香港《东方杂志》、武汉《反侵略》、上饶《前线日报》、桂林《力报》、广西《柳州日报》、桂林《扫荡报》、南平《东南日报》、永安《联合周报》、上海《人民世纪》和香港《大公报》等。

**邱卓恭**（1923—2000）

图 3.2.18　邱卓恭

自号行是斋主、凤山一介，澄海东湖乡人，香港进步出版界知名人士。出身于书香门第，13 岁时，考进澄海县立中学，就读数年，成绩皆名列前茅。毕业后于香港定居并工作。曾先后担任香港《海光地理杂志》、《海光文艺》杂志主编，及主管香港万里书店之编辑和出版工作。邱卓恭一生积极投身于爱国文化事业，为沟通港澳和内地文化交流作出了莫大贡献，在香港出版界及文化界享负盛名。他精研文史，基础深厚，与饶宗颐、林道仙、张树人、林万任、高贞白、卓琳清、十万山人孙星阁等经常进行学术交流。其文史知识之渊博、治学精神之严谨和性格之正直，深受文化界朋友及同仁敬重。晚年穷研晋唐名家书法，加以古文字学及诗词之修养，行楷书格调高古，卓然成家。其书法曾多次在中国香港、中国澳门、新加坡公开展览，获得高度好评。邱卓恭虽旅港多年，但时时顾念母校澄中之发展，晚年将多年珍藏之大量书籍捐赠予母校并捐款 25 万港元以购置新书。他去世以后，其夫人林舜兰女士及公子邱绍东先生依据先生遗嘱，捐资 100 万港元在澄海中学兴建邱卓恭艺术馆，寄托先生对母校的一片深情。

**蔡英豪**（1933—）

图 3.2.19　蔡英豪

1933 年 2 月生，澄海人。在澄中就读时于 1949 年 5 月 9 日与其他师生一起上凤凰山参加解放军。新中国成立后，长期在澄海县公安政法部门工作，后担任县文物管理领导小组组长，县文物普查办公室副主任，澄海博物馆创建人、首任馆长，澄海市文博研究会主席。现为中国历史文献研究会会员，中国新诗歌社社员，中国民族文化研究院理事，中国国学学会名誉会长。

他长期从事潮汕文史研究，离休后仍躬耕不辍，主要著作有《澄海县文物志》、《海上丝路寻踪》、《潮汕辞典》等。论文《南方海上丝绸之路考证的重要突破》于 1998 年 7 月获《人民日报》学术版主办的“全国文学新闻科教兴国研讨会”作品一等奖。《潮汕辞典》获潮学奖、汕头市社会科学研究成果奖、澄海文艺奖、全国俗文学郑振铎文学奖。曾被中国作家协会机关报《文艺报》授予“人民艺术家”称号，被中国国学学会授予建国 60 年来最高成就奖，先后获共和国建设者勋章、中华名人暨功勋人物荣誉勋章。

**陈有昇**（1936—）

3.2.20　陈有昇

1959 届校友，1963 年于中山大学中文系毕业后在北京外文出版社工作，曾任编辑室主任、出版社副编审，还曾任中国旅游文化学会民俗旅游专业委员会委员，中国民间剪纸研究会副会长、副秘书长等职。主要论著有《论屈原赋之怨——中国古典悲剧初探》、《美学翻译家宗白华》、《李桦与鲁迅》、《沈从文与巫文化》等。还曾任《中国民俗旅游丛书》副主编，主编《苗岭布依的民俗与旅游》。现任新世界出版社特约编审，中国俗文学学会理事，中国中西医结合学会会员，中国民间文艺家协会会员。

**林栩**（1957—）

1974 届校友，爱国文化侨领、知名学者。中学毕业后上山下乡当知青，1978 年从军参加中越自卫反击战，荣获广州军区嘉奖令。1990 年移民泰国。林栩对心理学、潜意识、梦学进行了近 20 年的执着研究和探索，出版了《梦的启示》、《世界名人名梦经典》等心理学著作，被翻译成中、英、泰三种文字在世界各地发行，被中、泰 300 家大学图书馆收藏，与美国哈佛大学、天津师范大学合作开发潜意识学术研究，在国际梦学界率先提出造梦（孵梦）的理论。2010 年开始至今，先后在中国清华大学、泰国皇家师范大学等学院、社区、企业界开设系列课程近百场，深受大学师生、企业家、社会各界人士欢迎。现任泰国潜意识力量研究院院长、泰国吞武里大学心理学系主任、中国河北美术学院终身教授、泰国皇家师范大学孔子学院客座教授等职务。林栩积极从事中泰文化交流活动和爱国活动，任泰国中国和平统一促进会总会副会长、泰国工商总会副主席，2009 年创办了泰中文化人联合会（泰中文联）并任主席，为中泰文化艺术合作与交流作出了贡献。曾荣获中、泰两国领导人习近平、李克强、温家宝、诗琳通公主、英拉总理等的亲切接见与勉励。

**图 3.2.21 林 栩**

**吴其敏**（1909—）

笔名眉庵、梁柏青等，1909 年生，澄城人，中国作协委员。在澄中读书时，即参加彩虹社，开始小说、诗歌的创作。1937 年移居香港，任报纸编辑，抗战胜利后任电影编剧。1955 年创办新地出版社、旋嘤鸣出版社。1972 年进中华书局任海外办事处副总编兼《海洋文艺》月刊主编。出版小说、诗歌、散文、随笔、文艺评论集近 20 种，另有电影剧本《有求必应》等 20 部被拍成电影。

**图 3.2.22 吴其敏**

**王君实**（1910—1942）

原名王惠风，笔名王修惠，外砂东溪人。中山大学肄业。1937 年赴新加坡从事文学活动，写了大量抗日文章。王君实才思敏捷，文笔优美，遗下的作品有不下 100 万字，作品形式除了散文，还有诗歌、小说及评论文章。1942 年日军占领新加坡，派兵包围王君实所住书店，限其三天内交出王君实，他为了不连累他人，写下绝命书，跳楼殉难，表现了凛然的民族气节，遗著有《王君实选集》传世。

**图 3.2.23 王君实**

陈博文（1923—）

图 3.2.24　陈博文

笔名华、萧燕、任坚等，1923 年在澄海出生，澄中毕业生。旅居泰国，自创商行，兼任报刊副编辑，进行杂文和小说写作。著有《三不斋谈薮》、《人海涟漪》、《中泰古今钱币》、《泰国风采》等书。

周镇昌（1928—）

图 3.2.25　周镇昌

笔名闻莺，澄中校友，中国戏剧家协会会员，中国民间文艺家协会会员，中国戏剧文学学会剧本中心理事，中国俗文学学会理事。长期从事民间文学、俗文学、民俗学和地方戏曲的实践与研究。编写上演的大型潮剧有《三闹金銮》、《乱世情仇》等 20 多部；多部剧作、多篇论文在全国、省获奖和发表；出版专著《中国当代戏剧家文库·周镇昌卷》一书；编写《无敌鸳鸯腿》（合作），并由北京电影制片厂摄制成我国第一部 70 毫米立体声电影。获广东省文化厅授予的“广东省文化系统先进工作者”、“广东省优秀群众戏剧辅导干部”称号。

陈少华（1949—）

图 3.2.26　陈少华

澄海城东人，1965 年在澄中初中毕业。1982 年前往香港。陈少华酷爱文学，1980 年开始在《澄海文艺》、《汕头日报》发表散文。前往香港后，业余潜心创作散文，一批散文在国内外刊物发表。其中《秋恋》获香港无线电视台征文比赛亚军，他因此接受《香港早晨》节目访问。出版有散文集《园边小蕊》、《乡情、市声》、《履痕》、《香港行踪》等。

林海燕（林渊液）（1970—）

图 3.2.27　林海燕（林渊液）

1988 届校友，中国作协会员，广东省作协理事，广东省散文创作委员会副主任，汕头市作协副主席。已出版散文集多部，作品见刊于《人民文学》、《中国作家》、《北京文学》、《上海文学》、《当代文坛》、《文艺报》等报刊，并入选各种选集和年度选本。曾获第四届全国冰心散文奖、第五届老舍散文奖、广东省首届“九江龙”散文奖金奖等。2011 年，作为“岭南文学新实力”广东十位青年作家代表之一赴京参加中国作协举办的作品研讨会。代表作有散文《黑白间》、《无遮无拦的美丽》、《走过我初恋的狄青》、《暗夜里的物质生活》、《死亡的栅栏》，短篇小说《倒悬人》、《鸟事》、《失语年》等。

**陈宇**（1971—）

笔名厚圃，澄海东里樟林人，1990届校友。毕业于天津工业大学，现居深圳。中国作协会员，广东省作协理事。代表作品有长篇小说《结发》、小说集《只有死鱼才顺流而下》等，作品被《小说选刊》、《新华文摘》、《名作欣赏》等刊物转载，并入选《中国年度短篇小说》、《中国当代文学经典必读》等多种选本。曾获台湾联合文学奖、首届广东省小说奖、首届广东省青年文学奖长篇小说奖、深圳青年文学奖等，并入选“岭南文学新实力十家”。

图3.2.28 陈 宇

**张乐恭**（1925—2008）

我校初中部第卅二班校友，澄海人，8岁习书，初学潮汕名家张江柳，后遍临诸家，书艺精益求精，人书俱老，在大潮汕、港澳书界享有盛誉。作品屡次参加全国及省、市以及港澳地区各类书展、书赛并获奖，并刊登于多种报刊，深受海外人士好评。曾任澄海县政协委员，广东省书法家协会会员，汕头市书法家协会副主席、名誉主席，为澄海书法家协会创始人之一，任第一、二、三届书法家协会主席。简历被收入《中国现代书法界名人辞典》、《中国当代书画家大辞典》。

图3.2.29 张乐恭

**谢海若**（1901—1981）

号海翁，揭阳炮台人。1931年，到上海美专暑假补习班进修，并参加“一八艺社”。1932年，他带了三把木刻刀和八张原拓木刻回到汕头韩江中学任教，在学生中提倡木刻创作，编印了潮州第一本手拓版画选《海滨木刻集》。1941年，澄城沦陷，澄中迁到漳林复课，谢海若先生赴梅县途中，路过樟林，应澄中师生邀请，为学生传授木刻知识，并赠送十多幅作品给学生。新中国成立后，历任潮汕文联秘书、汕头市政协常委、汕头画院副院长等职。是中国美术家协会委员、广东美术家协会理事，1956年被特邀列席全国政协会议。

图3.2.30 谢海若

洪风（1915—1999）

图 3. 2. 31　洪　风

原名洪应镳，潮州人。1936 年毕业于国立杭州艺专，在学期间，参加进步组织“火花读书会”。曾用笔名洪枫，与李桦、黄立坡、江枫（中国美协第三任主席）等青年画家参加全国木刻流动展览。毕业后返回潮州，在汕头、澄海、普宁等地多所中学任教。1939 年，他在澄海中学任教时，组织学生创作木刻，配合抗战宣传活动，出版《澄海版画》手拓版，成为揭露日寇在澄城大屠杀暴行的历史见证。这本手拓版画集散发全国各地，现被中央美术学院美术史系收藏。其间，他还为潮汕进步刊物制作封面、刊头和木刻宣传画。1941 年至 1951 年，任教于金山中学；1956 年起，担任广东潮剧院舞台设计组长，设计了《陈三五娘》、《苏六娘》等 20 多部剧目的布景，发表多篇专业理论文章。曾为广东舞美协会、广东潮剧院顾问，汕头画院画师，潮州美协、画院顾问。

蔡仰颜（1931—）

图 3. 2. 32　蔡仰颜

初中 1951 届校友，澄海程洋岗人。自幼随父亲蔡士烈（浙江大学中文系毕业）学书画，并得到名师刘昌潮、李开麟的指导，从事书画创作及美术组织和美术评论工作 50 年。历任澄海县文化馆副馆长、澄海县文化局副局长、澄海县文联主席，现为中国美术家协会会员、汕头画院名誉院长、汕头美术家协会名誉主席、北京大学李可染艺术研究会顾问。作品多次参加全国及出国展览，由国家送国外展出，被广泛收藏，刊于大型书册、碑林等，编著有《潮汕历代书画录》、《丹青难为是精神》、《蔡仰颜书画集》等。曾获 1996 年“鲁迅版画奖”、东京中日书法大展金奖、1997 年红烛颂全国书画大展金奖，2013 年获汕头文艺奖终身成就奖。

曾照歆（1936—）

图 3. 2. 33　曾照歆

笔名曾照欣，高级工艺美术设计师，澄中校友。1965 年毕业于广州美术学院。曾任广州军区文艺创作室美术创作员、广州市高级工艺美术师职称评委。现任中国美术家协会会员、中国版画家协会会员。1994 年被香港世界华人艺术报社授予“世界华人艺术家”荣誉证书。1996 年获为五六十年代中国优秀版画家颁发的“鲁迅版画奖”。作品多次参加全军、全国、国际美术展览和联合国教科文组织举办的中国绘画艺术展览，并有多件作品在全国报刊发表，为中国美术馆、天津美术馆所收藏。

**杜应强**（1939—）

图 3.2.34 杜应强

澄中校友，1956 年中学毕业后开始在《澄海报》工作，1959 年至 1980 年任《汕头日报》美编，1980 年底调入汕头画院。现为国家一级美术师、中国美术家协会会员、中国版画家协会会员、广东省美术家协会常务理事、汕头画院院长。版画《山村十月》入选中国版画百年回顾展，中国画《夏》入选百年中国画展，版画《南天丽日》和中国画《根深叶茂》分别获第六届、第九届全国美术作品展览铜牌奖。1996 年获中国版画家协会颁发的“鲁迅版画奖”。曾在国内外举办国画个展。作品被中国美术馆，中国美术家协会，各艺术馆、博物馆等单位和收藏家收藏。出版有《杜应强水墨画集》、《杜应强版画集》、《杜应强画集 · 百榕图》、《杜应强山水画集》、《杜应强榕树与牛 · 水墨系列》等二十多册著作。

**许川如**（1941—）

图 3.2.35 许川如

澄中校友，原为澄海市副市长，现为中国美术家协会会员、中国版画家协会会员、新画坊签约画家、广东省美术家协会理事、汕头中国画院副院长。作品多次参加国内外展览，被国家选送到美国、法国、比利时、日本、泰国等二十多个国家展出，并被中国美术馆及地方美术馆收藏。其中作品《点心的风波》、《甜遍江南》、《菱香十里》、《平民的宫殿》、《安居》等参加多届全国美术作品展览。其中《甜遍江南》入选联合国教科文组织举办的中国美术作品巡回展，在世界各地展出，并入选中国百年版画展，选刊于《中国百年版画集》。《安居》入选第九届全国美术作品展览，《古韵》获第二届中国花鸟画展优秀奖，《中秋月》获全国首届风俗画展优秀奖，《家珍》获广东省中国画第一回展铜奖，《秋醉》获广东省中国画第二回展优秀奖。

**蔡枫**（1960—）

图 3.2.36 蔡 枫

1979 届澄中校友。1989 年毕业于中国美术学院后，获英国奥斯特大学艺术学院奖学金，赴英深造。现为中国美术学院教授、博士生导师，中国首批美术学（油画）博士，中国美术家协会会员。擅长版画和油画，作品多次参加全国及外国美术展，为中国美术馆、上海美术馆、重庆美术馆、美国波特兰美术馆、澳大利亚悉尼大学和英国奥斯特大学等的美术馆以及澳门特区政府所收藏。版画《古树祭》获第九届全国美术作品展览金奖，油画《水调歌头》获铜奖，油画《东方神韵》获庆澳门回归艺术大展银奖，1999 年获全国“鲁迅版画奖”、浙江省“鲁迅文艺奖”，曾应邀出席国际现象学第七届年会。博士论文有《回到视觉——具象表现绘画文献》、《中国绘画与西洋绘画空间构成的比较》等，由中国美术学院出版社、香港《二十一世纪》杂志等出版。

# 第三节　科技界

陈晓中（1929—）

图 3.2.37　陈晓中

1945 届初中校友。1955 年毕业于南京大学天文学系，任职于北京天文馆，20 世纪 70 年代至 80 年代末出任馆长，并兼学术委员会主任。1977 年起，任中国天文学会理事、常务理事兼普及工作委员会主任，并任北京天文学会秘书长、副理事长。1978 年被评为研究员。1978 年，出席全国科学大会，获“作出重大贡献先进工作者”奖。1980 年至 1990 年，被选为北京市科协第二、三届委员。1977 年至 1991 年，被选为北京市第七、八、九届人大代表。1993 年，获国务院颁发的政府特殊津贴。1994 年退休，任北京天文馆名誉馆长。发表的论文有《时空结构与力学》、《关于白道交周》、《中国古代历法中赤道订正的分析》等 10 篇，著有《中国古代天文结构和天文教育》等。

谢昂（1931—2012）

图 3.2.38　谢　昂

1943 年就读于澄海县立中学初中部，1952 年毕业于清华大学物理系，1952 年 9 月到苏联于哈尔滨援建的军工厂工作。历任高级工程师研究室主任、副总冶金师、军工部门科技委专职委员，在全国性学会、技术标准协会等学术机构担任过多个理事、常务理事或理事长职务。从 1952 年至 1986 年在军工秘密部门从事军用飞机研究开发生产工作，获得多项军工科研成果，多次受到军委、国防科工委的表彰奖励。王震副总理在视察该军工厂时曾称其为我国难得的科技人才。

李世祥（1932—）

图 3.2.39　李世祥

1951 届校友，武汉大学机械系汽车运用专修科毕业，林业部杰出的中青年科技专家，高级工程师。曾任中国林业机械协会副会长、中国林业机械协会常务理事。主要从事林业机械系统的研究、设计、开发工作，为我国木材生产机械化作出了突出贡献，曾获陕西省科学大会奖、“天津市劳动模范”称号及国务院首批特殊津贴等殊荣。

**黄业英**（1934—）

图 3.2.40 黄业英

1953 届校友，采矿专家，我国采矿科研工作杰出的组织和管理者之一。1957 年在北京钢铁学院（今北京科技大学）金属矿山开采专业毕业后分配到北京钢铁综合研究所工作。后来又先后任职于太原钢铁厂、长沙有色金属矿山科学研究所（今长沙矿山研究院，简称矿山院），1984 年出任矿山院院长，1994 年离任。他是中国有色金属学会第二、三届理事会常务理事和采矿学术委员会主任委员，1992 年被确定为享受教授级待遇的高级工程师和享受政府特殊津贴的有突出贡献的专家。曾参与我国第一个机械化试点矿山开采的全过程，参与、主持和领导了许多矿山重点技改攻关项目的策划和组织，为我国采矿科技的进步作出了重要贡献。

**谢宝琛**（1936—）

图 3.2.41 谢宝琛

1953 届初中校友，武汉大学物理系毕业，后一直在中国科学院金属研究所工作，是中科院研究员。从事科研工作几十年，为航空、航海、航天和核工业技术解决了许多重大难题，为国家科技发展作出了重大贡献。曾翻译众多德、英、俄、日等外国语种的科技文献，并在技术推广、技术人员培训等方面作出重要贡献。



**林彤**（1936—2006）

图 3.2.42 林 彤

1948 届校友，1988 年任暨南大学医学神经外科教研室主任，广州华侨医院神经外科主任、神经外科主任医师、教授、业务院长。多次作为中国医学代表团代表，赴联邦德国出席并参与主持有关国际医学学术会议，宣读论文。曾任广州华侨医院伽马刀治疗中心名誉主任、中华医学会广东神经外科分会常委、中德医学协会理事、中德医学协会广东分会理事长、《中国临床神经外科杂志》编委（第一、二届）、《中华实用医药》杂志常务编辑、《中国微侵袭神经外科杂志》编委（第一届）。先后入选《中国当代高级医师大全》（卫生部主编）、《当代中国科学家与发明家大辞典》（国家科委主编）、《中国专家大辞典》（国家人事部主编）名单。

林敬藩（1937—）

图 3.2.43 林敬藩

1955 届校友。1955 年考入北京大学数力系数学专业，1960 年毕业后分配到贵州大学数学系任教。1981 年调到贵州民族学院，参加创办数学系，1986 年任副院长，1987 年被评聘为副教授，1990 年起任贵州省数学学会副理事长。20 世纪 70 年代在水工结构计算方面取得出色的成绩，所在小组获 1978 年全国科学大会奖励；20 世纪 80 年代在微动开关簧片应力分析研究方面取得一系列成果，曾获航空工业部二等奖和国家科学技术进步奖三等奖（第三获奖人）；1992 年获国家特殊津贴（二等）。

黄润秋（1939—）

图 3.2.44 黄润秋

1956 届校友，北京大学化学系毕业，南开大学教授、博士生导师。其在有机化学及农药学领域主持或主要参加的研究项目曾获国家科学技术进步奖一等奖、国家七五科技攻关重大成果奖等多项奖励，在国内外核心学术刊物发表研究论文一百多篇，并获“国家有突出贡献中青年专家”称号等殊荣，享受首批国务院特殊津贴。

陈友地（1934—）

图 3.2.45 陈友地

1956 届校友，1964 年天津大学研究生毕业，研究员。主持参加国际、国家级科研项目多项，科研成果获国家科学技术进步奖二等奖一次，部级科技进步二等奖两次和国家专利一项。1995 年被国务院批准为突出贡献专家，享受国务院特殊津贴。



林式藩（1938—）

图 3.2.46 林式藩

1956 届校友，1961 年 7 月毕业于武汉华中工学院（今华中科技大学）自控系，北京工业大学教授，曾编写《计算机概论》，首次开讲“高级微机系统”课程，完成“七五”国家重点科技攻关项目——16 位工控微机系统软件与工具软件的研制，其承接的“七五”国家重点攻关项目“机科攻字 75－68－324－2”已通过电子工业部部级鉴定，公开发表的论文有 24 篇。1988 年被评为北京市高教系统先进工作者。

**林汉元**（1938—）

1957 届校友，天津大学机械工程系毕业，天津市机械工业技术专家，高级工程师。主持天津第一机床厂齿加工机床的研发生产工作，成功改造传统齿轮加工机床为“数控机床”，为该厂的技术现代化和产品发展作出巨大贡献。荣获天津市“新产品开发带头人”、“新品状元”等称号，并享受国务院特殊津贴。

图 3.2.47 林汉元

**陈有昭**（1936—）

1958 届校友。1963 年毕业于上海交通大学，被分配到海军装备部门。1989 年、2001 年先后两次获国家科学技术进步奖一等奖。1993 年获政府特殊津贴，2000 年被授予“海军装备研制和引进工作先进个人”称号。

图 3.2.48 陈有昭



**蔡璇琴**（1938—）

我国低压断路器知名专家。1958 届校友，1963 年毕业于华南工学院（今华南理工大学）造船系船舶电气装置专业，长期从事低压断路器研究工作，参加和负责“七五”、“八五”、“九五”国家重点项目断路器的研制，获多项国家科学技术进步奖，也是多项国家专利的第一发明人。现任上海电器科学研究所电器分所教授级高级工程师，曾担任该分所研究室副主任，全国户外严酷条件下电气装置标准化技术委员会委员，中国电工技术学会电接触及电弧专业委员会副秘书长。

图 3.2.49 蔡璇琴

**蔡炳勤**（1939—）

图 3.2.50　蔡炳勤

1939 年出生，澄海人，1958 届校友。广东省中医院主任导师、教授，广东省名中医。1964 年毕业于广州中医学院，同年于广东省中医院外科从事医疗教学科研工作，曾任外科主任、大外科主任、外科教研室主任等职务，是广东省中医院中医外科的专科学术带头人。从事周围血管病的研究 40 多年，主持多项科研课题，编写了多部著作，发表了多篇论文，曾获得广东省科技进步二等奖。

**蔡文**（1942—）

图 3.2.51　蔡　文

原名蔡楚璜，研究员，1959 届校友。1964 年毕业于中山大学，1983 年发表《可拓集合和不相容问题》，创立了一门横跨哲学、数学与工程的新学科“可拓学”，由科技部、教育部、中国科学院、中国工程院等主办的香山科学会议上召开的可拓学专题研讨会对其给予了高度评价。现为国家级有突出贡献专家、中国人工智能学会可拓工程专业委员会主任、《中国工程科学》编委、广东工业大学可拓工程研究所所长。享受国务院特殊津贴。

**郑松辉**（1937—）

图 3.2.52　郑松辉

1960 届校友，毕业于中国科技大学自动控制专业，后任航天科技集团公司第五研究院总体设计部研究员、硕士生导师，享受政府特殊津贴。长期从事我国返回式卫星的研制工作，从一个工程技术人员到型号副总设计师，相继参与了十几颗返回式卫星的研制、发射和飞行试验工作。1992 年，我国正式启动跨世纪的载人飞船工程，他被任命为载人飞船系统首任副总设计师，并同时兼任刚组建的载人飞船总体室主任，主管飞船电总体的设计工作，全程参与了神舟一号至六号飞船的设计和研制工作。在飞船的设计阶段，他提出自动化测试方案，该方案的实施大大提高了测试效率，减小了劳动强度，并在飞船上首次使用。他还首次将潜通路分析技术应用于飞船方案设计，通过潜通路分析实现了系统优化，有力地保障了神舟三号、神舟四号飞船的圆满回收。郑松辉致力于中国航天事业近 40 年，默默奉献，为中国航天事业作出了突出贡献。



**杜之明**（1939—）

图 3.2.53　杜之明

1960 届校友，1960 年考入中山大学数学力学系，1965 年毕业后应征入伍，从事导弹及航天飞行试验工作。先后参加过我国第一颗人造卫星发射、第一次向太平洋发射洲际导弹、第一艘飞船实验工作等数以百计的实验任务。他研究发表的《制导工具误差折合分析》论文为洲际导弹立足国内的试验提供了理论依据。他几乎历遍了试验中心的所有专业，先后从事过试验结果数据处理与分析、导弹试验方案总体设计、导弹制导误差分析试验结果评定、靶场试验测控总体设计等工作。现为中国人民解放军总装备专家组成员。荣立三等功两次，1991 年享受国务院特殊津贴，1993 年获中国航天基金奖，1995 年被授予少将军衔。先后获得全军科技成果一、二、三等奖 30 多项，发表论文 10 多篇。

**林木材**（1940—）

1960 届校友，1965 年毕业于华南工学院（今华南理工大学）。任天津市友谊罐头厂副厂长、总工程师兼食品研究所所长，中国食品科学技术学会理事。享受国务院政府特殊津贴，获工业部科技发明奖，1992 年被天津市授予“罐头食品工程专家”、“市食品行业学术技术带头人”称号。

**图 3. 2. 54　林木材**

**蔡锐彬**（1945—）

1964 届校友，1969 年毕业于华南工学院（今华南理工大学）机械制造工艺及设备专业，同年留校任教。历任教授、博士生导师，华南工学院汽车专业委员会委员，华南理工大学汽车教研室主任、党支部书记、交通学院首届党委委员。个人简历先后被英国剑桥大学世界名人传记中心（IBC）载入《20 世纪世界 2 000 名杰出学者传记集》及《2005 年 100 名顶级教育家传记集》。多年来一直从事汽车工程专业的教学科研工作，在国内外重要学术期刊和学术会议上发表了 90 多篇科技论文，一项科技成果获广东省高校科技进步三等奖，5 项实用新型专利获发明权，两项科技成果通过广东省省级鉴定。

**图 3. 2. 55　蔡锐彬**

**温建民**（1957—）

1974 届校友，我国著名中医、中西医结合骨科专家，全国政协委员、教科文卫体委员会委员，北京市朝阳区人大代表。1983 年毕业于广州中医药大学医疗系。1983 年至今在中国中医科学院从事骨伤科的医、教、研工作。1989 年 12 月至 1993 年 1 月在澳大利亚悉尼医院矫形外科研修，兼任澳大利亚悉尼中医学院讲师，主讲中医骨伤科学、针灸学、温病学等课程。现为中国中医科学院望京医院骨科主任、主任医师、教授、博士生（后）导师、中组部联系高级专家，享受国务院特殊津贴专家，国家科学技术进步奖评审专家，卫生部有突出贡献中青年专家，中国中医科学院科学技术委员会委员，中国中医科学院“十五”期间有突出贡献专家。他一直从事中

**图 3. 2. 56　温建民**

西医结合治疗骨科疾病的医、教、研工作，编译了世界第一部英文版的《温病学》，2000年在美国出版，并面向120多个国家和地区发行，为中医药在世界的传播作出了贡献。已获国家、省、部级科研成果奖7项，在研课题4项，获国家专利3项。在国内外核心期刊发表论文100余篇，有著作13部。培养出一大批硕士、博士、博士后。

**郑伟**（1963—）

图3.2.57 郑 伟

1980届校友，1998年获得美国加州大学生物化学、分子生物学博士学位，多次在美国科学院《生物化学杂志》发表文章，现任美国加州ChemoCentryx生物制药公司首席科学家，在生物制药技术方面有多项发明专利。

**张天爵**（1964—）

图3.2.58 张天爵

1980届校友，中国原子能科学研究院研究员、博士生导师、中国原子能科学与技术部总经理兼核技术研究所副所长，是我国首台强流回旋加速器的主要研究人员之一。1996年被评为部级中青年突出贡献专家，1997年入选国家人事部跨世纪学术技术“百千万”工程带头人（第一、二层次），获国务院特殊津贴。其主持的国家重点科技工程项目成果“世界先进质子回旋加速器”入选两院院士评选的“2014年中国十大科技进展新闻”和“2014年国防十大科技进展新闻”。现任国际加速器大会、国际回旋加速器大会、北美加速器大会的国际组织委员会、学术指导委员会和程序委员会成员；先后被聘为日本大阪大学和我国的清华大学、中国科学技术大学、华中科技大学、核工业研究生部的特聘教授、博士生联合指导老师、客座教授等；兼任国家自然科学基金委、兰州重离子加速器国家实验室、上海光源国家科学中心（筹）等国家部委、学术机构的专家委员会成员。是国家、国防科工局和核工业系统的学术带头人，是我国加速器领域第一位国家杰出青年基金获得者；培养了一批加速器物理与工程技术的硕士、博士，为国防核科技、基础研究和医疗健康等应用领域作出了重要贡献。

**蔡树群**（1968—）

图3.2.59 蔡树群

1986届校友，1990年7月从浙江大学力学系毕业。师从苏纪兰院士，并于1990年11月在国家海洋局第二海洋研究所获硕士学位，1998年6月在中国海洋大学获博士学位。现于中国科学院南海海洋研究所热带海洋环境国家重点实验室工作，任二级研究员、博士生导师。曾先后赴德国汉堡大学海洋研究所、香港理工大学水木工程系和美国哥伦比亚大学地球研究所做访问学者。是国家杰出青年科学基金获得者、国家科技部中青年科技创新领军人才、第十一届广东省丁颖科技奖获得者。主要从事南海内波与环流的研究，主持过包含国家杰出青年科学基金和重点基金等项目在内的课题若干项，在国内外刊物发表论文100多篇（其中第一作者SCI论文26篇），有专著1部。

**陈小越**（1968—）

1986届校友，是当年汕头地区的高考理科状元，从清华大学毕业后赴美国康奈尔大学攻读生物化学博士，取得博士学位后又攻下法律博士学位，精通生物制药高科技领域的法律，现为美国执业律师，为多家美国五百强企业及著名大学提供专利策略及诉讼服务。其子陈伊家获得2013年英特尔（Intel）世界中学生科技发明大赛一等奖，2014年6月获得美国总统学者奖。

**图3.2.60 陈小越**

**卢云峰**（1968—）

1987届校友，同年考入吉林大学化学系，1991年进入中国科学院长春应用化学所学习并获硕士学位，1998年获美国新墨西哥大学化工博士学位。博士毕业后在美国Sandia国家实验室做博士后研究，1999年加入美国应用材料公司（Applied Materials Inc.）任高级工程师，参与计算机芯片材料的开发工作。2001年开始任美国杜兰大学化工系助理教授，2005年被破格提升为讲席正教授。2006年至今任加州大学洛杉矶分校化工与生物分子系教授，同时兼任清华大学化工系长江访问教授、中国国家千人计划专家、上海交通大学化学和化工学院教授等职。主要从事纳米能源材料和纳米医学材料研究，已发表科学论文约200篇，曾获美国青年科学家与工程师总统奖、美国自然科学基金会杰出研究奖等奖项。

**图3.2.61 卢云峰**

# 第四编 文 献

WEN XIAN

# 第一章 校史萃编

## 澄海县立中学校史①

杜君侠

我澄文化，向不落后。自清末废科举，设学校，各区纷纷创办小学。民国肇建，学校繁兴，各区高小卒业者日众，而潮属中学生仅金中、韩师等三校可以容纳，不免有求过于供之叹。

民国三年秋，县劝学所所长李世铎有感及此，乃呈请县宪准将县城旧参将废署，拨为县中学校校址，一面商请县长吴静庵，委任各区公正士绅林毓英等十五人为筹办中学校筹办员。因得县长吴静庵极力赞助，并捐廉三百金，以资提倡。嗣以建筑经费无着，乃经各界人士集会，议将县同善祠产业名“鬼塭”者变卖，得三万余元，悉数拨充建筑校舍费用。越岁，鲁国斌继宰县篆，对于兴学尤抱热情，时督促各筹办员限期完成校舍，招生开学。唯校舍虽告落成，而以常年经费无着，困难诸多。适县自前清时，有景韩书院院产，颇为饶裕；科举罢后，该院产业尽数拨充景韩、凤山两县立小学经费。乃由各筹办员向两校校长商拨该院产业田园数千亩之一部分，交本校收管，而常费始告解决。先是校舍将告落成，由鲁县长委任邑人李景濂为校长，定期招考四年制新生一百名，分为甲、乙两班，于是年九月开学授课。并由鲁县长将筹办以至开学经过情形，呈准省宪立案，而本校遂正式成立矣。五年、六年各于秋季招新生一班，往后亦如之。



七年春二月十三日午后，本县大地震，本校前楼墙壁亦被震毁。嗣蒙旅暹巨商高学修君首先乐捐三千元，提倡重建前楼，始得恢复旧观。八年七月，初办甲、乙两班学生毕业。十年春，民选县长李鉴渊莅任，李校长以年老多病，屡谈退休，遂由李县长呈教育厅委派叶浩章接长。十一年八月二日，适逢空前未有之“八二风灾”，全县人口死伤几达十分之一，屋宇倾圮无算。本校宿舍图书馆尽数倾塌，益以田租失收，经费无着，损失之重，几至停办。是时县属灾情奇惨，各处闻风捐款赈济者，络绎不绝。李县长派杜君侠先生为驻汕代表，分向各善团洽请救济事宜。越数月，各事就绪，并征得各善团同意抹款重建宿舍，又得县府积谷放出款补助，校舍始得修葺盖建。在叶校长任中，着力改革，规模初具。十三年举行十周年纪念时，因得社会之人士好评。十四年叶校长辞职，继任者为杜校长国庠。是年秋季，奉令改办初中，而杜校长因奉调接长金中，遂由王校长鼎新继任，对于校政益加整饬，开尼庵为操场，向外洋募捐增建校舍、图书楼等，成绩斐然。十六年春，全校学生数达三百余人，自开办以来，学生人数以此为多。是年王校长辞职，教务长蔡玮承乏。十七年蔡校长因事出洋，由杜兰继任校长，悉心规划。十九年增办二年制乡村师范，校政更呈起色。廿四年杜兰校长辞职，由周校长英耀继任，增办四年制简师兼办附

① 原载《澄海中学校史资料特辑：纪念澄海中学建校八十五周年》，2000年，第12～16页。

属小学，学生人数渐增。廿五年秋，周校长奉调本县教育局长，校长一职，由教务处主任余仿真继任。廿六年元旦，全校学生参加广东第五区行政专员召开、集中潮安城之童军总检阅，甚蒙奖许。四月间余校长因事辞职，由教务处主任陈心圃代理。七月间，周局长赴穗奉许教育厅长崇清面谕委任本校校长。

廿八年潮汕局势严重，本校奉准提前考试放假。六月廿一日，日寇登陆潮汕，县城相继沦陷，周校长偕同教职员随县府迁出，学校建筑物被毁，仪器、图书、校具，荡然无存。下半年因而停办一学期，在饶平浮山设处办公，俟机复课。廿九年一月，周校长惧文化之堕落，由饶平迁回樟林乡，筹划复课。乃遴定广智小学旧址风伯庙为校舍，定期复课。第一学期，除县城原有初中第廿四、廿五、廿六、廿七班学生来樟复学，并呈准将简师停办外，即在樟林考取初中第廿八班新生，计全校学生二百四十余人。唯校产多在县城南，无法催收租谷，县地方款及同善祠产亦因收入短少，未能续助，仅赖非沦陷区一部分校产租息及学费收入，勉强支持，故校长教职员，工作繁重，薪给微薄，宵衣旰食，具见精神。及秋季，各学子因汕地失陷，来就学者众，人数增至三百余人。七月，敌窜饶南、樟林、莲阳一带，抢掠焚毁，而以樟林为甚，市街多为焦土。时学校适暑假，一切教具、图书，幸未遭毁。及开学，学生又再增加，学校行政组织再扩大，分设教务、训导、事务三处及会计一室，而经费更感缺乏。乃拟具校租改征实物办法，呈奉县政府提交全县行政会议议决。征收经费，始稍有着。卅一年春，因毕业生数日多，为适应社会需要，爰拟具增办高中计划，呈厅核示。旋奉指复照准，并即募集开办费国币二万元，加紧筹备。至八月，招收高中第一班，新生四十六名。自本学期起，实施军训及童军管理。卅二年春秋两季，招收高中第二、三班两班及初中卅四、卅五两班，学生新生人数激增，达至八百人，教职员四十余人，为本校开办以来员生人数最多的时候。所有校舍教室，均不敷用，故设法就近借用陈氏祥祖祠，辟为教职员宿舍，并于学校前面建筑竹篷教室数座，集资收容学生。十一月十六日夜，敌人进占樟林，员生近千仓促退出，仅初中第卅二班女生林瑾瑜及初中第卅三班女生林竞真姐妹二人，被敌刺杀毙命，全体员生，均告安全。嗣后将图书、仪器、校具设法运至饶属东浦乡，并电省教育厅报告。是年十二月，在饶平浮山东官乡设临时办事处，办理一切。所有失学学生由学校填给借读证，迳向附近学校借读。朱校长及全体员生暨地方人士，因慨于学校创设经卅余年，历史悠长，不忍停办，即设法筹备复课。蒙吾澄地方人士慨捐搬迁费，将所存校具、图书、仪器分批搬运至饶平浮山东官乡，在该乡借用祠宇十余座及民房二座，为本校校舍教室，继续上课。奉厅令将所未完课程补修，补行学期考试及毕业考试，时学生人数仅存三百人，而学校经费难筹，维持不易。七月朱校长遂呈准辞职，由林县长沛然呈厅委派余教导主任仿真为校长。斯时县境全陷，经费难筹，员生精神，殊艰维系。余校长受命于危难之际，不惮惨淡经营，接长后悉心辟划，除呈请县府设法援助外，并呈准广东省粮征局韩江粮食调节处准价购饶平县赋谷，以资维持。并发动旅饶澄人，捐助经费。一面鼓舞员生，愈苦愈干，遂继续招生上课。而本校增办高中，也恰于是时奉到厅令核准备案。卅四年春继续办理，处境虽艰，生气勃然。迨是年八月，抗战胜利，国土重光，余校长即一面派员拼凑校具、仪器、图书搬运回澄，一面即先亲入澄城，勘视校址。因旧时城东校舍，已被敌伪拆毁无存，适遭敌占之县便生医院，巍然尚在，残缺无多，遂面请行政当局暂准该院为本校校址，着手修理建设。并即增聘教员，招收新生。一面将在沦陷期遭敌伪侵占校产一律手绘，呈由县府公开标投，增加收益，以实经费。遂于九月正式复校上课，学生达四百余人，局面一新。

卅五年秋，学生增至六百九十余人，校内行政既已组织完备，规模毕具，乃积极筹谋新校舍之建筑，深得全县广大人士之同情，佥以旧日校址狭隘，不足收容，而城东孔庙自敌人摧残后，成为废墟，地方宏阔，堪为校舍基地。遂由县参议会提案，经县行政会决议，并呈报县府、省宪及内政部恢复孔庙，并以庙旁隙地为本校新址。当即由蓝县长萼洲、余校长仿真举行奠基礼，建筑围墙，清理地基。并由陈县长天民，召集县中人士，组织筹建孔庙暨县中校舍委员会，着手筹建，分途募捐，由本校事务主任蔡献荣赴暹筹募。并敦请杨工程师锡宗设计新校舍图式，以便鸠工。此理想中之巍峨校舍，预计二年内可以完成。至学校内容设备，仪器、图书，均积极充实，以期完美。

溯本校创办迄今，时逾卅载，初期困于经费，惨淡经营，抗战兴则县境全部沦陷，迁移邻封，变乱叠经，弦歌不辍，斯皆阖县人士之热情维护，全体员生之坚苦支撑，始克臻此。今后新舍落成，设备充实，当更发扬光大前此之苦干精神，为此系一方文化盛衰之学府，立永久不拔之基地。

## 澄海中学简史①

王立民

澄海中学创建于1915年9月，校址在澄城旧参将署（现电影公司、大众影剧院），为我市第一所中学，第一任校长为李景濂。

自创建之日起，澄海中学就坚持为国育才的宗旨。“五四”运动爆发后，学校于1919年5月成立了学生会，领导学生抵制日货，反对卖国条约，宣传新文化。1925年“五卅”惨案发生，师生们举行报告会，组织宣传队下乡发动农民成立农会，充分显示了澄海中学师生的觉悟。同年8月，杜国庠任校长，澄海中学定名为澄海县立中学。学校聘任进步教师，破除封建礼教，录取女生入学，开创男女同校先例。翌年春，王鼎新接任校长，锐意改革，增辟操场，募捐扩建校舍、图书楼等，开创了澄海中学教育新局面。1927年，国民党反动派发动反革命政变，澄海中学师生的觉醒，引起反动政府的仇视和惊恐。4月，反动军队包围澄海中学，逮捕、迫害进步师生，学校停课，师生星散。至1930年秋，正常秩序逐步恢复，遂又增办二年制师范，翌年改为三年制师范，1935年改为四年制高师，同时设附属小学。早年的澄海中学，在李景濂、叶浩章、杜国庠、王鼎新、蔡吟秋、杜兰等校长的主持下，为澄海的教育作出了贡献。

1939年澄海沦陷，周英耀校长偕同教职员工转移到饶平浮山，设处办公，俟机复课。后虑及学生就学不便，迁回樟林乡广智小学旧址风伯庙（现苏北中学老校址），由朱名宗校长主持，继续艰难办校。1942年，因毕业生人数日多，遂于同年8月创办高中第一届。1943年日寇侵占樟东，学校于1944年春又迁至浮山东官乡复课。1945年抗战胜利，余仿真校长即先入澄城，勘视校址，原校已成废墟，只得暂借沦陷时被敌占用的便生医院（现中医院），经修整建设，于9月复校上课。不久，学生人数递增，遂于1947年择定学宫旧址（即原澄海中学礼堂，为当时孔庙旧址，该礼堂于1996年拆去），筹建新校。后由周英拔校长主持，动员海外华侨和国内人士募捐资金筹建。1948年黄家器继任校长，继续主持新校建设。

澄海中学是革命的摇篮，早在第一次国内革命战争时期，地下党组织就在校内开展工作。1937年，校内建立了党支部。1946年夏，进步学生组织“学习会”，学习马克思列宁主义，传播革命道理。1948年，校内第一个新民主主义青年团支部成立。为适应革命形势发展的需要，在地下党组织的领导下，1949年5月9日，澄海中学116名师生集体上凤凰山参军，这一革命壮举，震撼了黎明前的潮汕。

中华人民共和国成立后，人民政府于1951年8月委任李缵华为副校长，接管了澄海中学。政府又将县衙旧址（现操场）及毗邻十多座平房划拨给学校使用。不久，解放前始建的教室、礼堂和校务处落成，田径场、科学馆、膳厅、医疗室和学生宿舍也先后配套，新校舍正式建成。1953年澄海中学改名为澄海县第一中学，此时学生班额大增：初中50年代每级常在4个班以上，高中自1955年起，每级招收4个班，全校学生数常在1 500人左右，教职员工110多人。

---

① 原载《澄海中学校史资料特辑：纪念澄海中学建校八十五周年》，2000年，第8~11页。

为纪念解放前夕师生上山参加解放军，经县政府批准，学校于1954年首定每年5月9日为校庆日。

历任校长，均具敬业精神，李缵华、林劭先、孙壁、林华等校长深入课堂和教研组，提出教研课题，制定管理措施，学校迅速形成了勤教勤学、务实进取、政治气氛浓厚、体育文娱活跃的局面。短短几年间，学校办学成绩显著：1953年学校被省教厅定为第一个推行“劳卫制”体锻标准的学校；1960年学校田径运动队代表粤东区（包括原汕头地区和兴梅地区）参加广东省第一届中学生运动会，荣获第二名；1960年，澄海中学被评为广东省先进单位，出席广东省文教战线群英会。

1966年至1976年，澄海中学经历了十年动乱。1966年下半年澄海中学改名为“澄海红旗中学”。在错误路线指导下，1969年1月“红旗中学”被“撤销”，学生并入“延安中学”。同年3月，“延安中学”搬入原澄海中学校址上课，时由校革委会第一副主任陈斌主政。1969年8月，县革委会在全县教师学习班上宣布将“延安中学”更名为澄海中学。

粉碎“四人帮”后，澄海中学获得新生。1978年，澄海中学被定为县重点中学。1979年1月，中共澄海县委为澄海中学恢复名誉，学校迅速拨乱反正，恢复正常教学秩序，并总结确定了“爱国、爱党、爱校，勤教、勤学、勤炼”的校风。80年代末又提出把澄海中学办成“校风好，管理严，校园美，全面发展，体育见长”的学校的奋斗目标。这一时期，澄海中学在陈志英、陈德桂、方书仰、许大为、林晓声、郭秀达、邱惠生等历任校长主持下，坚持社会主义的办学方向，贯彻德智体美劳全面发展、培养四有新人的教育方针，教育教学质量迅速提高。学校于1982年、1983年、1984年先后三次被评为广东省普教系统先进单位，被国家教委评定为全国100所田径传统项目先进学校之一；1989年被评为广东省“全面贯彻教育方针，积极开展教育改革，成绩显著”先进学校；1993年被评为广东省100所“全面贯彻教育方针，积极开展教学改革，成绩显著先进集体”之一。



澄海撤县建市前夕，得到市委市、政府的关怀和海内外校友、社会贤达的支持，澄海中学继往开来，在王立民校长主持下，于1994年2月开始对校舍进行全面改建，至2000年上半年顺利完成了校舍改建第一、二期工程。同时，进一步深化了改革，初步实现了教学设备的现代化，教育质量稳步提高。1994年12月，澄海中学荣膺“广东省一级学校”称号。1995、1998年分别荣获广东省、国家教育部“群体活动先进单位”称号。至此全校学生数逾2 500人，包括37个教学班。2000年秋季，澄海中学完成向高级中学过渡。现在澄海中学正紧跟时代步伐，认真贯彻落实全教会精神，以提高国民素质为根本宗旨，以培养学生的创新精神和实践能力为重点，通过全面推进素质教育的实施，力争在2003年完成五个一流（即环境一流、设备一流、师资一流、管理一流、质量一流）的发展目标，到2005年建成一所高品位的汕头市示范高级中学，成为汕头市教育的一个窗口单位。

2000年3月

## 澄海中学校舍变迁记略①

林卓亮 侯庆生

澄海中学创建于1915年。时因澄海全县小学毕业生人数倍增，澄海还没有中学，大多学生不能继续升学，故办中学育人才呼声甚高，遂得到时任澄海县县长鲁国斌的支持，同意由劝学所所长李世铎呈请省宪核准，并将县城旧参将署（现大众影剧院址）拨为县中学校校址。1914年4月，建筑校舍筹款开始，至1915年9月上旬，校舍初成，开学上课。后又经10年，教学楼、礼堂、图书馆、宿舍、操场建成，一所稍具规模的中学遂最后落成。

自此澄海中学在历任校长的主持下，对校舍和设备继续建设和充实，至抗日战争前夕，澄海中学校舍设备已相当完善，成为潮汕地区有点名气的中学。但不久，日寇在潮汕登陆，1939年，县城沦陷，学校校舍被夷为平地，仪器、教具荡然无存，学校迁往饶平浮山设处办公，俟机复课。1940年，学校又迁回澄海樟林，选定广智小学旧址风伯庙为校址，办学复课。1943年11月，日寇侵占樟东，学校暂时停办。1944年再迁往饶平浮山，于东官乡借用祠宇十余座及民房两座，暂辟为教室，继续艰难办学。1945年抗战胜利，学校迁回澄城，暂借便生医院（现中医院）为临时校址，但占地小，不足以容纳全校师生，乃成立新校舍设计委员会，选定学宫旧址（即现校址）为新校址，并请营造公司派工程师谢西家先生进行设计，于1946年6月6日奠基建设。然因资金短缺，至1949年才建成校门、12间平房教室及一座中断建设的礼堂，学校勉强继续办学。

新中国成立后，人民政府十分重视澄中建设，于1951年拨款续建校舍，又将县衙旧址及毗邻十多座平房划拨给澄海中学，还将金城巷几座侨房拨借给澄中做学生宿舍。不久，解放前始建的教室、礼堂和校务处先后落成，田径场、科学馆、图书馆、膳厅、医疗室和学生宿舍相继配套。至"文化大革命"前，澄海中学校舍齐全，布局合理，古朴的风格与现代的气派和谐统一，处处展示出一种庄严肃穆而又幽静的环境。但"文革"爆发以后，澄中被砸烂，师生被赶出校门，澄中校舍一度闲置，至1969年，学生才重回澄中校舍上课。

1979年，澄海中学被定为重点中学，然而当时实验室条件较差，设备残缺，遂由政府拨款、泰国校友资助兴建科学楼，但因资金不到位，只建三层，中途停建。80年代初，金城巷侨房陆续归还华侨业主，学生宿舍无着落，遂于1984年建成五层学生宿舍楼一座。1989年，政府再投入资金续建科学楼，同时澄中香港校友会捐建的离退休教工活动室"序乐园"也动工兴建，交付使用。至90年代，澄中教育事业发展迅猛，而使用近50年的旧平房校舍多已残破，远远不能适应学校发展和现代化教学的需要，故重新规划校舍布局、建设新校舍，势在必行。在政府的支持下，乃邀请原澄中校舍设计者、现汕头市城市规划设计研究院总工程师谢西家，汕头市规划设计室工程师、校友林圣建等来校规划设计校舍改建蓝图，同时邀请县人大、政协、县委办公室、计委、建委、城建局、设计室、侨办、环保局、教育局等单位的领导、专家及澄中离退休校长，对校舍改建总体规划方案进

① 原载《澄海中学校史资料特辑：纪念澄海中学建校八十五周年》，2000年，第42～44页。

行评审，广泛征求意见，几易其稿，终于完成“澄海中学规划平面图”，由澄海市设计室制作出“澄海中学新校舍立体模型图”。在澄海市委、市政府及上级教育行政部门的关心和支持下，澄中校舍改建工程开始实施。市政府拨款作为启动资金，泰国以及中国香港、深圳、广州、汕头、澄海的澄中校友及社会贤达也闻风而起，慷慨解囊，共襄义举。于是分期陆续拆除旧的平房教室、校务处，至1997年老礼堂被拆除，原建筑的老校舍除校门保留外，均已无存，后相继建成“英南图书馆”、“春晖楼”、“长海楼”、“泽芳楼”、“三乐楼”、“学生宿舍楼（2）”、五层食堂餐厅综合楼、“学生宿舍楼（3）”、“景行楼”、“凤起楼”。至此，澄中校舍改建第一、二期工程告竣，澄中旧貌变新颜。目前，澄中校舍改建第三期工程正在筹划设计，力争到2005年完成校园文化广场、室内游泳馆、礼堂综合大楼的建设及运动场的整修。到时，一个具有现代气息和浓烈文化氛围，设施功能齐备而先进的澄海中学将屹立于潮汕平原。

**附一　澄中现校舍建设情况一览表**

| 建筑物名称 | 竣工年代（年、月） | 建筑面积（平方米） | 资金来源 | 备注 |
|---|---|---|---|---|
| 科学楼 | 1989 | 2 500 | 政府拨款<br>泰国校友资助 | 该楼1979年动工，因资金紧缺，至1982年建成三层投入使用，1989年再续竣工 |
| 序乐园 | 1989. 4 | 176 | 香港校友捐资 | |
| 学生宿舍楼（1） | 1985 | 1 976 | 政府拨款 | |
| 英南图书馆 | 1992. 2 | 1 261 | 郑俊英、郑俊南先生赠建 | |
| 春晖楼 | 1993. 3 | 750 | 香港校友王树霖、许立椿、蔡克任、黄耀楷、陈梦梅、郑振烈、杜伟忠赠建 | |
| 长海楼 | 1994. 11 | 1 840 | 长海电力发展有限公司赠建 | |
| 泽芳楼 | 1994. 8 | 2 380 | 许立椿、王树霖、蔡克任先生赠建 | |
| 三乐楼 | 1994. 11 | 2 380 | 侨胞林谦然先生捐资10万，广州、深圳、汕头校友会捐资19. 7万，部分政府拨款 | |
| 学生宿舍楼（2） | 1994. 8 | 1 673 | 政府拨款 | |
| 食堂 | 1996 | 2 212 | 政府拨款 | |
| 学生宿舍楼（3） | 1998. 7 | 2 000 | 政府拨款 | |
| 景行楼 | 2000. 4 | 3 573 | 政府拨款 | |
| 凤起楼 | 2000. 4 | 3 573 | 政府拨款 | |

## 附二　澄中部分校房的变更

（1）澄中原位于环北路北侧的2亩地，1978年归还政府，拨建华侨医院。

（2）澄中原位于冯公祠巷的教工宿舍，在1991年的旧城改造中被拆除，原住户由房管所调整安置到南葛洋居住。

（3）澄中原位于昆美乡柑园的2.3亩土地，于1984年被县科委征用建设科研基地。

（4）澄中现厨房原为侨房，面积196.06平方米，1999年由政府出面，将使用权转让给我校。

## 澄海中学楼宇命名志①

王立民

澄海中学从20世纪80年代末开始，就非常重视校园文化建设及其优化。为了努力创设幽雅整洁的育人环境，给学生一种舒坦、安全、文明、现代的美感，学校的楼宇、园苑等建筑，除了力求布局上的巧妙外，每座都起了个较为雅致的名字。下面是这些楼宇、园苑命名的背景及其含意。

（1）由香港校友会捐建的离退休教工活动室，由郭秀达校长命其名曰“序乐园”。园名由汕头画院名誉院长、校友蔡仰颜先生书。序者，学校也。《汉书·儒林传序》曰：“乡里有教，夏曰校，殷曰庠，周曰序。”离退休教工活动室以“序乐”为名，寓意澄海中学离退休教工在结束了漫长的教学生涯之后有一个“老有所乐”的颐享晚年之所。序乐园为园林式建筑，内有莲池假山，小桥曲径，绿草如茵，春暖花开，鱼跃水上，幽雅舒适，现已成为离退休教工们流连忘返的地方。他们习琴棋书画，谈笑有鸿儒，任情之所之，古云“天下相知老更亲”，此之谓也。

（2）由郑俊英先生、郑俊南先生贤昆仲捐资兴建的图书馆名为“英南图书馆”。馆名由时任汕头画院名誉院长、著名画家、校友刘昌潮先生书。郑俊英、郑俊南为我市东湖乡旅泰侨领。两位先生热爱祖国，关心桑梓教育事业，于1991年捐资港币70万元兴建图书馆，后于1995年又捐资20万元作为澄海中学奖教奖学金。图书馆于1991年9月19日奠基动工，1992年2月17日落成。馆宇四层，占地1 261平方米。为感谢两位先生之义举，遂于两位先生名字中各取一字“英”和“南”为图书馆名，以此垂范后世。

（3）“春晖楼”建成于1993年3月，有四层，共750平方米，为香港校友王树霖、许立椿、蔡克任、黄耀楷、陈梦梅、郑振烈、杜伟忠诸先生共捐款32万元兴建。以“春晖”命名，寓意深刻。“春晖”二字出自唐朝孟郊《游子吟》：“慈母手中线，游子身上衣。临行密密缝，意恐迟迟归。谁言寸草心，报得三春晖。”这里的“春晖”即春天的阳光。该诗前四句直叙母爱，末两句以寸草心难以报答春光照临之恩来比喻做儿子的报不尽母恩。用“春晖”作为楼名以喻校友捐资报效母校之心意，是再恰当不过的。该楼名由校友周浩先生书。

（4）“长海楼”、“泽芳楼”与“三乐楼”建于1994年。是年澄海中学申报上广东省一级学校。当年初，学校在政府的重视以及社会各界人士和海内外校友的支持下，以不到一年的时间基本上完成旧校舍的改造，先后建成五座大楼。其中“长海楼”、“泽芳楼”由校友陈普霖先生膺联络发动之任。“长海楼”得到汕头市长海电力发展有限公司总经理林奕炯先生支持，由公司捐资人民币120万元改建办公大楼，遂用公司之名“长海”二字命名办公大楼，以永记英名而励后学。楼名由林奕炯亲笔书写。林奕炯系潮州市人，又非我校校友，此义举令代代学子永志不忘。

另两座教学大楼为旅港之许立椿、王树霖、蔡克任三位校友慷慨解囊共捐资130万元所兴建，其中一座名为“泽芳楼”。楼名由现汕头画院名誉院长、校友蔡仰颜先生书。泽



① 原载《澄海中学校史资料特辑：纪念澄海中学建校八十五周年》，2000年，第52～55页。

者，滋润也，芳即花草，泽芳意为滋润花草，盛赞我辛勤园丁用自己的汗水去滋润后代，培育英才。而“三乐楼”之“三乐”出自《孟子·尽心》：“父母俱存，兄弟无故，一乐也。仰不愧于天，俯不怍于人，二乐也。得天下英才而教育之，三乐也。”其意思是父母都健康，兄弟没有灾患，是人生中第一件值得高兴之事；抬头无愧于天，低头无愧于人，是第二件值得高兴之事；能够得到天下的优秀人才并对其进行教育培养，是第三件值得高兴之事。该楼以“三乐”命名，寓意澄海中学的老师们都以能够为国家、为家乡培养英才而快乐、自慰。

（5）“景行楼”及“凤起楼”系澄海中学校舍第二期改建工程，于2000年4月竣工，均为政府和学校筹资兴建。“景行楼”之“景行”引自《诗经·小雅·车辖》之“高山仰止，景行行止”。景，大也、明也；止，助词；景行，即大路，比喻行为光明正大，也比喻崇高的德行。此句意思是说有品德像大山一样崇高的人，就要敬仰他；有行为光明正大的人，就应效法他。用“景行”命名，寄意澄海中学的师生均应推崇高尚道德，效法光明正大。该楼名由澄海市政协主席余卓英先生书。

“凤起楼”之“凤起”寄意含蓄而深远。澄城传说为凤地，古有凤山，位于原澄海中学校址正前方一百多米处，山不高，但却是澄城之象征，旧赞曰“凤山挺秀”。而原澄海中学校址及现校址均处于凤山之正北面，坐落于旧说中之“地龙”之上，为澄城最高点。澄城既为凤地，凤又为传说中百鸟之王，其雄为凤，雌为凰，常用于象征祥瑞，故旧时澄城就遍植凤凰花，以应圣地而兆祥瑞。可惜当今，澄城已不见凤凰花成林，唯有源远流长的澄海中学校园中依然有凤凰花花冠簇簇，年年花开花落，绿时似翠，红时如丹，正象征学府长春，也令人联想起“凤山挺秀”的景致。故此澄海中学楼宇定名宜有“凤”字。另“凤”字还使人联想起《幼学琼林》中的“文名共仰，曰起凤腾蛟”。此典出自王勃的《滕王阁序》中的“腾蛟起凤，孟学士之词宗”，这里面的“腾蛟起凤”喻文章之华美，如蛟龙腾空，像凤凰起舞。此句常被用来赞美有才华的文人，其词义丰富如是。今把“凤起”作为主要教学大楼之雅名，寓意澄海中学祈望永聚澄城之灵气，永集澄海之精英；更寓意澄海之精英于此诞生，于此腾飞。澄城有“凤翔”，这里有“凤起”，“起”比“翔”含义更深，此乃凤地出英才，地灵人杰！该楼名由国家督学、广东省教育厅原厅长许任之先生书。

这就是上述校舍楼宇命名的缘由和寄意，这些楼名大都为笔者所命，其含意隽永深长，均寓意澄海中学老师们乐意为国家、为家乡培育英才的夙愿始终如一，老师们永远钟情于这块沃土，钟情于成长于这块沃土之上的代代小草、芳草，人才、英才！同时也寄意澄海中学的学生应该有高尚的文明道德和高度的社会责任感，以后同学们长大毕业，腾飞出征，前程万里，要永远不辜负母校的栽培，不辜负老师们的期望和挂念，无论创业于何方，都要有永远对母校难以忘怀的深情！谁言寸草心，报得三春晖！

2000年4月3日

## 澄海中学百年大事记（1915—2015）①

**1915 年，乙卯，中华民国四年**

9 月，学校在县城旧参将署建立，首任校长李景濂，是年招四年制新生共 95 名，分甲、乙两班。

**1916 年，丙辰，中华民国五年**

再招四年制新生一班，共 56 名，并增聘杜君侠为教员。

**1917 年，丁巳，中华民国六年**

是年春季，因教室缺乏，教育仪器用品不足，由学校向绅富劝捐增建前楼教室两座，并购置仪器、标本多件。秋季招考四年制新生一班，共 65 名。

**1918 年，戊午，中华民国七年**

是年 2 月 13 日，发生大地震，学校前座教室外骑楼倒塌，由学校筹款修复。秋季招考四年制中学生一班，共 53 名。

**1919 年，己未，中华民国八年**

是年暑假，首届两班 60 名学生毕业，因属创举，故于毕业典礼时，特邀各界赞礼，并摄影纪念，颇为热闹。自兹以后，每年毕业一班，续招新生一班，从不间断。是年 5 月 4 日，北京爆发反帝爱国运动，澄中学生积极响应，5 月底，成立了澄海中学学生会，李衡任主席。6 月，澄海县学生联合会成立，100 多名学生分组到全县九个区进行抵制日货的宣传。

**1920 年，庚申，中华民国九年**

是年学校增置理化仪器、药品一大批，并向商务书局购进大批图书，以备学生实验、浏览之用。



**1921 年，辛酉，中华民国十年**

是年春，李景濂校长因年老多病，屡请辞职，由县长呈教育厅委派叶浩章接任校长。2 月 26 日午后，黄炎培从潮州坐小轮至樟林，28 日至澄海县城参观澄海中学。

**1922 年，壬戌，中华民国十一年**

是年 8 月 2 日，适逢空前未有之“八二风灾”，学校后楼宿舍及前座礼堂、图书馆全部倒塌，由各界捐资、县府拨款及员生捐助修复。

**1923 年，癸亥，中华民国十二年**

是年叶浩章校长着力改革校政，使学校全部经费收支编配有序，对学生学业严厉督教，自此学校规模稍具。

**1924 年，甲子，中华民国十三年**

是年秋，举行创校十周年纪念大会，并举办成绩展览会，举行文艺表演助兴，欢迎各界参观，为历来所未有之创举，得到社会人士的好评。

**1925 年，乙丑，中华民国十四年**

是年 6 月，“五卅”惨案爆发，澄中师生愤慨万分，发动全县各校在澄中举行“五

---

① 该大事记由澄海中学校方据周敏、侯庆生、谢锐奎、吴惠深、王道榕、陈大川撰《澄海中学年表（1915 年—2000 年）》（原载《澄海中学校史资料特辑：纪念澄海中学建校八十五周年》）增订。

卅”惨案报告会。澄中学生会发起号召，再度成立澄海县学生联合会，由林灿（澄中学生）任主席，组织宣传队下乡宣传。7 月，叶浩章校长辞职，由余县长委任蔡炜晢为代理，8 月又请杜国庠任校长，杜校长聘请中共党员李春蕃（即柯柏年）来校任教，还破例录取了蔡楚吟等 6 名女学生，创立了澄中男女同校的新风。12 月，周恩来调杜国庠任广东金山中学校长，委任王鼎新为澄中校长。澄中教师李春蕃也被任命为东征军政治部驻澄海政治特派员。12 月 2 日，东征军进驻澄海，组织政治宣传队分赴澄海各地开展广泛宣传，传播马克思列宁主义等革命理论。驻澄海的国民革命军第三师第七团党代表蒋先云在澄中发表“关于帝国主义浅说”、“谈马列主义”演讲，由李春蕃担任翻译，使澄中师生受到比较系统的马克思列宁主义理论教育。12 月成立共青团澄海支部，澄中有林灿、王金满、杜式哲、蔡楚吟等学生参加。

**1926 年，丙寅，中华民国十五年**

1 月，邓颖超由吴文兰陪同，从汕头来澄海，在澄中向学生农运骨干讲话。是年王鼎新校长对校政益加整饬，成绩斐然，并辟尼姑庵址为操场，向外洋幕捐增建校舍、图书楼及教室。

**1927 年，丁卯，中华民国十六年**

是年春，全校学生数达 300 余人，自开办以来，学生人数以此为最多。4 月，澄海发生“四一〇”反革命事件，澄中受到冲击，中共澄海县部委书记林灿（原澄中学生）到澄中部署应变工作时不幸被捕，校长王鼎新在师生的掩护下，化装出城，流亡国外。事后由教务长蔡吟秋承接校长职务。

**1928 年，戊辰，中华民国十七年**

是年 8 月，蔡吟秋校长因事出洋，由杜兰继任校长。

**1929 年，己巳，中华民国十八年**

是年学校又购置一大批理化实验仪器及动植物标本，以备学生实习之用。

**1930 年，庚午，中华民国十九年**

是年学校开始招考二年制乡村师范班。

**1931 年，辛未，中华民国二十年**

是年学校增办三年制乡村师范班。

**1932 年，壬申，中华民国二十一年**

是年举行春季运动会，全体员生一律参加，以本城东门外校场为运动场，聘请潮汕体育家到场指导，运动会规模之大系历来未有之创举。

**1933 年，癸酉，中华民国二十二年**

本校奉令增办民众学校，招收失学儿童百余名就读。

**1934 年，甲戌，中华民国二十三年**

是年 9 月举行建校二十周年纪念大会，陈列各项成绩，并赛菊花百余盆，请潮汕军政学界参观，还演出潮剧助兴。

**1935 年，乙亥，中华民国二十四年**

1 月，杜兰校长因事辞职，由周英耀继任校长，学校增办四年制师范兼办附属小学，学生人数逐渐增加。

**1936 年，丙子，中华民国二十五年**

是年秋，周校长奉调本县教育局局长，由余仿真继任校长。

**1937 年，丁丑，中华民国二十六年**

元旦，全校学生参加广东省第五区行政专员召开的集中于潮安城的检阅，颇蒙奖评。4 月，余校长因事辞职，由教务主任陈心圃代理校长。7 月，周英耀再接任校长。

**1938 年，戊寅，中华民国二十七年**

是年秋，举行创校二十四周年纪念大会，师生合作演出话剧。7 月第廿二班应届毕业生因时局关系准免参加会考，由本校请县派员莅校监试，共毕业 19 人。

**1939 年，己卯，中华民国二十八年**

是年第一学期，学校有 10 个班，学生数 291 人，因潮汕局势紧张，学校提前考试放假。6 月 21 日，日寇在潮汕登陆，县城相继沦陷，周校长偕同教职员随县府迁出，学校建筑物被敌人铲成平地，仪器、图书、教具等荡然无存，因而停办一学期，在饶平浮山设处办公，俟机复课。

**1940 年，庚辰，中华民国二十九年**

是年 1 月，周校长由饶平来澄海樟林筹划复课，选定广智小学旧址风伯庙为校舍，第一学期除县城原有初中学生来樟林复学外，还在樟林招收部分学生，总学生数达 240 余人，分成 7 个班上课。7 月，周英耀校长调省府秘书处工作，由朱名宗继任校长。

**1941 年，辛巳，中华民国三十年**

是年夏，在洪风老师带领下，学校成立美术研究会，进行版画创作，并结集出版《澄中版画》。

**1942 年，壬午，中华民国三十一年**

学校经呈报省厅批准，增办高中班，于是年 8 月招收高中第一班新生共 46 名，自该学期起，学校实施军训及童军管理。



**1943 年，癸未，中华民国三十二年**

是年 1 月 31 日举行迁樟复课三周年纪念大会，游艺助兴，并出版纪念刊。春秋二季招收高中第二、三班及初中第卅四、卅五班。11 月 16 日晚，日冠侵占樟东，学校因而暂停办学，12 月在饶平浮山东官乡设临时办事处，办理一切未完手续及呈报表册，呈准省教育厅由学校填给所有失学学生借读证，到附近省立金中，饶平县立一、二中及潮安县中等校免费借读。

**1944 年，甲申，中华民国三十三年**

在饶平浮山东官乡借用祠宇十余座及民房两座作为本校校舍教室，继续上课。7 月，朱名宗校长因事辞职，余仿真接任校长。

**1945 年，乙酉，中华民国三十四年**

是年秋，抗战胜利，学校从饶平浮山东官乡迁回澄城，以便生医院旧址为校舍，李厝祠为学生宿舍，当时，高中 3 个班，初中 10 个班，学生人数 600 多人，校长为余仿真。

**1946 年，丙戌，中华民国三十五年**

定 6 月 6 日（当时教师节）为校庆日，举行第一次校庆，并举行新校舍奠基典礼，新校舍建在学宫旧址（现学校校址）。当时高中 3 个班，初中 11 个班，学校实行春秋季招生。是年 11 月，澄海县教育会改选整理完竣，于 11 月 29 日在澄中举行会议，选举理监事，结果，黄次农、蔡向荣、余仿真、翁述曾、林快民、李勉之、李业宣7人得票最多，当选为理事，王拱强、黄昌懿为候补理事，周英拔、杜君侠、王鼎新3人为监事，刘鹏飞为候补监事。

**1947年，丁亥，中华民国三十六年**

8月，校长余仿真离校，周英拔接任校长。当时高中4个班，初中11个班。

**1948年，戊子，中华民国三十七年**

6月9日，澄中业余剧社成立，曾在校外公开演出，轰动一时。当时高中3个班，初中11个班，学校又恢复只在秋季招生。9月，黄家器任校长。是月，中国新民主主义青年团组织在澄海中学成立支部。

**1949年，己丑**

5月9日，108名学生集体上凤凰山参军，并联名发布《告潮汕各界同胞书》，这一壮举，在潮汕产生巨大影响。8、9月间，中共澄南区委委员林劭先到澄中与高寿如联系，决定重新建立澄中团组织，9月下旬，改派林清同志领导澄中地下团组织。10月24日，澄海解放，上山的师生回校，受到热烈欢迎。人民政府派李缵华任澄中代理校长。学校开始新的教育建设工作。

**1950年，庚寅**

5月，澄中学生许挺作为澄海学生代表到广州参加广东省第一届学生代表大会。是年，澄中团员人数增至60余人，建立了团总支部，总支下设分支并在学校中开始建立中国少年儿童队组织（即现少先队）。是年澄海中学礼堂落成，建筑面积650平方米。

**1951年，辛卯**

是年澄海县委在隆都西章乡办土改试点。寒假，学校组织学生下乡学习，了解社会，有一批学生参加土改队。土改全面铺开之后，又有一批学生到土改队当翻译。年初掀起抗美援朝运动，一批学生为保家卫国报名参军。

**1952年，壬辰**

是年第一学期起，学校试行新教学法，采用“五级记分法”，大力学习苏联教育经验，订立各种教学制度，健全和完善各科教研组。11月，成立澄中“体育委员会”，组织“锻炼小组”，培训体锻骨干，改革体育教学，收到良好效果。秋季起建立各种课外兴趣小组，组织学生开展课外活动。本学年度第一学期开办一个工农业余夜班，第二学期再招一班，两班共100人左右，后来学生陆续退学、休学，至1955年毕业时，只有40多人。

**1953年，癸巳**

5月创办《澄海一中》校刊。本年，学校获省体委批准正式实行“劳卫制”体锻标准，李缵华校长的体育经验总结文章刊于《南方日报》。暑假，创办第一届学生夏令营，学校各课外兴趣组开展电动模型制作、航空模型制作等多项课外研究活动。初二学生杨光裕制成一架大型的蒸汽机模型参加全国少年儿童科艺展览会被评为特等奖，后来被团中央选中参加在民主德国举办的社会主义国家少年科技制作展览并获奖。8月，陈德桂调任澄中第一副校长，李缵华任第二副校长。

**1954年，甲午**

5月，经县委批准，定5月9日为校庆日，举办第一次“五九”校庆活动。秋季开学后，李缵华校长提出“关于课堂基本解决问题”和“关于教课优劣的标准”的教研课题，向学生提出“合理分配时间”、“掌握科学学习方法”的要求。

**1955 年，乙未**

是年“五九”校庆，校长室提出“教师们为祖国培养社会主义建设人才而辛勤劳动，认真备课，钻研教材，改进教法，加强社会主义思想教育、劳动教育和共产主义品德教育”等要求。10 月，澄中建立党支部，县委派林劭先来校任党支部书记兼第一校长，开始在高中学生中吸收党员。11 月召开“澄海第一中学第一届三好学生代表会”，会后向全校学生发出倡议书，明确提出“三好”的奋斗目标和具体要求，在全校掀起争创“三好”的热潮。寒假，团委会组织全体团员和部分申请入团的青年到苏南举办冬令营活动，进行军事训练。

**1956 年，丙申**

是年高中学生戴英俊等 6 人被吸收为中共预备党员。学校在推行“劳卫制”的基础上，培养了许多体育尖子。学生陈绮纯、陈恩娜入选广东代表队，参加“全国第一届中学生运动会”，取得良好成绩。本年度只有一个高中毕业班，50 人参加高考，45 人被录取。王蔚良、陈镜泓等优秀生被北京大学等录取。

**1957 年，丁酉**

元旦之夜，全校举行大规模的化装游园晚会，全校师生人人按自己的理想和职业追求，化装成各行各业的人物或艺术形象参加游园活动，并以班为单位进行评比，全校师生精神振奋。岁末，在反右派斗争中，大批教师受极“左”路线迫害，仅高中部就有十多名教师被划为“右派分子”。全校教学质量受严重影响。

**1958 年，戊戌**

2 月，李缵华校长在反右派斗争中受极“左”路线迫害服毒自杀。秋季开始，“大跃进”鼓虚劲，大刮浮夸风。为贯彻“教育为无产阶级政治服务，教育与生产劳动相结合”的方针，学校开始办起酒精厂、盐酸厂、电化厂、造纸厂，都出了少量产品。郑振汉老师的总结论文还刊登在了全国科技杂志上。



**1959 年，己亥**

本年度高考澄中居汕头市第一（当时澄海县并入汕头市），《汕头日报》来我校采访，并在《汕头日报》上作专题报道。体育方面，获广东省中学生运动会第二名。当年，校长为孙壁。

**1960 年，庚子**

学校贯彻 1959 年 5 月 20 日中共中央国务院发出的《关于试验改革学制的决定》，试行“五年一贯制”的教学改革，办新学制班，我校以先进单位身份出席省文教战线群英会。

**1961 年，辛丑**

是年方书仰任第一副校长，杜楚瑜为书记，提出二十字的校风，建立“课堂六项常规”，使学生在学校经济生活紧张的情况下，仍然保持旺盛的学习情绪。

**1962 年，壬寅**

5 月 25 日，中共中央批发教育部党组《关于进一步调整教育事业和精简学校教职工的报告》，学校改变体制，实行“校务委员会”管理制度。是年，林华从省团委调入澄中任校长。

**1963 年，癸卯**

3 月 3 日，澄中学生掀起“学雷锋”继而“学王杰”的热潮，学生道德风尚高，学校风气好。

**1964 年，甲辰**

2 月 13 日，毛泽东主席主持召开教育工作座谈会，指示学制、课程、教学方法都要改。澄中积极响应，在校开展“少而精”、“启发式”的教学研究。

**1965 年，乙巳**

7 月 13 日，毛泽东主席指示，建议把学习从学生活动总量中砍去三分之一，使学生有充分的休息和自由支配的时间，学校积极响应，组织定点试验。

**1966 年，丙午**

6 月 12 日，澄中“文革”开始。“文革”期间，澄中先后有 43 名教职工被禁闭，4 人被迫害致死。

**1967 年，丁未**

林华校长被迫害死亡。

**1968 年，戊申**

10 月，澄中被砸烂，学生转校，教师分到各公社中学，除理化仪器外，其他设备（包括桌椅）都被分到各中学。

**1969 年，己酉**

8 月，四校合并，定名为澄海中学，搬进原澄中校舍办学，成立澄海中学革委会，陈斌任第一副主任，主抓学校工作。

**1970 年，庚戌**

是年澄中初中二年级有 4 个教学班，高中部有 9 个班。军宣队、工宣队驻校，澄中师生两次到新溪、牛田洋参加灾后修复公路、支农的劳动，均受县革委会通报表扬。



**1971 年，辛亥**

是年，县革委会在白沙农场划出 50 亩荒地作为 1969 年占用澄中原农场的赔偿，澄中师生开始艰苦创业、办澄中分校（学生学农基地）的历程。部分原澄中骨干教师调回澄中，学校开始办文体特色班。

**1972 年，壬子**

是年军宣队撤离学校，当时高中为二年制，每级 6 个教学班，学校筹办校办工厂。

**1973 年，癸丑**

是年秋季停办初中，学校取消连队制，恢复班级制。教学秩序正常，教学质量有较大提高。

**1974 年，甲寅**

是年高中有 10 个毕业班。几十名学生于 12 月 24 日上山下乡到陆丰南告水库，大部分毕业生则于翌年上山下乡到红岭农场、南峙山果林场、白沙农场、鱼苗场、莱芜农场及农村参加劳动。

**1975 年，乙卯**

是年分校建成，学生到分校学农时间增至每年 3 个月，师生坚持在分校边上课、边劳动。

1976 年，丙辰

10 月，粉碎“四人帮”，“文化大革命”结束，师生愤怒声讨“四人帮”，工宣队撤离学校。

1977 年，丁巳

是年学校高中 16 个毕业班，高一级 17 个班，创澄中史上高中每级教学班数之最。年末，恢复高考制度，一大批应届、往届毕业生参加 1977 年高考。

1978 年，戊午

是年底，陈德桂、方书仰等一批澄中老领导、老教师调回澄中，学校全面落实教育部修订和重新颁发的《全日制中学暂行工作条例》，并重新恢复初中部招生，抽调部分骨干教师在初一试用全国中学新教材。

1979 年，己未

1 月 13 日，经澄海县委批准，科教办主任孙壁宣读了科教办党组《关于为澄海县第一中学恢复名誉的决定》。12 月，原校长林华、方书仰、郭秀达、余秉栋、许德成、陈大道等的一批冤假错案得以平反昭雪。澄中建科学大楼。教学秩序井然，郭志飞等一批学生考上清华、北大等名牌大学。

1980 年，庚申

10 月，根据国务院批转的教育部、国家劳动总局的《关于中等教育结构改革的报告》文件精神，澄中逐步扩大办学规模，初中开始恢复三年制，每年招收 4 个班，每班人数在 60 人左右，招生范围限定在澄城地区择优录取。11 月，澄中被批准为广东省田径传统项目学校，澄中“体育见长”的特色继续得到巩固和发扬。

1981 年，辛酉

是年起，高中恢复三年制，每年招收 4 个班（并有一至两个高考落选生的复读班），每班人数在 60 人左右。6 月，广东省人民政府文教办公室转发了省教育厅《关于进一步办好重点中学的决定》，以文件形式确认澄海中学为县级重点中学。



1982 年，壬戌

是年确定了“爱国、爱党、爱校，勤教、勤学、勤炼”的新校风，并雕刻大字镶嵌在大礼堂正面两侧。是年科学楼设计兴建，为五层框架结构，建筑面积 2 500 平方米，内设阶梯教室、电教室、实验室、电脑室、语音室等。

1983 年，癸亥

是年学校被评为广东省普教系统先进单位，方书仰校长出席表彰大会。

1984 年，甲子

9 月，林晓声任校长。是年，高中招生班额增至 6 个班。学校荣获省团委、省体委、省少科协、省教育厅、省文化厅、省地质矿产局等单位联合授予的“活跃的中学生活”称号。县教育局将原属澄中所有而在 70 年代初上调经营的教具厂交还澄中自办。

1985 年，乙丑

是年学校提出体现时代要求的“校风好、校园美、管理严、质量高、全面发展、体育见长”的目标，号召全校师生为此而努力。3 月，学校被评为广东省普教系统先进单位。5 月 9 日，隆重举行建校七十周年庆典，一大批海内外嘉宾及校友到校参加校庆活动。9 月，团中央授予学校“开辟多种渠道，培育新型人才”称号。秋季始，在环北路南原学校篮球场地带建两幢教师宿舍。是年，校友陈柱设计捐建“智泉”。

**1986 年，丙寅**

是年学校开始实施 3 个《三年教改规划》，逐步形成“以启发式为中心，以优化课堂教学为重点，以培养能力、发展智力为目的”的教改总趋势。10 月，学校被评为广东省普法教育先进单位。学生陈小越高考成绩列汕头市理科总分第一名。

**1987 年，丁卯**

是年在科学楼东西侧建成二层教学楼 3 座，共有教室 12 间。3 月，澄中普法教育经验刊登于《中国法制报》。9 月，郭秀达任校长。

**1988 年，戊辰**

是年县教育局召开第一个三年教改规划总结表彰会，学校有 5 名教师分别被评为广东省、汕头市和澄海县的教改积极分子。在本年高考中，陈泽群获外语类总分省第一名，柯璇获文科类总分省第三名、汕头市第一名。9 月，学校成立“退管会”。

**1989 年，己巳**

是年停招初一学生。于文化路东南侧建教师宿舍两幢。6 月，省德育检查领导莅校指导，对学校德育工作作出充分肯定。9 月，制订并实施澄海中学结构工资制度，自此，每年均结合学校实际，对结构工资制度作修订补充，使之不断完善。11 月，团中央社会实践活动现场会在汕头召开，团中央常委学校部长袁纯清到校视察，肯定我校办学成绩。

**1990 年，庚午**

是年学校提出“建设校园文化，优化育人环境”的研究课题，制定校园文化建设的内容和制度，经几年实践，取得可喜成绩，经验在汕头市和澄海县得到推广；开始创办“业余党校”、“业余团校”和“业余军校”，着力实施先进性教育，同时成立了“红十字青少年服务队”，开展助人救困活动。5 月 9 日，举行七十五周年校庆暨“序乐园”落成剪彩活动。秋季，成立“奖教奖学基金会”，自此，每年 10 月进行评奖，奖励在教育教学中取得成绩的师生；同时成立澄中校舍改建规划领导小组，聘请有关专家，对校舍全面改建工程作总体规划。本年恢复招收初一学生。邱惠生、陈铿华两位教师被评为全国优秀教师。9 月，邱惠生任校长。

**1991 年，辛未**

旅泰侨胞郑俊英、郑俊南昆仲捐资 70 万港币建四层图书馆一座，是馆于 9 月 19 日奠基，翌年 2 月 17 日落成，命名为“英南图书馆”。从是年起，学校制定了“四种课型”（汇报课、试验课、示范课、评比课）的公开课活动方案和规定，并在学校教学常规管理和教学评价活动中加以实施，使之制度化。

**1992 年，壬申**

学校被评为澄海县文明单位、汕头市文明之花。“汕头市中学教学管理现场会”在我校召开，对我校科学严格的教学管理给予高度评价。是年，电化教学开始定点试验。香港校友许立椿、蔡克任、王树霖、陈梦梅等 7 人捐资 34 万元，在原科学馆旧址建教学楼一座，教学楼于翌年元月落成，命名为“春晖楼”。

**1993 年，癸酉**

8 月，广东省副省长卢钟鹤莅校视察。随后省教育厅副厅长林受之、督导室副主任陈登泰、中共汕头市委书记许德立等也先后莅校视察，对校舍改建工作作了重要指示。澄海县政府即于年底拨出专款投入第一期校舍改建工程。9月，王立民任校长。同年，奥林匹克学校成立，奥校聘请国家级奥林匹克教练员钱本昌教授担任名誉校长，开设数学和英语班。学校获得“全面贯彻教育方针，积极开展教学改革，成绩显著先进集体”称号，被省教厅教育杂志社授予“第二课堂活动先进单位”称号，学生吴东升被评为全国优秀学生干部。

**1994 年，甲戌**

10月，学校正式提出申报广东省一级学校的申请，12月，顺利通过省教厅一级学校评估组的评估，成为第二批荣获“广东省一级学校”称号的中学，翌年正式挂牌。自是年始，年届退休的副校长谢锐奎在有生之年每年捐助 3 000 元，设立“澄海中学优秀青年教师奖”。

**1995 年，乙亥**

5月9日，学校隆重举行庆祝建校八十周年暨校舍改建一期工程竣工庆典。汕头市及澄海市各级领导、海内外校友及全校师生 3 000 多人参加了庆典，后举行了“长海楼”（办公楼）、“泽芳楼”（教学楼）、“三乐楼”（教学楼）、女生宿舍楼的落成剪彩仪式。是年秋，高中招生班额增至8个班。同时，学生食堂改建工程开工，翌年5月竣工。是年，为期一个月的“首届科技艺术节”举行。学生徐颖获全国青少年信息学（计算机）奥林匹克竞赛一等奖、王建民获高考物理单科全省第一名。学校被评为广东省体育传统田径项目学校先进单位。

**1996 年，丙子**

学校接受广东省田径传统项目学校复查验收获优秀等级，并获广东省第八届传统田径项目运动会团体总分第五名。学生许雪琼获高考语文单科全省第一名、文科总分汕头市第一名，卢韦获历史单科全省第一名。9月，澄中第四届教代会召开，审议和通过了学校1996年至2000年的发展规划，提出了到2000年把学校办成“五个一流”，即“质量一流，师资一流，设备一流，环境一流，管理一流”的汕头市重点中学的奋斗目标。是年始，学校着力开展“说课”教研活动，后经几年实践，不断将其完善，使之制度化。秋季，高中招生班额增至9个班。

**1997 年，丁丑**

1月，“中国中学校长研究会”教育考察团莅校视察。7月，原礼堂已成危楼，被拆除。10月，学校举办面向全市的教育教学展示周活动，并举办了“澄海中学活动课成果展览”。11月，广东省原省委书记任仲夷莅校视察。

**1998 年，戊寅**

4月，我校“‘精致教学·自主学习·持续发展’教育模式的实践与探索”、“高中学生‘心理’与‘人格’教育的探索和研究”两个课题被立为汕头市普教系统教育科研课题三个重点课题之一，特聘国家教委中学校长培训中心副主任应俊峰教授及范国睿博士为课题研究顾问，学校大兴教科研之风。5月，国家教委艺术委员会常务副主任周荫昌教授莅校讲学。6月，范国睿莅校作“为了培养新世纪的创造者”报告。7月，学校参加第六届广东省中学生田径运动会获团体总分第三名，取得了历史性突破。秋季，高中招生班额增至11个班。11月，我校顺利通过广东省一级学校复评。

**1999 年，己卯**

8月，我校参加广东省第九届传统田径项目运动会，获团体总分第二名。教学实验楼

"景行楼"、"凤起楼"开始动工兴建。10月，澄海中学第五届教职工代表大会召开，审议通过了《澄海中学全面推进素质教育试行方案》。秋季，高中招生班额增至12个班。是年，经上级批准，澄中成立党总支。

**2000年，庚辰**

2月起，学校邀请有关专家到校对澄中校舍改建第三期工程进行规划，并着手实施校园文化广场的建设。5月9日，学校举行建校八十五周年庆典，同时举行"景行楼"、"凤起楼"落成剪彩及科学馆二层门厅奠基仪式。是年高考，陈枫获语文单科全省第一名。秋季，停招初中生。11月，学校承担的教育部"九五"规划重点课题"义务教育阶段学生'学会学习'的研究"的子课题"中学生学习能力的研究"圆满结题。12月底，文化广场及运动场改建工程完成，至此，第三期校舍改建工程告竣。

**2001年，辛巳**

是年，学校在省内率先实施研究性学习课程，分别聘请华东师范大学霍益萍教授和上海七宝中学校长唐樱、教研室主任刘志青等专家莅校讲学。10月，顺利通过广东省一级学校复评、广东省田径传统项目学校复评。

**2002年，壬午**

2月，被列为汕头市普教系统重点科研课题的"'精致教学·自主学习·持续发展'教育模式的实践与探索"课题顺利结题。3月，学校首次引进外籍教师到校上课。4月，学校举行面向汕头市范围的"研究性学习"展示活动。是年高考，林洵彦获语文单科全省第一名。

**2003年，癸未**

2月，学校主办汕头市中学教务主任现场会，来自汕头市教育界的代表200多人参加。4月，王立民校长受聘为教育部西部地区教育顾问。6月，校友许松辉捐资50万元设立奖优助学金。8月，王立民校长退休，郑楚钦任校长。学校承担了全国"十五"规划课题"说课理论与实践的分层次研究"的子课题"说课典型案例的研究"。12月31日，邱卓恭艺术馆落成庆典暨"艺术之光"澄中师生校友作品展览举行。

**2004年，甲申**

1月，1960届校友、神舟五号副总设计师郑松辉教授应邀回母校参观；高二学生林楠获第一届全国中小学生艺术展演活动总决赛一等奖。4月，高二学生陈昱获第二届全国中小学信息技术创新与实践活动总决赛CG电脑动画中学组一等奖。5月，汕头市市长黄志光率市政府领导成员莅校视察。本年度，汕头市、澄海区各党政机关主要领导先后莅校视察。9月，校庆筹备工作委员会完成《澄海中学90校庆筹备工作草案》，成立7个职能工作小组，制订初步的工作日程表，校庆筹备工作开始全面启动。10月25日，我校在《羊城晚报》发布校庆第一号公告。12月21日，参加了雅典奥运会的我校校友——中国女子曲棍球队队员陈群青回母校拜访老师和学友们。12月31日，郑楚钦校长发表题为"办好澄海中学　回报澄海人民"的2005新年献辞。

**2005年，乙酉**

1月，校友许松辉先生再次捐资50万元作为奖优助学金，总数已达100万元；同时又捐资10万元，在文化广场两侧教学楼前设立汉白玉雕像，作为向母校九十华诞的献礼。1月31日，老领导迎春座谈会举行，邀请在学校工作过的副校长以上级别的老领导参加，共商校庆大事。2月，春节期间，学校通过澄海电视台向全区人民、各界校友拜年，并发出校庆邀请。5月6日至9日，隆重举行庆祝建校九十周年庆典活动，嘉宾、校友5 000多人参加，盛况空前。9月，我校被汕头市教育局列为首批五所申报广东省国家级示范性普通高中的学校之一。10月，学校顺利通过广东省一级学校第三次复评。12月，我校被确定为广东省现代教育技术实验学校，被汕头市委、市政府评为2003年度至2005年度汕头市文明单位。12月27日至29日，我校体育健儿代表汕头市到香港参加了由广东省青年联合会和粤港青年交流促进会联合举办的“心系奥运——首届两地青年学生‘同一颗心’田径运动会”，陈晓薇荣获女子100米第一名，男子4×100米接力队也取得第二名的好成绩。

**2006年，丙戌**

7月，郑楚钦校长退休，林情平任校长。12月，学校顺利通过广东省国家级示范性普通高中初期督导验收。

**2007年，丁亥**

1月13日，汕头市2007年高考备考现场会在我校隆重召开。汕头市教育局局长黄晖阳、副局长谢红和教研室、德育科、基教科等有关科室负责人，澄海区委常委、区委办公室主任陈镇扬，澄海区教育局局长邵文英、副局长蔡林然，其他各区县教育局主管教学的副局长以及全市有高考任务的中学校长和主管教学的副校长、教务主任近300人参加会议，共同探讨2007年高考备考的大计。

**2008年，戊子**

4月，学校被评为广东省普通高中教学水平评估优秀学校，并顺利通过广东省国家级示范性普通高中的确认验收。

**2009年，己丑**

3月，学校获得广东省“安全文明校园”称号。5月，校园东侧停车场建成投入使用。6月中旬，体育馆工程开始建设，澄海区烟草专卖局捐资600万元，1980届校友、上海明园集团董事长李松坚先生捐资300万元。9月，学校被评为广东省书香校园，学校科学馆及校园东侧教学楼A、B栋扩建工程顺利竣工并投入使用。10月，校园东侧教学楼配套设施及绿化美化工程完成。11月23日，汕头市常务副市长罗仰鹏主持会议，研究落实市委、市政府澄海现场办公会议上关于澄海区政府提出的解决澄海中学新校区用地的请求，在澄海中学原位于白沙农场的50亩土地的基础上，再划拨70亩土地。



**2010年，庚寅**

1月开始，原副校长谢锐奎又每年捐资3万元设立“谢锐奎奖教扶困金”，奖励优秀骨干教师和优秀青年教师，扶助贫困师生。2月，澄海区政府决定将澄海中学新校区建设项目120亩用地整合至规划中的海平路东侧、秀水路南侧、西华汽车站用地北侧。4月，澄海中学新校区完成了概念设计；学校被评为广东省厂务公开民主管理先进单位。5月，校园西侧运动场及周边配套设施开始动工改建。5月9日，纪念建校九十五周年庆典系列活动举行，重新设计、布置校史室，举办“澄中之韵”文艺演出、师生摄影展，邀请郑松辉、杜之明等杰出校友回母校，校友、上海明园集团董事长李松坚先生现场捐资60万元，作为奖教金。5月中旬，《汕头特区晚报》专版刊载专题文章《杏坛气韵，弦歌不辍——探寻百年澄中文化精髓》。6月，澄海区委、区政府将澄海中学新校区建设项目定为“十一五”二十大民心工程之一。7月，学校被潮汕星河奖基金会评为20年来培育星星先进单位。10 月，澄海中学白沙分校筹建工作开始。

**2011 年，辛卯**

5 月，学校获得“广东省厂务公开民主管理 ISO 9000 贯标认证 A 级单位”称号，是汕头市唯一一所获得此殊荣的中学。8 月，汕头市教育科学“十一五”规划重点课题“信息技术与其他课程整合的研究”和“高中学生心理健康问题的个案研究”顺利结题。11 月，体育馆全面竣工并投入使用，成功承办汕头市学校食堂食品安全规范管理现场会。

**2012 年，壬辰**

5 月，团委会获得 2012 年度“全国五四红旗团委”称号。7 月，林惜平校长获得“广东省创先争优‘南粤先锋’优秀共产党员”荣誉称号。8 月，学校投入近 200 万元，完成校园变压增容和供电线路改造，在教室安装空调 248 台，高标准配置英语听说室设备 72 台，改造教师办公室和学校门房，扩大学生餐厅和其他服务场所。10 月，高中 1982 届全体校友捐赠中央净水系统 1 套，价值 26.8 万元。是年，学校开展“关爱生命，幸福生活”主题教育系列活动，组织全体师生自愿为本校高二级身患重病的学生卢斯滨捐款，共募集到善款 368 853.2 元，弘扬了扶危济困、奉献爱心的时代精神。

**2013 年，癸巳**

是年，学校投入 135 万元，改造食堂设备设施，重新装配多媒体教学平台 24 个，完善体育馆音响系统、校园监控系统及广播系统等配套设施，完成校门修缮及办学理念石刻。1 月，食堂被广东省食品药品监督管理局评为广东省餐饮服务食品安全量化分级管理 A 级单位，是汕头市唯一获此等级的高中。3 月 20 日，《澄海中学建设节约型校园若干规定》出台。3 月 29 日，学校在《羊城晚报》和《汕头特区晚报》发布《澄海中学百年校庆征集启事》。4 月底，百年校庆徽标设计完成，百年校史编纂工作启动。5 月，广东电视台新闻频道和《汕头特区晚报》分别专题介绍学校人文教育办学经验。11 月 30 日，两块“八二风灾”碑刻在我校出土，是截至目前澄海已发现的“八二风灾”石碑中最大的两块，《汕头日报》、《羊城晚报》都对此作了详细报道。12 月 23 日，面向粤东三市的“自主·高效”教学开放周活动举行，共推出 11 个学科 18 节展示课，涵盖新授课、讲评课和复习课等各种课型，听课教师达 451 人。

**2014 年，甲午**

3 月 28 日，我校首期加盟“华南师大—普通中小学”协同发展联盟，林惜平校长被聘为华南师范大学名校长名师讲座教授。7 月，我校被评为广东省教育后勤工作先进集体，是全省被表彰的 10 所中小学校之一，也是汕头市唯一一所受表彰的学校。8 月 31 日，林惜平调任汕头一中校长。9 月 8 日，侯庆生调任澄海中学校长。9 月 27 日，学校召开离退休老领导座谈会，共商百年校庆和学校发展大计。从 10 月份开始，学校拟定百年校庆纪念活动方案，全面启动百年校庆筹备工作。

**2015 年，乙未**

1 月，我校组织救助患白血病的王沛贤同学的爱心捐款活动，得到全校师生、广大校友、各位家长以及政府和社会各界的广泛关注和热烈响应，共捐善款逾百万元。其中全校师生共捐款 467 212.2 元，学校原副校长谢锐奎捐款 30 000 元，中山校友会捐款 104 924 元，深圳校友会捐款 42 000 元，中山潮人联谊会捐款 33 000 元，社会各界捐款 75 550 元（截至 2015 年 1 月 12 日）。

# 第二章 澄中金石

## 第一节 钟鼎

### 一、乾隆三年铸澄海县学宫编钟

#### （一）铭文

1．正面

（1）上方铭文：倍无射五。

（2）下方铭文：澄海县学。

2．背面

乾隆三年仲/冬吉旦制。

#### （二）尺寸

高22.5厘米，底径17.5厘米。

#### （三）说明



该钟为清代澄海县学宫旧物，现藏汕上小得斋。其照片、拓片见彩图、彩图7。

按乾隆三十年（1765）版《澄海县志》，清代澄海县学宫用于祭孔典礼的全套“乐舞器”中，包括了“编钟、磬各十六”。此物当系十六件编钟之一，铸造于乾隆三年（1738）。

### 二、20世纪50年代至80年代澄中校钟：1899年铸澄海番仔楼铜钟

#### （一）铭文

1．正面

（1）上方铭文：1899。

（2）中部徽章铭文：

FONDERIE St. BERNARD

A. FAKNIER

DIJON。

2. 背面

（1）上方铭文：AUGUSTINE。

（2）中部十字架铭文：IHS。

（二）尺寸

高 56 厘米，底径 51 厘米。

（三）说明

该钟为澄海城西郊吴厝村天主教禄格堂（俗称番仔楼）旧物，原悬挂于该教堂钟楼，20 世纪 50 年代初由澄海县政府下拨给澄海中学作为校钟。改革开放后，澄中将其归还该天主教堂。其照片见彩图 8。

1899 年，驻澄海的法国外方传道会建立禄格堂现址，由于建堂时适逢当地发生瘟疫，驻堂神父声称该堂系奉献予能驱除瘟疫的禄格圣人，该堂因此得名禄格堂。该堂的建造得到传道会和法国信众的支持，该铜钟便是重要物证。

该钟铭文为法语，正反面上部铭文分别标明铸造时间：1899 年、8 月（AUGUSTINE），正面中部的徽章中的三行铭文，分别是圣伯纳铸造厂（FONDERIE St. BERNARD）、阿·法尼（A. FAKNIER，人名，疑为捐铸者名字）、法国东部城市第戎（DIJON）；反面中部十字架中的铭文 IHS，意为“我主耶稣”。综上，该铭文表明，此钟是在禄格堂建造当年的 8 月，由法国东部城市第戎的圣伯纳铸造厂制造，并运送至澄海使用。

## 三、20 世纪 80 年代至 90 年代澄中校钟：火车轮毂

1899 年铸澄海番仔楼铜钟在澄海中学期间，因长期敲击而破裂，改革开放后归还番仔楼典藏。澄海中学改用一个火车轮毂作为校钟。直至 20 世纪 90 年代采用电铃后，火车轮毂才退出历史舞台。其照片见彩图 9。

## 四、1947 年周英耀赠澄中卅二周年校庆纪念锡鼎

（一）铭文

1. 正面

（1）上款：澄海县立中学/卅二周年校庆纪念。

（2）正中铭文：百年树人。

（3）下款：普宁县县长周英耀敬贺。

2. 背面

镌刻松鹤纹饰。

（二）尺寸

高23.5厘米，宽20.5厘米。

（三）说明

1947年6月6日澄中卅二周年校庆前夕，时任普宁县县长的前校长周英耀，特铸此锡鼎致贺。该鼎现珍藏于澄海中学。其照片见彩图10。

## 第二节 碑版

### 一、澄海中学落成记①

**澄海中学落成记**

世之祝人建筑者曰肯堂肯构，此为一家一姓言，而预期其子若孙之保守与进步也。然国于天地，与家族之群处于社会无异。

今澄海中学落成，期其肯堂肯构者，谁乎？

我中国学校之兴，在甲午庚子战败而后。吾知诸生肄业斯校者，必悠然思曰："强学即所以强国"，而不敢以荒嬉自诿。此堂构之说一也。

清季定例，县有小学，郡始有中学。革政以还，中学之建，始能县自为政。吾知诸生肄习斯校者，必蹙然以喜曰："兴学无禁。此共和政体之所以胜于专制万万也。国，吾国也；校，吾校也。己责自奋，何待于人？"此堂构之说又一也。



澄海为潮循首邑，全道二十余县皆将于兹观感焉，兴起焉。我中学而善也，则观感兴起者皆善。否亦如之。是全道二十余县皆将以吾澄为模范。吾知诸生之肄习于斯校者，必自知负有全道模范之责任，不仅一县一乡已也，其力学自爱当何如矣。此堂构之说又一也。

虽然，吾之期望于诸员生，与颂祷斯校之落成者，尤有进。

---

① 该碑文录自《澄海县立中学校同学录》。

按陈作畅《澄海中学建校碑记被毁记实及我见》（原载1989年《澄海文史资料》第四辑，又载2000年《澄海中学校史资料特辑：纪念澄海中学建校八十五周年》），1981年澄海县电影公司新建办公楼时曾于澄海中学原址挖出二通石碑，每块高约150厘米，宽约70厘米。其一上段篆额之一半文字为"教室宿舍碑记"，左侧落款为楷书"□□□年八月澄海县知事鲁国斌撰文，邑人许乃秋书"。1987年该二通石碑被粉碎作为石料用以盖建录像放映室顶水泥板。又据校友蔡英豪回忆（载《澄海学府拾史（下册）》），上述二通碑石原立于澄海中学原址校墙，1949年新中国成立后，该地改建为戏院，后又增建为电影公司，该二通碑石被挪用为售票处的垫脚石，碑额篆书"澄海中学校建校暨教室宿舍碑记"，碑文楷体，在被毁前可辨碑文有："……国之昌盛，……赖栋梁耳，……方今……与民更始……阙……地……鼎力……莘莘学子……负众望……澄海县知事鲁国斌撰，邑人许乃秋书。民国四年九月立"等字。据此可知，1915年建校之时立有鲁国斌撰文、许乃秋书丹的教室宿舍碑记，至于1987年同时被毁的另一通石碑，或即《澄海中学落成记》。

国斌奉策令为是县知事，实在五月九日之后三阅月。而是校之落成，又在五月九日之后四阅月。吾辈官绅，不能执干戈以卫社稷，而仅以生聚教训者作十年之缓图，其为耻也大矣，其所以报国者亦仅矣。若犹是官以兴学为名高，员生以兴学博虚荣，几何不为爱国者之罪人也？吾爱国明耻之员生，睹斯校之轮兴，则当兴尝胆卧薪之思；按时间以讲习，则当以明耻教战为务。国斌惫矣，于甲午国耻纪念之后六年，庚子国耻纪念之前一年，肄业两湖大学。荏苒至今，驰驱岭表，于国于民两无裨补，不能使我国不再有五月九日之耻，而徒以明耻教战望我澄邑之师生，颜之忸矣。然亦正望我同校员生，无如国斌之爱国家教育不能强国，必使不再有第二五月九日之发生，则官斯、教斯、学于斯者，皆大有荣幸也。可不勉乎哉！主持①是校建筑者，厥惟杜绅昺南，王绅道，黄绅高翔，林绅毓英；长斯校者，李绅景濂；教员林一鸣、杜国玮、蔡玮、李湘圃、王逸垣、颜威亚共六人，得并记之。

中华民国四年九月武昌　鲁国斌撰

## 二、澄海中学出土碑记

### （一）清初卧碑

（1）铭文：

**卧碑**

一、生员之家，父母贤智者，子当受教；父母愚鲁或有非为者，子既读书明理，当再三恳告，使父母不陷于危亡。

二、生员立志，当学为忠臣清官。书史所载忠清事迹，务须互相讲究，凡利国爱民之事，更宜留心。

三、生员居心，忠厚正直，读书方有实用，出仕必作良吏。若心术邪恶，读书必无成就，为官必取祸患，行害人之事者，往往自杀其身，常宜思省。

四、生员不可干求官长，交结势要，希图进身。若果心善德全，上天知之，必加以福。

五、生员当爱身忍性，凡有司衙门不可轻入。即有切己之事，止许家人代告，不许干预他人词讼，他人亦不许牵连生员作证。

六、为学当尊敬先生，若讲说皆须诚心听受。如有未明，从容再问，毋妄行辩难。为师亦当留心教训，勿致怠惰。

七、军民一切利病，不许生员上书陈言。如有一言建白，以违制论，黜革治罪。

八、生员不许纠党多人，立盟结社，把持官府，武断乡曲。所作文字，不许妄行刊刻，违者听提调官治罪。

（2）尺寸：高 0.8 米，宽 1.55 米。

（3）说明：

卧碑是明清时期镌刻官学学规（即学生守则）的石碑。该卧碑 2009 年出土于澄海中

---

① “主持”，《澄海县立中学校同学录》讹作“主恃”。

学校园东北隅，碑文内容是清顺治九年（1652）清政府颁行的全文八条、通令全国各地刊刻于学宫明伦堂之左作为禁条晓谕诸生遵守的《训士卧碑文》。

按乾隆版《澄海县志》，顺治十年（1653）澄海县学宫的明伦堂为飓风所毁，康熙初年（1662）迁界期间澄海学宫更荡为邱墟，至康熙二十二年（1683），澄海知县王岱开始倡建学宫，康熙二十三年（1684）“复率邑绅蔡茂植重建明伦堂，书大字经文于屏间，东竖卧碑”。另据康熙版《澄海县志》，学宫重建工程中，“碑记、联、匾，俱王岱题撰”。综上，这通出土于澄海中学的卧碑，应该就是康熙二十三年（1684）澄海知县王岱所立者，很可能出自王岱的手笔。

**（二）“八二风灾”残碑（二方）**

（1）铭文：

其一：

中国海东南，值北纬十五度，气象灵恠，感变倏歘，余威积势，施及粤壖，飓母巨台，规岁屡发。当中华民国十一年八月二日夜，潮属沿海大雨水以风，潮阳、饶平、南澳、汕头悉被其祸，而我澄为酷，坏屋四万余间，决堤五万丈，苞沦田园十八万七千余亩，漂没男女二万六千余口，被灾者二百四十余乡，水力所加，几占澄属全面积四分之一，居民垫隘，俯仰无资，或沉沦溟澥，或漂泊山陬，家宅既倾，露宿相望，受灾之巨，自肇县来，未之有也。鉴渊适于是年一月以民选县长来长澄海，骤遭此变，挥泪无

其二：

碑

从，恤死救生，责无旁贷。当即分电列宪并海内外慈善机关，吁请救济；并一面邀集阖县人士，组织救灾善后公所，以总其成，令被灾各区组织分所以分厥任，经众举鉴渊并周君之松总、协理其事，若干事，若财政，若文牍，各举其人以任之，而救灾之机关略备矣。于是筸盖芦篷以安露宿者，设临时医院、组织救生队以疗伤病者，发公帑以埋死亡者。而同时各处善团，闻风争救，泛舟输粟，络绎于道。灾民于创痛之余，因得延其残喘焉。复蒙海内外各善团锡以巨金，俾谋善后，爰乃施衣给被，计人分金，而灾民又稍得其资生之具。赈款所得，计共一十九万余元。以六阅月之功，调

（2）尺寸：高3.6米，每方宽0.7米。

（3）说明：

2013年，澄海中学在校内文化广场施工过程中，从今“人本·和谐”影壁处挖出这两方巨碑。就碑文观之，这两方碑石是同一通碑记中的两部分，在其前后原来应该还有其他部分的碑文。碑文记载内容为民国十一年（1922）8月2日发生的“八二风灾”及灾后赈济情况。碑文叙事者为时任澄海县长李鉴渊。撰文时间是风灾发生6个月后的民国十二年（1923）2月。

据林侠老师回忆，20世纪80年代初，在澄海县大众影剧院建设施工期间，出土过两方石碑，碑文中有李鉴渊的名字，由于出土地点位于澄海中学原址，故两方石碑被运送至澄海中学，放置于学生宿舍区，后来在1985年校园中建设“智泉”假山水池后，两方石碑就不知所踪了。虽然林侠老师对2013年出土石碑的照片过目后，表示无法确认这两方石碑就是80年代初出土于大众影剧院建筑工地的那两方碑石，不过，从上述口述资料提

及的人名、地点等信息推测，这两方碑石及原属同一碑记的其他碑石，很可能在民国十二年（1923）2月立于当年的澄海中学（今大众影剧院），80年代初出土后移置澄海中学学生宿舍区，1985年校园中建设“智泉”假山水池时（大致位置在今“人本·和谐”影壁处），被误填入“智泉”地下，后该处2013年动土建设“人本·和谐”影壁时又重见天日。

## 三、澄海中学校园碑版

### （一）校门碑刻

（1）匾额：民国廿七年/澄海县立中学/王鼎新①。

（2）碑记：汕头/粤东营造厂承建/中华民国三十七年十月。

### （二）序乐园碑刻

（1）碑记：序乐园/香港澄海中学校友会赠建/一九九〇年五月。

（2）石桌铭文：郭秀达校长赠/一九九六年。

### （三）英南图书馆碑刻

（1）匾额：澄海中学/英南图书馆/刘昌潮。

（2）碑记：

**英南图书馆碑记**

英南图书馆系我县侨胞郑俊英、郑俊南贤昆仲捐资兴建。

俊英、俊南两位先生热爱祖国，关心桑梓教育事业，深知兴学育才乃兴邦之根本大计，慷慨解囊捐资港币七十万元兴建英南图书馆。是馆于一九九一年九月十九日奠基，一九九二年二月十七日落成，馆宇四层面积一千二百六十一平方米，图书馆落成，为学校师生拓宽知识视野，充实知识宝库，提供优越之条件。

为感谢先生之义举，谨勒石志此，以垂后世。

澄海中学　一九九二年二月十七日

### （四）春晖楼碑刻

（1）匾额：春晖楼/香港校友赠建/一九九三年元月。

（2）碑记（六方）：

王树霖校友捐建；

黄耀楷校友捐建；

郑振烈、杜伟忠校友捐建；

蔡克任校友捐建；

陈梦梅校友捐建；

许立椿校友捐建。

---

① 其下有印章，无法辨识。

（五）泽芳楼匾额

（1）上款：校友许立椿、王树霖、蔡克任赠建。
（2）正文：泽芳楼。
（3）下款：一九九四年中秋/校友蔡仰颜书①。

（六）长海楼碑刻

（1）匾额：甲戌冬日/长海楼/林奕炯书。
（2）碑记：

澄海中学校舍改建首期工程竣工碑记

我澄海中学创办以来，春风桃李，岁岁芳菲，迩年教育事业发展迅速，校舍亟须更新。尊师重教，乃华夏之淳风；兴学育才，为盛世之美尚。于是澄海市府遂拨款改建校舍。本校校友、社会贤达，闻风而起，赞襄是举。

一九九二年，郑俊英、郑俊南贤昆仲率先赠建英南图书馆，校友许立椿、王树霖等七位先生赠建春晖楼，继之一九九四年澄海市府拨款二百五十万，校友陈普霖先生再膺联络发动之任，随有汕头市长海电力发展有限公司捐资一百二十万，许立椿、王树霖、蔡克任诸先生各捐资三十万，林谦然、陈锦泉、蔡启昌诸贤达暨广州、深圳、汕头、澄海等地校友会亦相继捐资。长海楼、泽芳楼、三乐楼以及女生宿舍楼次第落成，一九九四年岁杪，校舍改建首期工程告竣。是年十二月二十四日，澄海中学评定为省一级学校。

凤山挺秀，韩水长流。曩者韩愈文公莅潮，甄擢才俊，尽捐俸金，复兴州学，泽被潮人。于今校友贤达，踵事增华，鼎力匡助，建我澄中。自兹莘莘学子，喜得书香佳境。遂勒石镌碑，阐彰义举，以勖后学，再创辉煌。

澄海中学　一九九五年五月（建校八十周年）立



（七）三乐楼碑刻

（1）匾额：甲戌年冬/三乐楼/刘执寰。
（2）碑记：

三乐楼碑记

维公元一九九五年，孟夏之月，我澄海中学建校八十周年大庆前夕，泽芳楼、三乐楼、长海楼相继落成。其三乐楼之建设，得到海内外名士及各地校友热心赞助。旅港乡亲林谦然先生捐款壹拾万元，陈锦泉先生捐款伍万陆仟元，广州地区校友捐款柒万捌仟壹佰陆拾捌元，深圳地区校友捐款捌万玖仟捌佰元，汕头地区校友捐款贰万捌仟伍佰伍拾元。其中捐款伍佰元以上者，录其芳名于左，以激后学。

蔡贤慈捐壹万元，蔡叔宏、黄玉凤捐壹万元，黄颖、林红坚捐伍仟元，黄伟积、李赛莹捐伍仟元。

捐叁仟元者：罗育毅、陈培源、余少彦、黄敏、林广雄、杜斌、蔡伟群。

---

① 其下有二印章：济阳、蔡仰颜。

捐贰仟元至壹仟元者：陈旭如、陈伟壮、黄霁、陈中建、江外得、孙先意、陈彦文、杨慕婉、杜梦周、蔡艾、李恒弟、朱介发、王盛明、潘少芳、陈毅斌、蔡丽丹、王权、袁泽伟、蔡秀枝、江松辉、余曼青、王钰、李忠俊、林绍得、余超群、徐丽华、陈麟胜、余镇明、王楚发、陈献群、林丹、郑泽民、郑良城、林飞来、林石、林世铮、杜绍群、张泽绵、马诗正、周锦纾、蔡木潮、黄佩如、陈绍卿、蔡仰颜、郑鹏建、张丹吾、陈楚生。

捐捌佰元至伍佰元者：王锐锋、王文鹏、林永锋、陈会卿、曾振炳、林彤、李雪贞、杨绪、曾晓东、邵乐成、张卓国、张静龙、黄锐英、谢镇定、方正、黄致仁、潘惠君、李镇章、陈钖洪、黄婉瑜、杨益群、唐璞、王德、林维敬、王钖忠、陈叙煌、许文生、许伟平、吴镇光、郭树彬、黄淳、张书仁、蔡启□①、许介平、沈玩辉、蚁振让、林炳霖、曾惠典、曾照歆、郭楚君、房培楚、赖楚嫦、许永照、李次珍、林道南、蔡文英、吴惠吟、许冬燕、林乔华、林作然、王绵进、陈铭、蔡思贤、蔡璇吟、陈伟明、林舜芳、李时芳、黄哲衡、林八、林圣坚、林楚平、林利藩、林初菲、林胜藩、林敬藩、林楚璧、曾务滋、蔡森、金怀顺、陈惠君、陈昭文、蔡修庆、赵苹、曾壮群、林景俊、谢敏、黄俊杰、丁丽璇、王贯一、徐济泷、王照浩、蔡寿民、陈崇正、陈大锐、林清、林雄锐、陈文坚、张经舜、陈光亮、李新魁、吴淳、方丹生、谢潜辉、卢友煊、蔡楠、高菊君、陈永生、黄文锦、王伟忠、刘执寰、陈榕、王顺庆、陈单乔、张介生、王泓、蔡如山、蚁卧龙、王丽华。

澄海中学　一九九五年

### （八）景行楼匾额

（1）上款：庚辰年孟夏。

（2）正文：景行楼。

（3）下款：余卓英书②。



### （九）凤起楼碑版

（1）匾额：庚辰孟夏/凤起楼/许任之书。

（2）碑记：

工程名称：澄海中学教学楼；

建设单位：澄海中学；

设计单位：澄海市建筑设计院；

施工单位：澄海市埔美建筑总公司；

监理单位：澄海市监理公所；

项目经理：陈初全；

竣工日期：二〇〇四年四月八日。

（3）《希望从这里腾飞》附志③：

---

① 该字为左右结构，左“马”字，右“上”字。

② 其下印章：余卓英印。

③ 浮雕壁画《希望从这里腾飞》系 2005 年澄海中学九十周年校庆时，澄海中学广州地区校友会赠建，由陈杰雄、曾照歆、王驰设计，其附志由陈小枫撰稿，镌刻于钛金牌上，悬挂于浮雕之侧。

这是一座有着百年厚重人文积淀的名苑，多少秀木异卉，曾在这里栽培。这是一所孕育理想的殿堂，多少希望，曾在这里腾飞！九十年继往开来，人才辈出，群英荟萃；九十年辛勤耕耘，桃李遍地，满园芳菲。传道、授业、解惑，在这片肥沃的土地里，浸润着一批又一批园丁的汗水。求知、立志、明理，师长们用灿烂的烛光，照亮了一代又一代少年学子的心扉。

我们曾是母校校园中的小苗。母校，给了我们扎根发芽的沃土；母校，给了我们茁壮成长的阳光雨露；母校，更给我们插上希望的翅膀，使我们能够朝着理想振翅高飞！腾飞，我们张开希望的翅膀腾飞，飞向大江南北，飞向海外海内。在异乡的土地上，开枝发叶，结出硕果累累！

树高千尺不离地。亲爱的母校，您始终是我们梦牵魂绕的依归。这座小小的浮雕壁画，作为您九十华诞的献礼，寄托着旅穗校友对您的拳拳爱恋，倾诉着旅穗校友对您的由衷感激，遥致旅穗校友对您的热诚赞美！

愿我们的母校永远郁郁葱葱！愿世代学子的希望都能从这里腾飞！

撰稿　陈小枫

### （十）科学馆碑版

（1）匾额：二〇〇一年元月/科学馆/柳斌①。

（2）木简：高5.5米，宽3.2米。

A．正文：

君子曰：学不可以已。

青，取之于蓝，而青于蓝；冰，水为之，而寒于水。木直中绳，輮以为轮，其曲中规。虽有槁暴，不复挺者，輮使之然也。故木受绳则直，金就砺则利，君子博学而日参省乎己，则知明而行无过矣。

吾尝终日而思矣，不如须臾之所学也；吾尝跂而望矣，不如登高之博见也。登高而招，臂非加长也，而见者远；顺风而呼，声非加疾也，而闻者彰。假舆马者，非利足也，而致千里；假舟楫者，非能水也，而绝江河。君子生非异也，善假于物也。

积土成山，风雨兴焉；积水成渊，蛟龙生焉；积善成德，而神明自得，圣心备焉。故不积跬步，无以至千里；不积小流，无以成江海。骐骥一跃，不能十步；驽马十驾，功在不舍。锲而舍之，朽木不折；锲而不舍，金石可镂。蚓无爪牙之利，筋骨之强，上食埃土，下饮黄泉，用心一也。蟹六跪而二螯，非蛇鳝之穴无可寄托者，用心躁也。

节录自《荀子·劝学篇》　周浩②

B．底座铭文：

母校九十华诞/高中1975届全体同学敬贺。

### （十一）邱卓恭艺术馆碑刻

（1）匾额：邱卓恭艺术馆。

---

① 其右印章：柳斌。

② 其下印章：周浩。

（2）碑记：

**邱卓恭艺术馆碑记**

校友邱卓恭先生祖籍澄海东湖乡，为香港出版界知名人士、著名书法家。曾任香港《海光地理杂志》、《海光文艺》杂志主编及主管万里书店编辑工作，其知识渊博，治学严谨，在香港文化界久享盛名。

先生治学几十年，热爱家园，尤顾念母校澄中，晚年喜闻母校业绩辉煌，事业万里，遂将珍藏之大量典籍捐赠母校图书馆，并捐资二十五万港元增置图书。其学子之心何其眷眷！

二〇〇〇年五月，先生病逝，其夫人林舜兰女士及子女遵其遗嘱，又捐资一百万港元建造澄中艺术馆。为彰扬先生高尚品格，艺术馆以先生芳名命之，其中邱卓恭三字系于先生墨宝中择字而为。

邱先生热心教育，情系母校，其义举高风，永足钦仰，特勒石以记之。

澄海中学　二〇〇四年元月

### （十二）体育馆碑刻

（1）匾额：体育馆/Gymnasium。

（2）碑记：

**澄海中学校舍扩建工程碑记**

兴学育才乃国家之要务。本斯旨，我澄海中学，建校迄今九十五载，春风化雨，桃李芳菲，声望日隆，而校舍亦亟须扩建更新。澄海区委、区政府遂于二〇〇七年斥资一千五百多万，拆迁校园东侧之民宅，得地约四亩。后学校筹资八百万元，于二〇〇九年秋扩建教学楼两栋，实验楼一座。是年夏，体育馆开工，澄海区烟草专卖局捐资六百万元，上海明园集团董事长李松坚校友捐资叁百万元。可谓群贤毕力，赞襄义举，泽被乡梓。

时维公元二〇一〇庚寅之年，孟冬之月，馆舍既成，工程告竣。于是焉，我澄海中学校舍焕然一新。诸君贤达，深谙大义，踵继前人高风义行，永足钦仰，特勒石记之，以勖后学。

澄海中学　二〇一〇年十月

### （十三）雕塑铭文

（1）磐石雕塑（二座）底座铭文：澄海中学建校八十周年志庆/七二届全体同学贺。

（2）贝多芬雕像铭文：

我要扼住命运的咽喉，绝对不让命运所压倒。

路德维希·凡·贝多芬（Ludwig van Beethoven，1770—1827），是18世纪后半叶以来世界最著名的德国音乐家。

贺母校九十华诞/校友许松辉赠。

（3）爱迪生雕像铭文：

天才是百分之一的灵感，百分之九十九的血汗。

爱迪生（Thomas Alva Edison，1847—1931），美国大发明家，幼时为铁路报童，后为电报局练习生，业余潜心研究，发明留声机、电影、白热电灯等，赢得发明大王的美誉。

贺母校九十华诞/校友许松辉赠。

(4) 居里夫人雕像铭文:

我们必须有恒心，尤其要有自信力！我们必须相信我们的天赋是要用来做某些事情的，无论代价多么大，这种事情必须做到。

居里夫人（Marie Curie，1867—1934），法国籍波兰科学家，研究放射性现象，发现镭和钋两种放射性元素，一生两度获诺贝尔奖。

贺母校九十华诞/校友许松辉赠。

(5) 爱因斯坦雕像铭文:

凡在小事上对真理持轻率态度的人，在大事上也是不足信的。

爱因斯坦（Albert Einstein，1879—1955）是德国著名物理学家，是20世纪最伟大的自然科学家，物理学革命的旗手，他一生科研成果卓著，创立了相对论。

贺母校九十华诞/校友许松辉赠。

(6) 孔子雕像铭文:

学而不思则罔，思而不学则殆。

孔子（前551—前479），春秋末期思想家、政治家、教育家、儒学学派的创始人。名丘、字仲尼。鲁国陬邑（今山东曲阜东南）人。

贺母校九十华诞/校友许松辉赠。

(7) 鲁迅雕像铭文:

巨大的建筑，总是由一木一石叠起的，我们何妨做做这一木一石呢？我时常做些零碎事，就是为此！

鲁迅（1881—1936），中国文学家、思想家和革命家。原名周树人，字豫才，浙江绍兴人。



贺母校九十华诞/校友许松辉赠。

(8) 华罗庚雕像铭文:

人家帮我，永志不忘；我帮人家，莫记心头。

华罗庚（1910—1985），中国数学家、数学教育家，中国科学院院士。

贺母校九十华诞/校友许松辉赠。

(9) 毕昇雕像铭文:

活字印刷术的发明者。

毕昇（？—约1051），北宋发明家。徽州（今安徽歙县）人。

贺母校九十华诞/校友许松辉赠。

(10) 雷锋雕像铭文:

青春啊，永远是美好的，可是真正的青春，只属于这些永远力争上游的人，永远忘我劳动的人，永远谦虚的人！

雷锋（1940—1962），中国人民解放军全心全意为人民服务的楷模，共产主义战士，湖南望城县人。

贺母校九十华诞/校友许松辉赠。

(11) 学童雕像铭文:

学而不厌。

贺母校九十华诞/校友许松辉赠。

### （十四）影壁铭文

（1）正面集原校长王鼎新字：人本·和谐。
（2）背面：
A. 校友许子韩篆刻：人本和谐。
B. 落款：2014 年春立。

### （十五）百年澄中纪念亭碑刻

（1）国学泰斗饶宗颐教授题字碑：百年澄中/选堂①。
（2）鲁国斌县长撰《澄海中学落成记》（详上）。
（3）李哲华老师执笔《澄海中学百年记》：

#### 澄海中学百年记

时维乙未，岁届吉羊。潮循首邑，粤东名庠。
悠悠百载，阅尽沧桑。钟灵毓秀，积厚流光。
民国四年，肇创学园。教育救国，培育俊贤。
筚路蓝缕，竭蹶维艰。地震台风，灾厄频繁。
五四狂飙，五卅惨案。奔走呼号，集会宣传。
红色澄中，爱国青年。天下兴亡，重任在肩。
白色恐怖，风雨如磐。进步师生，被捕收监。
倭夷豕突，遍地腥膻。哀我学子，溅血塘边。
流离转徙，百里避迁。弦歌不绝，樟林浮山。
救亡图存，抗日宣传。版画戏剧，粲然可观。
驱除日寇，光复河山。房舍颓圮，校产荡然。
学宫旧址，筹建校园。华侨贤达，慷慨助捐。
一九四九，地覆天翻。百十六人，上凤凰山。
奔向光明，震撼潮汕。峥嵘岁月，谱写华篇。
建国之初，教育当先。拨建校舍，配套齐全。
精讲启发，减轻负担。课外活动，成果斐然。
校风建设，尊师爱生。保家卫国，投笔从戎。
伟人号召，学习雷锋。助人为乐，蔚然成风。
反右文革，天丧斯文。教员罹难，知识蒙尘。
澄海一中，撤并易名。校园荒秽，桃李飘零。
四凶殄除，我校复生。崇师重教，本正源清。
凝铸校风，三爱三勤。教学相长，立德树人。
传道授业，咀华含英。春风化雨，润物无声。

---

① 其下印章：饶宗颐印。

好学笃思，从善求仁。志存高远，经世济民。
全面发展，体育见长。国赛奥运，夺冠争光。
笔走龙蛇，翰墨飘香。歌遏行云，京邑名扬。
金风流霞，高考来临。磨砺以须，成竹在胸。
人才济济，金榜题名。魁星高照，抡元频仍。
广栽嘉木，岁岁芬芳。造福桑梓，报效家邦。
士农工商，才显能彰。科技文艺，星斗辉煌。
博爱精诚，劬勤自励。校训校风，一脉相继。
与时俱进，品位提升。内涵发展，精益求精。
广纳学子，黉舍扩容。邑贤校友，匡助其成。
长海凌风，鲲化鹏游。英南涉趣，访胜寻幽。
栽培桃李，春晖泽芳。仰慕圣贤，高山景行。
为师三乐，教育英才。学生凤起，壮志满怀。
艺术馆中，舞燕歌莺。体育馆前，跃虎腾龙。
科学层巅，勉力攀登。序乐养怡，笑语盈盈。
莲峰莽莽，韩水泱泱。百年澄中，教泽绵长。
十秩华诞，勒石为铭。追颂前贤，勖励后生。

公元二零一五年四月澄海中学立，李哲华执笔

# 第三章 校刊序跋

## 《同学录》绪言①

李景濂

《同学录》奚自仿哉？考之，纪科名者，有《同年录》；纪授受者，有《同门录》；纪朋僚者，有《同官录》。大都热衷富贵，标榜门户之所为也。我澄海中学校开办于兹已七年矣，莘莘学子毕业及修业者亦既有人，于是拟镌其《同学录》者。

景濂适长是校，不可无一言以称也。二十世纪之新潮，日日震撼。吾人当潮流之冲，宜导宜砥，不可不具鸿识。景濂未获以科学与诸君商榷，但凭良心上之抉择，优劣各点固判释而恢恢有余也。肄业诸君多澄人，其对于母校当然不以为雪泥之鸿□②，江湖之萍梗。然则兹《同学录》之设，凡以叙生平，通声气，疏导潮流，商酌问学。热衷富贵诚所不必，标榜门户亦所不屑。是澄海中学校《同学录》之所由作也。

中华民国十年□月③　李景濂撰

① 原载《澄海县立中学校同学录》，1921 年，第 3～4 页。

② 原文此处脱一字，揆诸语境，当系“爪”字。

③ 原文月份留空。

## 《初中第廿班、乡师第四届毕业纪念刊》序①

周英耀

初中第廿班和乡师第四届的同学们，以他们的学程修满，快要匆匆地各奔各的前程。缅怀三年共砚，一朝星散，不禁黯然伤别！一缕离情动荡着在各自的胸怀中。于是从课忙中抽出些时间和精力来构集这册纪念刊，藉留纪念，用示毋忘。

这是热情的透露！创作力的显示！尤为吾校空前创举——殊足快慰！

时代的巨轮转动到这个年头儿——狂飙怒潮震撼着整个的世界，凑巧你们正在张帆把舵驶出人生的浩瀚。那是多么艰难的一个际会哟！然而，却是你们磨炼心志的好时机。我担忧的只是你们将会临阵馁缩呢！青年人好像春的一朵鲜花，经不起风吹雨打，就萎谢阶下，气沮志丧了。我爱你们春花般的活跃，却不爱你们带着那春花般的稚弱。我所最爱的还是你们能具有那苍松绿竹的精神！任它怎地饱经风霜雨露，不但毫没剥蚀，反成就它的坚忍卓绝的志向。梁任公曾自励地说道："种种烦恼，皆为我练心之助；种种危险，皆为我练胆之助。随处皆我之学校也。"西哲克鲁泡特金说道："奋斗就是生命！"这都是制胜艰难、征服逆境的利刃宝剑，也是成全你们的伟大前程的秘诀。时至今日，国家、民族对我们的期望是何等迫切!？我们对国家、民族所负的使命是何等重大!？深愿与你们奋斗以制胜一切艰巨的患难，完成我们的时代使命。

别后，分道扬镳。师范的同学将献身于教育界；初中的同学，除一部分升学再求深造之外，也将服务于社会的各方面。升学的同学，当慎择学校，认真所学；既跨上较高的学程，自然更要勤勤黾励，抱着"求真"的态度，矻矻孜孜地干下几年攻研的苦功夫。服务于教育及其他事业的同学，开始就应认清自己的责任，尤其在本县教育界，更要明白自己对于本县教育所负的使命。努力负责干下去，树立一个永久不动摇的基础。

总之，勿图捷径！勿慕虚荣！须牢记的："着实"是万事的础石！

可爱的！这小小的一册纪念刊，你们精神团结的核心！展开吧！恍若一堂聚首，弦歌宛在。任凭萍踪东西，道分南北，永远地，挚诚地，团结！团结！团结着向光明的坦道上迈进吧！

英耀序于澄中　五，十二，一九三六



---

① 原载《澄海中学校初中第廿班、乡师第四届纪念刊》，1936年，卷首。

## 新岁献词①

周英耀

又是新年了！

旧岁月消磨了侵略者的气焰声威，也卷走了我民族一切灾难苦祸的劫运。

新岁月送来了侵略者一场追求的幻梦，也开展了中华民族解放的新康衢。

我们不想回顾已往流成江河的鲜血与填满沟渠的死尸。跟着光阴的流转，我们已找出新的启示：

一、时光越推进，越缩短顽敌的命运，也越紧迫我们解放的时期。

二、国际的同情将随新岁月的推展，愈见广博，愈成具体。

三、国际天空密云，逐渐消散，明朗。

四、国内军事政治机构日趋合理化。

五、顽敌厌战的心理与日俱增，势将不战而瓦解。

这些启示是告诉我们民族解放的前途不远了。但最后胜利的关键是决定于最后的五分钟，所以，还须努力迈进，加紧奋斗。过去的牺牲，换得今日新的安慰与新的希望，今年今日准备更大的努力、更大的牺牲，当能成就来日的大胜利。

大家齐迎新岁，写此聊当椒颂。并致

民族解放的敬礼！

① 原载《澄海县立中学校元旦特刊》，1939 年，第 59 ~ 60 页。

## 《初中第廿八班毕业纪念刊》序①

朱名宗

初中第廿八班的七十二个同学本学期已修完了初中的学程，快要离校而去了！卒业以后虽然有一部分同学仍能够继续去寻更高的造就，依旧过着优美的学校生活，可是一部分同学却因家庭经济不许可，不得不走进社会各部门去找寻职业以维持生活。临到这“离别在须臾”的前夕，当然有许多惜别的情愫萦绕在各同学的心头。诚然，想起了三年前你们入校的时候——正是本校刚刚复课那年，你们这一班的同学一共有一百九十六人，经过这几年人事的变化和种种的淘汰，就只剩下了你们这幸运的七十二个！你们于今虽都幸运地挨过了这宝贵的三个年头，达到了卒业的阶段，可是此后你们又要受到种种人事的限制，不可能仍完整地聚首一堂，像过去那样亲密地朝夕切磋了，这亦难怪你们恻然了！

可是你们要知道“天下没有不散之筵席”，你们由各个不同的角落来，经过了一段相当时间的聚首后，当然就仍要向各个不同的角落去；而且你们入学的目的原为求生活的知识与技能，学习之后当然要到社会去应用，受训练的期间能够长久些固然更佳，就是不能延长，亦不必心灰意冷，须知全国中能受到初中学程的人，平均二千人中只有一个，你们亦还算幸运哩！而且社会到处是学问，只要你们肯虚心学习，就不难学得很多在学校学不到的实际学问；何况如果你们有决心，有毅力的话，你们仍然可于业余时间继续你们的研究，所以我劝你们能够继续升学的人，要深自庆幸，尽心求学，就是不能继续升学的人，亦不应消极颓丧，要找点工作做——不论大的小的，从工作上去求发展，求安慰！至于离别一层，我认为不必作儿女态的伤心，古语说：“所患不同心，不患相见稀。”只要大家精神能够一致，多通音问，不要断了联络就好了！

其次，你们卒业适在这抗战过了五个年头，最后胜利已日渐接近的时候，亦正是新中国的基础在积极建立之秋，你们的责任就特别重大，国家对你们的期望亦特别殷切。因为我国教育落后，人才缺乏，应付战争需才已属急切，何况又要一面抗战，一面建国，其需才之急与多，当然更不待言！所以各同学能够升学的，就要深明斯旨，格外努力于科学的探讨，以备他日为国家建立科学化国防及工业之需；而一部分不能继续升学的同学，到了社会各部门以后，应各站紧自己岗位，努力于分内的工作，要脚踏实地做事，万不可因地位低下而终日心猿意马，须知一个人的地位与其工作能力和工作表现都有很密切的关系，要是你不力求增加工作能力，没有好的工作表现，而一心只想人家给你高地位，这真是“舍本求末”了！而且就整个国家和民族的立场而言，只要每个国民能尽所能，忠于所业，地位的高低都是一样重要，有时干部人才还更被重视呢！

总之，事在人为，只要你们能刻苦耐劳，有决心，有毅力，你们就不难创造出伟大的事业，爱迪生就是一个好榜样，愿各位同学自励自勉！



---

① 原载《澄海县立中学校复课三周年纪念特刊》（附初中第廿八班毕业纪念刊），1943 年，第 20 页。

## 《澄中校刊》写在刊前①

余仿真

八年抗战的影响，使我们在胜利后的今天，依然面临着精神物质濒于崩溃的境地，使工作的进度，并不如所预期的美满。过去文化教育的堕落与消沉，服务于这个岗位的同人，已诿卸于客观条件的不足而找到种种的遁词。今后呢？当然要逐渐地补救已往的缺陷而向上迈进。虽然社会尚在动荡中，本校连年流离转徙而弦歌不辍，这点是历年在本校服务的同人所引为欣慰而自豪的。但我们不仅以生命的延续为满足，关于优良学风的养成，程度的提高，设备的充实，经费的筹措，尤其是校舍的恢复，都永远悬在心头而寝食不安地计划、考虑、实施，现在各事均在慢慢发展中，假如没有意外之波折，相信在最近的将来，可以把整个的任务完成起来。本来现在精神、物质、人事的条件，俱不足以马上配合这艰巨的工作，然而我们本着绝对的信念，“以操守争取同情，以事功争取信誉”，来弥补一切的缺陷和困难，我深深地希望同事们的热情与心血所灌溉的蓓蕾，会开成鲜艳灿烂的花朵，不管戴在什么人的头上。

校刊的出版，算是本校复兴事业之一，对于本校消息之报道，社会人士、家长意见之沟通，员生创作欲之鼓励，都希望能收到相当的效果。因为物资的缺乏，我们的园地，只是小小的光芒的流露，也许不绝对受空间的限制。两块小小的炭精，不是可以指示几百里外的船舶吗！我希望这个小刊物，亦应作如是观，才能增加继续出版的勇气。

① 原载《澄中校刊》1946年第一期，第1页。

## 《初中第卅八班毕业纪念刊》序①

周英拔

三年前，你们在抗战胜利的歌声中，投进了本校，在安定而优美的环境里，走完了初中的途程。因为你们是本校复员后第一届的毕业生，学校和师长对你们像父母爱护长子似的特别予以珍惜和期待，比较起抗战八年中流离颠沛、辛苦就学的前几届同学，你们的确是得天独厚，幸运多了。

现在毕业了，你们将走上一段新的路程。在开始新的行程前的一刹那，你们不免兴奋里感到些许彷徨，横亘在你们面前的有几条路——升学，就业，抑或迫于环境不得不暂时赋闲。不论走哪一条路，路上不一定是奇花异草，亦不一定是荆棘荒丘。你们不必幻想登天堂，亦无须害怕进地狱。假定天堂仅是个人的，你们宁可不登；如果地狱是群众的，你们应该勇敢地踏进去！佛说："我不入地狱，谁入地狱？"就是这个意思。青年人易犯的两种错误的心理，不是自高自大的英雄主义，便是自卑自怜的失败主义；而这两种矛盾的心理，却又时时地同在一个内心交战着。所以我认为你们不必希望做一个超人，亦切勿自甘庸俗，而应该做一个诚诚实实的人，走一条现现实实的路。升学也好，就业也好，甚至暂时的赋闲也好，只要能把握现实，沉毅奋斗，睁开眼睛，有披荆斩棘的精神，有刻苦耐劳的勇气，任何一条路，都有它光明的前途，愿你们牢牢地记着一句话——路是由人走出来的。

青年人要有伟大而坚定的抱负，抱负产生于理想，要有理想，就不能一时一刻放弃学问。人生努力的，不外"学问"和"事业"，理想是人生事业的蓓蕾，而学问就是滋养这蓓蕾的雨露。宋儒程子诗："半亩方塘一鉴开，天光云影共徘徊。问渠那得清如许？为有源头活水来。"这一首诗，充分说明了新的继续不断的补充的重要。没有源头活水滔滔而来，停滞的池塘，就不免浑浊干涸；没有学问雨露的滋润，人生事业的蓓蕾，就不免枯萎。各位同学初中毕业，只不过在无涯的学海中，航行了一小段的路程，普通的常识，固未丰富；专门的知识，犹未获得；总体的智慧，更谈不到；如何继续去充实，去研求，去培养，这要靠各位同学切实的觉悟和不断的努力。今后毕业分手，各奔前程，幸而能够再学时，固宜珍惜学业，循序渐进；就业的亦应该敬业乐业，洞明世事，练达人情；迫于环境不得不暂时赋闲的，更应该提高精神，排除悲观、消极的情绪，利用时间，自修求进。总之，不论升学、就业或赋闲，都应该认清学问是事业的原动力，不能片刻停止补充，要认清学校和书本不过是求学问较便捷的路，而不是唯一的路，宇宙就是一部大书本，社会就是一座大学校，我们要有自动研究、随时随地学习的精神。升学的固不可读死书，死读书，就业和赋闲的，尤其要向自然，向社会，去学习和寻求真正的活的学问。孔子说："三人行必有我师。"又说学稼其不如老农，学圃其不如老圃。孔子是一个大学问家，尚且虚心如此，仅是初中毕业生的同学们，不可不深切地体会这个道理。

有了真正的学问，才能产生和保持伟大而坚定的理想，因为真正的学问，是真理的蕴藏。苏格拉底说："罪恶多起于愚蠢。"可见正确的行为和不拔的勇气，是靠真知灼见来

① 原载《初中第卅八班毕业纪念刊》，1948年，第3～4页。

的。没有学问、没有理想的人，自然眼光狭小，意志薄弱，容易迷惑于复杂的环境和受劣等物欲的牵制，萎靡颓废，随波逐流，像春蚕作茧自缚，要等被人家抛入热水锅，才获得死的解放，未免太可怜了。所以我希望各同学要有创造的精神，奋斗的勇气。人生不是傀儡，并没有命运在后面引线。我们绝对否认宿命论，绝对不能盲目地接受命运的支配。真实的宇宙，是动的，创造的；真实的生命，亦是动的，创造的。无论处在何种艰窘的环境，我们都应该作创造的活动，奋斗的活动，以学问来扩大意志的自由，以意志来熔铸人格的统一。人生，不是一出早已编成的戏剧，而是需要我们用我们的生命，心和力，血和汗，一页一页去写成的。同学们毕业后，能升学的，固不可因环境优良而减损奋斗的勇气；就业的、赋闲的（赋闲，只是指不能升学，无业可就，是不是真正的闲，要看各人的处理）更应该发扬创造的精神，从荆棘中开辟出一条大道。古往今来伟大的人物，许多都是由奋斗创造出来的。远的姑且勿论，近代的爱迪生，现代的经济部长王云五，不都是幼年失学的人吗？童子军的训条是智、仁、勇，孔子说："智者不惑，仁者不忧，勇者不惧。"能永远保持研究学术的精神便不惑，有服务社会的精神便不忧，有砥砺人格的精神便不惧。希望各同学认识前述这几点，发扬不惑、不忧、不惧的精神，勇往迈进，路线虽异，殊途同归。

三年来师生亲密地在一起，共同生活，共同学习，充满着亲爱团结的空气。学校对你们的教育，或许是不够的，但却蕴藏无限的热爱。今天离开在即，特别感觉抱愧和不放心，不自禁像父母送女儿出嫁、送儿子远游一样地再三叮咛。这或许是多余的，但却出自深厚的感情，希望你们能够接受和体会。

纪念刊的制作，取义于小史，而师法乎先人。所以考详姓氏，巩维群类，其义甚古，用意甚佳。不过精诚团结，不仅仅在形式之间。洛钟之于铜山，地非不隔，而响相应；北林之于晨风，树非不远，而声相交。气类相感召，且不期然而然。希望各同学毕业后分手东西，而此心如一，在事业上，互相砥砺，互相帮助，发扬澄中校训诚爱的精神，给社会人士以清新的认识，与各方建立良好的关系，不仅为本届毕业的同学们，而且为了你们未来的弟弟们先辟一条路。

## 《澄海一中》刊前话①

本校的校刊《澄海一中》出版了，这是本校一件极有意义的事件。

今年是我们国家开始大规模计划经济建设的一年，学校教育为了适应国家建设的需要，必须在努力巩固原有成绩的基础上再大大提高一步，才能担负起国家赋予的任务。新中国成立后，本校在党和人民政府的领导和关怀下，在全校教职员工、同学的努力下，已逐步走上了新型正规化的轨道并初步树立了团结、民主、紧张、活泼、有纪律的校风，这是我们应该巩固的一面。但另一面我们目前还存在着好多的问题和缺点，这主要是：学校行政忙乱现象的严重存在，思想领导的薄弱，新教学法的推行虽然已获得了成绩，但粗糙形式的地方还是不少，同学们的学习态度与方法有待进一步提高，学校日常生活亦有待进一步健全。这些问题与缺点如未能迅速得到有效的解决与克服，要想贯彻中央的教育政策和今年的巩固提高、保证质量的方针是困难的。应如何巩固和有效地解决与克服呢？除了从各方面努力之外，出版校刊并通过校刊来经常地报道本校情况以及反映存在问题，展开批评、讨论，积累与交流经验，以作为改进与推动学校工作的辅助工具，这就是一件极有意义的事了——《澄海一中》就是在这样的情况下出版的。

《澄海一中》既然是在为了协助改进与推动学校工作的要求下出版的，因此，它的目的和任务就是：①加强学校的思想领导，提高学校工作人员的思想、政策水平，以期有效贯彻政府的教育方针，推动学校教育计划的彻底完成；②总结与推广教与学的优良经验，以改进业务，帮助提高教师的教学质量与同学的学业成绩；③报道校内各方面的活动情况，促进学校生活的健康发展。在这样的要求下，“面向同学，面向教学”就应成为它编辑的方针。同时为了能真正做到为教与学服务，在内容上我们希望它能尽量做到有思想性、指导性、详尽性。这就是说，希望能以工人阶级的教育思想、先进的教学方法和爱国主义教育精神，来帮助同学学习的进步和教师教学效率的提高，并做到为全校教师同学所需要，亦为全校教师同学所关心。

《澄海一中》出版了，这是一件大家都应该高兴的事。不过我们十分清楚，以我们现有的经验，要办好一个能对教与学起一点推动作用的校刊是困难的，但我们愿把这作为奋斗目标。

最后，我们诚恳地希望全校的教师们、同学们能够共同来努力，经常寄给我们稿件并提供改进意见，使得它在大家热心的栽培下面，结出鲜美的果实。



---

① 原载《澄海一中》(创刊号)，1953年5月15日第1版。

# 第四章 校长献词

## 澄中在前进

——在澄海中学建校六十五周年纪念大会上的致辞①

方书仰

在打倒了“四人帮”，经受了十年的极“左”路线的摧残破坏之后，教育的春天来临，我校的元气逐步恢复。去年此时，被迫停止十多年的校庆活动又举行了，1 600多名师生和校友、来宾，济济一堂，共庆学校的新生，缅怀光荣校史，狠批极“左”路线，展望光明前景，振奋革命精神。大家发出了共同的声音：“我们一定要继承和发扬学校‘爱国、求真、团结、进步’的革命传统，求真理敢于斗争，为四化坚持进步，努力培育一批批又红又专的人才，在新时期作出新贡献。”

第一，搞好思想建设，培养优良校风。

优良的校风反映了一个学校的精神面貌，具有激发上进、潜移默化的巨大力量。“文革”前我们大力培养的“听党的话，勤奋学习，严守纪律、热心体锻、艰苦朴素、尊师爱校”的校风促使一届届学生健康成长。近三年来，我们进一步坚持了“学雷锋、创三好、树新风”的思想教育活动，并随着形势的发展，不断充实教育内容；更新教育方法，培育青少年为四化立志成才的理想，把遵守《中学生守则》作为行为规范，形成了“坚持有恒、勤奋学习、独立钻研、重在运用”的学风。经过近一年的努力，“四人帮”的流毒逐步被消除，争“三好”蔚然成风。上学年度全校评出三好生176名，占学生总数的11.7%；上学期末进行本学年度初评，三好生增至184名，占学生总数的17.2%。与此同时，广大同学争取进步，创造条件参加共青团，一年来，全校共发展团员226名；此次“五四”青年节举行入团宣誓仪式，就有143名新团员参加。新的一代在前进，广大园丁喜上心头。

第二，遵循教学规律，稳步提高质量。

在教学上，我们坚持面向全体学生，因材施教，恢复和采取行之有效的教育措施和手段，遵循教学规律，改进教学方法，稳步提高了教育质量。广大教师认真教学，在打好两基、发展能力、培养兴趣上下功夫，各年级的教学比较扎实，科科把关、级级把关的要求也逐步实现。去年高中应届毕业生参加大学、中专招生考试，也取得了较好成绩。被录取进大专院校的有26名，中专30名。其中郭志飞同学以总分362分，数学97分（列专区第一名）的优异成绩被录取进清华大学。

第三，热心开展体育运动，先进红旗年年飘扬。

50年代，我校就以首先试行“劳卫制”和优秀的田径成绩进入全省体育先进单位的

---

① 原载《澄海中学校史资料特辑：纪念澄海中学建校八十五周年》，2000年，第213～216页。

行列。60年代，热心开展体育运动已成为我校优良传统。近年来，又在积极推行“体育锻炼标准”和为国家输送体育人才方面继续作出了贡献。去年，学校恢复了卫生室，加强了文宣建设，学校体育、卫生、文娱工作都继续扎实发展，学生的身体素质有所增强，上学年度参加国家体育锻炼标准测验达标人数占全校学生数的41%。应届高中毕业生被录取进高等体育院校的有4名。1979年，我校在县中学生田径、篮球各项比赛中多次取得第一名。经县和专区体育卫生检查组先后视导、检查、评比，分别得到奖励，并被评为专区和省的体育先进单位。

第四，兴建教学大楼，为教学手段现代化创造条件。

“文革”前，我校校舍、教学设备比较完整、充实，但实验室、图书馆仍不能使用。经历了十年浩劫，教学设备受到严重破坏，在建设四化急需培养又多又好的人才的新形势下，我校更感到建设一个既有完善的实验设施又有充实的图书资料的教学大楼的必要。在县委和专区教育局的关心支持下，县教育局逐步拨款兴建，并派专人监督施工。学校也成立了以支部书记陈德桂同志为组长的建校领导小组。现教学大楼的建设已按计划逐步进行，第一层已矗立地面。今年初，又得到旅泰澄中校友会的热情关心，其捐赠了港币五万元，买钢筋支援。在上级领导和校友的支持以及在校师生的努力下，预期一座高为五层、可使用面积达2 700平方米的教学大楼将可按计划建成，澄中师生多年来的良好愿望终将成为事实。这不仅可以充实学校设备，实现教学手段的现代化，更可以有效提高教学质量。

此外，去年秋，澄海县华侨中学复校，与澄中合址办学。在党支部领导下，两校师生共同努力，实现了五个统一（即统一领导、统一计划、统一经费、统一要求、统一生活），在为“四化”育人的道路上携手前进，发扬了团结协作的精神，也推动了学校的各项工作。

当前，尽管在前进的道路上仍存在不少困难，新的问题有待继续解决，但是，一年来，学校在前进，各方面的工作都取得了一定的成绩，并被评为1979年澄海县和汕头专区的教育先进单位。教师和学生的精神面貌蓬勃向上，更为喜人。一年中，陈铿华老师被评为汕头专区优秀班主任、澄海县教育先进工作者和妇女三八红旗手；此外，方书仰、朱睦光、郑国基、周勤铭、吴惠深、周敏、陈泽勤、林成山、余壁深、陈锡楚与侨中的马维毅、谢振长诸同志，也被评为澄海县1979年教育先进工作者；周敏老师还被共青团县委评为新长征突击手。学生方面，杨绪同学被评为县、专区和省的新长征突击手，金卓祥同学被评为县的新长征突击手。先进人物的不断涌现，增添了澄园春色。相信全体师生继续团结战斗，终将出现桃李芳菲、香飘神州的美好前景。

新中国成立后，教育的第三个黄金时代来到了。广大师生在党的十一届三中全会精神的鼓舞下，决心坚持四项基本原则，同心同德，继续努力，搞好党的教育事业，为更多更好地培养又红又专的建设人才，以适应四个现代化的迫切需要而战斗！

1980年5月9日

## 继承和发扬澄中光荣传统

### ——在澄海中学建校六十六周年庆祝大会上的致辞①

陈德桂

今天，我们全校师生隆重庆祝澄中建校六十六周年。

我们之所以重视校庆活动，是因为澄中是所具有光荣革命传统的学校，她经历了六十六年的曲折路程所形成的热爱祖国、追求真理、勇于跟共产党干革命、跟时代一起前进的传统，大为学校增辉生色并显示了她存在的意义和价值。这传统里面不仅交织着学校众多进步师生的激情、希望、苦难和欢笑，还凝映着我校21位烈士的丹心碧血。解放战争时期，我校116位师生上凤凰山打游击，更是地区内外传扬的壮举。新中国成立后，这传统在新的历史条件下有所发展和体现，且在贯彻执行党的教育方针的日常工作中逐步培养起勤奋学习、遵守纪律、尊师爱校、热心锻炼的优良校风。就是这光荣的革命传统和优良的校风，为一批批芬芳桃李的成长，更多地送来党的时代的阳光雨露，并培育了校友们热爱母校的情感，这是澄中校产中的一份极为宝贵的精神财富。在全国上下一致决心要把我国建成一个现代化、民主化、有高度的物质文明和高度的精神文明的社会主义强国的新时期，学校正面临着必须承担培养更多立志振兴中华的有用人才的崇高任务，我们更应珍惜、继承并努力发扬光大我校的光荣革命传统。

我们要在党中央工作会议精神指引下，坚持四项基本原则，积极开展五讲四美活动，力当建设社会主义精神文明的前锋，务使党的教育方针得到更有力的贯彻，使澄中显出她存在的更高意义和价值，让校史续写出灿烂的新篇。



---

① 原载《澄海中学校史资料特辑：纪念澄海中学建校八十五周年》，2000年，第217～218页。

## 发扬光荣传统，办出澄中特色

——在澄海中学建校七十周年庆祝大会上的致辞①

林晓声

各位领导、各位来宾、各位校友，老师们、同学们：

今天，我们欢聚一堂，举行盛会，隆重庆祝澄中建校七十周年。我谨向热情关怀澄中的发展进步，莅会指导的省、市、县领导同志和来宾们表示热烈的欢迎并致以崇高的敬意，谨向对母校怀有深情厚谊的来自海内外的校友们表示热烈的欢迎并致以衷心的问候。领导同志们，来宾们，校友们，你们的光临，使这次澄中的校庆大为增辉生色，使澄中近2 000名师生心情万分激动。

年年桃李，岁岁芬芳。今年的校庆是澄中的七十大庆。通过校庆活动，我们要达到两个目的：一是对学校师生进行发扬澄中光荣传统和优良校风的教育，调动教与学的积极性，同心同德，群策群力，扎实提高教育教学质量，进一步开创我校的新局面；二是加强校友与母校之间、校友与校友之间的联系，增进友谊，交流经验，抒发爱国、爱乡、爱校之情，缅怀师友旧谊，同树校园新风，为母校的精神文明和物质文明建设贡献力量。

澄中自1915年创建以来，历尽沧桑，几经沿革，走过了一段漫长、曲折而又光辉的历程。七十年来，澄中发挥着文化摇篮和革命摇篮的作用，哺育了不少爱国志士、专家学者以及为数众多的各行各业的有用人才，为祖国的繁荣富强作出了贡献。还有不少校友远离乡邦到海外去开拓、去奋斗，各自取得了不同的成就。桃李满天下，芳菲飘四方，澄海中学以悠长的历史、卓著的成绩、光荣的传统、优良的校风而载誉潮汕侨乡。

热爱母校是澄中校友世代相承的好风尚。校友们身离澄中，情怀母校，你们的心同母校紧紧相连。你们把母校的优良传统带到各个工作岗位上去，你们时刻关切着母校的发展进步。近年来，许多校友或通过书信联系，或前来参观访问，从精神上给母校以鼓励，从物质上给母校以支持，这一切都给我们巨大的鼓舞。

在这七十年的光辉历程中，经过时代的陶冶磨炼，经过师生的奋斗追求，我校逐步形成了“爱国、求真、团结、进步”的光荣传统，并发展成今天的“三爱三勤”即“爱国、爱党、爱校，勤教、勤学、勤炼”的优良校风。这样的光荣传统和优良校风，已在我们校园的土壤里生根、发叶、开花、结果，成为一股激励我校师生积极进取的强大精神力量。

近年来，在党的十一届三中全会和十二届三中全会精神的指导下，在全国进行经济体制改革，中华奋起腾飞的新形势下，我们遵照“教育要面向现代化，面向世界，面向未来”的指导思想，振奋精神，解放思想，联系实际，大胆改革，全面贯彻党的教育方针，有效提高教育质量，使我校的光荣传统和优良校风得到继承与发扬，学校办出了自己的特色，为培养四化建设的人才作出了新的贡献。

什么是我们澄海中学的特色？主要有三点：第一，认真加强德育，寓思想教育于生动活泼的活动之中，德育效果显著，是我们澄中的一个传统特色；第二，在教学上发扬勤

① 原载《澄海中学校史资料特辑：纪念澄海中学建校八十五周年》，2000年，第219～222页。

奋、严格、扎实、灵活的治学精神，教学质量较高，是澄中的又一个传统特色；第三，有广泛的田径运动的群众基础，体育成绩突出，这也是澄中的一个传统特色。体现在实际工作上，我们力求做到德、智、体、美一起抓，第一课堂和第二课堂一起抓，毕业班与非毕业班一起抓，上、中、下层生一起抓，师生两个积极性一起抓，抓出了一定的成效。校园里，勤奋好学，尊师爱校，团结守纪，积极进取蔚然成风。1982 年省体委、省教育厅给我校颁发证书，给予我校“省田径传统项目学校”称号。1984 年高考，我校应历届与考考生 344 人，入围 249 人，入围率达 72.4%，其中录取 238 人，录取率达 95.6%，名列汕头市之冠，理、文、英、体、美全面开花，得到县、市的表扬和嘉奖。1984 年，我校还获得了省团委、省体委、省科协、省教育厅、省文化厅、省地质矿产局等单位授予的“活跃的中学生活”先进集体的光荣称号。1985 年 3 月，我校被评为县、市、省普教系统先进单位，出席省的表彰大会。1985 年，我校还荣获团中央授予的“开辟多种渠道，培育新型人才”的先进学校的光荣称号。同年，《南方日报》于第一版刊登了我校的先进事迹。

我校有一支忠诚于党的教育事业、积极教学、热爱学生的教师队伍，这是我校能够办出特色、不断前进的决定性因素。一年多来，我校有 7 名骨干教师分别被选为省党代、省人代、市人代、县人大常委、县政协副主席、县人大代表和政协委员，一名教师被评为全国优秀班主任、省劳动模范，两名教师被评为全国优秀体育教练员。澄中党支部在过去一年里又发展了 7 名先进教师入党。在县党政的领导关怀下，解决了一批教师的住房问题、夫妻两地分居问题、子女就业问题和家属“农转非”问题，并从工作上和生活上对年老、病弱、中年教师给予关怀和帮助。随着知识分子政策的不断落实，教师的积极性进一步得到调动。甘为春蚕吐丝尽，愿化红烛照人寰，为振兴中华培育英才，鞠躬尽瘁，奋斗不息，是广大教师的共同心愿。

当前，党中央提出的尊重知识、尊重人才的号召日益深入人心，重视教育、尊敬老师的社会风尚日益形成，又一个教育的黄金时代到来了。“春风得意马蹄疾”，我们广大师生在各级党政部门的领导下，以振兴中华为己任，胸怀“四化”目标，继承和发扬我校的光荣传统和优良校风，同心同德，开拓进取，力争各项工作更上一层楼，开创我校新局面，为把澄中办成有特色的重点中学，为培养四化建设的人才多作贡献。

## 在建校七十五周年庆祝大会上的致辞①

郭秀达

各位领导、各位校友，老师们、同学们：

年年桃李，岁岁芬芳，今天是澄海中学建校七十五周年校庆，也是澄海中学革命师生上凤凰山参加革命四十一周年纪念日，我们在此举行庆祝大会，我谨代表澄海中学师生向来宾表示最热烈的欢迎，向校友们致以最衷心的敬意。

今天的盛会，使我们感到无比的兴奋和激动，真的是“几经沧桑豪情在，澄中健儿遍四方”。澄海中学，历史悠久，有优良的校风和革命传统，哺育了众多的革命志士，也为国家高等学校输送了一批又一批的优秀人才。会场上可谓少长咸集，群贤毕至，英才荟萃，济济一堂。早年的莘莘学子，有的成为终生为中华民族的解放、社会主义建设事业献身的老一辈革命活动家，有的成为祖国四化建设的栋梁之材，有的成为大学教授、教师、专家、学者、高级工程师、名医师、企业家……神州大地到处有澄海中学校友的足迹，甚至是正在迅猛变化的东南亚、中国香港、中国澳门，以至欧美等各地，也有成为企业家和学者的澄海中学校友，虽然他们已离开澄中，但是他们仍然时刻关心母校教育事业的进步和发展，关心年轻一代的成长，他们捐资修建教室、购置教学设备等，为澄海中学的发展与进步，贡献出他们应有的力量，其事迹令人感动，这种精神正成为鼓舞我们学校前进的巨大力量。

老师们，一个辛勤耕耘的园丁的快乐，莫过于看到自己栽培的幼苗茁壮成长、开花、结果；一位执教的老师的慰藉，莫过于看到自己所教的学生在学术上或事业上有所成就。孟子说：“得天下英才而教育之，三乐也。”不就是这个意思吗？

澄海中学也经历过那愚昧无知、史无前例的时代的摧残与破坏，那个时代真的是“黄钟毁弃，瓦釜雷鸣，谗人高张，贤士无名”，在那长夜漫漫，大地凄凉，黑暗茫茫，笼罩着四方的浩劫岁月里，澄海中学辛勤的园丁，像疾风的劲草，低着头默默地耕耘着这片教育的园地，庆幸的是我们伟大的党拨乱反正，迎来了教育的春天，祖国的教育在勃兴，一代新人在崛起，新的人物不断萌生、成长，教育战线上的劲草发出了新苗。今天在座许多年轻的老师神采奕奕，英气盎然，肩负着振兴中华的重要使命。振兴中华的希望在教育，振兴教育的希望在教师，百年大计，教育为本，而教师是本中之本，祝愿我们的老师在中华民族振兴史上作出重大的贡献。

同学们，中学阶段是人生最值得怀念的阶段，周恩来总理在中学毕业前夕与同学约定“愿相会于中华腾飞世界时”。周总理这一巨大的抱负，在中华人民共和国诞生的礼炮轰鸣声中变成了伟大的现实。今天，我们的祖国正进入第二个腾飞的时代，飞向四个现代化的明天。中华民族的振兴、祖国美好未来的创造要靠年轻一代的努力，一个有志气的青年，一个在学的学生，决不能自甘碌碌无为，愧对我们的先贤。“鲲鹏展翅，九万里，翻动扶摇羊角”，祖国腾飞，势不可当，希望我们澄海中学的学生，以振兴中华为己任，用实际行动努力拼搏，提高思想觉悟，坚定正确的政治信念，确立为人民服务的决心，保持



① 原载《澄海中学校史资料特辑：纪念澄海中学建校八十五周年》，2000 年，第 223 ~ 225 页。

旺盛的爱国热情，勤奋学习，奋斗不息，健康成长，那时任何豪情壮志，才华似海，都能在这次举世瞩目的腾飞中得到充分的发挥。“大江东去，浪淘尽，千古风流人物”，历史滚滚向前，顺应历史发展的弄潮儿，奋发鼓浪前进吧。

老师们，同学们，回顾过去，我们硕果累累；瞻仰未来，我们任重而道远。希望澄海中学的老师们，在这伟大的变革时代，解放思想，努力学习，更新知识，自我完善，增强振兴中华的责任感和时代使命感，把人类丰富的知识和经验，传授给年轻一代，做一个教师典范，杜甫有句名言：“西蜀地形天下险，安危须仗出群才。”国家的振兴与安危，须仗老师们培养更多的人才。

“一花独秀不是春，百花齐放春满园。”祝愿我们澄海中学能“翰苑出群才”而春满园吧。

## 发扬光荣传统，再创澄中辉煌

### ——建校八十周年庆典祝词①

王立民

各位领导、各位来宾、各位校友，同志们、朋友们、老师们、同学们：

今天，我们隆重举行澄海中学建校八十周年暨校舍改建首期工程竣工庆典，承蒙各级领导光临指导，外地校友不顾旅途跋涉专程前来祝贺，本地校友与关心澄中的乡贤、贵宾热情参加这一庆典，真是嘉宾咸集，高朋满座，盛况空前。请让我代表全体师生，向各位领导、嘉宾、校友表示热烈欢迎，并致以崇高的敬意；请让我代表学校党政班子，向为澄中的事业而辛勤育苗的老师们，向退居二线的老领导、老教师们表示衷心的感谢，向为振兴中华、振兴澄海而刻苦学习、立志成才的同学们，亲切问好！同时更让我向一贯关心澄中、热情支持澄中的领导、校友、家长和海内外各界人士表示衷心的感谢，并致以崇高的敬意！

澄海中学创建于1915年，是一所办学历史悠久、办学经验丰富、教育教学业绩饮誉潮汕而且具有光荣革命传统的重点中学。建校八十年来，几经曲折，几度升平，全体师生一直坚持勤教勤学，发扬优良校风，为民族的崛起，为家乡的腾飞孜孜不倦地耕耘。她培育了无数英才，她桃李满天下，芳菲飘四方！

改革开放以来，澄海中学坚持社会主义办学方向，以提高学生素质为出发点，开展了一系列改革，建立健全了科学的管理体制，创造了可贵的经验，办出了澄中的特色。1994年，学校在澄海市委、市政府的亲切关怀下，以超前的意识抓住撤县设市的机遇，提出了“争创省一级学校，再创澄中辉煌”的整体改革目标，继续进行校舍改建工作，仅用9个月的时间，推倒了全部平房教室、办公室，从2月到11月，新建了办公楼一座，女生宿舍楼一座，教学大楼两座，提前完成校舍首期改建工程。在这个基础上，我们又按省一级学校的标准，充实了现代化教学设备，优化了校园文化环境，终于在1994年12月顺利通过省一级学校的评估。省评估组高度评价我们的工作，指出“澄中创建省一级学校，其速度之快、质量之优、气魄之大是很罕见的”。今天，在我们热烈庆祝建校八十周年和校舍改建首期工程竣工的时候，捷报传来，我们接到教育厅批准澄中为省一级学校的通知，这喜讯为八十校庆倍添光彩，我们为不辜负各级领导、各位校友的殷切期望而感到自豪！现在，上了等级的澄海中学已是一所办学方向更明确，办学条件更优越，育人环境更优良，办学特色更突出的市重点中学。在母校八十周年大庆的日子里，回顾我们学校多年来的办学经验，我们感到有几点可以向各位领导、嘉宾、校友汇报。

第一，学校有一个团结协作的领导班子和一支稳定的、素质较高的教师队伍。学校领导班子熟悉教育、教学规律，开拓进取，求实创新，起好带头作用。学校教师乐教勤教，讲师德，讲奉献，严谨治学，为人师表。一个积极向上、为澄中的发展多作贡献的合力已经形成，我们澄中的事业靠它继续开拓进取，靠它发展繁荣。

第二，重视德育，效果显著。澄中的德育工作，长期以来高扬爱国主义旗帜，并以此



① 原载《澄海中学校史资料特辑：纪念澄海中学建校八十五周年》，2000年，第226～230页。

为中心，规划整体教育系列，构建立体化的教育网络，制定严格的规章制度，创设一种浓厚、健康向上、生动活泼的德育氛围。1990年以来，我们提出了“建设校园文化，优化育人环境”这一研究课题，全面科学地制定了校园文化建设的基本内容，强化年级组管理，着力培养学生良好的行为习惯和道德规范，学校优良校风得到发扬，学校德育经验登上《人民教育》和《广东教育》杂志，校园文化建设构建了我们澄中浓郁的育人环境。

第三，澄中向来有“严、细、实”的教学常规管理，全校教师具有勤奋、严格、扎实、求新的严谨治学精神，长期以来，有计划地进行教学改革，创造和形成了“重情感，重基础，重思维，重训练，重方法，重能力”的课堂教学“六重”特色。现在，教法与学法同步改革，课内与课外同时发展，我们面向全体学生，推行素质教育，教学业绩显著。近三年来，我校有十几位教师被评为省、市级教改积极分子和南粤教坛新秀，发表于全国、省、市报纸杂志的教学论文有40余篇。在各级学科竞赛中，我校学生获国家级奖励的有3人次，省级26人次，汕头市级49人次。我们澄中已跻身省、市教育的先进行列。

第四，体育特色享有盛誉。澄中是“发展田径传统项目优秀学校”之一，群众体育运动基础源远流长。近三年来，我校学生体锻标准合格率达95%，优秀率为30%以上，学生在全国、省、市各级比赛中获得金牌26枚，银牌16枚，铜牌11枚，破19项省田径传统项目学校运动会纪录，为省、市和高等院校输送了众多的体育人才。我校多次被评为全国、省、市体育工作先进单位，我们澄中在群众体育工作方面为省内有数的标兵单位。

老师们、同学们，喜看今日澄中，智泉溅玉，学苑飘香，我们感到鼓舞欣慰。但是应明确，为祖国繁荣、为澄海腾飞、为澄中再创辉煌而奋斗，永远是我们师生情之所钟、义不容辞的历史使命。今后我们将继续以《中国教育改革和发展纲要》为指针，全面贯彻教育方针，加强素质教育，力争到2000年，把澄中办成“质量一流，师资一流，设备一流，环境一流，管理一流”的示范性完全中学。

为达到这个目标，我们将着力加强“名师工程”和师资队伍建设，建立一支有敬业精神，知识结构与年龄结构合理，既有群体优势，又有个体特色的教师队伍，力争在2000年以前，培养出一定数量的汕头市级及省级名师，确保和发展我校在汕头市的办学领先地位。

为达到这个目标，我们将继续加强教学设备和设施的现代化建设，建设更先进、更现代化的课室和实验室，强化教学手段改革，提高教学质量，使澄中不愧省一级学校的光荣称号。

为达到这个目标，今后，我们还将抓紧校舍改建工作，力争在2000年前完成校舍改建第二期工程，增建能容纳1 000人的食堂和有2 000个座位的礼堂，增建天文馆和艺术馆，把澄海中学建成一所有较大规模的现代化示范学校。

老师们、同学们、校友们，八十年前，我们的先辈以一颗为家乡培育英才之心创建了澄海中学。八十年过去了，澄海中学年年桃李，岁岁芬芳，在每一个风云变幻的历史关头，都有我们澄中的师生为民族的独立、解放、自由和建设而呐喊的声音，都留下了我们澄中师生上下求索的足迹和勇往直前的壮举，而在这些声音、足迹和壮举中，无一不洋溢着一种“爱国、爱党、爱校”的献身精神，这是先辈留给我们的宝贵财富，是任何时候都值得我们引以自豪和发扬光大的！现在，澄中不熄的火炬已经传到我们这一代人的手中，我们虽然评上了省一级学校，但要实现上面的目标，仍然是任重道远，因此，我们一定要继承母校的光荣传统，从我们的前辈那里吸取更多的敬业精神和创业精神，使我们澄中更加繁荣昌盛，更加绚丽多姿。但愿我们的师生，我们的校友，能够团结携手，以无限的忠诚和信心，更以百倍的奋进和拼搏，拥着我们的母校一道前进！我们要与时代同行，与祖国的改革开放同步！

各位领导、各位嘉宾，校友们、教师们、同学们，让八十大庆的热烈温馨和澄海中学的美名长留在我们美好的记忆中。

愿我们澄中寿辰八旬风华永茂！

祝愿我们澄中一级学府长存！

谢谢大家。

## 永远的澄中

### ——在建校九十周年庆祝大会上的讲话①

郑楚钦

尊敬的各位领导、各位来宾、各位校友，老师们、同学们、朋友们：

灿烂五月，金凤飘香。贵宾如云，高朋满堂。值此隆重庆祝澄海中学建校九十周年之际，请允许我代表澄海中学的3 000多名师生，向出席庆典的各位领导、各位来宾、各届校友表示热烈的欢迎，向关心支持我校发展的各级各部门、社会各界人士以及所有在此工作过的教职员工致以崇高的敬意！

我们澄海中学是一所历史悠久的学校。清朝末年，废科举、启民智，办学之风迅起。1912年，孙中山的南京临时政府颁布了《教育宗旨令》，提出近代第一个资产阶级性质的教育方针，实施教育改革。仁人志士，心潮澎湃。澄海前辈乡贤，虽僻处一隅，却也不甘人后，怀着“启智树人，兴我家邦”的殷切期望，集资兴学。1915年9月，澄海中学应运而生，校址在县城旧参将署，首任校长为李景濂。乡贤此举，彪炳史册：“在当时是一个模范。”据北京天文馆原馆长陈晓中校友回忆：现澄中校址，为原县城城东学宫。学宫为宫殿式建筑，巍峨雄伟，开朗宏阔，相当壮观，可惜在日军入侵澄海时被毁。澄海沦陷时，学校辗转于饶平浮山、澄海樟林等地。尔后，新校舍即在学宫旧址上兴建。九十春秋风与雨，八千里路云和月，澄中和祖国同命运，几多荣辱，几度盛衰，但薪火传衍，教泽绵绵，蔚然而为今日的澄海中学。

澄中在襁褓时期就孕育了爱国兴邦的光荣传统。时任县知事鲁国斌在《澄海中学落成记》中说：“吾辈官绅，不能执干戈以卫社稷，而仅以生聚教训者作十年之缓图，其为耻也大矣，其所以报国者亦仅矣。”知耻后勇，“雪耻兴邦”为澄中奠定了“爱国、求真、团结、进步”的革命传统的根基。“爱国奉献”作为澄中的价值观，它为一代代先师所造就，也为一代代后生所传承，是澄中精神的主旋律，是澄中文化的核心，是澄中事业生生不息的根本。在枪林弹雨的国内战争年代，在烽火连天的抗日斗争岁月，在冲破黑暗、迎接黎明的解放战争中，我们澄中始终站在革命的前列，为民族解放、中国革命培养和造就了一批批爱国志士和革命党人。“五四”、“五卅”运动爆发，澄中师生积极参加“抵制日货，反对卖国条约”的运动。著名的马克思主义哲学家、历史学家杜国庠任职校长期间，开创了男女同校先例，录取女生入学。1925年，国民革命军先后两次抵达汕头，周恩来接见我校杜国庠、王鼎新等人，蒋介石在张太雷陪同下在澄中发表题为“帝国主义浅说”、“谈马列主义”的演讲。年底，周恩来任命爱国民主人士王鼎新为澄中校长。1926年初，邓颖超亲临澄中指导学运。当时政要人物如此垂注澄中，可见学校社会地位之高、对民众影响之大。此后，澄中诞生了澄海第一个团支部、第一个党支部，教师李春蕃（柯柏年）被任命为东征军政治部特派员。在抗战烽火之中，澄中进步学生出版《澄中版画》，现仅存孤本，收藏在北京中央美术学院美术史系。解放前夕，澄中116名师生集体上凤凰山参军，其革命壮举，震撼了黎明前的潮汕。澄中早期的历史，是一部反帝反封建

---

① 原载《澄海中学建校90周年纪念画册》，2005年，第9～11页。

的斗争史。新中国建立后，澄中师生接过“爱国奉献”的接力棒，满腔热情投入祖国的教育事业中，全面贯彻党的教育方针，坚持“教育为无产阶级政治服务，教育与生产劳动相结合”，走“又红又专”道路。当时的澄中毕业生，有的升学深造，有的“到祖国最需要的地方去”，无论洒播在何方，也无论土地的富饶与贫瘠，都能生根、开花、结果，得到无愧于祖国和人民的好成绩。

早在五六十年代，学校就培养起“勤奋学习，遵守纪律，尊师爱校，热心体锻”的优良校风，形成了“全面发展，体育见长”的办学特色，促使一届届学生在德、智、体、美、劳诸方面得到生动活泼的发展。1954 年，学校被广东省教育厅定为第一个推行“劳卫制”体锻标准的学校。“文化大革命”前，学校培养了“听党的话，勤奋学习，严守纪律，热心体锻，艰苦朴素，尊师爱校”的校风。1960 年，澄海中学被评为广东省先进单位，出席广东省文教战线群英会；学校田径运动队代表粤东区参加广东省第一届中学生运动会，荣获第二名。

十年浩劫，澄中饱受摧残。改革开放，澄中盛况空前。1982 年，学校根据澄中的办学风格和传统，集校训、校风、教风、学风于一体，提出了“爱国、爱党、爱校，勤教、勤学、勤炼”（简称“三爱三勤”）的校园文化理念，并把它镶嵌在大礼堂正面两侧，现高悬于学校中轴线建筑科学馆的最高处。“三爱”，是情感、态度、价值观，是澄中校园文化的内在动力；“三勤”，是行动、奉献、实干，是澄中校园文化的外在风采。我校文化广场两侧新立的孔子等八位中外名人的汉白玉雕像，构建了一种“面向现代化、面向世界、面向未来”的大文化，让每个澄中人时刻感受到历史的悠久、责任的重大、期望的殷切。

1982 年至 1984 年，学校连续三年被评为广东省普教系统先进单位，被国家教委评定为全国 100 所田径传统项目先进学校之一。1989 年，学校被评为广东省“全面贯彻教育方针，积极开展教育改革，成绩显著”先进学校，1993 年被评为广东省 100 所“全面贯彻教育方针，积极开展教学改革，成绩显著先进集体”之一。1994 年 12 月，澄海中学荣膺广东省一级学校称号。学校再上新台阶，分别荣获国家教育部、广东省“群体活动先进单位”，广东省“家庭教育先进单位”，广东省“绿色学校”等荣誉称号。今年（2005）3 月，学校又获得“广东省体育特色学校（田径）”称号。



近年来，学校坚持“质量是生命，校风是灵魂，教师是关键，改革是动力”的办学理念，在保持教学质量稳步上升的同时，大兴科研促教之风。学校先后参加了教育部“九五”、“十五”重点课题子课题与汕头市科研所普教系统重点课题的研究。2004 年，王立民校长任课题组组长的“说课典型案例研究”，获得全国说课协会子课题阶段研究奖一等奖。学校在省内率先实施研究性学习课程，开展各类活动及劳技教育，努力培养学生的个性特长和创造能力。自 1990 年潮汕星河奖创办以来，澄中学生共有 54 人次分获学业、文学艺术、科技、道德等各个奖项，其中获特等奖一次、一等奖 11 次。近三年来，学生中有两名获教育部主办的全国信息技术竞赛一等奖，有 40 多人次获省级以上奖项，另有 30 多人次获全国作文、书画创作各种奖励。2004 年 1 月，林楠同学参加在北京举行的第一届全国中小学生艺术展演活动总决赛，荣获艺术表演类一等奖、独唱第一名，在人民大会堂参加了颁奖晚会的演出，受到全国人大常委会副委员长许嘉璐、国务委员陈至立、教育部部长周济等国家领导人和教育部领导的接见。学校坚持体育特色传统，群体活动活跃，田径队多次参加广东省传统田径项目运动会、广东省中学生运动会，共获金牌24枚；代表广东省参加全国中学生运动会、全运会，获金牌4枚；代表国家参加国际比赛，获金牌2枚。连年来我校先后为市、省输送200多名体育尖子，为体育院校输送190多名体育后备人才。

古韵今风相辉映，文脉相承育新人。澄中魅力永恒，归根结底还是由于她能够满足社会发展的需要。我们的校区占地面积仅为约70亩，建筑面积仅有5万平方米左右，现有46个教学班，在校学生总数超过3 000人，最大限度地为澄海人民提供了优质学位。教学质量是学校发展的生命线，是永葆生机的重要动力，更是澄中精神魅力之重要源泉。高考，是澄中的一块金字招牌。我校高考成绩，一直稳居汕头市前列，并且稳中有升。自恢复高考以来，共有10 005名学生考上全国各地高等院校，其中有18名学生考上北大、清华，5名获全省单科状元。2004年高考，我校再次实现了既取得大面积丰收又培养出尖子的目标。学校以优异的办学成绩，回报了社会，实现了“办一所知名学校，造福一方；创一种优质教育，回报社会”的追求。

一所学校最引以为自豪的是她所培养的学生。在澄中九十华诞来临之际，区委陈国光书记为学校送来贺词：“学子得灌园之泽，邑人以名校为荣。”我们为之鼓舞。九十年来，在推动我国和世界的科学发展、文化繁荣和社会进步的历史阶梯上，到处都有澄中人在辛勤劳作，建功立业。他们中，有为中国航天事业作出巨大贡献的神舟五号副总设计师郑松辉、导弹专家杜之明少将等科技精英；有一大批国内外知名教授、研究员、博士生导师以及享受国务院特殊津贴的专家学者；有众多著作等身的文学艺术名家；有上海市建委原党委书记李春涛、海军少将黄素等一批党政军领导干部；有一批全省、全国乃至与世界500强企业联营的著名民营企业家；国内外体坛包括雅典奥运赛场上也有澄中健儿的身影；还有在科技界、学术界上卓有建树的一大批中青年新秀，以及无数在平凡的岗位辛勤耕耘的澄中人。校友们为母校争得了荣誉，为母校赢得了光荣！在校友们身上，体现了澄中人志存高远、奋力拼搏、兴我中华、报我家邦的不朽精神，这种精神已经成为澄中人的精神财富和源泉，永远激励着后来人。

任何伟大事业的成功，都需要千万人为之付出艰苦的努力。我们的事业，不仅需要党和政府的支持和全校师生员工的努力，更需要凝聚起海内外校友的力量！各位校友对母校的倾情和支持，是母校教育事业兴旺发达的宝贵资源。20世纪40年代末，抗战胜利后，学校原址已成废墟，海外华侨和国内人士捐资建校，学校迅速得以重建。80年代以来，泰国校友捐资资助科学楼建设，香港校友捐建序乐园，王树霖、许立椿、蔡克任、黄耀楷、郑振烈、陈梦梅、杜伟忠等先生捐建春晖楼、泽芳楼，旅泰侨领郑俊英、郑俊南先生捐建英南图书馆，汕头长海电力发展有限公司总经理林奕炯先生捐建长海楼，广州、深圳、汕头、澄海等地校友会捐资助建三乐楼。香港校友邱卓恭先生及其家人捐资添购图书，并兴建邱卓恭艺术馆。校友们还捐资设立奖教奖学、助学金，如蔡启昌、林岳、许松辉、郭绍溪、陈汝鑫等校友。吴哲歆、蔡东青、杜潮茂等关心教育的社会人士，连年来一直资助贫困学生上大学。还有各地校友会成员，如广州的孙先意、深圳的罗育毅、汕头的陈绍卿、澄海的陈普林、泰国的林栩等现任会长，以及各地校友，如上海的李松坚等，他们对母校的工作一贯支持，无私奉献。校友许松辉自筹奖学、助学金100万元，正是助学育才、回报社会、功德无量的义举。我们可以自豪地说，澄中拥有的是一种学府长青的精神，拥有的是“圣地”般强大的凝聚力！

凤凰花开了又谢，谢了又开，是它见证了我们澄海中学走过了怎样的路。一所学校就是一座丰碑。在回顾澄海中学九十年奋斗历程的时候，我们要衷心地感谢各级党政领导无微不至的关怀；我们要衷心地感谢校友们和社会各界热心人士对教育的关心和关爱；我们要衷心地感谢历任学校领导、全体离退休教职员工，以及所有在此工作过的教职员工的汗水、智慧与奉献；我们也要衷心地感谢现在正在为创造澄中美好明天而努力奋斗的老师和同学们。我们向此时此刻正在海内外学习或工作的所有校友表示节日的问候！

中华民族正处于伟大复兴的时代，中国的科学与教育正处于实现跨越式发展的时代，教育事业在中国历史上从来没有像今天这样受到如此高度的重视。陈棉生区长说：“澄中是澄海教育的一面旗帜。”旗帜就是方向，旗帜就是力量。我们每时每刻都感到自己任重道远。澄中人深知，我们不会创造“神话”，但我们懂得“实干”。我们决不辜负党和政府的重托，以实际行动“办好澄海中学，回报澄海人民”。经过长期的酝酿，我们提出了建设国家级示范性高中的奋斗目标，决心争取在 2015 年，即建校一百周年之际，使澄中跻身于全国一流中学的行列。为了实现这一目标，我们正在做着以下三件事情：

第一件事是澄海中学扩建工程。2005 年 3 月 16 日，“澄海中学新校区工程建设”已写进区十二届人大三次会议《政府工作报告》，我们要积极地推进等级学校建设，要敢于、善于发扬澄中的创业精神，促使扩建工程抓紧启动。

第二件事是加快学校现代化进程。近年来，学校投入资金超过 500 万元，已基本完成校园网络工程，建成 53 个配有液晶投影的多媒体教室，为 147 名任课教师配上手提电脑。教育现代化，不仅仅表现在硬件设施的建设上，更重要的是观念的现代化和知识的及时更新，所以，我们要把澄中建设成为一所学习型的学校。

第三件事是优化人力资源结构，建设一支高水平的师资队伍。教师是学校发展的关键，拥有优秀的教师才拥有未来。人才难得，高水平的人才尤其难得，澄中要实施“人才强校”的方针，积极贯彻执行区政府《关于吸纳教育优秀人才的若干措施》，支持校内骨干人才成长，使“一流、竞争、流动”的观念逐渐成为澄中教师的共识，通过今后五年到十年的进一步努力，使澄中日益成为优秀人才云集的地方。



时代发展到今天，基础教育有了新的内涵。过去，我们讲基础教育，是相对于高等教育而言；现在，我们讲基础教育，是相对于 21 世纪是一个终身学习的世纪而言。21 世纪的基础教育最重要的使命，就是为学生的终身发展打下良好的基础。今天，每一位澄中人都明白，“澄中人”这个名字不仅昭示着一种荣耀，更提醒着一种责任。我们的每一个教师都应该懂得“厚德载物”，要知道我们的学生里就有爱因斯坦，就有鲁迅、华罗庚、毕昇、居里夫人、贝多芬、爱迪生。我们的每一个学生都应该懂得“天道酬勤”，因为机遇只偏爱那些有准备的头脑。几千年前，阿基米德站在古希腊的山顶上高喊出一个惊世骇俗的假设：“给我一个支点，我将撬起地球！”那是勇敢的人类征服地球的宣言。几千年后的今天，我们的学生则应该站在澄中文化广场上，以“舍我其谁”的气魄大声呼喊：“把握这个机会，我必振兴中华！”

泰戈尔诗道：“我们一次又一次的飞走，是为了一次又一次的归来。”母校华诞，游子怎能不回家看看？广州地区校友会以“希望从这里腾飞”为题制作了大型浮雕壁画献给母校，并在壁画附志中写道：“这是一座有着百年厚重人文积淀的名苑，多少秀木异卉，曾在这里栽培。这是一所孕育理想的殿堂，多少希望，曾在这里腾飞！九十年继往开来，人才辈出，群英荟萃；九十年辛勤耕耘，桃李遍地，满园芳菲。传道、授业、解惑，在这片肥沃的土地里，浸润着一批又一批园丁的汗水。求知、立志、明理，师长们用灿烂的烛光，照亮了一代又一代少年学子的心扉。”校友陈小枫教授撰写的附志，读了令人感动。师恩如山，近之，愈觉其高；母爱似海，近之，愈觉其大。

亲爱的贵宾们、校友们，在灿烂的教育新纪元的大道上，有一个最动听的声音在呼唤，那就是澄海中学！澄海，一个寓意深刻的名字！澄者，水静而清也；海者，水大而广也。清静而广大之水，实乃生命之源，万物之母。我们的澄海中学无愧于这美丽的名字，难道她的生命不是永远的吗？

## 在澄海中学九五华诞文艺演出上的讲话①

林惜平

尊敬的各位领导、各位嘉宾、各位校友，亲爱的老师们、同学们：

大家晚上好！

带着虔诚，带着憧憬，带着激情，我们欢聚一堂，共同庆祝澄海中学建校九十五周年。今晚，上级领导、各地校友、各位嘉宾的光临，使我们的校庆更加隆重、热烈和亲切，在这难忘的时刻，我谨代表澄中全体师生向各位领导、各位来宾、各位校友致以最热烈的欢迎和衷心的感谢！

1915年，在教育救国思想的感召下，澄海中学招收第一期四年制新生95名，这，开创了澄海中学教育的先河，揭开了澄中历史的第一页。一个世纪以来，澄海中学受到民主思潮的洗礼，历经抗日战争的硝烟，沐浴红色中国的春风，在改革开放的新时代中弄潮……从澄海县立中学、澄海第一中学、红旗中学、延安中学，到1969年复名澄海中学。从便生医院、饶平浮山、古镇樟林，到今天的澄中。校名、校址虽几经更迭，但澄中教书育人的宗旨和强烈的社会责任感、历史使命感却始终不渝。

我们永远不会忘记，作为塑造人格、涵养智慧的学术殿堂，澄中树立了一座座令人景仰的丰碑。1949年5月9日，116名澄中师生上凤凰山参军，其革命壮举，震撼了黎明前的潮汕。5月9日，成为澄中历史的一个符号，成为澄中传承文化、凝聚力量的美好日子。95年来，累计35 000多名初、高中毕业生，诠释着澄中自强不息、为国育才的执着追求，坚定着我们矢志不渝、爱国爱校的理想信念。自恢复高考以来，澄中培养出10名省市状元，20名清华北大学子，万千大学生，还有体育全国冠军、亚洲冠军、奥运健儿，30多名潮汕星河奖得主。这些千年不变的育人故事，述说着澄中人的那份感动、支持和奉献，彰显了澄中人“报国读书，敢为人先，与时俱进，自强不息”的精神气质，谱写出一曲曲奋进腾飞的动人乐章。



作为一所名校，澄中一直恪守着自己的信仰和诺言，保持着自己的传统和特色，追求着高尚和远大的理想。把学校办得更好，是我们永恒的追求；为学生的成长奠基，是我们神圣的使命。近几年来，澄中借助上级重视高中教育这股东风，励精图治，苦练内功，努力打造教育品牌，学校发生了巨大的变化，拥有了更加现代化的教学条件，拥有了更加美丽的校园，拥有了更有活力的校园文化，拥有了更加良好的社会口碑。学校先后被评为广东省体育特色学校、广东省书香校园、广东省安全文明校园、广东省教学水平评估优秀学校和广东省国家级示范性普通高中。今年，在上级的支持下，建设澄中新校区的规划被写进政府工作报告，白沙校区120亩用地的征地即将完成。一个有教育理想、有人文情怀、有一流教师团队的新澄中，将屹立在潮汕这块热土上。

一个世纪的荏苒光阴，95年的跨越发展，承载着代代澄中人痴心不改的执着追求，也铭刻了万千校友对母校的拳拳之心，这是我们的历史，也是我们的财富。我们永远不会忘记所有为澄中作过贡献的历任领导、老师和历届的校友们，我们也永远不会忘记所有为

① 澄海中学供稿。

澄中发展付出过心血和奉献的人们！在这里，让我代表所有的澄中人，向一直以来关心和支持澄中发展的上级领导、海内外校友、广大学生家长，向澄中的老领导、老教师、老员工致以崇高的敬意和衷心的感谢！

最后，再次祝福大家吉祥如意，万事顺利！祝澄海中学桃李芬芳，学府长青！祝晚会取得圆满成功！

## 精诚办学，打造精品澄中①

侯庆生

一百年前，承载着澄海前辈乡贤“立人报国”的殷切期望，澄海中学从澄海县城东北角原旧参将署的几间简陋校舍起步，开始了她百年的不平凡历程。一百年里，澄海中学始终不忘初心，勇立潮头，以敢为人先、追求卓越的精神，坚定从容地走过风起云涌的大革命风潮，走过硝烟弥漫的抗日烽火，奔向黎明，奔向新世纪的和煦春风，一路前行，一路高歌，一路风景。一百年来，历任校长、老师在澄中这片沃土上，辛勤耕耘，栽桃树李，百年学府满园锦绣，风光旖旎。一个世纪的办学实践中，澄中一步一个脚印，一步一个台阶，从一所县立中学，到广东省重点高中，到广东省一级学校，再到广东省国家级示范性普通高中，不断实现历史跨越，不断开创新的局面，逐步形成了“全面发展，体育见长”的办学特色，积淀起深厚的人文底蕴和优秀的文化传统，培育出了一大批革命志士、科技精英、文化名流和社会贤达，为民族进步、国家发展和社会文明建设作出了贡献，在粤东，乃至广东省内基础教育界树立了良好口碑。

站在澄中百年的关键时点，面对变革的时代和日益激烈的教育竞争，我们不仅要反刍百年澄中甜美的果实，汲取澄中先辈留下的办学精神，更要冷静思考澄中的现在和未来，理清发展思路和办学目标，促进学校事业持续发展。随着学校招生规模的压缩，我们要识时顺势，调整发展方向，变规模发展为质量发展，进一步提升办学内涵和品位。因此，我们要以打造“精品澄中”、培育“精品人才”为目标，着力打造精英队伍、精致教学、精品文化、精诚办学、精细管理，为澄中这所百年学府注入新的活力，创造新的辉煌。

### （一）打造精品文化，弘扬百年澄中文化精神



“名校的一半是文化”。优秀的学校文化是使学校成为管理之优、育人之范的名校的基础。办精品澄中，就需要打造精品文化。以精美的环境文化让师生如沐春风，以精进的精神文化彰显师生的价值追求，以精细的管理文化营造和谐的人文氛围。

（1）淬炼澄中精神，确立百年学府的文化认同。澄中百年，历史悠久，人文底蕴深厚。要进一步加强学校精神文化的教育和内化，促进优良文化传统的发扬光大。“一训三风”是学校的灵魂，其中，校训是学校文化的核心，是学校品格和美的象征。校训作为一个标尺，激励和劝勉着在校的教师和学生，是规范师生行为的准则和行动指南。校风是一所学校所特有的占主导地位的行为习惯和群体风尚，是学校内的人物在各方面所表现出来的一种态度和趋向，具体表现为领导者的工作作风、教师的教风、学生的学风和职工的工作作风。教风是教师在长期教育实践活动中形成的教育教学的特点和风格，是教师道德品质、文化知识水平、教育理论、教学技能等素质的综合表现。学风既指学校的治学精神、治学态度、治学原则，也专指学生的行为规范和思想道德表现以及在学习过程中所表现出来的学习态度和学习风气。教风、学风是校风建设的关键。因此，在纪念建校一百周年之际，我们认真研究学校文史资料，广泛征求各方意见，结合学校的百年优秀文化传统和办

① 澄海中学供稿。

学精神，提炼出“博爱、精诚、劬勤、自励”这八个字作为我们的校训。“博爱”意为“普遍地爱天下所有的人”，“爱”是教育的基础，没有爱就没有教育，教育应当最大限度地开发、呵护、弘扬每个人心中的爱，培养有爱知、爱行的人，才能显示其存在的价值。“爱”是澄中文化传统的核心精神，从建校之初提出的“读书报国”到20世纪五六十年代提出的“尊师爱校”，从80年代提出的“爱国、爱党、爱校”到新世纪提出的“人本和谐”、“臻于至善”，无不闪烁着“爱”的光辉。“精诚”体现为人的工作责任心和态度，唯有精诚办学，精诚从教，方能使学生乃至学校得到长期的健康发展。“精诚教育”与澄中精神和秉性相符，“修德厚学、探微求真”的教风，“精品澄中”目标的提出，都是这种精神的体现。“劬勤、自励”出自抗战时期我校杜君侠老师作词的校歌：“愿我同学劬勤自励，为澄海响导者，为中华好男儿。”“勤”是澄海中学历来倡导的行为准则，从二三十年代的“劬勤自励”到五六十年代的“勤奋学习”，从80年代的“勤教、勤学、勤炼”到今天提出的“勤知敏行”的校风、“勤学善思”的学风，“勤”都是一个核心内容。“自励”意为自我勉励，强调要加强自身的磨炼、激励，发挥自身潜能，完善自己，发展自己。所以，要强化对学校办学理念、校训、校风、教风、学风等精神文化的宣传教育，让师生真正理解其精神内核，发挥学校精神文化的引导力、凝聚力，使之对每位师生的价值取向、行为取向和个人追求起到引导作用。

（2）完善文化环境，构建澄中师生的成长乐园。要借助百年校庆这股东风，精心设计完善校园文化环境的配置，让澄中校园更加精美别致，更富特色，更有韵味；让富有精神内涵的环境产生春风化雨式的潜移默化作用。要规划建设百年澄中纪念亭文化园及学宫遗迹文化园，为澄中百年留下纪念，为澄中后人留下文化记忆。要认真编纂《百年澄中(1915—2015)》，系统、全面地反映学校百年历史进程，展现百年办学成就和学府精神。要举办“百年澄中，人文蔚起”系列文化讲座，多形式展示校友的成就和风采，发挥校友的榜样作用，激励师生员工，提升澄中文化品位。要精心筹划百年校庆活动，丰富多彩地展示澄中深厚的人文底蕴，加强与各地校友的联系，发动校友参与到校庆活动中来，凝聚澄中的人心、人气，增强澄中文化的感召力。

**（二）建设精英队伍，增强澄中发展的后劲**

澄中百年名校的美誉是由一代代高素质教师支撑起来的。建设一支精英队伍既是澄中事业发展的需要，也是践行习近平总书记“四有”好老师重要论述的时代要求。精英队伍强调所有教育者都应具备精英意识和精英素质，就是要有坚定的理想信念、博爱敬业的师德操守、勤勉严谨的治学态度以及扎实精深的学识修养。为此，我们既要加强队伍的管理和引领，又要努力创造条件，激发队伍的活力和创造力，提升队伍的素质和教育效果，为学校的持续发展增强后劲，让精英队伍支撑起澄中百年名校的品牌。

（1）加强师德建设，提升教师思想素质。学校行政人员要率先垂范，不断转变工作作风，廉洁敬业，勇于担当，乐于奉献，以良好的道德行为和人格形象带领广大教师全情投入于澄中永恒的事业中。要切实落实《澄海中学师德规范八条》，进一步规范教师的教育教学行为，不断提升教师的师德修养，树立澄海中学教师的良好形象。要进一步完善教师聘用和评价机制，大力宣传先进典型，引领老师树立正确的价值观，明确师德红线，自觉修德厚学，以良好的道德形象呵护学生的健康成长。

（2）调整管理策略，提升行政管理效能。要克服行政管理中间环节多，线路长，对教情学情的把握和判断欠准确，反馈和处理欠及时，行政效能低的弊端，积极探索扁平化的行政管理机制，搭建新的行政管理模型，促进管理的科学高效，进一步推进管理重心下移。行政人员不要高高在上，要沉下去，到年级去，到教研组、备课组去，到师生中间去，拓宽管理覆盖面，缩短管理线路，提高管理效能，增强价值认同，凝聚人心民智，团结全体师生员工，为共同的教育理想而努力奋斗。

（3）落实制度管理，增强教师制度认同。依法治校是澄中的优良传统，宽严有度是澄中的管理文化。我们既要加强人文关怀，关心教师的生活和成长，尊重教师的尊严和权利，增强教师的归属感；又要加强制度建设，维护制度的尊严，增强教师的制度认同感，提高制度执行力，发挥制度文化的约束力，它包括“硬”约束和“软”约束，要做到以人为本，用制度规范人，用制度培育人，用制度激励人。

（4）加强培养指导，推动教师与学校共振发展。我们要求教师要增强忧患意识和发展意识，自觉加强教育教学理论的学习，不断更新观念，积累经验，提升能力。学校要继续加大培养力度，创造更大的平台，更好的条件，利用好各级各类教师培训活动，充分发挥“名师工程”、“青蓝工程”的引擎作用，努力推动骨干教师向名师方向发展，推动青年教师更快成长，全面提升教师队伍的整体水平。要积极构建教师同伴互助、互励、共进的模式，以教研组、备课组为主要载体，以主题教研活动为主要形式，落实开课听课制度，扎实开展校本教研活动，加深学校的教研氛围，促进教师共同进步。要积极倡导读书风气，通过举办学术讲座，开展读书节活动，激发教师读书思考的热情，引导教师养成勤思考、勤动笔的习惯，让教师在书香浓郁的校园中得到熏陶，提高素养和品位，让澄中在教师的书声中彰显出百年学府的独特气质和魅力。

### （三）创设精致课堂，提升学校的核心竞争力



澄中百年，人才辈出，声名远播，依赖的是精致高效的课堂。精细耕耘和团队力量一直是澄中教学的两大法宝。我们要发扬好的传统，切实提高课堂教学质量，提升学校的核心竞争力，让澄中在激烈的竞争中立于不败之地。

（1）依托课题研究，提高教师的教学能力。要组织教师积极参与到我校的市级重点研究课题“‘自主·高效’课堂教学的研究”的研究活动中来，以课堂教学为主要研究对象，以提升课堂效益和学生的自主学习能力为主要研究目的。让教师自定研究专题，在研究中不断提升自身理论水平，改进教法，形成风格，增强课堂魅力，让课堂成为师生教学相长的平台。

（2）加强集体备课，提高科组工作有效性。要加强对教研组、备课组的管理和指导，深入研究集体备课的规律，精心构筑集体备课的活动载体，切实提高集体备课的效益。集体备课活动不仅要进行到教学行为“五统一”，即统一教学进度，统一教学目标、统一教学重难点，统一教学内容，统一作业，还要做到有活动主题，有活动载体，有中心发言。同时要做实课型研究，通过同课同构、同课异构、异课同构等方式，让教师在探讨互动中实现资源共享，共同构建适合学校发展的高效的教学模型，切实提高集体备课的实效性。

（3）推进深度备课，提升课堂教学效益。在信息技术普遍运用于教学的今天，我们老师不要被网上的教学资源和多媒体技术牵着鼻子走，要花更大的精力研究教材，研究学

情，研究教法、学法，精心设计教学。教师在备课时应追求以下几方面的基本定位。一是深入文本。要潜心研究文本，做到：进入文本山是山，水是水，抛开那些教参资料，有自己对教材、对一篇课文的独到认识和见解；跳出文本山不是山，水不是水，要探寻文本的相互联系，从整单元、全册、整年段的宽广背景中审视眼前独立的教材；回到文本山还是山，水还是水，达到"原来如此"的悟境。这样就会有更深刻的感受及更具高度的把握。二是要以生为本。一定要根据具体学情、考情去确定教学目标。目标的制定要有三个层次：全体学生均能达到的，中等学生必须达到、后进生跳一跳也能达到的，优秀生能发挥余力的。三是规范流程。要规划丰富、有效的教学事件，准备生动、精准的教学语言，丰富我们的课堂，设计出有效的教学策略、方法和流程，激活学生的思维，指导学生学好知识，提升能力。四是倡导"课后备课"或称撰写教后反思。学校将加强对教师备课行为的督导，希望全体老师能通过深度备课，修炼内功，精益求精，共同守望澄中精致教学的传统。

**（四）拓展育人渠道，培育精品人才**

全面发展是澄中的办学特色，也是澄中学子展现出来的风采。要培养精品人才，就要让学生的潜能得到科学合理的开发，个性特长得到充分展示和发展，让学生的身心得到健康的发展。

（1）丰富德育载体，促进学生多元发展。我们要进一步研究学生的成长规律，拓展育人的载体，创造更多的机会，注重多元人才的培养，促进学生的多元发展、全面发展。要通过扎实精细的常规管理、生动的主题教育、温情的师生互动塑造学生的健全人格，培养学生的公民素质；要加强校园安全工作，为学生营造一个温馨安全的成长环境；要重视学生的生命教育，培养学生关爱生命、关怀他人的品格；要组织丰富多彩的文体活动和生动活泼的社团活动、社会实践活动和科技创新活动，为学生的个性发展、特长展示搭建平台，让学生在自主学习、实践体验中增长才干，磨炼品性，培养起相伴一生的志趣和素质。

（2）实施精细服务，呵护学生学习成长。后勤工作既有保障功能，又有教育功能。因此我们要深入了解师生生活需求，全面改进后勤工作，以深化规范管理为主题，继续完善和落实各项规章制度，促进后勤工作的制度化、规范化、系统化；继续加大力度改进食堂的服务和管理，积极改善师生的学习、工作和生活条件，为学生的学习和成长提供强有力的保障，让学生感受到学校生活的温馨，感受到澄中浓浓的情味，从而增强对学校的情感认同，自觉接受渗透其中的勤劳节俭、关怀他人等可贵品格的教育。

（3）抓好高考备考，托举学生人生梦。高考是国家选拔人才、学校培育精品人才的重要渠道，也是青年学子成才、成功的主要途径。她承载着无数学生、家长的幸福梦想，也承载着社会对我们的殷切期望和要求。对此，我们责无旁贷，义无反顾。面对澄中近年的高考成绩发展已处于高原的状态和校际竞争激烈的状态，如何突围解困，寻找新的增长点，在高位上继续发展，是摆在我们面前的重要课题。因此，我们要增强忧患意识、责任意识，深入研究高考，科学设定备考目标，精心策划备考进程，抓好备考细节，提高备考效益，花大力气抓好高分尖子以及一批临界和本科临界学生的培养，为实现"确保本科率，提升一本率，提高平均分"的备考目标而努力，让更多的学生获得上好大学、上一流大学的机会，让高考成为学生人生圆梦的有力托举。

站在这百年澄中历史的新起点上，机遇与挑战并存，信心与责任同在。我们深知发展才是硬道理，实力才是真功夫；我们深知学校的发展离不开教工们的倾情付出，教工的成长离不开学校的发展；我们也深知今年是我校持续发展的关键一年。愿我们借时代的东风，以赤子之心，精诚之志，共同书写澄中新的辉煌篇章，共同分享澄中事业发展的甜美果实。

2015 年 2 月 10 日

# 第五章 校史艺文

## 第一节 澄中校歌

### 一、第二次革命战争期间（江定仙曲，余仿真词）①

巍巍澄中，鮀海之东。
文物所系，启迪洪蒙。
礼义廉耻，师生景崇。
修齐治平，一道共宗。
聚英才兮乐育，促教育兮大同。
如日月经天永，垂教育于无穷。

### 二、抗日战争期间（李承创曲，杜君侠词）②

行远自迩，登高自卑。
希贤希圣，任我作为。
世界风云万变，国家情势颠危。
焚膏继晷兮努力，破浪乘风兮有时。
愿我同学劬勤自励，
为澄海响导者，为中华好男儿。③



---

① 原载《澄海中学校史资料特辑：纪念澄海中学建校八十五周年》，2000 年，彩图。

② 原载《澄海中学校史资料特辑：纪念澄海中学建校八十五周年》，2000 年，彩图。

③ 《澄海学府拾史（下册）》载余自然校友提供的杜君侠作词《澄中校歌》第一次稿："行远自迩，登高自卑。希贤希圣，任我作为。世界文明迈进，国家健步追随。焚膏继晷兮努力，破浪乘风兮有时。愿我同学辛勤自励，为澄海先导者，为中华好男儿。"该稿或为"二战"前，30 年代的澄中校歌。

另据《澄海县县立第一中学校概况》（1945 年版），沦陷期间位于澄海县城的伪澄海中学，采用曹永雄曲、涂遇知词的校歌："澄中澄中，时代先锋。普育英才为报国，启导民智作晨钟。桃李满门，喜沾时雨，弦歌一室如坐春风。敬惜三余韶华不再，发扬四育，择善而从，莫等闲白了少年头，快用功！快用功！向前迈进，如万丈长虹。"

此外，《澄海中学校史资料特辑：纪念澄海中学建校八十五周年》又载 40 年代澄中校歌一首："前进！前进！黑夜的行人勇敢前进。前进！前进！黑夜的行人勇敢前进。莫怕月色阴阴，莫怕星儿隐隐，鼓起雄心振起精神，跑过夜幕后面，前途便是光明。"然按诸《澄海学府拾史（下册）》，该歌词系余自然校友提供的《光明的前途》，就其词意而言，应该是 40 年代后期澄中进步师生内部流传的革命歌曲，而非 40 年代校方推行的校歌。

## 三、1985 年以来（陈德潜曲，秦牧词）①

红色澄中，敲响了阵阵勤学校钟。
进此大门，毋辜负它的历史光荣。
中华正在崛起，我们致远任重。
德育体美，样样发展；文科理科，都不放松。
我们要扫千年污垢，树一代新风，
准备着为国家创大业，为人民立新功，为国家创大业，为人民立新功。



① 原载《澄海中学校史资料特辑：纪念澄海中学建校八十五周年》，2000 年，彩图。

# 第二节　校园文存

## 生活在澄中①

高三下学生　陈修斌

澄中是在樟林的一个古庙里。自从它离开那美丽的小城，搬来这半古老风气的樟林之后，经三年的惨淡经营，现在已庄严地立在韩江之滨了。

这里七百余个青年伙伴来自各个不同的地域，不同的乡村。生活和行动，各人有各人的作风。但我们都受着主义的洗礼与时代熔炉的陶冶，各人都能团结一致，踏向光明革命的大道。

早操的号角响了，操场集中着青色的铁的队伍，洪亮的歌声，惊醒人们的迷梦。国旗在晨风中飘扬，现出新中国的雄姿。

我们在工作中学习，我们在学习中工作。当操场新辟的时候，一队一队的同学，负着锄，担着箕，或刈草，或掘泥，大地发出一股土香的气息。我们笑着，我们歌道。锄头在阳光下舞动，汗珠在同学的额上奔流；然而我们的精神，却十分愉快。

学校经常有很多的会社，如小组会议辩论会、研究会，在每一个会议之中，各人有各人的主张，有时因一问题的发生，同学间争论得面红耳赤，唾液横飞，但在会议之后，我们的友情又如平时一样地亲热了。

真正反映学生思想和生活的园地，便是壁报，有《澄中学生》、《岳岱》、《涛啸》、《淬砺》、《骅骝》、《战声》、《火炬》、《正谊》、《怒涛》、《军锋》、《突进》、《新生》、《廓然》、《迅雷》……共有十余种之多。每两周出版一次，由学校给一个中心题目，每一个同学都可以常常发表有关的文字，言论是相当自由的。

澄中的图书和仪器，较前少得多。本来在澄城时书籍和仪器是相当丰富的，可是因受日敌炮火的摧残、迁移，现在已剩下无几了，以致实验次数减少；更因交通梗阻，购买参考书也非常困难，故在精神粮食方面，有待充实的必要。

救亡工作在澄中是相当的开展，如征集致前方将士慰劳信、募集寒衣、文化劳军运动、募捐滑翔机、下乡宣传和协助政府调查户口，及各种各样的街头壁报等等。虽然成效不大，但我们在功课繁重、侨汇断绝和生活艰难的情况下，尚能埋头苦干，略尽我们做学生做国民的责任。

而且在这烽烟遍地、战乱频仍的现状下，我们澄中学生还能在中央政府直接保护之下，弦歌不辍，不能不说是一大幸运，因此我们就应站紧中学生的岗位，努力加紧学习有关于抗战建国的各种知识和技能，以备战事结束之后，为国家的柱石，作人民的前锋，领导一般民众循着光明的路上跑。

同学们，我们有热的心脏，钢的身体，我们要坚强地奋斗，克服困难的环境，使澄中的新姿，能出现于岭东，中国，世界。

1942 年 12 月 3 日
脱稿于樟林风伯庙

---

① 原载《澄海县立中学校复课三周年纪念特刊》（附初中第廿八班毕业纪念刊），1943 年，第 16～17 页。

## 战后的澄中生活①

高一下学生 池悦宏

胜利的欢声，掀起了复员的高潮。学校亦从那孕育着胜利的大后方，复员到澄城来。在灿烂的国旗随风飘扬中，澄中，它就如巨人似的巍然，矗立在澄海之一隅。

城北的便生医院旧址，已变成五六百个新青年的大熔炉。五六百个新的伙伴，都在这里学习，埋头苦干。我们的功课是繁忙的，我们的精神是盈溢的、不懈的，我们的生活，是富有活力的。

每天的早晨，晨曦爬上了美丽的天边，音号响了，升旗台前，就排列着一排排的灰色的色青的，底铁的队伍②。

雄壮的国歌，开始振荡沉寂的空气。接着是教师们循循善诱地训示高呼着的口号，正在唤醒着人间的迷梦者。庄严的仪式，衬托着美丽的国旗，飘扬在蔚蓝的天空，□③的姿态是自由的，伟大的，表现着我们民族的雄姿。

上课了，我们在课室中学习。我们的课室是整齐而严肃的。我们的课程的编排，是以求德智体三育的平均发展为标准的。教师们所给予我们的态度是和蔼而可亲的。我们正以求真理的态度，跟着教师共同钻研着，我们是用着活的方法来读书，所以伙伴们个个都觉得津津有味的。

在运动场上，我们荷着枪，迈着整齐的步伐，好似在战场驰骋的健儿。我们的精神是十足的、耐劳的，表现着尚武的气概。还有那一群群的同学，在这里玩着、跳着，粗大的双杠上面，常常有学生如猴子似的，在这里攀登打滚，显示着敏捷和灵活的身手。在广阔的篱笆球场里，我们生龙活虎地奔驰着，如临大阵一般，一个个黝黑的面孔，粗大的臂腕，狮子似的雄劲，猴子似的机警，我们的训练是普遍的，我们的生活方式是生动而活泼的。



我们一面在书本中探究，一面却在课外另行发掘我们的宝贝。这里有各种各样学术研究的组织：国语，英文，时事，音乐，戏剧……在研究会上，我们用了集体研究的方式，热情地互相探讨着、批评着。导师们只给我们一种启发的作用。我们的进益途程是无止境的。课余的时间，图书馆中阅报的、看书的孜孜矻矻，学习的精神光溢整个澄中。

我们在学习中工作，在工作中学习，我们的生活是整齐清洁而有规律的，动静咸宜。黄昏的时候，我们哼着歌，三三两两在平野散着步，让紧张的空气轻松起来，织成一幅美丽的晚景。澄中，在晚景掩映之下，它是肃穆而且柔和的。

我是大熔炉中的一个伙伴。我将跟着五六百个活泼的伙伴，在熔炉中煅成新兴民族的坚强的新细胞。

---

① 原载《澄中校刊》1946年第一期，第10~11页。

② 疑系“灰色的、青色的，铁的队伍”讹。

③ 原文此处空一格。

## 这一天①

第一名 高二上乙 李新魁

月亮还挂在天上，太阳已经在东方探出头来了。

晨露正散发着新鲜的气息。好像刚洗了一个冷水浴，我又回到理智的白昼间。于是那熟稔的语句又不知不觉从我的脑际溜过，我重又念道："……亲爱的朋友们，当我们写到中华人民共和国这伟大的名字的时候，我们就充满了胜利的幸福的感觉……我们的祖国距离你们是很遥远的，然而这不能在我们的友谊中间发生隔阂，因为，'莫斯科—北京'脉脉相通的气息早已把我们联结在一起了……"

信啊，我又想起你了。你还记得我在孕育你时加上"你们是以怎样的程度去认识、理解和描绘日常生活的平凡"这句话吗？知道你只不过是我们平凡的学校生活中的一件平凡的事吗？然而我对你是珍爱的，这只是因为你就要到苏联朋友那里去了。在卓娅的母校的朋友们面前传达我们的敬意吧。我的信啊，你将在旅途上获得照料和爱抚。祝你幸福，亲爱的……

我匆匆地吃完早饭，正在整理书本，忽然从远处传来一阵耳熟的钟声，但这钟声却没有给我带来明确的信号，是预备的呢？还是上课的呢？——我只好急急上路了。在路上，几乎没有遇见我校的同学。一种焦急的心情使我不安起来。……我从来不曾迟到啊，学校里有多少人曾经迟到呢？……当我走近学校的围墙时，里面热闹的气氛迎接并且安慰了我。校务处面前骄傲的挂钟好像在说："迟到是可耻的！"

这是上午第三节。我们肃立时老师脸上出现了慈祥的、欢悦的微笑。

"碳酸的制法和性质我们已经学过了。现在提出一个问题……黄昂秋同学……"

当他那魁梧的身躯从我的桌子旁边经过的时候，一种令人愉快的感觉像闪电一样在我的想象中出现了。是的，在他身上曾经有过令人愉快和钦佩的因素。"……他在今天上午主动地找我好几次，在遇见我时，他说：'我以前对班级很不关心。在昨天的班会上，我受到了很大的感动，我要争取工作……'还有林齐梅同学，以前曾犯了一些错误，在昨天下午'尊师爱生'班会以后，他也向我表示今后要彻底改过……"班主任在一星期前所说的这些话，在这上课的当儿，我是不敢在想象中重温的。然而当他从讲台上走回座位的时候，我瞅了他一眼，好像寄托它②说：好吧，让你生活得更幸福吧，你已是我们新聘请的文体股了。

课间操已经开始。扬声器正在播送着和谐的韵律。学校里有空隙的地方都站满了人，这个庞大的集体行动竟没有引起任何的即使是微小的动荡和扰攘。这种每个人日月如是地在同一的时间、同一的地点进行同一的动作的活动，或许使少见的人觉得奇怪，或许使常见的人觉得平凡，但我们要告诉他们：这在我们的日常生活中已成为必经的了。我们需要这样做，当我们看到一些上年纪的老师和我们并排站立的时候，我们就感到这一平凡的动作的意义了。

上午过去了。金黄色的谷粒躺在到学校的路上，饱尝温暖的日光。我们礼堂的色彩也正和这些谷粒一样闪耀着灿烂的光辉。校务处两侧经过整理的花卉好像正在渡着娇艳的春光；我们教室背面的芭蕉也好像在夸矜自己没有跟衰老的同伴一样遭受到砍掉的命运。所

① 原载《澄海一中》（第五期），1953年12月25日。

② "它"字疑讹。

有这些景象表示我们的学校在美化环境的进程中有过一段愉快的进步。这情况是和增进同学的健康相适应的。当我们听了汤医师的“卫生报告”以后从礼堂出来看到那些高与檐齐的金凤和合欢树时，对这一点感受格外深切。

布告栏第九周的康乐活动轮值表在星期五一栏上写着“唱歌和跳舞”，在它的旁边还有“‘劳卫制’锻炼小组长学习”这样一句话。

歌声从四面八方传播开来，回荡在这些雄伟而坚实的建筑物上空。在我们的教室里，同学们也正在饱享新的巨大的欢乐。从我们音乐辅导员脸上的表情判断起来，好像这一次的“大合唱”曾从她身上赶走了什么不大如意的东西似的。是的，我们的辅导员同志，你再也不会在日夜忙于改善工作的想象中给睡眠带来不安和苦痛。像你所说的，你曾因为梦见不能做好工作而受到班主任先生和同学的批评哭起来了。可是在你醒来以后却又高兴起来。你高兴的是你能真正关心班的工作，要我们的歌唱得好……你的话使我们振奋，这种振奋是大于任何欢悦的。

歌唱结束了，跳舞也结束了。我们班的同学都挤到“卫生医疗室”去。他们用包含着惋惜和慰问的眼光凝视务滋同学苍白的脸孔。

“医生来过吗？手还痛不痛，……不要焦急，很快就会好的……”

我和两个同学跟在许能然先生后面。他搀扶手腕跌伤的务滋同学到“卫生医疗室”去。然而这已是康乐活动上课前的事了。

校务处左侧的走廊上，明天的《澄中日报》已在那里抄写完毕了，它依然和以前一样的平凡。在这一版上，它登载了两篇丝毫不会耸人听闻的简短的报道。第一篇的大意是说：天还没有全亮，我校的同学已在环城马路上跑。人民体育场和后操场也挤满了人，他们在跳、掷、打球和练习短跑。另一篇是说：夜堂下课了，女宿舍就有很多同学在做体操和杠端俯拉等运动。高中的女同学曾经带头……

太阳就那样慢慢地沉下去。夜晚也降临了。这个时间对于我们只意味着复习、写作以及体育锻炼。然而对这每天都同样平凡而又富有乐趣的生活，有时也引起我们的回味。朦胧将睡的时候，我又咀嚼着这样的一句话——在生活面前，我们要这样高喊：你使多少人进步，而你又是那样平凡！

## 重视抓好班级文化建设①

王立民　陈云达

班级文化是校园文化的基础。近年来，我校在抓校园文化建设的同时，重视抓好以教学班为单位的班级文化建设。

根据教育局下发的《校园文化建设评比细则》，我校相应地确定了班级文化建设的内容和评价标准。在日常工作中，我校将班级文化建设作为德育的一项重要内容抓紧、抓实，收到了良好的效果。

### （一）持之以恒，创造优美的班级文化环境

环境是文化的外部因素，一个班级的环境净化、美化程度如何，往往能反映该班学生的精神风貌。应该说，乐意做好自己身边的小事、美化自己所处的环境，是培养学生逐步树立社会责任感的重要前提。一个班级的教室窗户桌椅完好无损，地面墙壁清洁明净，墙报专栏布置整齐有序……这一切必然要经过全体师生的辛勤劳动，会使师生产生一种创造美的愉悦心理和自豪情感，激发其热爱集体、留恋校园生活的美好情感。心理学研究表明，优美的环境和愉悦的心态有助于学生学习兴趣的提高、知识信息的接受与记忆，同时，对学生集体荣誉感的形成也有不可忽视的作用。

我校明确规定了班级环境建设的项目及要求，并定期开展检查和评比活动。各班学生精心设计、布置教室，张贴警句格言，悬挂自己制作的工艺品，保管好报纸杂志，整理教室前的小花圃，消灭卫生死角……有些班级还买涂料粉刷墙壁，用砂布、清洁剂对其桌椅进行彻底的清洁，高中部还将学生宿舍环境列入检查评比内容。由于要求明确，检查经常化、制度化，各班教室面貌焕然一新，连一向管理难度较大的学生宿舍，也得到了很大的改观。局部美化构成了校园的整体美化，校园绿树成荫、环境优雅，为师生的工作和学习提供了良好的条件，也培养了学生的集体责任感和爱校如家的情感。



### （二）团结进取，形成文明的班级文化心理

班级文化心理，指的是师生、同学之间的关系。班级的风气和舆论倾向，是班级文化建设中最重要但又最模糊的组成部分。说它重要，因为它常常是使青少年学生的行为自觉或不自觉地受影响、被支配的因素，处在心理发育期的初中生尤为如此；说它模糊，又因为它存在于人的心灵深处，不像硬环境那样具有鲜明的可视性，可以用明确的量值来评估其建设的程度、成绩和过失。为此，我们对班级文化心理的优化，明确地提出四方面的内容与评价标准：

（1）师生关系和谐。首先要求教师具有良好的素质：端庄大方，平易近人，有和蔼可亲的形象；多才多艺，开拓进取，有精湛的教育艺术；热爱本职工作，以身作则，有较高的师德修养。其次要求学生尊师重教、努力学习，在这个基础上建立起和谐融洽的师生关系。

（2）同学间团结友爱。在班级文化建设中，提倡同学之间学习上互帮互学，共同进步；生活上一人有难，八方相助。许多班级成立了互帮小组、互助基金会，互助互爱的例

---

① 原载《人民教育》1993 年第 11 期，第 26 ~ 27 页。

子屡见不鲜。

(3) 有正确的是非观念和舆论倾向。集体是一个熔炉，能把生铁炼成钢，也可能是一个大染缸，给尚未成熟的青少年不良影响。学生在班集体中，思想行为容易受到集体舆论的制约和同化，心理学称之为“从众心理”。我们明确要求各班抓好舆论导向和班风建设，力求运用集体力量去影响每一个同学的行为，进行养成教育。

(4) 奋发向上，积极进取。要求各班根据实际情况，提出“班级精神”和“班级奋斗目标”，帮助后进生制定“个人奋斗目标”，激励学生开展达标活动，鼓励学生参加党课、团课学习，积极申请加入党、团组织。一年来，初中部有三分之一的同学参加了团课学习，高中部有65位同学参加了党课学习。班级文化心理的优化，使班级构成了积极向上的心理氛围，增强了班集体的凝聚力和战斗力。

**（三）精心设计，开展丰富多彩的班级文化活动**

活动是实施教育的有效形式和途径，班级文化活动具有独立性、主动性和灵活性等特点，更能吸引学生参与。我校将班级文化活动分成政治性活动、规范性活动、知识性活动、娱乐性活动和实践性活动，要求各班围绕学校计划、年级的教育目标，在不同学段中积极开展，交叉进行，从不同渠道给学生以熏陶。

(1) 政治性活动。学校对升旗仪式和学雷锋等活动作了量化规定，要求各班学生按规定认真参加升旗仪式，将学雷锋、树新风活动纳入班级文化建设之中，坚持岗位学雷锋，把活动落到实处。

(2) 规范性活动。以《中学生日常行为规范》为准则，根据本校实际，着重抓好学生的仪表、考勤、考风、作业、自学五个环节，通过制度化的检查评比，帮助学生养成良好的行为习惯。

(3) 知识性活动。各班组织学生开展多彩的课外兴趣小组活动，以及举行班级知识竞赛活动，吸引广大学生积极参与。学生会、团委会、少先队在各项活动中发挥主导作用，知识性与趣味性相结合，使班级文化活动成为开阔学生知识视野、培养学生能力特长的阵地。

(4) 娱乐性活动。鼓励学生举办各种文娱体育活动，如文艺晚会、舞会、卡拉OK、球类和棋类比赛等，对学生的爱好、欣赏热点加以正确的引导，培养其健康的审美情趣，活跃校园生活，加强校园凝聚力。

(5) 实践性活动。各班根据国家教委有关文件精神，认真组织好学生的社会实践活动，通过参观访问、考察、写调查报告，使学生了解社会，增强社会主义商品意识、竞争意识和社会责任感。

丰富多彩的班级文化活动，与紧张有序的课堂学习，使我校学生的学习生活有张有弛，相辅相成，校园生活活跃了，学生的积极性被调动起来，产生了良好的乐学效应，学生对各项活动产生了强烈的参与欲望，进而产生了对科学文化知识的渴求心理和对学习各种技能本领的浓厚兴趣，他们跃跃欲试，孜孜以求，达到了我们所期望的教育效果。

班级文化建设的开展，深化了我校的校园文化建设，有力地促进了良好班风、校风的形成。

# 参考文献

## 一、方志

[1]（清）王岱：《澄海县志》，清康熙二十五年（1686）刻本。
[2]（清）金廷烈：《澄海县志》，清乾隆三十年（1765）刻本。
[3]（清）李书吉：《澄海县志》，清嘉庆十九年（1814）刻本。
[4]饶宗颐总纂：《潮州志》，潮州修志馆，1949年。
[5]澄海县教育志编辑组编：《澄海县教育志》，内部资料，1988年。
[6]澄海县地方志编纂委员会编：《澄海县志》，广东人民出版社，1992年。
[7]广东省汕头市地方志编纂委员会编：《汕头市志》，新华出版社，1999年。
[8]汕头市澄海区地方志编纂委员会编：《澄海市志（1979—2003）》，方志出版社，2012年。

## 二、专著

[1]澄中美术研究会编：《澄中版画》，1941年。
[2]国立中山大学出版组编：《黄任初先生文钞》，1949年。
[3]潘醒农编著：《马来亚潮侨通鉴》，南岛出版社，1950年。
[4]澄海县革命委员会知识青年上山下乡工作办公室、澄海县文化馆合编：《澄海上山下乡知识青年版画选》，1978年。
[5]许涤新：《永怀集》，上海文艺出版社，1980年。
[6]郑逸梅编著：《南社丛谈》，上海人民出版社，1981年。
[7][英]李约瑟著，潘吉星主编，陈养正等译：《李约瑟文集》，辽宁科学技术出版社，1986年。
[8]中共澄海县委党史办公室编：《澄海人民革命斗争大事记》，1986年。
[9][英]李约瑟著，何兆武等译：《中国科学技术史》，科学出版社、上海古籍出版社等，1990年。
[10]中共澄海县委党史办公室编：《中共澄海简史（新民主主义革命时期）》，内部资料，1991年。
[11]林伦伦：《潮汕方言与文化研究》，广东高等教育出版社，1991年。
[12]中共澄海县委党史办公室编：《澄海革命人物》（第二辑），内部资料，1992年。
[13]潮汕百科全书编辑委员会编：《潮汕百科全书》，中国大百科全书出版社，1994年。
[14]林伦伦：《澄海方言研究》，汕头大学出版社，1996年。
[15]陈孝徹、吴惠深搜集：《澄海学府拾史》，澄海市文博研究会，1995年。
[16]陈孝徹编：《澄海学府拾史（续册）》，澄海市文博研究会，1996年。
[17]何国华：《民国时期的教育》，广东人民出版社，1996年。
[18]陈孝徹：《书林拾翠》，澄海书法协会，1997年。
[19]许伟余：《庶筑秋轩文稿》，自印本，1998年。
[20]汕头市文化局编：《汕头文化艺术志》，1999年。

[21] 卢嘉锡总主编:《中国科学技术史》，科学出版社，2000 年。
[22] 孙培青主编:《中国教育史》，华东师范大学出版社，2000 年。
[23] 长春藤艺文社编:《邱卓恭书法展作品集》，2001 年。
[24] 谢海若:《谢海若书画集》，汕头大学出版社，2003 年。
[25] 黄舜生、许习文主编:《潮汕历代墨迹精选》，汕头大学出版社，2004 年。
[26] 汕头市书法家协会编：《文采风流今尚存——汕头十四书家遗墨集》，汕头大学出版社，2004 年。
[27] 易汉文主编:《中山大学专家小传》，中山大学出版社，2004 年。
[28] 杨群熙、赵学萍、吴里阳辑编点校：《潮汕教育事业发展资料》，潮汕历史文化研究中心，2005 年。
[29] 王建朗、曾景忠:《中国近代通史・抗日战争（1937—1945)》，江苏人民出版社，2007 年。
[30] 罗时铭:《中国近代体育变迁的文化解读》，北京体育大学出版社，2007 年。
[31] 陈景熙、林伦伦编著:《黄际遇先生纪念文集》，汕头大学出版社，2008 年。
[32] 蔡炫辉编著:《澄海历代书法概览》，中国书画出版社，2008 年。
[33] 黄赞发主编:《岭海诗词选》，汕头大学出版社，2009 年。
[34] 李益扬:《桑榆乐文集》，自印本，2010 年。
[35] 杨才林:《民国社会教育研究》，社会科学文献出版社，2011 年。
[36] 黄挺、陈占山:《潮汕史》（上编)，广东人民出版社，2011 年。
[37] 史仲文、胡晓林:《民国教育史》，中国书籍出版社，2011 年。
[38] 陈森杰:《浮生记》，天马出版有限公司，2012 年。
[39] 舒新城编:《近代中国教育史料》，中国人民大学出版社，2012 年。
[40] 林伦伦:《潮汕方言：潮人的精神家园》，暨南大学出版社，2012 年。
[41] 中共汕头市澄海区委党史研究室:《中国共产党澄海县历史（第二卷：1949—1978)》，中共党史出版社，2013 年。
[42] 陈向昕:《峥嵘岁月》，天马出版有限公司，2014 年。
[43] 蔡香玉:《坚忍与守望：近代韩江下游的福音姿娘》，生活・读书・新知三联书店，2014 年。



## 三、报刊

[1]《澄海县立中学校同学录》，1921 年。
[2]《澄中》1927 年第二卷第一期。
[3]《澄海县政汇刊》，1934 年。
[4]《澄海中学校初中第廿班、乡师第四届纪念刊》，1936 年。
[5]《火炬》1937 年第 3、4 期。
[6]《澄海县立中学校元旦特刊》，1939 年。
[7]《澄海县立中学校复课三周年纪念特刊》（附初中第廿八班毕业纪念刊)，1943 年。
[8]《澄海县县立第一中学校概况》，1945 年。
[9]《澄中校刊》1946 年第一、二期。
[10]《民国报》，1947 年 1 月 1 日，1947 年 1 月 16 日。
[11]《〈澄光社新闻稿・澄海县中发奖学金〉（民国三十七年十月三日)》，1948 年 10 月 3 日。
[12]《澄海县立中学庆祝元旦暨筹募奖学金公演捉鬼传特刊》，1948 年 1 月 1 日。

[13]《初中第卅八班毕业纪念刊》，1948 年。
[14]《澄海各界公祭杜君侠先生特刊》，载《澄江日报》，1948 年 4 月 7 日第 2 版。
[15]《暹罗澄海同乡会成立周年纪念特刊》，1949 年。
[16]《澄中学生》1950 年创刊号。
[17]《澄海一中》（创刊号），1953 年 5 月 15 日。
[18]《澄海一中》（第七期），1954 年 3 月 20 日。
[19]《澄海一中》（第八期，校庆特刊），1954 年 5 月 9 日。
[20]《澄海一中》（第九期），1954 年 7 月 10 日。
[21]《澄海一中》（第十二期，校庆专刊），1955 年 5 月 15 日。
[22]《1960 年校庆特刊》，1960 年。
[23]《澄海中学建校六十五周年校庆特刊》，1980 年。
[24]《澄海中学建校六十六周年校庆特刊》，1981 年。
[25]《校庆特刊》，1985 年。
[26]《澄中学生》1985 年第 1 期。
[27]《澄海文史资料》1989 年第四辑。
[28]《澄海中学建校八十周年纪念特刊》，1995 年。
[29]《澄海中学 82 周年校庆专版》，载《澄海报》，1997 年 5 月 9 日第 4 版。
[30]《澄海中学校史资料特辑：纪念澄海中学建校八十五周年》，2000 年。
[31]《澄海中学建校 90 周年纪念画册》，2005 年。
[32]《岭海诗词》2005 年第二十一期。
[33] 2000—2014 年澄海中学年刊，2000—2014 年。

## 四、档案

[1] 澄海中学档案，1935—2015 年，澄海中学档案室藏。
[2] 澄海中学校史复印资料，1918—1949 年，陈孝彻先生藏。
[3]《函复关于收容本校员生办法附其意见请查照酌夺由》，载韩山师范学院档案卷 122，1940 年，第 34～36页，韩山师范学院档案室藏。
[4]《为呈报与澄中校长会商收容该校员生情形，附为收容办法草案请察核示遵由》，载韩山师范学院档案卷 122，1940 年，第 33 页，韩山师范学院档案室藏。
[5]《抄送借读生李伯图等成绩》，载韩山师范学院档案卷 122，1940 年，第 23 页，韩山师范学院档案室藏。
[6]《本校简史（1914—1944）》，稿本，1945 年，澄海中学档案室藏。
[7]《澄海一中校史（1949—1959）》，稿本，1965 年，澄海中学档案室藏。
[8]《澄海中学简史（1915—1966）》（讨论稿），稿本，1985 年修订，澄海中学档案室藏。
[9]《解放后十七年》，稿本，时间不详，澄海中学档案室藏。
[10] 蔡炫辉等编：《澄海中学校史》，油印本，1986 年，澄海中学档案室藏。

## 五、文章

[1] 竺可祯：《为什么要研究我国古代科学史》，载《人民日报》，1954 年 8 月 27 日。
[2] 林文照：《中国科学史研究的回顾与展望》，载《中国科技史料》1981 年第 3 期。
[3] 陈亿定：《良好的开端：开辟第二课堂的有效途径和深切体会》，载《广东教育学院学报》（社会科学版）1985 年第 4 期。
[4] 林伦伦：《著名方言学家黄家教教授》，载《澄海文史资料》1989 年第 3 辑。
[5] 席泽宗：《中国科技史研究的回顾与前瞻》，载席泽宗：《科学史八讲》，联经出版事业公司，1994 年。
[6] 段治文：《试论中国近代科技教育的体制化历程》，载《浙江社会科学》1995 年第 5 期。
[7] 李新魁：《论澄海方言及其研究的重要性》，载《韩山师范学院学报》1996 年第 1 期。
[8] 黄挺：《近代潮汕教育概论》，载《韩山师范学院学报》1997 年第 3 期。
[9] 汪灏、冯剑峰：《中国近代科技教育的滥觞》，载《上海师范大学学报》（哲学社会科学版）1999 年第 28 卷第 2 期。
[10] 袁江洋：《科学史的向度》，载《自然科学史研究》1999 年第 18 卷第 2 期。
[11] 刘钝：《科学史的文化功能及其建制化——贺中国第一个科学史与科学哲学系诞生》，载《自然辩证法通讯》1999 年第 3 期。
[12] 张柏春：《对中国学者研究科技史的初步思考》，载《自然辩证法通讯》2001 年第 3 期。
[13] 蔡炫辉：《清末民国时期澄海书法浅说》，载陈永正主编：《首届岭南书学论坛论文集》，广东省书法家协会、南海康有为书学院，2005 年。
[14] 李益扬：《王鼎新副县长重视书法教学》，载《澄海史志》2006 年第 2 期。
[15] 祁映宏：《晚清时期中学物理教材概况及相关问题研究》，载《物理教师》2007 年第 28 卷第9 期。
[16] 吴小鸥：《近年来中国近代中小学教科书研究综述》，载《湖南师范大学教育科学学报》2008 年第 7 卷第 3 期。
[17] 陈卓坤：《近现代潮汕女子教育概观》，载《汕头大学学报》（人文社会科学版）2009 年第 2 期。
[18] 于亚娟：《近代潮汕的教育转型——以书院衰落与新式教育兴起为中心》，载《汕头大学学报》（人文社会科学版）2013 年第 4 期。
[19] 程国强、郑茵：《从书院到学堂——以 1898—1905 年的潮汕地区为例》，载《韩山师范学院学报》2008 年第 5 期。
[20] 韩毅：《新视野下的中国古代科技史研究——“2010 年中国古代科技史学术研讨会”综述》，载《自然科学史研究》2011 年第 30 卷第 1 期。
[21] 邵卓敏：《故园诗篇——读林晓声〈西园拾翠〉诗集》，网络资源：http：//blog. sina. com. cn/s/blog_ 7f8a16d50100vm1g. html。
[22] 陈子：《华侨与近代潮汕侨乡教育事业研究——以清末民国时期澄海侨办教育为例》，载《前沿》2014 年第 Z2 期。
[23] 林伦伦：《“黄家老”的故事》，载《澄海》2014 年第 2 期。
[24] 蔡炫辉：《名师风范，诗人情怀：澄海中学第二任校长叶浩章》，载《澄海》2014 年第 11 期。

## 六、口述资料

[1] 口述者：陈柱（初中1962届校友）。时间：2014年8月14日。访谈者：胡锐颖。
[2] 口述者：黄烈钧（初中1933届校友）。时间：2014年8月18日。访谈者：陈景熙。
[3] 口述者：陈森杰（1960届校友）。时间：2014年8月20日。访谈者：陈泽芳、杨映红。
[4] 口述者：许见文（原澄中校领导）。时间：2014年8月28日。访谈者：陈泽芳、杨映红。
[5] 口述者：陈海鹰（1970届校友）。时间：2014年9月16日。访谈者：杨映红、陈泽芳。
[6] 口述者：林侠（澄中老教师）。时间：2014年9月25日。访谈者：林娴。
[7] 口述者：蔡文胜（初中1983届校友）、陈曙青（初中1984届校友）。时间：2014年10月2日。访谈者：郭润绿。
[8] 口述者：蔡仰颜（初中1951届校友）。时间：2014年10月8日。访谈者：陈嘉顺。
[9] 口述者：蔡德麟（1953届校友）、黄淳（1956届校友）、陈铿华（1957届校友）、杨景文（1958届校友）、李汉庭（1961届校友）、卓金燕（1963届校友）、蔡炫辉（1965届校友）、杜汉文（1964届校友）、林利藩（初中1963届校友）、王道榕（1974届校友）。时间：2014年11月2日、2014年11月17日。访谈者：胡锐颖。
[10] 口述者：谢锐奎（1957届校友）。时间：2015年2月4日、2015年2月12日。访谈者：杨映红。
[11] 口述者：蔡英豪（初中1947级校友）、许泽敏（1979届校友）。时间：2015年2月11日。访谈者：蔡文胜。
[12] 口述者：侯庆生（1975届校友）。时间：2015年2月12日。访谈者：杨映红。
[13] 口述者：黄家豹（1955届校友）。时间：2015年2月13日。访谈者：陈景熙。

# 后　记

三阳开泰，百龄荣禧。2015 年 5 月 9 日，是母校澄海中学百年荣庆佳期。

为继往开来，系统、全面地反映澄中百年历史进程，展现百年办学成就和学府精神，在杰出校友许松辉先生的鼎力支持之下，澄海中学校方于 2013 年即计划编纂百年校史。景熙不才，辱承林惜平校长、侯庆生校长二任校座雅嘱重托，领衔总纂，主持此役，诚邀多位专才共襄盛举。受命以来，景熙暨澄中百年校史编委会诸同人兢兢孜孜，不敢轻忽。兹者书稿告竣，行将付梓问世，为母校奉觞上寿，并呈奉诸位读者清览，景熙谨述其颠末于下：

是役启动于 2013 年 10 月，2014 年夏基本完成史料搜集工作，2014 年底完成初稿，2015 年初统稿付梓。

是书共分四编：

第一编史纲，依时为经，旨在展示澄海中学百年来蜿蜒起伏的历史发展脉络，所谓“韩江一脉钟灵秀”；第二编专题，分类为纬，力求楬橥澄海中学百年来花开五叶的文化传承贡献，所谓“莲峰九叠尽芳菲”；第三编人物，表彰先贤，描绘澄海中学百年来才俊相继的群英谱，所谓“修齐治平，一道共宗”；第四编文献，著录文献，管窥澄海中学百年来薪尽火传的文化精神，所谓“文物所系，启迪洪蒙”。

在分工方面，书稿大纲主要由陈景熙与蔡香玉、陈贤波、谢湜（排名按音序）讨论拟定。

资料收集工作主要由陈嘉顺、陈景熙、陈润庭、陈椰、邓进升、胡锐颖、林锋、林水生、林伟钿、刘洋、张坚、朱思泓等（排名按音序）负责。

书稿撰写、审订过程中，第一编第一章由蔡文胜分纂，韩山师范学院副教授吴榕青、陈景熙审阅；第二、三章由陈嘉顺分纂，陈贤波审阅；第四、五章由陈泽芳、杨映红分纂，蔡香玉审阅；第六章由朱庆、陈卓坤、林水生分纂，澄海中学校长侯庆生、副校长王旭宜审阅。第二编第一章由邓进升、朱思泓分纂，陈景熙审阅；第二章由陈嘉顺分纂，中国美术学院教授蔡枫审阅；第三章由陈嘉顺分纂，蔡炫辉老师审阅；第四章由郭润绿分纂，谢湜审阅；第五章由张坚、邵仰东分纂，陈景熙审阅；第六章由林锋、张坚、陈润庭分纂，黄树雄、林海燕（林渊液）审阅；第七章由陈伟分纂，蔡炫辉老师、黄树雄审阅；第八章由林伟钿分纂，陈景熙审阅。第三编由王旭宜、胡锐颖分纂，澄海中学前校长王立民审阅。第四编由刘洋、林伟钿、邓进升分纂，陈景熙审阅。

全书统稿工作，由陈景熙暨各分纂者负责。

在史料收集与书稿撰写阶段，澄中百年校史编委会得到了中国国家图书馆、广东省立中山图书馆、韩山师范学院档案馆、汕头市档案馆、澄海区档案馆、澄海中学档案室、日本筑波大学、香港大学饶宗颐学术馆郑炜明教授、日本早稻田大学杨志辉教授、陈孝彻先生、郭思恩先生及各位口述访谈对象、澄中老领导、老教师和热心校友（恕不一一称颂）

等国内外诸多机构、人士的热情支持，为本书提供了宏富的史料和意见建议；国学泰斗、汉学宗师饶宗颐教授欣然挥毫，为本书题签，潮籍耆宿吴南生先生赐题贺词，澄海籍著名学者蔡鸿生教授、李志贤教授与澄海中学侯庆生校长赐撰序言，为本书乃至于百年澄中增添光彩。景熙暨澄中百年校史编委会诸同人感铭心切，谨此统致谢忱！

虽然，在本书统稿阶段，景熙暨编委会诸同人广泛听取各方的意见建议，对本书进行了必要的修改和完善，不过，景熙相信，由于现实条件的限制及景熙个人学养的不足，本书或许仍然存在着一些不足之处。在此，景熙暨澄中百年校史编委会诸同人诚挚请求诸位读者不吝赐正，匡我不逮，以臻至善。

"如日月经天永，垂教育于无穷。"景熙暨澄中百年校史编委会诸同人虔诚敬纂此校史，恭颂母校德业无疆，校运昌隆！

陈景熙

2015 年 2 月，辞旧迎新之际，于澄西泽余斋